KB058304

한국 고대 불교고고학의 연구

한국 고대 불교고고학의 연구

김창호 지음

서경문화사

책머리에 ●●●

　　1950년 동란 중에 경북 구미시의 한 시골 마을에서 장남으로 태어났
다. 꿈 많은 시절은 태어난 광평동과 초등학교에서 보냈다. 이 시절의
기억으로서는 불노초가 겨울 논두렁에 있다는 이야기를 할머니로부터
듣고 그 풀을 뜯어 먹었던 일과 초등학교 6학년 때 박정효선생님을 만
나서 많은 옛날이야기를 들었던 것이다. 그 뒤 재수를 해서 경북중학교
에 진학하였으나 별로 기억에 남는 일은 없다. 서울고등학교에 진학하
여 국사와 세계사를 담당하셨던 이존희선생님을 만나 사관이니 역사니
하는 많은 부분에 고민을 하게 되었고, 당시 신동아특집에 실린 이기백
선생님의 글 등을 읽은 기억이 있다. 고문을 가르치셨던 한영선선생님
으로부터 많은 중국 고전에 대한 이야기를 들었다.

　　서울대학교 중국어학과에 진학하려고 했으나 실패한 후, 그냥 한해를
보내고 먹고 살기 위해 경북대학교 사범대학에 진학하지 않으면 안 될
형편이라 국어교육과를 갈까? 역사교육과를 갈까? 망설이다가 합격점
이 낮은 역사과를 택하게 되었다.

　　학부 시절 서양사를 전공하신 황해붕교수님의 강의에 심취했고, 한국
최근세사를 가르치신 한영국교수님의 강의에 매료되었다. 그러다가 3학
년 여름방학 때 경주 황오리 37호 북분의 발굴에 참가하여 고고학도로
학문의 길을 걷게 되었다.

교육대학원에 진학하여 허흥식교수님의 강의를 듣고서 많은 것을 배우게 되었다. 황해붕교수님의 강의와 함께 오래도록 뇌리에서 지워지지 않았다. 〈한국 청동 유물의 편년〉으로 석사 학위 논문을 제출하였다.

　경북대 사학과 박사과정에서는 김엽, 허흥식, 권연웅교수님의 강의가 인상 깊었다. 이제까지의 고고학에 대한 공부를 거의 접고서 전혀 새로운 신라 금석문을 중심으로 삼국 시대 및 통일 신라 금석문을 공부하기 시작하여 대학원 입학 후 12여년 만에 〈6세기 신라 금석문의 석독과 그 해석〉학위를 받게 되었다.

　박사과정에서 최종규소장님의 만남은 일본이라는 고고학 선진국을 알게 되었고, 또 부산대 채상식교수님의 만남은 큰 학회의 모습과 공부하는 자세를 배우게 되었다. 많은 일본의 한국 관련 사람들을 알게 되었다. 그 가운데에서도 野上丈助선생님은 많은 책을 보내어 주셨고, 유물과 유적에 근거한 실증주의 고고학의 앞길을 가르쳐 주셨다.

　12년 동안 정이 들었던 대구여자상업고등학교를 그만 두고 한국 최고의 field가 있는 경주의 경주대학교 문화재학부로 1991년 9월에 자리를 옮겨서 현장감이 있는 공부를 할 수 있게 되었다. 여러 차례 일본의 고대 유적 견학과 중국 동북부의 광개토태왕비 등을 견학하고 나서, 기와 공부를 시작했고, 다시 불교사에 대한 이해 없이는 신라사의 복원이 불가능하다는 것을 알게 되어 불교사 공부를 시작하였다. 불교사 공부에는 은사 허흥식교수님, 은사 문경현교수님, 성본스님, 채상식교수님, 한기문교수님의 교시에 힘입은 바가 크다. 이는 불교고고학 연구를 위해 시작된 초보적인 작업에 지나지 않는다.

　필자의 의문에 대해 많은 것을 친절하게 가르쳐주신 허흥식교수님, 문경현교수님, 문명대교수님, 이기동교수님, 성본스님, 채상식교수님, 우지남선생님, 한기문교수님, 이영호교수님에게 감사의 마음을 전하고 싶다.

앞으로 이 부분에는 계속 공부를 하여 또 다른 책을 낼 수 있기를 바랄 뿐이다. 그 동안 참고 견디면서 무능한 남편을 따라준 아내와 놀러 한번 제대로 못간 아버지를 믿어준 아들과 딸에게 이 책을 바치고 싶다. 가족들에게 늘 죄인이었던 무거운 마음이 조금이나마 가벼워지기를 바랄 뿐이다.

끝으로 수익성이 없는 학술서임에도 출판해주신 서경문화사의 김선경사장님과 관계 직원 여러분에게도 고마운 마음을 전하고 싶다.

2007년 4월
김창호

제1부

불교
관련
금석문

甲寅銘釋迦像光背 銘文의 製作國
-6세기 佛像造像記의 검토와 함께-

1. 머리말

1878年 法隆寺에서 일본의 왕실에 헌납한 이른바 御物(48體佛) 가운데 하나로 舟形光背에 명문이 음각되어 있는 甲寅年銘釋迦像光背는 獻納寶物 196號로 지정되어 현재 東京國立博物館에 소장되어 있다.[1] 그 크기는 높이 25.1cm, 너비 18.1cm, 두께 0.5cm전후이다. 光背에 남아 있는 구멍과 촉으로 미루어 원래는 臺座, 本尊, 脇侍菩薩이 있는 一光三尊佛의 형식으로 추정되고 있다.

光背에는 內區에 忍冬唐草文이 장식되어 있고, 그 주위에 7구의 化佛이 浮彫되어 있다. 그 周緣部에는 특이하게도 갖가지의 악기를 연주하는 飛天들이 天衣를 휘날리며 날고 있다. 그 율동감이 있는 天衣 자락을 火焰文처럼 처리하여 透彫로 조각하고 있다.

명문은 모두 7행, 59자로 光背의 뒷면에 楷書體로 음각되어 있다. 이

---

[1] 奈良國立文化財研究所飛鳥資料館, 1976, ≪飛鳥・白鳳の在銘金銅佛≫, p.72.

사진 1 甲寅銘釋迦像 光背 前面　　　사진 2 甲寅銘釋迦像 光背 後面

불상은 종래에는 일본에서 제작된 것으로 여겨 왔으나[2] 명문의 내용중 비슷한 구절이 한국 고대의 금동불 명문에 보이는 점을 근거로 고구려 나 백제에서 만들어진 것으로 보는 견해가 나왔고,[3] 뒤이어서 ≪韓國金 石遺文≫ 등에도 수록되었고,[4] 이 광배의 생동감·율동감·부드러운 표현의 입체적인 구조 등을 근거로 고구려의 미술 양식으로 보는 견해 도 나왔고,[5] 一光三尊佛이란 주조 형식과 이 광배의 雲氣紋이 고구려 벽화 고분의 그것과 비슷한 점 등에서 高句麗製로 주장하는 견해도[6] 나

2　平子鐸嶺, 1923, ≪佛教藝術の研究≫.1978(復刊)≪增訂 佛教藝術の研究≫, p.329에서 'その光背はひとり法隆寺釋迦佛光背に似たるのみならず.我推古天皇時代の藝術の母と も稱すべき支那北朝の造像記ある石佛の光背の多くにはよく一致せるものにして,或は これ當時韓土傳來の品にして,我藝術家等の範となしたる種類のものならざるやを思は しむるものなり.' 라고 하면서도, p.330에서는 이 光背를 594년의 일본제로 본 듯하다.

3　熊谷宣夫, 1960, 〈甲寅銘王延孫造光背考〉≪美術研究≫209 등.

4　黃壽永編著, 1976, ≪韓國金石遺文≫, pp.242-243.
　許興植編著, 1984, ≪韓國金石全文≫, 古代篇, pp.50-51.
　韓國古代社會研究所篇, 1992 ≪譯註 韓國古代金石文(Ⅰ)≫, pp.163-164.

5　姜友邦, 1982, 〈金銅日月飾三山冠思惟像攷(上)〉≪美術資料≫30. 1990, ≪圓融과 調和≫ 재수록.

왔다.

여기에서는 먼저 이 불상의 명문을 소개하고, 다음으로 이 명문의 상
세한 조사를 위한 기초 작업으로 우리 나라의 삼국 시대 불상 조상기의
판독과 내용을 검토하겠고, 그 다음으로 중국, 한국, 일본의 이 시기 불
상 조상기 명문과 비교 검토해서 甲寅年銘釋迦像光背 명문의 제작국 문
제를 중심으로 몇가지 소견을 밝혀 보고자 한다.

2. 銘文의 소개

이 명문은 舟形의 光背 뒤에 있으나 글자의 자획이 분명하여 판독에
별로 어려운 점이 없다. 설명의 편의를 위해 관계 전문부터 제시하면 사
진 3, 그림 1과 같다.

이 조상기의 명문은 모두 7행으로 제①행은 10자, 제②행은 9자, 제③
행은 9자, 제④행은 8자, 제⑤행은 9자, 제⑥행은 8자, 제⑦행은 6자로
각각 구성되어 있고, 전체 총 글자수는 59자이다. 명문에는 까다로운 이
체 문자가 전혀 없어서 판독에 어려움이 없고, 글자의 자획이 그 당시의
서체와 너무도 꼭 들어 맞도록 정확하게 새겨져 있다.

이 불상 조상기의 전문을 해석하면 다음과 같다.

'甲寅年 3月 26日 (佛)弟子王延孫이 現在의 부모를 위하여 金銅釋迦
像 一軀를 敬造하오니 원컨데 부모가 이 功德으로 現身이 편안하고 태
어나는 세상마다에서 三途를[7] 거치지 않고 八難을[8] 멀리 떠나 빨리 淨土

---

6 郭東錫, 1993, 〈金銅製一光三尊佛의 系譜 −韓國과 中國 山東地方을 中心으로−〉《美術
   資料》1, p.9. 여기에서는 三國 時代의 一光三尊 21예를 제시하고, 중국 山東 지방의 4예
   도 아울러 소개하고서, 一光三尊을 주도했던 나라는 고구려라고 주장하면서, 이 형식이
   山東 지방과 백제에 전해 졌을 가능성을 시사하고 있다.
7 三惡道라고도 말하는데 악업에 결과 태어나게 되는 火途(지옥), 刀途(餓鬼), 血途(축생)
   의 세계를 가르킨다.(韓國古代社會研究所篇, 1992, 《앞의 책》, p.164.)

사진 3 甲寅銘釋迦像 光背 銘文

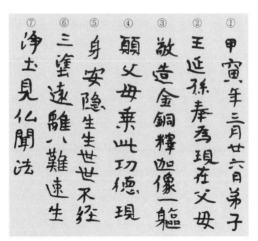

그림 1 甲寅銘釋迦像 光背 內容

에 태어나서 佛을 보고 法을 듣게 하옵소서.'

---

8 부처님을 보지 못하고 불법을 듣지 못하는 여덟 가지의 難處 곧 地獄, 畜生, 餓鬼, 長壽
天, 邊地, 盲聾, 瘖瘂, 世智弁聰, 佛前佛後를 말한다.(韓國古代社會硏究所篇, 1992 ≪앞의
책≫, p.164)

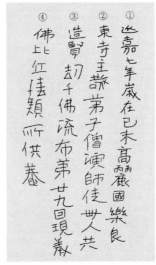

사진 4　延嘉七年銘金銅如來立像의 銘文 　　　그림 2　延嘉七年銘金銅如來立像의 銘文
　　　　　　　　　　　　　　　　　　　　　　　　　內容

3. 6세기 佛像造像記[9]

1) 延嘉七年銘金銅如來立像

1963년 7월 16일 慶尙南道 宜寧郡 大義面 下村里 山40番地의 길가에서 현지 주민에 의해 발견되었다.[10] 이 불상은 국보 119호로 지정되어 현재 국립중앙박물관에 보관되어 있다. 이 불상은 전체 높이 16.2cm, 光背는 높이 12.1cm, 너비 8.1cm이다. 불상의 뒷면에 사진 4, 그림 2와 같은 명문이 새겨져 있다.

명문의 판독에 대해서 검토해 보자.

9　이 밖에 삼국 시대 불상 조상기로는 동아대학교 박물관소장의 大和十三年銘石佛像이 있으나 이는 명문 자체의 日干支를 ≪三正綜覽≫ 등에서 찾으면 489년 北魏에서 제작된 중국제로 판단되어 제외하였다. 斷石山神仙寺磨崖造像記의 명문 연대를 삼국 시대 말기로 보고 있으나(黃壽永編著, 1976, ≪앞의 책≫) 7세기의 신라 조상기가 아니고, 통일 신라의 조상기라고 판단되어 이에 대해서는 따로이 상론할 기회를 갖고자 한다.

10　黃壽永, 1963, 〈高句麗延嘉七年銘金銅如來立像〉 ≪美術資料≫ 8.

제①행은 모두 13자이다. 「1」번째 글자인 延자는 逛으로 표기되어 있는데 이렇게 표기한 예로는 龍門石窟의 造像記에도 보인다.[11]

제②행은 모두 13자이다. 「5」번째 글자는 第자로 第 또는 弟의 異體이다. 적성비에서도 兄弟가 「兄第」로 표기되어 있다. 弟가 第의 이체임은 본 명문의 제③행의 「8」번째 글자로 쉽게 알 수가 있다.

제③행은 모두 13자 이다. 「11」번째 글자는 因자로 보는 설과[12] 囘자로 보는 설로[13] 나누어져 있다. 마운령비에서 因은 囙으로, 恩자는 恩으로 쓴 예가 있어서 因자가 타당하다. 「13」번째 글자는 종래에 대개 歲자로 읽어 왔다.[14] 이 글자 자체는 戔로 적혀 있어서 義자의 이체로[15] 판단된다.

제④행은 모두 8자이다. 「4」번째 글자는 法자[16], 擅자[17], 壽자[18], 招자[19]

---

11 水野淸一 · 長廣敏雄, 1941, ≪河南洛陽龍門石窟の硏究≫ 東方文化硏究所硏究報告第十六册, p.462.
　　山田勝美監修, 1976, ≪難字大鑑≫, p.78.
12 奈良國立文化財硏究所 飛鳥資料館, 1976, ≪앞의 책≫, p.118.
13 金元龍, 1964, 〈延嘉七年銘金銅如來像銘文〉 ≪考古美術≫5-9. 1987, ≪韓國美術史硏究≫, 재수록, p.155 등.
　　田中俊明, 1981, 〈高句麗の金石文 -硏究の現狀と課題-〉 ≪朝鮮史硏究會論文集≫18, p.129에서 'しかしこれは明らかに「囘」であり, 「囙」ではない.' 라고 주장하고 있으나 伏見沖見篇, 1984, ≪書道大字典≫, p.401에는 因의 異體로 「囙」도 있고, 「囘」도 있다.
14 韓國古代社會硏究所篇, 1992 ≪앞의 책≫, p.127 참조.
15 이 글자를 義자로 본 것은 金焃泰, 1986, 〈延嘉7年銘高句麗佛像에 대하여〉 -韓國佛敎學會 第9回學術硏究發表會 發表要旨-p.5에서 비롯되었다. 이 시기의 歲자는 모두가 윗부분이 山자와 비슷한 모습으로 시작하고 있으나 이 글자는 그렇지가 않다. 이 글자와 꼭 같은 자는 없으나 유사한 예는 다음과 같다.
　　宇野雪村篇, 1986, ≪六朝造象記 五種≫, p.40 및 伏見沖敬篇, 1984, ≪앞의 책≫, pp.1766-1767 참조.
16 中吉功, 1971, ≪新羅 · 高麗の佛像≫, p.416.
　　李丙燾, 1979, 〈慶州瑞鳳塚出土銀合銘文考 -特히 延壽年號를 中心으로-〉 "Mélanges De Coreandogie Ofterts A M. Charles Haguenauer," Collège de France Centre d' etudes Coréennes, Paris, p.158.
17 金元龍, 1987, ≪앞의 책≫, p.155.
18 久野健 等, 1979, ≪古代朝鮮佛と飛鳥佛≫, p.18.

등의 견해가 제시되고 있다. 여기에서는 法자로 읽는 견해에 따르고자
한다. 「5」번째 글자는 穎자[20], 顯자[21], 潁자[22], 類자[23], 頴자[24] 등의 판독이
제기되고 있다. 여기에서는 穎의 異體와[25] 유사해 穎으로 읽는다.

　이상의 판독을 근거로 전문을 해석하면 다음과 같다.

　'延嘉七年인 己未年(539년)에[26] 高(句)麗國[27] 樂良東寺의 (부처님을) 恭
敬하는　제자인 僧演을 비롯한 師徒[28] 40人이 賢劫千佛을 만들어 (세상에)
流布한 제29번째인 因現義佛을[29] 比丘인 法穎이[30] 供養한 것이다.'

19　許興植編著, 1984, 《앞의 책》, p.33.
20　金元龍, 1987, 《앞의 책》, p.155.
21　中吉功, 1971, 《앞의 책》, p.416.
22　黃壽永編著, 1976, 《앞의 책》, p.236.
23　李丙燾, 1979, 〈앞의 논문〉, p.158.
24　久野健 等, 1979, 《앞의 책》, p.18.
25　伏見冲見篇, 1984, 《앞의 책》, p.1630 참조.
26　이 불상의 연대는 일반적으로 北魏 등 중국의 예에 비교할 때 539년을 소급할 수가 없다
　　고 한다. 賢劫千佛 信仰은 525년 北魏의 龍門石窟 조상기에 처음으로 보인다고 하는 견
　　해는(韓國古代社會研究所篇, 1992, 《앞의 책》, p.127 참조) 이 불상의 연대 설정에 큰
　　도움이 될 것이다.
27　高句麗를 高麗라고 한 것은 491년 長壽王의 죽음을 애도하는 北魏의 조서에 처음 보이
　　기 시작한 이래 널리 사용되었고,(《魏書》, 禮志 3) 그 시기가 520년 전후라는 견해도
　　있다.(李殿福, 1991, 〈高句麗が高麗と改名したのは何時か〉《高句麗・渤海の考古と歷
　　史》, pp.166-177) 5세기 중엽에 건립된 中原高句麗碑에도 「高麗太王」이란 구절이 나와
　　서 따르기 어렵다.(金昌鎬, 1987, 〈中原高句麗碑의 재검토〉《韓國學報》 47.)
28　이 부분을 종래에는 '樂良東寺의 주지 敬과 그 제자인 僧演을 비롯한 師弟 40人이'라고
　　해석해 왔다. 金煐泰, 1986, 〈앞의 논문〉, p.6에서는 南北朝 전후의 중국이나 우리 나라
　　의 삼국 시대에는 單字의 僧名이 보이지 않는다고 하면서 僧法名에 僧자가 붙는 예로 僧
　　郞・僧肇・僧實 등을 제시하고 있다. 따라서 僧演이 인명이고, 敬은 인명이 아니라고 하
　　였다. 조상기의 弟子는 佛弟子를 의미하므로 여기에서는 이에 따른다.
29　金煐泰, 1990, 〈賢劫千佛 信仰〉《三國時代 佛敎信仰 硏究》, pp.277-278에서는 西晉
　　竺法護가 번역한 《賢劫經》에 賢劫千佛 가운데에서 29번째의 부처가 因現義佛이라고
　　하였다.
30　이를 頴으로 판독하고서 '脫穀하는 자 곧 농부로 보아서, 비구와 농부가 불상을 공양한
　　다.'는 뜻으로 해석한 견해도 있다.(金元龍, 1987, 《앞의 책》, p.155) 그 뒤에 이 부분의
　　판독은 종래와 같지만 인명으로 바꾸어서 해석하고 있다.(金元龍・安輝濬, 1993, 《新版
　　韓國美術史》, p.59)

2) 永康七年銘金銅佛光背

이 光背는 1944년 10월경에 平壤市 平川里에서 발견되었다. 근처에서 佛像 臺座와 金銅半跏思惟像 등이 발견되었다.[31] 光背는 현재 平壤中央歷史博物館에 소장되어 있다. 光背의 크기는 높이 22cm, 너비 15cm이다. 그 모양은 舟形으로 뒷면에는 사진 5, 사진 6, 사진 7, 그림 3과 같은 명문이 새겨져 있다.

제①행은 모두 7자이다. 「7」번째 글자는 甲자[32] 또는 辛자로[33] 읽고 있다. 이 글자는 辛자가 분명하다. 「8」번째 글자는 午로 읽는 견해도[34] 있으나 이는 따르기 어렵다.

제②행은 모두 8자이다. 「9」번째 글자는 祈자로 읽는 견해가[35] 있으나

---

31 田中俊明, 1981, 〈앞의 논문〉, p.132 참조.

32 김우, 1962, 〈평양시 평천리에서 발견된 고구려 금동 유물들〉《문화유산》, 1962-6, p.65.

33 도유호, 1964, 〈평천리에서 나온 고구려 부처에 대하여〉《고고민속》 1964-3, p.32.

34 久野健, 1992, 〈平壤博物館の佛像〉《ミュージアム》 490, p.4.

사진 6 永康七年銘金銅佛光背의 銘文

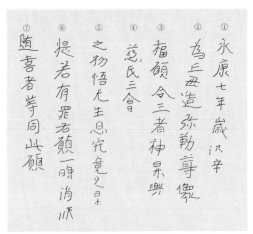

그림 3 永康七年銘金銅佛光背의 銘文內容

따르기 어렵다.

　제③행은 모두 8자이다. 「8」째 글자는 覺자로 읽는 견해가 많으나[36] 글자 자체는 興자에 가깝다. 「9」번째 글자를 岸자로 복원하고 「10」번째

35　韓國古代社會硏究所編, 1992, ≪앞의 책≫, p.123.

36　田中俊明, 1981, 〈앞의 논문〉, p.133 등.

사진 7 永康七年銘金銅佛光背의 銘文의 세부

글자의 존재를 주장한 견해가 있으나[37] 따르기 어렵다.

　제④행은 모두 4자로 이에 대해서는 전혀 다른 이견이 나오지 않고 있다.

　제⑤행은 모두 10자이다. 「3」번째 글자는 㓝로 되어 있는데 이를 解자[38] 또는 初자로 읽은 견해가 있다.[39] 이 글자는 龍門石窟 造像記의 예에 따르면[40] 初자가 분명하다. 「6」번째 글자는 念자로 추독하는 경우가 많다.[41] 「9」번째 글자는 以자[42] 또는 必자로[43] 읽는 견해가 있다. 「12」번째 글자는 枭자로 표기되어 있으나 善자로 추독한 견해가 있으나[44] 따르기 어렵다.

37　韓國古代社會硏究所篇, 1992 ≪앞의 책≫, p.123.

38　도유호, 1964, 〈앞의 논문〉.

39　김우, 1962, 〈앞의 논문〉, p.65.
　　奈良國立文化財硏究所 飛鳥資料館, 1976, ≪앞의 책≫, p.117.

40　水野淸一·長廣敏雄, 1941, ≪앞의 책≫, p.457.

41　田中俊明, 1981, 〈앞의 논문〉, p.133 등.

42　田中俊明, 1981, 〈앞의 논문〉, p.133.

43　韓國古代社會硏究所篇, 1992, ≪앞의 책≫, p.123.

44　韓國古代社會硏究所篇, 1992, ≪앞의 책≫, p.123.

제⑥행은 모두 10자이다. 이 행에 대해서는 판독에 다른 이견이 제출되지 않고 있다.

제⑦행은 모두 7자이다. 이 부분도 판독에 다른 이견이 없다.

이 불상 조상기의 전문을 해석하면 다음과 같다.

'永康七年辛△(年)에[45] 亡母를 위해 彌勒尊像을 만듭니다. 福을 원합니다. 亡者로 하여금 神昇興하여 慈氏三會之初에[46] 无生의[47] (法理를) 깨닫고, 究竟을[48] …… (하옵소서.) 만약에 罪가 있으면 右願으로 一時에 消滅되게 하옵소서. 隨喜者[49] 등도 이 願과 같이 하옵소서.'

3) 景四年銘金銅三尊佛立像

1930년 가을 光背와 함께 金銅三尊佛이 黃海道 谷山郡 花村面 蓬山里에서 발견되었다.[50] 광배의 크기는 높이 15.4cm, 너비 10.3cm이다. 현재 金東鉉氏가 소장하고 있으며, 국보 85호로 지정되어 있다. 불상은 舟形光背의 중앙에 本尊佛를 배치하고, 그 좌우에 脇侍菩薩을 배치한 一光三尊佛의 형식이고, 臺座는 결실되었다. 本尊은 명문에 나타나 있는바 無量壽佛(=阿彌陀佛)로서 通肩衣에, 手印은 施無畏與願印을 취하고 있다. 광배는 본존을 중심으로 頭光과 身光을 구분하고 그 안에 蓮花와 唐

---

45 延嘉七年銘金銅如來立像이 539년이므로 551년, 561년 등이 그 대상이 될 수가 있다.

46 慈氏三會의 慈氏란 彌勒의 중국식 姓氏. 자씨삼회란 龍華會라고도 하는데, 彌勒이 성불한 후 華林園에서 개최한 3차례의 法會를 말한다.미륵은 初會의 說法에서 96억, 二會의 설법에서 94억, 三會의 설법에서 92억인을 제도한다고 하다.(韓國古代社會研究所篇, 1992, ≪앞의 책≫, p.125)

47 이는 生滅을 떠난 절대의 진리 또는 번뇌를 여원 깨달음의 경지를 말한다.(韓國古代社會研究所篇, 1992 ≪앞의 책≫, p.125)

48 이는 相對를 초월한 불교의 최고 경지를 말한다.(韓國古代社會研究所篇, 1992, ≪앞의 책≫, p.125)

49 이는 남이 한 善根功德을 보고 같이 기뻐하는 자이다.(韓國古代社會研究所篇, 1992, ≪앞의 책≫, p.125)

50 關野貞, 1932, ≪朝鮮美術史≫, p.54.

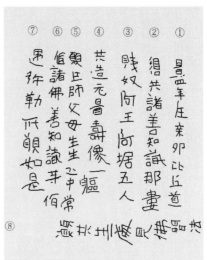

사진 8 景四年銘金銅三尊佛立像의 銘文   **그림 4** 景四年銘金銅三尊佛立像의 銘文內容

草文을 양각하였으며, 그 외곽에다 火焰文을 양각하고 있는데, 그 사이에 化佛 3구가 있다. 명문은 광배의 뒷면에 楷書體로 음각하고 있는데, ⑦행까지는 縱書로 되어 있으나, 마지막 ⑧행은 맨밑에 오른쪽에서 왼쪽으로 새기고 있다. 설명의 편의를 위해 이 조상기의 전문을 제시하면 사진 8, 그림 4와 같다.

제①행은 8자이다. 제②행의 「1」번째 글자까지를 합쳐서 9자로 보는 견해도 있다.[51] 「1」번째 글자는 日京 또는 白亘으로 읽는 견해와[52] (太)昺으로 보는 견해가[53] 있으나 龍門石窟의 造像記에도 景을 景 또는 昺으로 쓴 예가 있어서[54] 이 글자는 景자가 타당하다.

제②행은 모두 8자이다. 「1」번째 글자는 䛐으로 표기되어 있어서 須

---

51 韓國古代社會研究所篇, 1992, ≪앞의 책≫, p.130.

52 손영종, 1966, 〈금석문에 보이는 삼국시대 몇 개 년호에 대하여〉≪력사과학≫1966-4, p.353.

53 金煐泰, 1989, 〈三國時代 佛敎金石文 考證〉≪佛敎學報≫26, p.237.

54 水野淸一·長廣敏雄, 1941, ≪앞의 책≫, p.466.

의 이체로 보는 견해도 있으나[55] 須의 이체로 이러한 예를 찾을 수가
없다.

제③ · ④행은 모두 8자씩으로 판독에 다른 이견이 없다.

제⑤행은 모두 10자이다.「2」번째 글자를 王자로 읽는 견해도 있으나
[56] 亡자가 옳다[57]

제⑥ · ⑦ · ⑧행은 각각 8자, 7자, 9자로 판독에 다른 이견이 없다.

이 조상기의 전문을 해석하면 다음과 같다.

'景四年辛卯年에[58] 比丘 道△와 여러 善知識인[59] 那婁 · 賤奴 · 阿王 ·
阿据의 五人이[60] 함께 无量壽像(=阿彌陀佛像) 一軀를 만듭니다. 원컨데
亡師 · (亡)父 · (亡)母가 태어날 때마다 마음 속으로 늘 諸佛를 만나고,
善知識 등도 彌勒을 만나게 하옵소서. 所願이 이와 같으니, 願컨데 함께
한 곳에 태어나서 佛을 보고 法을 듣게 하옵소서.'

4) 建興五年銘金銅佛光背

1913년 2월 忠北 中原郡 老隱面 의 산중에서 발견되었다.[61] 이미 釋迦

---

55 韓國古代社會硏究所篇, 1992 ≪앞의 책≫, p.130.

56 田中俊明, 1981, 〈앞의 논문〉, p.132 참조.

57 水野淸一 · 長廣敏雄, 1941, ≪앞의 책≫, p.455에 이와 꼭 같은 亡자의 이체가 22基의 造
   像記가 소개되고 있다.

58 일반적으로 571년으로 보고 있다.

59 善知識이란 말은 癸酉銘阿彌陀三尊四面佛碑像에도 나오고 있다. 이 시기의 善知識은 남
   자 불교 신자를 가리키는 듯하다.

60 삼국 시대의 조상기에 있어서 이 명문에 인명이 가장 많이 나오고 있다. 지금까지 삼국
   시대 조상기의 주도한 인명은 관등명을 갖고 있는 예가 1예도 없다. 이들이 조상기에 기
   록된 것처럼 亡父 등 죽은 사람을 위해 造像한 점에서 나이가 아직 관등을 받지 못하는
   연령층인지도 알 수가 없지만 그 신분이 그렇게 높지 않았을 가능성도 있는 듯하다. 조
   상기에 나타난 인명으로 보면 6세기의 불교 신자로 아주 높은 귀족은 금동불의 조상
   에 참여하지 않은 듯하다. 姜友邦, 1990, 〈三國時代佛敎彫刻論〉 ≪三國時代佛敎彫刻≫,
   p.133에서 '지금까지 알려진 三國時代의 佛像光背에 새겨진 銘文을 살펴 보면 金銅佛
   造成을 發願한 사람의 身分은 알 수 없지만, 대체로 庶民的 분위기를 감득할 수는 있다.'
   고 하였다.

사진 9 建興五年銘金銅佛光背의 銘文　　　**그림 5** 建興五年銘金銅佛光背의 銘文內容

像은 결실되고 없으며, 舟形光背뿐인데 좌우 협시보살은 光背와 함께 주조되었기 때문에 남아있다. 1915년에 이르러 忠州 지방을 지나던 관계 전문가에 의해 조사되어, 그 뒤에 상세한 조사 결과가 공포되었다.[62] 이 불상은 현재 국립청주박물관에 보관중이다.[63] 이 광배의 크기는 높이 13.3cm, 너비 9.4cm이다. 光背의 뒷면에 楷書體로 음각한 조상기가 남아 있다. 설명의 편의를 위하여 관계 전문부터 제시하면 사진 9, 그림 5와 같다.

　제①행과 제②행은 각각 8자이다. 판독에 다른 이견이 없다.

　제③행은 모두 7자이다. 이를 8자로 보는 견해도 있다.[64] 「1」번째 글자는 祧자[65], 兜자[66], 兒자[67], 見자[68] 등으로 읽는 견해가 있으나 여기에서

61　中吉功, 1971, 《앞의 책》, p.20에서는 忠州 부근의 寺址에서 발견되었다고 하였다.

62　黑板勝美, 1925, 〈朝鮮三國時代に於ける唯一の金銅佛〉《考古學雜誌》 15-6.

63　郭東錫, 1993, 〈앞의 논문〉, p.9.

64　韓國古代社會研究所篇, 1992, 《앞의 책》, p.133.

는 兒자로 읽는 견해에 따르겠다. 「2」번째 글자는 奄로 표기되어 있으나
奄 으로 읽는 견해에[69] 따르겠다.

제④은 모두 8자이다. 「6」번째 글자는 values로 적혀 있다. 이를 見자의
가능성을 제시한 견해도 있으나[70] 이 글자가 「值佛聞法」이란 관용구로
불상 조상기에 자주 나오고 있어서[71] 值자로 읽는 견해에[72] 따르겠다.

제⑤행은 모두 8자이다. 「3」번째 글자는 刀로 표기되어 있는데 이는
切의 이체이다.[73]

이 불상 조상기의 전문을 해석하면 다음과 같다.

'建興五年丙辰年에[74] 佛弟子인 淸信女[75] 上部兒암이 釋迦文像을[76] 만
듭니다. 願컨대 태어나는 세상마다 佛을 만나고, 法을 듣게 하옵소서. 一
切 衆生도 이 願을 같이 하옵소서.'

---

65 黑板勝美, 1925, 〈앞의 논문〉, p.355.

66 田中俊明, 1981, 〈앞의 논문〉, p.169. 이 글자를 兜자로 보려고 하면 龍門石窟 造像記에
    兜, 兜, 兜으로 이체가 나오고 있어서(水野淸一・長廣敏雄, 1941, ≪앞의 책≫, p.457) 따
    르기 어렵다.

67 黃壽永編著, 1976, ≪앞의 책≫, p.239.

68 久野健 等, 1976, ≪앞의 책≫, p.25.

69 黃壽永編著, 1976, ≪앞의 책≫.

70 熊谷宣夫, 1960, 〈앞의 논문〉.

71 韓國古代社會硏究所篇, 1992 ≪앞의 책≫, p.134.

72 黃壽永編著, 1976, ≪앞의 책≫.

73 宇野雪村篇,1986, ≪앞의 책≫, p.51 등.

74 일반적으로 596년으로 보고 있다.

75 在家의 女子 佛敎信者. 三歸五戒를 받고 청정한 믿음을 갖춘 여자를 뜻한다.(韓國古代社
    會硏究所篇, 1992, ≪앞의 책≫, p.134.) 淸信女란 말은 龍門石窟의 조상기에도 자주 보인
    다.(水野淸一・長廣敏雄, 1941, ≪앞의 책≫, p.275. 北魏淸信女黃法僧造無量壽像記 등)

76 大西修也, 1989, 〈釋迦文佛資料考〉 ≪佛敎藝術≫, p.187에서는 「釋迦文」이란 구절이 竺
    法護譯, ≪彌勒下生經≫과 관련된다고 하면서, 德興里 벽화 고분의 묵서명에도 「釋迦文
    佛弟子」란 구절이 나온다고 하였다.

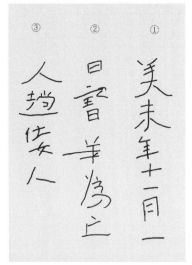

사진 10 癸未年銘金銅三尊佛立像 銘文   그림 6 癸未年銘金銅三尊佛立像 銘文內容

5) 癸未年銘金銅三尊佛立像

이 불상은 국보72호로 澗松美術館에 소장되어 있다. 높이는 17.5cm
이다. 湖南線 지역에서 출토되었다고 전해지고 있다.[77] 舟形光背에 施無
畏與願印의 本尊佛과 좌우에 脇侍菩薩이 매치되어 있는 一光三尊佛의
형식이다. 光背와 양 보살상이 한 틀에서 주조되었고, 다시 본존불과 대
좌가 한 틀로 주조되었다. 광배는 본존 주위에 굵은 융기선으로 頭光과
身光을 나타내고, 그 안에 역시 융기선으로 忍冬唐草文을 양각하고 있
다. 그 여백에 連珠文처럼 생긴 문양을 가득 채우고 있다. 光背의 뒷면
에 造像記가 있다. 여기에서는 설명의 편의를 위해 전문부터 제시하면
사진 10, 그림 6과 같다.[78]

제①행은 모두 7자이다. 「1」번째 글자로 「美」로 적혀 있는데 이는 癸

---

77 韓國古代社會研究所篇, 1992, ≪앞의 책≫, p.162.
78 이 명문은 모두 ③까지 있는 데에도 불구하고, 제②행까지로 제시된 예가 많았다.(韓
     國古代社會研究所篇, 1992, ≪앞의 책≫, p.162 등.)

자의 이체로 신라 냉수리비에도 나온다.

제②행은 모두 5자이다. 판독에 다른 이견이 없다.

제③행은 모두 5자이다. 「3」번째 글자는 妾자로 보이기도 하나 단정은 유보하며, 여기서도 모르는 글자로 본다.

이 불상 조상기의 전문을 해석하면 다음과 같다.

'癸未年[79] 11月 1日에 寶華가[80] 亡父趙△人을 爲하여 만든다.'

6) 鄭智遠銘金銅三尊佛立像

1919년 부여 부소산성 사비루에서 발견된 높이 8.5cm의 금동불상으로 현재 보물 196호로 국립부여박물관에 소장되어 있다. 舟形光背에 施無畏與願印의 手印을 취하고 있는 本尊立像 좌우의 협시보살이 함께 붙어서 주조된 一光三尊의 형식이다. 光背의 윗부분에는 化佛 1구가 있다. 대좌에는 연화문이 음각되어 있다. 광배의 뒷면에는 조상기가 있다. 우선 설명의 편의를 위해 전문부터 제시하면 사진 11, 그림 7과 같다.

제①행은 6자, 제②행은 6자, 제③행은 4자로 판독에 전혀 다른 이견이 없다. 여기에 나오는 鄭氏·趙氏의 姓이 백제의 성씨에서는 확인되지 않는 점에서 그들을 中國人으로 본 견해도 있다.[81] 6세기 백제 불상에서 姓을 가질 수 있는 계층이라면 部名과 官等名을 소유하였다고 판단된다. 이들은 과연 백제인인가 아니면 中國系 歸化人인가하는[82] 문제는 앞으로의 과제이다.[83]

---

79 563년설(金元龍, 1980, ≪韓國美術史≫, p.72)과 623년설(황수영, 1974, ≪앞의 책≫, p.149)이 있으나 전자가 타당할 것이다.

80 여자의 인명으로 추정한 견해가 있다.(韓國古代社會硏究所篇, 1992 ≪앞의 책≫, p.162) 삼국 시대 조상기의 발원자와 비교할 때 남자의 인명으로 추정된다.

81 洪思俊, 1954, 〈百濟 砂宅智蹟碑에 對하여〉 ≪歷史學報≫ 6, pp.254-255.

82 이른바 樂浪 官人層도 이 범주에 포함이 될 수가 있다.

83 中吉功, 1971, ≪앞의 책≫, p.19에서는 고구려 直傳의 백제 제작으로 보면서, 그 제작 연

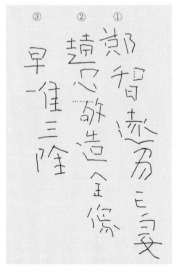

사진 11　鄭智遠銘金銅三尊佛立像의 銘文　　　그림 7　鄭智遠銘金銅三尊佛立像의 銘文內容

이 불상 조상기의 전문을 해석하면 다음과 같다.

'鄭智遠이[84] 亡妻 趙思를 爲하여 金像을 敬造하오니, 빨리 三途를 떠나게 하옵소서.'

대를 聖王(523-554) 때로 추정하였고, 郭東錫, 1993, 〈앞의 논문〉, p.9 및 p.15에서는 6세기 후반 백제에 전래된 고구려계 불상일 가능성을 조심스럽게 제시하고 있다.

84　金元龍, 1992, 〈佛像隨錄〉 ≪佛敎美術≫ 11, pp.170-171에서는 鄭智遠 趙思 內外는 歸化 중국계의 백제 名門人士일 가능성이 있지만, 불상 자체는 연대가 없고, 亡妻冥福을 비는 在銘佛像이 本地를 떠나 멀리 異國에서 유통될 리 없다는 점에서 扶餘에서 만들어진 百濟佛이 틀림없다고 주장하였다. 鄭智遠·趙思의 인명 표기에 官等名이 없어서 名門人士로 보기는 어렵고, 이들이 중국계임에는 분명하나 그 歸化國이 고구려인지 백제인지는 출토지만으로는 해결이 불가능하다고 사료된다. 姜友邦, 1990, 〈앞의 논문〉, p.138에서 '예를 들어 扶餘 出土 鄭智遠銘金銅三尊佛은 그 粗野한 품이 일반 백제 것과는 매우 다르다. 신라지역에서 나왔다면 그것은 도리없이 新羅樣式이다. 이는 아마도 平民의 發願으로 만들어진 民衆的 제품이기에 民俗的 맛이 생긴 것이라 생각된다.'라고 하였다.

사진 12 甲申銘金銅釋迦坐像의 銘文

④	③	②	①
(離)	(正)	(施)	甲
(苦)	(遇)	造	(申)
(利)	諸	釋	年
△	佛	加	△
永	像	像	△

그림 8 甲申銘金銅釋迦坐像의 銘文
　　　　內容

7) 甲申銘金銅釋迦坐像

1920년경에 알려진 이 유물은 1933년에 학계에 소개되었다.[85] 이 불상의 크기는 높이 5.5cm이다. 方形의 臺座 위에 結跏趺坐한 釋迦如來가 施無畏與願印의 手印을 취하고 있다. 舟形光背의 뒷면에 楷書體로 음각한 조상기가 있다. 이 조상기의 전문을 소개하면 사진 12, 그림 8과 같다.[86]

이 불상은 일본이나 한국에 유존하고 있을 가능성이 클 것으로 추측되나 현재까지 그 소재를 알 수가 없다. 앞으로 자료가 공개되어 이 불상에 대한 정확한 조사가 이루어지기를 기대한다.

이 불상 조상기의 전문을 해석하면 다음과 같다.

85　椊本杜人, 1933, 〈有銘佛像の一資料〉≪博物館報≫5.

86　전문은 椊本杜人, 1933, 〈앞의 논문〉, p.23에서 전제하였고, 제②행 「4」번째 글자인 「加」자의 판독은 韓國古代社會研究所篇, 1992 ≪앞의 책≫, p.165에 따랐다.

'甲(申)年에[87] (△△)가[88] 釋迦像을 施造하니, 諸佛을 바르게 만나서 길
이 苦利△에서 떠나게 하옵소서'

4. 製作國 문제

이 佛像은 1878년 法隆寺에서 日本 王室에 獻納한 이른바 48體佛 가
운데 하나이다. 이 佛像에 대해서는 종래에는 뚜렷한 연구도 없이 은연
중에 日本에서 제작된 것으로 보아 왔다.[89]

1947년에 와서야 이 명문과 조각에 대해 高句麗製일 가능성이 조심스
럽게 제시되었다.[90] 여기에서는 이 명문의 「生生世世」와 「見佛聞法」이
高句麗와 百濟의 佛像 명문에서 보이는 점에 의해 甲寅年을 百濟 威德
王41年으로 또는 高句麗 嬰陽王5年으로 추정하고 나서 光背에 있는 여
러가지의 樂器를 지니고 있는 飛天과 그 頂上에 幡을 거꾸로하는 塔形
등에 따라 北魏의 양식을 직접 전해 받은 高句麗製일 가능성이 엿보이
지만, 그 정확한 제작지에 대해서는 후고를 기다린다고 조심스러운 의
견을 개진하고 있다.

1949년에는 이 光背가 天宮과 天人을 함께 주조한 등의 이유로 日本
에서 제작된 것이 아니라는 전제 아래 그 제작국으로 百濟·高句麗·中
國을 들었다. 造像記에 中國의 年號가 없는 점에서 중국제는 아니고, 高

---

87 624년설이 제기된 바 있다.(熊谷宣夫, 1960, 〈앞의 논문〉, p.5) 傳大邱 출토라는 전제아
    래 고신라의 제품일 가능성도 조금 있음을 조심스럽게 제시하면서 그 제작 시기를 7세
    기 중엽으로 본 견해도 있다.(中吉功, 1971,≪앞의 책≫, p.42)

88 이 부분은 불상을 만든 發願者의 인명으로 판단된다.

89 654년(白雉五年)이란 견해가 있다.(熊谷宣夫, 1960, 〈앞의 논문〉, p.223 참조)
    이 밖에도 654년의 일본 제작으로 보는 견해는 岡崎敬·平野邦雄篇, 1971, ≪古代の日
    本≫9 -硏究資料-, p.417에도 있다. 594년설뿐만 아니라, 534년설과 654년설이 소개되
    고 있다.(齊藤忠, 1983, ≪古代朝鮮·日本金石文資料集成≫, p.37 참조)

90 小林剛, 1947,〈御物金銅佛像〉≪國立博物館學報≫10.

句麗나 百濟에서 제작된 것으로 본 견해가 나왔다.[91] 供養者 王延孫을 歸化人이라고 보았고, 光背에서 孔의 위치에 근거해 三尊佛이라고 추정하였다. 이러한 유례로 百濟의 建興五年丙辰像(596년)과 鄭智遠銘佛像, 高句麗의 景四年辛卯像(571년)을 들면서 北魏→高句麗→百濟→日本으로 北魏 불상 東漸을 설정하고 있다.

1960년에는 甲寅年銘光背銘을 景四年辛卯銘과 建興五年丙辰銘光背와 비교해서 一光三尊光背란 점과 「生生世世」 구절 등에 근거해서 高句麗製나 百濟製일 가능성이 강하게 주장되었다.[92] 이러한 가운데에서 우리나라에서 1976년에 간행된 ≪韓國金石遺文≫에 이 광배의 명문이 수록되었고,[93] 그 뒤에 이어서 ≪韓國金石全文≫에도 실렸고,[94] ≪譯註 韓國古代金石文(Ⅰ)≫에서도 이 명문을 百濟 부분에서 다루고 있다.[95]

한편 일본의 학계에서는 1977년에 年號의 사용에 근거해 甲寅年銘光背를 百濟에서 제작될 가능성을 시사한 견해가 나왔다.[96] 곧 高句麗에서는 독자적인 年號를 확실하게 사용한 예가 있다. 廣開土太王碑에 보이는 「永樂」이 그 뚜렷한 증거이다. 고구려의 조상명에서도 年號를 사용하고 있는데, 「延嘉七年歲在己未」・「永康七年歲次」・「景四年在辛卯」 등에서 전부 年號로 시작해 歲次・歲在의 형식을 취하고 있다. 그런데 백제 관련의 造像銘에는 年號가 보이지 않고, 「鄭智遠爲亡妻」・「癸未年十一月一日」・「甲△年△△施造釋迦像」 등에서 干支로 시작되는 형식을 취하고 있다. 백제의 경우 다른 碑銘에서도 연호가 사용되지 않고 있다. 곧 砂宅智積碑의 「甲寅年正月九日」・武寧王陵 買地券의 「乙巳年八月十

91 水野淸一, 1949, 〈飛鳥・白鳳佛の系譜〉 ≪佛敎藝術≫4.
92 熊谷宣夫, 1960, 〈앞의 논문〉.
93 黃壽永編著, 1976, ≪앞의 책≫.
94 許興植編著, 1976, ≪앞의 책≫, pp.50-51.
95 韓國古代社會硏究所篇, 1992, ≪앞의 책≫, pp.163-164.
96 大西修也, 1960, 〈百濟佛立像と一光三尊形式〉 ≪ミュージアム≫315.

二日」과「丙午年十二月」에서 年干支로 시작해 月日로 계속되는 형식을 취하고 있다. 이상에 근거해서 백제에서 6세기 이후에 逸年號가 실제로 존재할 수 있을까하고 의문을 표시하였다. 傳忠州 출토의 建興五年銘光背 명문에「建興五年歲在丙辰」이라고 年號로 시작하는 고구려 조상명의 형식을 답습하고 있어서 백제제라고 단정하기 어렵고, 나가서「甲寅年三月 六日」로 시작하는 甲寅年銘光背도 고구려제라기 보다는 백제 계통의 작품으로 볼 수 있지 않을까하는 의문을 표시하였다.

이렇게 甲寅年銘光背의 명문에 근거한 高句麗系 또는 百濟系로 보는 견해가 대립되는 가운데에서 止利式一光三尊像의 일본에의 系譜를 상정함과[97] 함께 일본 飛鳥 미술의 흐름을 梁→百濟→日本으로 설정하여 甲寅年銘光背를 백제나 일본에서 제작된 것으로 본 견해가 나왔다.[98] 여기에서는 백제의 당시 금석문 자료에 확실한 年號가 없는 점과 王延孫의 故鄉을 ≪日本書記≫ 등의 문헌을 통한 추적과[99] 함께 이 문제에 접근하였다. 전자에 대한 근거를 ≪翰苑≫, 蕃夷部, 百濟條의「因四仲而昭敬 隨六甲以標年」이란 구절과 그 註의「括地志曰 百濟四仲之月 祭天及五帝之神 冬夏鼓角 奏歌舞 春秋奏歌而已 解陰陽五行 用宋元嘉曆 其紀年無別號 但數六甲爲次第」란 구절에 근거해서 백제에서 연호가 사용되지 못했음을 보충하고 있다. 곧 ≪刮地志≫는 貞觀16年(642년)에 완성된 唐代의 지리서로 百濟에서는 宋의 元嘉曆을 사용함과 그 紀年에는 별도

---

97 吉村怜, 1990, 〈法隆寺獻納御物王延孫造光背考〉≪佛敎藝術≫190, p.21에서 그 系譜를 坂田寺丈六木像(567)→王延孫造光背(594)→飛鳥大佛(606)→法隆寺釋迦三尊佛(623)→戊子年銘釋迦像(628)로 설정하고 있다.

98 吉村怜, 1990, 〈앞의 논문〉. 이 견해의 미술사적시각의 문제점에 대해서는 郭東錫, 1993, 〈앞의 논문〉, pp.12-13에서 적절한 비판을 받은 바 있다.

99 고구려의 王高德(≪海東高僧傳≫)·王山岳(≪三國史記≫, 樂志)과 백제의 王辯那(≪三國史記≫, 威德王45年條) 등의 예(韓國古代社會硏究所篇, 1992 ≪앞의 책≫, p.164.)는 고려조차 하지 않았다. 岡岐敬·平野邦雄編, 1971, ≪앞의 책≫, p.414에서도 '≪新撰姓氏錄≫には高麗國より出する人として王氏の名が見え,高句麗人と考えられるが, 他の造像銘に比べて銘文としてまったく日本風のところがないことも注意されよう.' 라고 하였다.

의 年號를 세우지 않고, 干支에 의해 年代를 표기함을 알 수가 있다. 아울러 六甲이란 甲子·甲戌·甲申·甲午·甲辰·甲寅 등의 類라고 부연해서 설명하고 있다.

나아가서 傳忠州 출토의 建興五年丙辰銘光背가 백제제가 아님은 명백하며, 광배의 정확한 수집지가 忠北 中原郡 老隱面(忠州에서 西北으로 약 20km에 위치)이란 점에서 신라 제품이라고 주장하였다.[100] 곧 ≪三國史記≫에 의하면 신라에서는 法興王 23年(536년)에 建元이란 年號를 사용했고, 「建興五年丙辰」은 596년이 된다. 596년 당시 신라 국경은 臨津江 보다도 조금 북쪽에 있었고, ≪三國史記≫卷44, 居柒夫傳에 나오는 「竹嶺以北高峴以內十郡」은 현재 忠北·京畿道 全域으로 이들 지역은 완전히 신라의 지배하에 있었다. 「建興」이란 年號는 신라 眞平王의 「建福」(진평왕6년, 584년)에 뒤이어진 逸年號로 진평왕14년(592년)에 改元했다고 보아서 建興五年銘光背를 新羅製라고 단정하고 있다. 이렇게 建興五年銘光背가 기왕의 견해들처럼[101] 고구려 제품일 때는 일본 불교 미술의 원류를 梁→百濟로 보는 가설과 모순되기 때문으로 판단된다. 建興五年銘光背는 年號에 근거하여 그 제작국을 찾을 것이 아니라 「上部兒奄」이란 인명 표기에 근거하여 찾을 수가 있다. 이 때에는 신라의 제품이라는 가설은 고려의 대상조차 될 수가 없다.[102] 이 인명은 고구려나 백

---

100 불상의 출토 위치에 근거한 제작국의 추정은 다소 위험이 따른다. 가령 전술한 延嘉七年銘金銅如來立像은 慶南 宜寧郡에서 출토되었으나 고구려에서 제작된 불상이다. 만약에 이 불상에 명문이 없다면 어떻게 신라의 것이 아닌 고구려의 것으로 볼 수가 있을까? 실제로 延嘉七年銘金銅如來立像에 대해 金元龍, 1990, 〈三國時代의 佛像について〉≪東洋學術研究≫29-4에서는 '若し銘文がなかったなら「確かな古新羅佛」ときめつけられてしまったことであろう'라고 하였다. 姜友邦, 1990, 〈앞의 논문〉, p.138에서 '만일 慶南宜寧에서 출토된 延嘉七年銘金銅如來立像에 銘文이 없었다면 新羅作으로 결정지었을 가능성이 많다.'고 하였다.

101 熊谷宣夫, 1960, 〈앞의 논문〉 등.

102 인명 표기에 나오는 上部란 部名은 신라 금석문에서는 나올 수가 없기 때문이다.

제의 인명 표기로 판단되는바, 建興五年銘光背의 제작은 고구려나 백제에서 이루어졌다고 추정할 수 밖에 없다. 사실 위와 같은 방법에 근거해서 年號의 유무에 따라서 年號가 있으면 고구려제, 연호가 없으면 백제제라는 등식은 반드시 성립될 수가 있을지를 검토해 보자.[103] 고구려의 경우는 ≪三國史記≫·≪三國遺事≫·≪日本書記≫·≪漢書≫·≪三國志≫·≪五代史≫·≪隋書≫·≪唐書≫ 등의 문헌에 年號가 사용되었다는 기록이 없다. 그럼에도 불구하고「永樂」·「延壽」[104]·「延嘉」등 확실한 고구려의 逸年號가 존재하고 있다. 그렇다고 고구려의 모든 금석문 자료에서 반드시 年號+歲次(歲在)+年干支+月+日의 형식을 취하는 것은 결코 아니다. 가령 平壤城石刻의「己丑年五月 八日」·「己丑年三月 一日」·「丙戌十二月中」, 泰川籠吾里山城磨崖石刻의「乙亥年八月」, 壺杅塚 出土 壺杅銘文의「乙卯年」, 德興里 壁畵 古墳의 墨書銘의「太歲在己酉二月二日辛酉」등에서는 年號가 사용되지 않고 있다.

백제의 경우 七支刀 명문에 나오는「泰和四年五月十六日丙午」의 泰和가 중국 연호설과 백제 연호설로 나누어져 있다.[105] 백제 금석문의 예는 고구려나 신라에 비해 그 수나 양이 절대적으로 부족하기 때문에 연호가 없으면 백제 불상이라는 관점은 앞으로 신중히 검토되어야 할 것

103　우연히 일치인지는 몰라도 韓國古代社會研究所篇, 1992, ≪앞의 책≫에서도 불상 조상기의 고구려와 백제 구분을 年號가 있으면 고구려제, 연호가 없으면 백제제로 나누고 있다. 大西修也, 1989, 〈앞의 논문〉, pp.64-65에서도 年號의 유무로 불상의 제작국을 논하고 있다.

104　이 延壽元年辛卯이란 명문이 적힌 은합이 신라의 서울이었던 慶州 瑞鳳塚에서 출토되었다. 은합 자체가 신라에서 제작된 것으로 보고서, 이 명문의「太王」을 524년에 세워진 蔚珍鳳坪碑의「喙部牟卽智寐錦王」과 비교할 때에는 辛卯年은 571년이 될 수밖에 없다. 이렇게 되면 瑞鳳塚의 편년이 다른 신라의 적석목곽분과 乖離가 생긴다. 서봉총에서 출토된 은합의 辛卯年은 서봉총의 편년을 고려하여 추정해야 된다. 현재 학계의 신라 고분 편년과 비교해서 은합의 辛卯年을 추정한 451년이 가장 널리 통용되고 있다. 이 때에는 은합도 고구려제이고, 은합에 나오는 延壽란 年號도 고구려의 연호가 될 수밖에 없다.

이다.[106] 연호 문제와 함께 백제 금석문 연구에 있어서 지표가 되는 인명 표기의 경우를 검토해 보자. 직명, 출신지명, 인명, 관등명을 갖춘 예가 고구려와 신라의 경우는 그 예가 많으나 백제의 경우는 단 1예도 없다.[107] 이 때에 백제 금석문에서는 고구려나 신라에서와 같이 인명 표기 기재가 없었다는 단정은 성립되기 어려울 것이다. 673년에 작성된 癸酉銘阿彌陀三尊四面佛碑像에서 많은 신라식 인명 표기와 함께 「達率身次」란 백제식 인명 표기가 나오기 때문이다.[108] 마찬가지로 백제에서 확실한 연호의 사용 예가 없는 점에 근거하여 연호가 붙어있는 조상명은 무조건 백제의 것이 아니고 고구려의 것이라고 단정하는 것은 재고의 여지가 있는 듯하다.[109]

앞에서 살펴 본 것처럼 甲寅年銘光背 銘文에 「生生世世」·「見佛聞法」이란 구절과 一光三尊에 의한 형식에서 그 제작국이 일본이 아닌 고

---

105 이에 대해서는 韓國古代社會硏究所篇, 1992, ≪앞의 책≫, p.177 참조.

106 전술한 바와 같이 확실한 고구려 연호로는 永樂·延壽·延嘉가 있다. 불상 조상기에 나오는 建興·景·永康의 연호는 고구려와 백제중 어느 나라의 연호인지 현재까지의 자료로는 알 수가 없다. 七支刀 명문에 泰和와 함께 백제의 逸年號일 가능성도 고려되어야 할 것이다. 岡岐敬, 1985, 〈三世紀より七世紀の大陸における國際關係と日本 −紀年銘をもつ考古學的資料を中心として−〉≪日本の考古學≫Ⅳ −古墳時代(上)−, p.631에서는 建興을 百濟 年號로 보고 있다. 建興이 高句麗 연호인지 아니면 百濟 연호인지 현재까지의 자료로서는 불분명하다.

107 年號의 유무에 의한 백제제와 고구려제의 구분은 앞으로 출현될 금동불 조상기의 증가나 다른 고고미술 자료의 출현에 따라 서로 모순되는 현상이 일어날 가능성도 있어서 재고가 요망된다. 가령 景四年銘金銅三尊佛立像의 辛卯年을 571년의 고구려 제품으로 단정하면 같은 고구려 平壤城石刻은 己丑年은 569년으로 비정되고 있어서(田中俊明, 1985, 〈高句麗長安城城壁石刻の基礎的硏究〉≪史林≫68−4) 이 때에는 景二年에 해당되는 569년에 왜 景이란 年號가 사용되지 못해는지 해명이 필요하다. 이 모순은 平壤城石刻의 연대를 6세기 후반으로 볼 수없는 증거로 이해하고 있지만(金昌鎬, 1993, 〈百濟와 高句麗·新羅 金石文의 比較 −人名 表記를 中心으로−〉≪百濟硏究叢書≫3, pp.126−128 참조), 만약에 그 반대로 平壤城石刻의 연대가 6세기 후반으로 고정할 때에는 景四年銘金銅三尊佛立像의 辛卯年은 571년이므로 景의 연호는 고구려의 것으로 볼수가 없게 된다.

108 金昌鎬, 1991, 〈癸酉銘阿彌陀三尊佛碑像의 銘文〉≪新羅文化≫8.

구려나 백제로 지목되어 왔다. 「生生世世」·「見佛聞法」이란 구절은 중국의 龍門石窟 조상기 등에도 보이기[110] 때문에 반드시 고구려나 백제 제품이라고 단정하기도 어렵게 된다. 그렇다고 중국의 제품으로 볼려고 하면 조상기 자체에 年號가 없어서 문제가 된다.

불상 자체는 어디에서 제작되었는지 미술사에 소양이 부족한 필자의 능력으로는 감당할 수가 없지만[111], 명문 자체에서 볼 때에는 고구려나 백제에서 문장이 지어지고 새겨진 조상기로 보기에 문제가 있는 듯하다. 그 이유부터 제시하면 다음과 같다.

첫째로 甲寅年銘光背의 명문은 판독에 어려운 글자가 단 1자도 없는 점이 특이하다. 延嘉七年銘金銅如來立像의 제③행의 「13」번째 글자·제④행의 「4」번째와 「5」번째 글자, 永康七年銘光背의 제⑤행의 「1」번째와 「2」번째 글자, 建興五年銘光背의 제③행 「1」번째 글자, 景四年銘光背의 제②행의 「1」번째 글자 등은 아직까지도 정확한 판독이 어렵고, 지금까지도 무슨 글자인지 읽을 수 없는 글자도 있다. 이에 비해 甲寅年銘光背의 명문은 59자 가운데에서 단 1자도 판독에 어려운 글자가 없고, 놀라울 정도로 정확하게 당시의 이체로 새기고 있다.

둘째로 「奉」이란 글자의 사용이다.[112] 한국고대 금석문에서는 봉자의 사용은 국왕과 관련될 경우에 한하여 사용되고 있다.[113] 삼국시대의 불상 조상기에는 奉爲란 구절은 나온 예가 없고, 대개 爲자로만 사용하고

---

109 연호가 없이 연간지로 시작되는 조상기가 음각된 금동불도 고구려에서 제작되었을 가능성도 있어서 이 점에 대해 앞으로 신중한 검토가 요망된다. 가령 郭東錫, 1993, 〈앞의 논문〉에서는 一光三尊의 불상 형식을 중요시하여 연호가 없이 年干支로 시작되는 癸未銘金銅三尊佛立像(563년)과 甲寅年銘金銅光背(596년) 등을 高句麗 제품으로 추정하고 있다.

110 水野淸一·長廣敏雄, 1941, ≪앞의 책≫, p.304의 北魏仙和寺尼道僧略造彌勒像記. 및 p.309의 東魏比丘曇靜造釋迦像記 등. 또 天和二年銘造像記에도 나온다.(奈良國立文化財硏究所 飛鳥資料館, 1976, ≪앞의 책≫, p.92.)

111 우리 나라의 미술사학계에서도 대개 이 光背는 594년의 고구려 작품으로 보고 있다.(姜友邦, 1982,〈앞의 논문〉 및 郭東錫, 1993,〈앞의 논문〉 등)

있다.

세째로 父母란 구절이 나올 때에 亡자가 수반되지 않는다는 점이다. 永康七年銘光背의 「亡母」·鄭智遠銘佛像의 「亡妻趙思」·癸未年銘佛像 의 「亡父趙△人」·景四年銘佛像의 「亡師父母」의 예와는 차이가 있다. 甲寅年銘光背의 명문에서는 「願父母乘此功德現身安隱」이라고 표기되 어 있다. 乘과 現身이란 말도 우리 나라의 삼국시대 조상기에서는 사용 된 예가 없다.

네째로 佛의 이체인 「仏」자의 사용이다. 우리나라 삼국 시대의 불상 조상기에서는 전부 佛자를 사용하고 있다. 龍門石窟 조상기의 경우도 佛로 쓴 예가 7예, 仏로 쓴 예가 1예이다.[114] 불의 이체는 唐高祖가 쓴 예 등이 있기는 하지만[115] 「見佛聞法」의 관용구에 佛을 불로 쓴 점은 언뜻 납득이 되지 않는다.

다섯째로 「金銅」이란 단어의 사용이다.

이에 대해 상세히 검토키 위해 우리 나라의 高麗까지의 관계 자료를 뽑아서 제시하면 다음과 같다.[116]

全金彌陀像六寸一軀(慶州九皇洞石塔舍利函銘, 新羅 憲康王5年)

冬十…… 入唐 獻金銀佛像(≪三國史記≫,憲德王2年)

其東南有楡岾寺 寺有大鐘 與五十三佛銅像(≪稼亭集≫卷5, 東遊記)

今夫都城之北 有寺曰王輪……寺有毗盧遮那丈六金像一軀(≪東國李相

---

112 고대 일본의 금석문에서 奉자가 나오는 예는 다음과 같다. 奈良國立文化財硏究所 飛鳥
    資料館, 1976, ≪앞의 책≫, p.105의 大阪 野中寺彌勒菩薩半跏像의 銘文 및 奈良長谷寺
    法華說相圖의 銘文 등.
113 문무왕릉비에서 최초로 奉자가 나온다.
114 水野淸一·長廣敏雄, 1941, ≪앞의 책≫, p.455.
115 藤原楚水, 1980, ≪書道六體大字典≫, p.42 및 伏見沖敬篇, 1984, ≪書道大字典≫, p.92
    의 4예(北齊張龍伯造像 등)
116 秦弘燮編著, 1987, ≪韓國美術史資料集成(1)≫-三國時代 ~ 高麗時代-에서 발췌하였다.

國集≫卷25, 王輪寺丈六金像靈驗收拾記)

　煥然金像(≪東國李相國集≫卷40, 釋道疏, 祭祝, 王輪寺丈六像出汗祈禳諸詞祝,)

　金身丈六像(≪新增東國輿地勝覽≫卷16, 報恩縣, 佛宇, 法住寺)

　乃鑄丈六玄金像(智證大師寂照塔碑, 新羅 景明王8年)

　鑄銅佛四十(≪高麗史≫, 列傳卷35, 白善淵)

　範銅作佛三千餘軀(≪東史綱目≫卷13上, 忠宣王5年 正月條)

　坐有金佛五軀(≪續東文選≫卷25, 錄, 遊金剛山記)

　寺有金佛一軀(≪新增東國輿地勝覽≫卷42, 牛峯縣, 佛宇, 金神寺)

　金像何煥炳(≪新增東國輿地勝覽≫卷4, 開城府上, 佛宇, 金鍾寺)

　有小銅佛(≪續東文選≫卷25, 錄, 遊金剛山記)

　有銅佛三傷(≪五山說草藁林≫)

　竝金像一軀(≪東文選≫卷64, 記部, 僧伽寺굴重修記)[117]

　위에서 보는 바와 같이 우리 나라 고려 시대까지의 문헌이나 금석문에서도 金銅이란 용어는 사용되지 않고 있다.[118] 더구나 6세기의 조상기인 鄭智遠銘金銅佛造像記에서는 金像이라고 표기하고 있다. 「金銅」이란 용어는 중국에서는 唐나라 때 白居易의 春深詩에 「蘭麝熏行被 金銅釘坐車」라고 나온다. 여기의 金銅은 金과 銅이란 뜻이다.[119] 현재의 ≪辭海≫ 등 중국의 모든 辭典에서도 金銅이란 용어는 수록되어있지 않다. 중국에서 현재에는 「鎏金」을 金銅이란 뜻으로 사용하고 있고, ≪說文解字≫에는 「錯 金塗也」라고 되어있다.[120] 일본에서는 ≪續日本書紀≫, 寶龜11年 3月 戊辰條에 「出雲國言 金銅鑄像一龕…… 漂着海浜」에 처음으로 보

---

117 李弘稙, 1959, 〈僧伽寺雜考〉≪鄕土서울≫ 6, pp. 22-26.

118 ≪東文選≫에도 金銅이란 용어는 사용되지 않고 있다. 또 '金色' · '滿金' · '巍巍金像'의 용어가 나오지만 像의 材料는 알 수가 없다고 하면서 王輪寺毘盧遮那佛은 ≪앞의 책≫, 卷67에 '丈六毘盧遮那金像一軀' 혹은 '同發願欲鑄成金像'으로 표기되었다고 하였다.(郭東錫, 1993, 〈佛敎彫刻〉≪講座 美術史≫1, p.77 등 참조)

119 諸橋轍次, 1968, ≪漢和大辭典≫ 卷十一, p.477.

이고 있다. 寶龜11年은 780년이고, 여기의 金銅은 金鍍金이란 뜻으로 사용되고 있다. 金銅으로 된 佛像을 鑄造해서 '금부처' 란 뜻의 鄭智遠銘金銅佛造像記에서와 같이 金像이라하지 않고 「金銅釋迦像」이라고까지 표기했을까하는 의문이 생긴다.

甲寅年銘光背의 명문 자체에서만 보면 고구려나 백제에서 만들어 졌을 가능성은 거의 없게 된다.[121] 나아가서 甲寅年銘光背 명문의 제작 시기도 「金銅」이란 구절로 볼 때 일본에서 제작된 것이고 아무리 앞 당겨도 780년을 소급할 수가 없게 된다. 그렇다면 결국 甲寅年銘光背 명문의 甲寅年은 834년이 된다.[122] 이 불상에 있어서 불상의 제작과 명문의 제작 시기를 분리해서 연구되어야 할 것으로 판단된다. 현물을 직접 조사하지 못해서 이른바 鑴刻法으로[123] 새긴 명문이 언제 음각했는지 그 정확한 시기를 추정할 수가 없다. 사진상으로 볼 때[124] 우리나라 삼국시대에 불상 조상기에 새기는 방법과는 다소의 차이가 있었을 것으로 판단된다.

5. 맺음말

지금까지 日本 東京國立博物館에 소장되어 있는 甲寅年銘釋迦像光背

---

120 일본에서도 760년의 ≪造金堂所解≫에 '金을 塗한다' 는 뜻으로 사용된 「金塗」란 구절이 나오고 있다.(小林行雄, 1976, ≪古代の技術≫, p.206)

121 현재까지 발견된 一光三尊은 우리 나라의 21예, 일본의 2예(法隆寺金堂釋迦三尊像 · 戊子年銘一光三尊像)가 있다. 東京國立博物館에 所藏된 이른바 獻納寶物143號인 金銅三尊佛立像은 7세기의 백제작으로 추정되고 있다.(郭東錫, 1993, 〈앞의 논문〉, p.9) 甲寅年銘釋迦像光背의 제작국은 一光三尊의 출토예나 광배의 雲氣文 등 미술 양식으로 볼 때 고구려로 판단된다.

122 이렇게 甲寅年銘釋迦像光背에서 像의 제작은 600년경, 명문을 새긴 시기는 834년이후로 볼 때에는 200여년이 지난 뒤의 조상기를 새로 쓴 구체적인 이유가 일본 자체에서 밝히지 못한다면 본 명문의 제작 시기는 19세기일 가능성도 있다.

123 奈良國立文化財研究所 飛鳥資料館, 1976, ≪앞의 책≫, p.95 참조.

124 奈良國立文化財研究所 飛鳥資料館, 1976, ≪앞의 책≫, p.11 및 p.12.

의 명문을 한국 고대 불상 조상기와 함께 간단히 살펴 보았다.

　이 光背의 명문에는 王延孫이란 이름과 「生生世世」란 구절 등과 一光三尊의 형식이란 점에 근거해서 그 제작지를 고구려나 백제로 보는 가설들이 제시되었다. 이 불상의 명문에는 고대부터 현대까지의 중국 문헌과 高麗時代까지의 한국 문헌에서도 사용된 예가 없는 「金銅」이란 말이 나오고 있다. 그밖에 명문에 奉자의 사용 등의 이유에서 보면 조상기 자체의 문장을 짓고, 글자를 새긴 곳은 고구려나 백제가 아닌 일본이라고 판단된다.

　이 명문에 나오는 「甲寅年」이란 年干支의 연대도 일본에서 최초로 「金銅」이란 말이 사용된 ≪續日本書紀≫의 관련 구절을 참작할 때, 780년을 소급할 수가 없어서 834년이나 그 이후가 된다. 이렇게 되면 지금까지 연구 결과와는 달리 甲寅年銘釋迦像光背에서 光背의 제작과 명문의 작성 연대를 분리해서 접근할 필요가 생기게 된다. 一光三尊의 형식은 우리 나라 삼국 시대에는 21예가 있으나, 일본에는 그러한 유물이 2예밖에 없는 점과　雲氣文의 문양과 透彫 기술 등에 따르면 甲寅年銘釋迦像光背의 제작은 고구려로 보거나, 고구려 기술자가 일본에 가서 제작한 것으로 해석할 수밖에 없다. 甲寅年銘釋迦像光背에서 명문이 새겨진 정확한 시기에 대해서는 앞으로 일본의 관계 전문가에 의한 상세한 연구가 이루어지기를 바랄 뿐이다.

제 **II** 장

考古 자료로 본 古新羅의 佛敎

1. 머리말

신라 시대의 불교 전래는 역사상으로 볼 때 대단히 중요하다. 흔히 중등학교 교과서에도 우리 나라의 불교 전래에 대해 고구려는 전진의 승려 순도에 의해 소수림왕 때(372년) 전래되었고, 백제는 동진의 승려인 마라난타에 의해 침류왕 때(384년)에 전래되었고, 신라의 경우는 불교 전래보다도 공인에 대해 강조하고 있다. 법흥왕 때(527년) 이차돈의 순교로 화백 회의의 결정에 따라 불교가 공인되었다는 식으로 서술되고 있다. 도대체 불교의 전래가 무슨 역사적인 의미가 있어서 이렇게 중등학교에서부터 가르칠까?

사실 불교 교리는 대단히 어렵다. 불경을 암송하는 스님의 목소리는 단지 리드미컬한 음악성이 있는 정도인지 그 진정한 의미는 윤곽조차 파악하지 못한 사람들이 대부분이다. 신라 시대 스님은 문헌에 따르면 童頭 곧 박박머리에, 검은 색의 옷을 입고 다닌 모양이다. 이러한 복장과 형상은 당시로서는 친근감이 가지 않고, 이국적인 모습에 불경을 읽는 소리도 다른 나라의 언어처럼 느껴져 어쩐지 가까이 접근하기를 어렵게 만들었을 것이다. 불교는 당시 신라에 있어서 급량부, 사량부, 점량부, 한기부, 습비부, 본피부의 6부족 연합체였던 초기의 국가에 대한 왕권 강화에 큰 영향을 주었다. 각 부족마다 시조신 숭배, 애니미즘, 샤마니즘, 토테미즘 등이 있어서 이데올로기 통일이 어려웠다.

현대인도 믿고 있는 불교가 들어와 최고의 신으로[125] 부처를 믿게 해 사상의 통일을 가져왔고, 그 부처의 자리에 왕이 앉았다. 대승 불교에서는 王卽佛이므로 ≪三國史記≫에서 말하는 中古시대란 佛敎式王號를 근거로 함은 이미 널리 알려진 사실이다. 가령 진평왕은 자기의 이름을 석가의 아버지 이름인 정반왕으로 부르고, 왕비는 석가의 어머니 이름인 마야부인이라고 불렀다.

여기에서는 신라의 불교 공인 이전의 적석목곽묘인 식리총 출토의 동완에 있는 도상, 황남대총 남분에서 출토된 은제관식 등을 통해 불교의 전래 가능성을 타진해 보고, 울산 천전리서석 을묘년명, 진흥왕 순수비, 대구 무술명오작비 등의 금석문에 적혀있는 불교에 대한 소견을 밝혀 보고자 한다.

2. 고분 출토 유물

1) 식리총 출토 동완(그림 9)

식리총은 경주시 노동동에 있고 노동동 126호 또는 식리총이라고 불리우고 있다. 1924년 5월 10일에서 6월 13일까지 梅原末治 등에 의해 발굴 조사되었다. 수많은 부장품 가운데 金銅飾履가 가장 유명하다.[126]

---

125 보통 불교에서는 석가를 一切知者 또는 全能者로 부르며, 신보다 우위에 있는 것으로 되어 있으나 여기에서는 일반인에게 설명하기 위해 이렇게 표기하였던 바 이는 어디까지나 고육책이다.

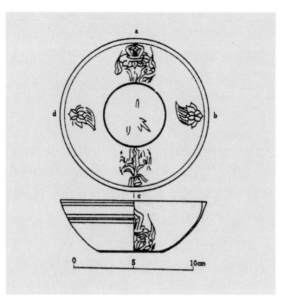

그림 9 식리총 출토 동완

이 식리총의 연대는 금동식리 등의 도상학적인 분석에 의해 475~500
년 사이로 편년되고 있다. 식리총의 유물 가운데에서 불교의 전래와 직
결되는 것으로는 동완이 있다.

동완은 직경 13.6cm, 높이 3.9cm이고, 얕은 鉢形이다. 동완의 밑부분은
平底이다. 口緣은 조금 두껍게 되어 있는데, 口脣은 平橡이고, 외측에는
구연 가까이에 2조+4조의 線帶가 있고, 底面에는 5條의 重圈文이 있다.
내면에는 針으로 새긴 圖像이 있다.

북위의 운강석굴, 용문석굴의 벽화, 고구려 진파리 1 · 4호 분의 벽화,
무녕왕릉 출토 왕비의 木枕 등의 蓮華化生 그림들과 비교해서 식리총
동완의 蓮華化生 도상 연대를 475~500년 사이로 편년하고 있다. 동완
의 연화화생 도상은 누구라도 쉽게 불교의 전래와 관련되는 그림임을

126　馬目順一, 1980,〈慶州飾履塚古墳新羅墓の研究-非新羅系遺物の系統と年代-〉≪古代
　　　探叢≫ 1, -瀧口宏先生古稀記念考古學論集-.

알 수가 있으며, 신라에 있어서 불교의 전래는 475~500년 임을 웅변해 주고 있다.

2) 황남대총의 은제관식

황남대총의 부장품 가운데 은제 관식이 있다. 그림 10에서 a는 중국 풍소불묘에서 출토된 금동제 관식이다. b는 황남대총의 남분의 부장물 상자속에서 나온 은제관식이다. c는 천마총에서 출토된 금제조익형관식이다. a와 b에서 a는 완성된 형식의 관식인데 비해 b는 a를 원형으로 하여 발전된 형식임을 쉽게 알 수 있다. a와 b를 비교할 때 b는 a의 절대연대인 414년 또는 415년을 소급할 수가 없다. a를 자세히 관찰해 보면, 押型에 의한 불상 문양이 있음을 알 수 있다. 그 표면은 전면에 步搖가 붙어있다. 佛像은 坐像으로 화염형 광배를 갖고 있고, 좌우에 협시보살을 각각 鋸齒文과 唐草文帶로 장식하고 있으며, 상변은 人자형으로 되어 있고 불상이 감실 속에 안치된 것 같이 보인다. 표면의 步搖는 세로로 9열이 있고, 각 열마다 7~11장씩 붙이고 있다. 뒷면을 보면 金으로 만든 철사로 연결되어 있다. 관식의 다섯 구석에는 붙이기 위한 구멍이 두 개씩 있다. a와 b의 비교에서 a가 b의 조형이란 사실 이외에도 b를 통해서 남분의 피장자가 불교를 알았을 가능성을 짐작할 수가 있다.[127]

황남대총의 남분 연대에 대해서는 다양한 견해가 제기되고 있다. 북분의 「夫人帶」명문을 신라 금석문 자료들과 비교하고, 북분의 다리미를 동북아시아의 여러 자료들과 비교할 때 500년 전후로 판단된다. 남분은 북분보다 층위상으로 선축된 것이고, 풍소불의 415년을 소급할 수가 없고, 남북과 북분이 부부묘이므로 그 나이 차이를 20살 이내로 보아야 되므로 남분은 자비왕릉으로 판단되어 그 축조연대가 자비왕 사망연대인

---

127 이는 매미와 관련된 도상이고, 도교와 연결될 가능성도 있는 점에 대해서는 김창호, 2001, 〈황남대총 남분 출토 은제관의 도상 해석과 그 계보〉≪고구려연구≫11 참조.

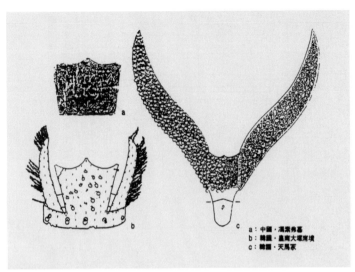

그림 10 은제관식 비교

479년 이후로 짐작된다.[128] 이 은제관식 역시 불교 공인 이전의 자료로 주목되어야 할 것이다.

3. 금석문 자료

1) 울산 천전리서석 을묘명

신라 금석문 가운데 불교와 관련되는 금석문으로서 가장 이른 시기의 것으로 울산 천전리서석 을묘명(535년)을 들 수가 있다.[129] 이에 대해서는 지금까지 몇몇 단편적인 연구가 행하여지고 있다. 여기에서는 우선 설명의 편의를 위해 관계 전문부터 제시하면 다음 표 1과 같다.

---

128 金昌鎬, 2000, 〈황남대총 남분의 축조 연대〉《영남고고학》27.
129 이에 대해서는 김창호, 1995, 〈蔚山川前里書石에 보이는 新羅의 原始信仰 문제〉《鄕土
文化》9 · 10 참조.

표 1 울주천전리서석 을묘명

④	③	②	①	
先	僧	道	乙	1
人	首	人	卯	2
等	乃	比	年	3
見	至	丘	八	4
記	居	僧	月	5
	智	安	四	6
	伐	及	日	7
	村	以	聖	8
	衆	沙	法	9
	士	彌	興	10
			太	11
			王	12
			節	13

　이 명문에 나오는 乙卯年에 대해서는 535년(법흥왕 22년)설[130]과 595년
(진평왕 16년)설[131]이 있다. 후자에서는 제 ①행에 나오는 節자를 기념일
을 가르키는 것으로 보아 불교 기념일을 적은 명문으로 해석하고 있다.
나아가서 ≪三國史記≫, 法興王 28年조의「王薨 諡曰法興」에 근거해서
법흥왕은 재위시에는 牟卽智寐錦 등으로 불렀을 뿐이고, 법흥왕은 시호
이므로 법흥왕의 재위시에는 사용이 불가능하다는 전제 아래 乙卯年은
595년이 되어야 한다고 주장하고 있다. 이러한 방법에 따라서 540~576
년에 재위한 진흥왕의 경우를 조사해 보자. 마운령비에는「眞興太王」이
라고 명기되어 있고, ≪三國史記≫, 眞興王 37年조에「秋八月王薨 諡曰
眞興」이라고 되어 있어서 마운령비의 건립 연대도 568년보다 한 甲子
내려서 628년으로 잡아야 될 것이다. 지금까지 마운령비의 건립 연대를
628년으로 본 가설은 학계에서는 제기된 바 없다. 여기에서는 을묘년명
의 乙卯年을 535년으로 보는 설에 따르고자 한다.

130　현재 학계에서 일반적으로 통용되는 학설이다.
131　文暻鉉, 1993, 〈新羅 佛敎 肇行攷〉≪新羅文化祭學術發表會論文集≫14, p.141.

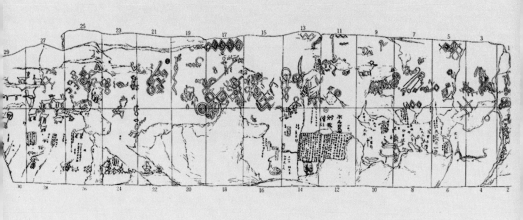

그림 11 울산 천전리서석

이 명문 가운데에서 제 ①행의 聖자는 신라 골품제 가운데 聖骨을 가리킬 가능성을 제시한 견해가 있다.[132] 郎慧和尙碑에서 聖骨을 聖而라고 표현한 점에서 보면 그럴 개연성도 있는 듯하다.

제 ③행의 「居智伐村」을 ≪三國史記≫, 地理志, 良州조의 「巘陽縣 本居智火縣 景德王改名 今因之」란 구절과 대비시켜서 居智伐=居知火로 본 견해가 있다.[133] 헌양현의 위치가 궁금하다. ≪高麗史≫, 志卷 11, 地理 2에 「巘陽縣 本居知火縣 景德王改今名 爲良州領縣 顯宗九年來居 仁宗二十一年 監務後改彦陽」이라고 되어 있어서 오늘날의 彦陽지역이 居智伐村임을 알 수가 있다.

이 을묘년명 내용 분석의 핵심은 제 ②·③·④행에 걸쳐서 나오는 「道人比丘僧安及以沙彌僧首乃至居智伐村衆士先人」의 인명표기에 대한 분석이다. 이 부분을 「道人比丘僧安及以」와 「沙彌僧首乃至」와 「居智伐村衆先人」으로 나누어서 해석한 견해가 있다. 이에 대해 명문 가운데 及

---

132   李鍾旭, 1980, 〈新羅 中古時代의 聖骨〉≪震檀學報≫59.

133   木村誠, 1976, 〈新羅郡縣制의 確立過程と 村立制〉≪朝鮮硏究會論文集≫13, p.11.

사진 13 울산 천전리서석 추명

以와 及至란 구절은 韓譯佛典에 자주 나오는 병렬의 조사로 及, 倂과 같은 뜻이란 점을 근거로 比丘 僧安과 沙彌 僧首만을 인명으로 분석한 견해가 있다.[134]

중국의 남북조시대 전후나 우리 나라의 삼국시대에는 單字의 僧名이 보이지 않고 僧法名에 僧字가 붙는 僧安·僧肇·僧實 등의 예가 있음을 볼 때[135] 후자쪽이 설득력이 있는 듯하다.

이렇게 되면 「道人比丘僧安及以沙彌僧首乃至居智伐村衆士先人等」에서 及以와 乃至는 병렬의 뜻을 가진 조사이므로 比丘(직명류)인 僧安(인명), 沙彌(직명류)인 僧首(인명)가 된다. 나머지 부분인 「居智伐村衆士先人等」도 앞에서와 같이 직명+인명으로 분석하는 쪽이 좋을 것 같다. 居

---

134 深津行德, 1993, 〈法体の王−序說:新羅の法興王の場合−〉≪學習院大學 東洋文化研究所 調查研究報告≫39, p.55.

135 金煐泰, 1986, 〈延嘉7年銘 高句麗佛像에 대하여〉≪韓國佛教學會第9回學術研究發表會 發表要旨≫, p.6.

智伐村은 촌명이므로 인명의 분석을 좀 어렵게 하고 있다. 어색하긴 하지만 居智伐村을 출신지명으로 보고서 衆士를 직명, 先人을 인명으로 볼 수가 있다. 이 때에는 출신지명이 직명보다 앞서는 점이 어색하고, 이 인명의 마지막에 복수를 나타내는 等자가 붙고 있어서 衆人인 先人이 2명 이상이 된다. 부연해서 설명하면 마지막의 先人을 인명으로 볼 때에는 그 뒤에 等자가 붙기 때문에 先人이란 인명을 가진 사람이 2명 이상이 되는 문제가 생기게 된다. 따라서 뒤의 先人을 인명으로 볼 수가 없다. 남은 해석 방법은 衆士와 先人을 모두 직명으로 보는 것이다.

지금까지 분석해 온 「道人比丘僧安及以沙彌僧首乃至居智伐村衆士先人等」을 해석하여 보기로 하자. 及以와 乃至를 병렬의 뜻을 가진 조사로 볼 경우에 道人을 당연히 比丘인 僧安을 가리키게 되고, 沙彌인 僧首와는 관계가 없게 되어 '道人 比丘인 僧安과 沙彌인 僧首와 居智伐村의 衆士・先人들이' 라고 해석된다.

위의 문장에서 가장 주목되는 용어는 道人이다. 道人이란 말은 이 시기의 다른 금석문에서도 나오고 있는 바 있으므로 이를 뽑아서 적기하면 다음과 같다.

　⑦ … … 見道人△居石窟… … (北漢山碑)
　① 干時隨駕沙門道人法藏慧忍 太等居柒夫智伊干……(마운령비)
　⑦ …… 干時隨駕沙門道人法藏慧忍 …… (황초령비)

위의 북한산비는 561년에서 568년 사이에 건립된 것이고, 마운령비와 황초령비는 568년에 건립되었다. 북한산비 등은 그 당시 신라 진흥왕과 그의 신하들이 함께 지방을 순수하고 세운 비석들이다. 비슷한 시기에 세워진 금석문인데도 북한산비의 道人은 북한산비가 서있던 북한산 비봉의 석굴에 살고 있었던 것으로 명기되어 있을 뿐, 인명표기가 북한산비에는 기록되지 않고 있다. 이에 비해 마운령비와 황초령비의 道人은 신라 정치의 중핵적인 역할을 담당했던 大等 집단보다도 앞서서 인명표기로 기록되고 있다. 이들 비문에 나타난 것으로 보면, 북한산비의 道人과 마운령비와 황초령비의 道人 사이에는 어떤 관계가 있는 듯하다. 북한산비의 건립은 마운령비와 황초령비에 앞서고 있다. 북한산비에서 북한산비의 석굴에 살고 있던 道人이 신라에 귀부되어 마운령비와 황초령비의 道人이 되었을 가능성은 없었을까?

북한산비가 서있던 한강유역과 마운령비·황초령비가 소재한 함흥근처는 모두 고구려의 땅이었다. 고구려의 고지에 가면서 신라 출신의 道人과 함께 가는 것보다는 북한산 비봉 근처 출신의 道人을 데리고 가는 쪽이 고구려계 지방민의 위무에는 훨씬 도움이 되었을 것이다.

이상에서 보면 을묘년명에 나오는 道人은 居智伐村과는 관계가 없는 중앙의 고급 승려로 판단된다. 그 뒤에 나오는 沙彌僧首도 중앙의 승려로 보인다. 이에 뒤이어 居智伐村의 衆士와 先人의 성격이 궁금하다. 이에 대해서는 다음과 같은 선학들의 견해가 있다.

첫째로 居智伐村의 衆士와 先人을 일반 촌민으로 보는 견해이다.[136]

둘째로 衆士와 先人 중 衆士를 ≪三國史記≫에 보이는 文士·烈士·國士 등과 같이 士로 표현되는 계층으로 보고서 이를 下級宮人, 나중에 外位 소지자가 되는 모집단으로 이해하는 견해가 있다.[137]

셋째로 乙卯年(535년)에 당시 서울에서 興輪寺 창건 공사가 시작되어 이 해에 比丘僧安 등이 川前里를 방문하여 명문을 작성했다는 전제 아래 比丘僧安과 沙彌僧首는 흥륜사 창건에 기술로써 봉사하고, 衆士·先人은 노동력으로 참가했다고 주장하는 견해가 있다.[138]

---

136 韓國古代社會研究所編, 1992, ≪譯註 韓國古代金石文≫2, p.165.
137 南希淑, 1991, 〈新羅 法興王代 佛敎 受容과 그 主導勢力〉≪韓國史論≫25.
138 深津行德, 1993, 〈앞의 논문〉.

위의 어느 견해에서도 을묘년명의 衆士와 先人에 대해 깊이 있는 검토가 뒤따르지 않고 있는 듯하다. 이 시기 신라의 금석문인 냉수리비, 봉평비, 적성비, 창녕비, 북한산비, 마운령비, 황초령비에 있어서 기본적인 비문의 구성은 왕경인들이 나오고 그 뒤에 지방민이 나오는 형식이다. 을묘년명처럼 중앙의 승려에 뒤이어서 지방 출신의 직명이 나오는 예는 없다. 을묘년명은 앞에서 예시한 냉수리비 등과 비교해서 衆士와 先人의 성격을 규명할 수는 없다.

居智伐村의 衆士와 先人에 앞서서 나오는 比丘僧安과 沙彌僧首가 중앙 불교계의 인물들이므로 衆士와 先人은 居智伐村에 있던 지방 불교와 관련된 직명으로 볼 수도 있다. 이 때에는 535년 당시의 지방 사원의 존재 가능성이 문제가 된다. 신라에 있어서 지방 사원과 관련된 승관제는[139] 州統·郡統이 알려져 있으나 이들은 대개 685년 신라의 지방 제도인 州郡縣制의 완성과 맥을 같이하는 것으로 이해되고 있다. 이 을묘년명에 나오는 居智伐村은 州나 郡보다 더 하급행정기관에 해당되는 촌명인 점에서 지방 사원과 관련될 가능성은 그 만큼 작아지게 된다. 더구나 신라의 서울이었던 경주에서조차 을묘년명이 작성된 해인 535년에 비로소 신라 최초의 사원인 흥륜사가 창건되기 시작하고 있어서 535년 居智伐村에 지방 사원이 있었을 가능성은 거의 없다. 따라서 衆士와 先人을 居智伐村에 있던 지방 사원과 관련되는 불교계통의 직명으로는 볼 수가 없다.

을묘년명은 제 ②·③·④행에서 道人·比丘僧安·及以·沙彌僧首·乃至 등은 모두 불교와 관련된 용어이다. 이들과 병렬로 연결되어 있는 居智伐村의 衆士와 先人도 불교와 관련된 漢譯佛典이나 조상기 등

---

139 李弘植, 1959, 〈新羅僧官制와 佛敎政策의 諸向題〉 ≪白性郁博士頌壽記念佛敎學論文集≫
     中井眞孝, 1971, 〈新羅における佛敎統制について〉 ≪朝鮮學報≫59.
     李銖勳, 1990, 〈新羅 僧官制의 성립과 기능〉 ≪釜山史學≫14.
     蔡尙植, 1993, 〈新羅 僧官制 이해를 위한 試〉 ≪韓國文化硏究≫6.

의 자료에 나올 가능성이 엿보이지만 지금까지 그러한 예는 발견된 바없다. 제 ②·③·④행의 인명표기 가운데 병렬로 연결되어 있는 3부분에서 두 부분은 불교 관련 용어이고, 나머지 한 부분에서는 불교와 관련된 용어에서는 그 유래를 찾을 수가 없다. 衆士와 先人 부분은 인명표기에서도 직명+인명식이 아닌 직명만으로 나열되고 있어서 그 성격이 참으로 궁금하다. 이 衆士와 先人은 居智伐村의 출신이라기 보다는 현재居智伐村에 살고 있는 계층으로 판단된다. 居智伐村에 살고 있는 계층으로 衆士와 先人으로 나뉘어져 있고, 중앙 불교계의 최고 지도층인 道人과 어깨를 나란히 할 수 있는 사람은 누구일까? 이들은 居智伐村의최고의 계층으로 볼 수가 있다.

지금까지 신라 금석문에서 행정촌의 최고 계층이 누구인지를 단정하기어렵지만, 村主, 作上, 城上 등을 들 수가 있다. 村主, 作上, 城上 등의 경우는 직명, 출신지명, 인명, 외위명을 갖는 인명표기 방식으로 적혀 있다. 衆士와 先人이 居智伐村의 최고 계층이라면 524년에 작성된 봉평비에 下干支, 一我, 一尺, 阿尺 등의 외위가 나오고 있어서 외위를 갖는 인명표기로비문에 적힐 가능성이 클 것이다. 居智伐村의 衆士와 先人의 형식으로 표기된 인명은 신라의 어느 금석문에서도 그 예를 찾을 수가 없다.

衆士와 先人은 을묘년명 자체에서는 두 개의 직명이라는 것 이외에는그 실체 파악의 실마리를 찾을 수가 없다. 좀 우회적인 방법이겠지만 을묘년명이 적혀있는 가까이에 소재한 원명과 추명을 통해 접근해 보자.원명과 추명은 각각 525년과 539년에 작성된 것이고, 양자에서는 沙喙部徙夫知葛文王과 妹가 주인공으로 함께 동행하고 있다. 원명의 작성연대는 525년이므로 신라에서 불교가 공인된 해인 527년 보다 2년이 앞서고 있다.

원명과 추명의 주인공들은 추명의 앞부분에 「過去乙巳年六月十八日昧沙喙部徙夫知葛文王妹於史鄒 女郎三共遊來以後六(月)十八日年過去」

라고 표기된 것처럼 525년 6월 18일에 이곳에 온 후에도 6월 18일에는 해마다 이 곳을 왔다가 갔다고 명기하고 있다. 이는 525년 6월 18일 徙夫知葛文王의 男妹에서는 대단히 중요한 날짜이기 때문에 해마다 6월 18일에는 이곳을 찾았다고 판단된다. 그 이유를 알아보기 위해 관계 부분을 적기하여 제시하면 다음과 같다.

① 過去乙巳年六月十八日昧沙喙
② 部徙夫知葛文王妹於史鄒女郎
③ 三共遊來以後六(月)十八日年過去 妹王考
④ 妹王過人 乙巳年王過去其王妃只沒尸兮妃
⑤ 愛自思己未年七月三日其王與妹 共見書石

위의 추명에서 해마다 6월 18일에 이곳을 왔다갔다고 명기된 부분은 제 ③행의 「…… 遊來以後六(月)十八日年過去」이다. 해마다 6월 18일에 이곳을 다녀가는 구체적인 이유는 제 ④·⑤행에 「乙巳年王過去其王妃只沒尸兮妃愛自思」라고 명기하고 있다. 이 부분의 해석에는 크게 두 가지의 방법이 있다.

첫째는 '乙巳年(525년)에 (徙夫知葛文)王은 옛날의 其王妃인 只沒尸兮妃를 愛自思했다'고 해석하는 것이다. 過去를 '옛날'의 뜻으로 보고 이 부분을 해석하면 옛날의 其王妃인 只沒尸兮妃를 愛自思했고, 지금의 只沒尸兮妃는 愛自思하지 않는다는 이야기도 되고, 6월 18일에 해마다 이 곳을 찾는 이유에 대한 뚜렷한 근거를 제시할 수가 없다.[140]

둘째는 過去를 永泰二年銘石造毘盧遮那 佛造像記에서 「過去爲飛賜豆溫哀郎願爲」을 '돌아가신 豆溫哀郎의 願을 위하여'라고 해석한 점에 따라 '돌아가시다'란 뜻으로 보고 해석하는 방법이 있다.[141] 이때에는

---

140 金昌鎬, 1995, 〈蔚山川前里書石의 解釋 問題〉《韓國上古史學報》6, p.393.

'乙巳年(徙夫知葛文)王은 돌아가신 其王妃인 只沒尸兮妃를 愛自思했다'고 해석된다. 이러한 식으로 해석하면 6월 18일에 해마다 (徙夫知葛文)王이 이곳을 찾는 이유는 명백하게 된다.

둘째의 방법을 따를 때에도 이 시기의 신라에서 해마다 같은 날짜에 특정 지역을 찾는 관습이 있었는지가 궁금하다. 이에 대한 구체적인 실례를 찾기는 어렵지만 백제 무녕왕릉 출토의 매지권에 따르면 무녕왕과 그 왕비는 모두 죽은지 27개월만에 장사를 지내는 3년상을 시행하고 있다고 한다.[142] 곧 523년 5월 27일에 죽은 무녕왕은 525년 8월 12일에 장사를 지냈고, 526년 12월에 죽은 무녕왕의 왕비는 529년 2월 12일 장사를 지내고 있다. 27개월의 3년상이 6세기 전반에 백제에 도입되었다면 같은 시기에 신라에서도 해마다 같은 날짜인 제삿날에 특정 지역을 찾는 관례에 대한 상정이 어느 정도 가능할 듯하다.

원명과 추명의 주인공인 徙夫知葛文王의 남매가 해마다 6월 18일에 천전리서석을 찾는 이유는 갈문왕의 왕비가 죽은 까닭으로 짐작된다. 천전리에 오는 이유가 궁금하다. 그것은 아무래도 천전리서석의 암각화와 관련하여 보면 이곳 자체가 신앙적인 장소였기 때문으로 판단된다.

아직까지 해결치 못한 衆士와 先人의 성격이 궁금하다. 울산천전리서석에는 청동기 시대의 암각화가 있으며, 명문작성 이전의 신라 선각화도 있다. 이들 선각화 기마인물도, 배, 새 등의 그림 내용은 신라 적석목곽묘에서 출토되고 있는 土偶나 線刻文土器의 조형 또는 그림과 일치하고 있다. 신라 고분 출토의 토우 등은 장송 의례 등 원시 신앙과 관련된 것으로 이해되고 있다. 이에 비추어서 천전리서석의 선각화는 신라의 장송의례와 관련된 원시 신앙으로 볼 수가 있고, 을묘년명에 나오는 衆士와 先人은 신라의 원시 신앙과 관련성이 있을 것 같다.

---

141 李弘植, 1959, 〈僧伽寺新考〉《鄕土서울》76.

142 김창호, 1995, 〈古新羅의 佛敎관련 金石文〉《嶺南考古學》16, p.52 참조.

2) 진흥왕 순수비

다 아는 바와 같이 신라 진흥왕은 변경 지역을 정복하고 나서 그 곳에 순수비를 세웠다. 순수비란 비문 자체에 「巡狩管境」이란 구절이 적혀 있는데, 북한산비(사진 14)·마운령비(사진 15)·황초령비(사진 16)가 그 예이다. 이들 금석문에서 불교와 관련된 구절부터 제시하면 다음과 같다.

⑦ ‥‥‥ 見道人△居窟 ‥‥‥ (북한산비)

① 干時隨駕沙門道人法藏慧忍 太等居柒夫智伊干‥‥‥
⑦ ‥‥‥ 堂來客內客五十外
⑧ 客五十拜互 ‥‥‥ (마운령비)

⑦ ‥‥‥ 干時隨駕沙門道人法藏慧忍 ‥‥‥ (황초령비)

위의 순수비들 가운데 북한산비는 561~568년에, 마운령비과 황초령비는 568년에 각각 건립되었다. 신라에 있어서 비문 문틀의 중국화는 마운령비와 황초령비에 와서 거의 완성되었다. 이들 순수비에서는 중국의 전형적인 한문 문틀이 나타나고 있으며, 상투적인 문구들이 세 비석에 공통적으로 나타나고 있다.

북한산비에서는 道人이 石窟에 居하는 것(‥‥‥ 見道人△居石窟)으로 표현되어 있다. 북한산 석굴의 존재에 대해서는 일찌기 검토된 바 있다.[143] 지금 북한산 비봉 근처에 소재한 僧伽寺에는 石窟로 판단되는 곳으로 藥師殿이 있다. 이 약사전에 568년 전후의 석굴사원 증거는 전혀 찾을 수가 없다. 기왕의 견해처럼 북한산비에 나오는 석굴이 약사전일 가능성이 있으므로, 전술한 천전리서석 을묘년명이 기록되어 있던 자리

---

143 李弘植, 1959, 〈앞의 논문〉.

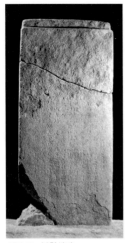

사진 14 북한산비   사진 15 마운령비   사진 16 황초령비

도 이와 유사한 신라 초기의 석굴사원이었을 가능성도 있는 듯하다.

　마운령비에서 沙門道人이란 직명류를 가진 法藏과 慧忍의 두 승려는 당시 신라에서 최고의 정치적인 실권자였던 居柒夫伊干보다 앞서서 기록되고 있다. 6세기 신라 정치의 중추적인 역할을 담당했던 太等들보다 앞서서 기록되고 있는 두 명의 沙門道人은 단순히 승려로서 진흥왕을 수가했을까? 아니면 그 당시 새로 정복된 마운령과 황초령 근처의 지방민에 대한 정신적인 지배라는 안배가 깔려 있었을까? 북한산비의 道人은 「見道人△居石窟」이란 구절에서 보면 본래부터 신라인은 아니었다고 쉽게 짐작이 간다. 그렇다면 마운령비와 황초령비에 똑같이 등장하는 두 명의 沙門道人은 신라 출신의 승려라기 보다는 북한산비에 나오는 道人과 동일인이 가능성도 있을 듯하다. 북한산쪽이나 마운령과 황초령쪽은 모두 568년경에 고구려에서 새로 신라에 편입된 영토들로 이들 지역 백성들에 대한 이데올로기적 지배는 고구려 출신의 승려가 오히려 적합한 듯하다.

　이렇게 순수비에 나오는 道人들이 고구려 출신의 승려로서 신라가 새로 정복한 고구려의 옛땅에 살던 백성들의 정신적인 지배에 중요한 몫을 담당했다고 볼 때, 마운령비의 뒷부분에 나오는 堂來客 · 哀內客 · 外客의 성격도 다시 검토되어야 할 것 같다. 이 堂內客 등에 대해서는 최근에 들어와 새로운 연구 성과들이 제시된 바 있다.[144] 여기에서는 국왕이 道人 · 大等 등의 신하들과 함께 지방민의 巡狩管境이란 관점에서 볼 때, 마운령 근처에 있던 족장들로 판단된다. 이들은 ≪三國志≫, 魏書, 東夷伝에 나오는 邑君 · 三老 · 長帥 등에 해당 될 것이다.

3) 무술오작비(사진 17)

1946년에 발견된 이 비는 경북대학교 박물관에 보관되어 있다. 이 비에 대해서는 力役制 · 村制 등에서 다양한 견해들이 제기되고 있다.[145] 이 비문에 나오는 戊戌年은 대개 578년(진지왕 3년)으로 보아왔다. 오작비에 있어서 가장 눈에 띄는 것은 力役을 담당했던 지방민에 앞서서 都唯那란 승관직을 가진 인명이 두 번이나 나오고 있는 점이다. 두 승려는 阿(尺干)이란 경위를 가졌는지 아니면 阿尼란 승관을 가졌는지 판독상으로 확실히 결정할 수가 없다. 어느 부분은 취하더라도 오작비에서 都唯那란 승관직을 가진 두명의 승려 등장은 어쩐지 낯설다.

다 아는 바와 같이 고신라 금석문에 있어서 力役의 자료는 축성과 관련된 것, 築堤와 관련된 것으로 나누어 진다. 축성과 관련된 금석문 자료로는 명활산성비, 안압지 출토비, 남산신성비(제1-11) 등이 있고, 축제와 관련된 금석문 자료로는 영천청제비 병진명, 대구 무술명오작비 등이 있다. 축성쪽에서는 受作거리가 반드시 기록되거나 축제쪽에서는 기록되지 않았다. 축제쪽에서는 연동원 인원, 제방의 크기가 반드시 기록

---

144 김창호, 1995, 〈앞의 논문〉.
145 이에 대한 연구사적인 개요는 김창호, 2000, 〈고신라 금석문에 보이는 城村制의 연구사
     적 조망〉≪新界文化≫4 참조.

사진 17 무술오작비

되나 축성쪽에서는 그러한 기록은 없다. 이렇게 역역과 관련되는 금석문에서 불교와 관련된 승관직이 나오는 예는 오작비가 유일하다. 오작비에 있어서 都唯那란 승관직을 가진 두 승려의 역할이 궁금하다.

무동리에 소재한 오의 축조를 불교와 관련된 탑이나 종 등을 만들 때처럼 香徒와 유사한 조직으로 私的인 차원에서 시행했기 때문에 두 명의 승려가 오작비에 등장하는 것으로 해석할 수도 있다. 오작비가 국가나 지방의 행정기관의 주도로 만들어진 公的인 것인지 아니면 두 승려의 주도로 만들어진 사적인 것인지를 결정할 수 있는 자료로는 오작비자체는 물론 어디에서도 없다. 공적인 입장에서 만들어진 것으로 인식되어 온 영천청제비 병진명과의 역역조직의 차이점 등으로 이 문제에대해 접근해 보기로 하자. 병진명과 오작비가 각각 5세기 후반과 6세기후반에 작성되었던 점을 먼저 상기할 때 두 비문에서의 力役조직 차이는 거의 없다. 더구나 연 동원 인원과 오(또는 제)의 크기 등을 다같이 기록하고 있어서 양자 사이의 공통점만 보일뿐 공적인 비와 사적인 비란차이점은 전혀 찾아낼 수가 없다. 그렇다면 오작비도 남산신성비·명활산성비·영천청제비 병진명 등과 같이 공적인 입장에서 역역이 동원되었고, 공적인 입장에서 기록된 오작비의 都唯那란 승관직을 가진 두 명의 승려 역할이 궁금하다.

6세기 신라에 있어서 벼농사에 관련된 수리 시설에는 여러 가지가 필요하겠지만 그 가운데 하나로 오의 축조를 들 수가 있다. 당시 오의 축조는 벼농사가 국가 경제에 차지하는 기여도로 볼 때 국가에서 관장하는 사업으로 판단된다. 개인이나 승려가 인근 지역의 역역을 동원하여 시행하는 오의 축조는 상상하기가 어렵다. 당시 신라에서 가장 중요한 국가 수입원이 벼농사라고 판단된다. 그래서 벼농사에 대한 국가의 관심은 대단히 컸을 것이다.

당시에 있어서 오의 축조에는 많은 전문적인 지식을 갖춘 전문가가 필요하다. 그 사회에 있어서 승려들은 최고 지식인들이었고, 중국이나 고구려 등 선진 지역에서 들어온 의학 등에 대한 새로운 지식을 소유하고 있었다고 판단된다. 오작비의 두 승려도 수리시설과 관련된 제방의 축조에 전문적인 지식을 가진 사람으로 해석할 수도 있다. 이들은 당시의 대구 사회가 신라에 복속되고 나서 오의 축조로 민심을 얻음과 동시에 승려를 통해 대구 지역의 지방민을 정신적인 차원에서 완전히 신라인으로 만드는 데에 중요한 몫을 담당했을 가능성은 없었을까?

신라의 주변 지역 병합은 당시에는 고구려, 백제가 아직 존속하고 있는 3국 시대이므로 중앙 정부나 국방 차원에서 여러 가지 배려가 있었다고 판단된다. 가령 적성비의 「別教自此後國中如也爾次……懷懃力使人事若其生女子年小……兄弟耶此白子大人耶小人耶……」란 구절의 내용이 그 예이다. 적성비의 내용에서 처럼 신라가 주변 지역을 병합하고 나서 부속된 지역민들에게 완전히 신라인으로 거듭나기 위해서는 여러 가지 선심 공세가 필요하였을 것이다. 오작비에 나오는 오의 축조도 부속된 대구 지역의 지역민에게 신라인으로 거듭나도록 선심 사업의 일

환으로 해석되고, 두 명의 승려들은 지역 민의 정신적인 지배를 염두에
둔 신라 중앙 정부의 배려로 짐작된다. 이러한 변경 지역민의 신라인화
에 대한 적극적인 조치는 뒷날의 삼국통일의 한 디딤돌이 되었다고 판
단된다.

4. 맺음말

지금까지 논의되어 온 바를 간략히 요약하여 맺음말에 대신하고자
한다.

먼저 신라의 적석목곽묘 가운데 식리총에서 출토된 동완의 도상이 蓮
華化生이고 그 연대를 475~500년 사이로 신라의 불교 공인 이전의 유
물로 보았고, 황남대총 남분의 부장품 상자에서 나온 은제관식도 414년
또는 415년에 만들어진 풍소불묘의 금동제관식을 조형으로 하고 있고,
금동제관식에는 3존불이 押型으로 부조되어 있어서 황남대총의 피장자
는 불교를 알았을 가능성이 크다. 남분의 축조 연대도 북분의 「夫人帶」
명, 은제관식을 풍소불묘의 금동제관식과 대비시킬 때 479년 이전으로
판단되어 불교 공인 이전의 불교가 신라에 들어왔을 가능성을 보여주고
있다.

다음으로 울산천전리서석 을묘년명에서는 신라의 원시 신앙과 불교
와의 관계 및 초기의 불교 모습을 복원 할 수 있는 중요한 자료로 보인
다. 진흥왕의 3순수비에는 모두 道人이 나오고 있으며 지방민의 이데올
로기 지배의 모습이 아닌가하고 추정하였다. 오작비에는 두 명의 승려
가 나오고 있는바, 이는 공적인 입장에서 신라 중앙 정부가 대구 지역의
지방민에 대한 위무와 배려이고, 두 승려는 오를 쌓는데에 있어서 전문
지식을 선진 지역에서 도입해 갖고 있었을 것으로 추정하였다.

癸酉銘阿彌陀三尊佛碑像의 銘文

1. 머리말

1960년대초에 충남 연기군에서는 7개의 불상이 발견되었다. 이 때에 알려진 불상은 癸酉銘阿彌陀三尊佛碑像, 癸酉銘三尊千佛碑像, 戊寅銘四面石佛像, 己丑銘阿彌陀諸佛菩薩石像, 彌勒菩薩半跏石像, 蠟石製 三尊佛碑像 등으로 명명되어 이미 국보 또는 보물로 지정된 문화재이다. 이들 불상에 대해서는 이미 관계 전문가에 의해 종합적인 정리가 된 바 있다.[146]

癸酉銘이 새겨진 두 구의 불상은 명문의 내용이 풍부해 지금까지 많은 문헌사가에 의해 주목을 받아 왔다. 곧 관음 신앙의 측면에서의 접근이나[147] 신앙 결사 측면의 접근[148]을 포함해 7세기 백제 유민 동향에 대한

---

146 黃壽永, 1964, 〈忠南燕岐石像調査〉 《藝術論文集》, : 1989, 《韓國의 佛像》, 文藝出版社.

147 洪承基, 1976, 〈觀音信仰과 新羅社會〉 《湖南文化研究》 8.

148 金文經, 1979, 〈三國 新羅時代의 佛敎信仰結社〉 《史學志》 10.

중요한 근거가 되어 왔다.[149]

그 가운데에서 癸酉銘阿彌陀三尊佛碑像(사진 18)의 명문에 대해서는 최근에 들어와 비면의 배치에 대해 이견이 나오고 있다.[150]

네면의 정확한 순서 배치는 비문의 내용 파악과 관계가 크므로 다음과 같은 몇가지 점에 유의하여 비문을 다시 한번 검토해 보고자 한다. 먼저 비문의 판독에서 지금까지 제시된 여러 선학들의 업적을 발판으로 현지 조사를[151] 통하여 보다 정확한 판독문을 만들겠다. 다음으로 비문 내부의 규칙 등에 의거하여 30명 가량 나오는 인명 표기를 분석하겠다. 그 다음으로 비문의 내용을 인명분석을 토대로 해석해 보고자 한다.

2. 명문의 판독

이 비상의 명문은 정면, 배면, 양 측면에 새겨져 있다. 명문 자체에 대한 판독은 지금까지 크게 두 차례에 걸쳐서 실시되었다.[152] 같은 해에 만들어진 癸酉銘三尊千佛碑像의 명문과 연결시켜서 추독 등의 방법으로 몇몇 글자들이 판독되기도 했다. 판독에 들어가기에 앞서서 최근 들어와 거론되고 있는 비면 자체의 배열 순서부터 검토해 보기로 하자.

종래에는 대부분 정면→향좌측면(우측)→향우측면(좌측)→배면의 순서로 명문을 배치해 왔다. 이러한 비면의 배치에 대해 의문을 제기한 견해가 나왔다.[153]

149 金周成, 1990, ≪百濟 泗沘時代 政治史研究≫, 全南大學校 大學院 博士學位 請求論文.
150 金周成, 1990, ≪앞의 책≫, pp.164-166.
151 1992년 4월 23일과 24일에 걸쳐서 국립청주박물관과 국립공주박물관에서 癸酉銘의 두 불상명문을 조사하였다. 조사시에 여러 가지로 배려와 조언을 주신 두 박물관의 관계자 여러분께 감사의 말씀을 전하고자 한다.
152 黃壽永, 1976, ≪韓國金石遺文≫, pp.246-248. 여기에서는 黃壽永, 1989, ≪앞의 책≫, p.247과 마찬가지로 향좌측면과 향우측면의 표시가 바뀌어 있다.
      郭東錫, 1984, 〈新羅佛碑像의 硏究〉, 韓國精神文化研究院附屬大學院 碩士學位論文.

사진 18 계유명아미타삼존불상

　여기에서는 향좌측면은 智識名記라 하여 智識의 이름이 나열하는 도
중에서 끝나고 있는 점과 그 다음의 판독될 순서는 향좌측면의 끝에 새
겨진 인명이 연이어 계속 인명이 새겨진 배면이 되어야 할 것이란 전제
아래 정면→향좌측면(우측)→배면→향우측면(좌측)의 순서로 배치하고

153　金周成, 1990, ≪앞의 책≫, pp.164-166.

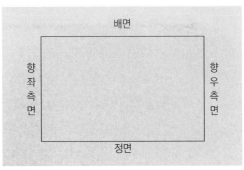

그림 12

있다.

그림 12에서 보는 바와 같이 배면의 앞에는 향좌측면이 와야 되므로, 향좌측면의 뒤에 배면을 배치한 점은 비면 배치의 문제에 있어서 새로운 전환점을 마련한 것이다. 그림 1에서 보면 비의 명문 자체가 한자를 기록하는 원리대로 따를 때 시계 방향으로 비문을 배치해야 된다. 그러면 정면→향좌측면→배면→향우측면의 순서가 된다. 이 때에는 향좌측면과 배면은 서로 내용상 연결이 되나 정면과 향좌측면, 배면과 향우측면은 각각 내용상으로 전혀 연결이 안된다. 표 2에서 보면, 정면에 앞서는 비면은 향우측면이므로 향우측면을 정면의 앞에 놓고서 내용을 살펴 보면 서로 연결이 된다. 이렇게 될 경우에도 비면의 배치 순서가 향우측면→정면→향좌측면→배면인지 아니면 향좌측면→배면→향우측면→정면인지가 문제이다. 후자가 타당하다고[154] 판단되는 바 그 근거는 다음과 같다.

첫째로 향우측면과 정면의 주된 내용은 삼존불의 造像이며, 향좌측면과 배면의 주된 내용은 국왕 등을 위한 造寺이다. 절을 짓는 것이 절에

---

154 중국에서도 향좌측면부터 먼저 명문이 적힌 예가 있다. 元嘉十四年銘金銅佛坐像과 天保四年銘石造菩薩半跏思惟像에 향좌측면→배면→향우측면의 순서로 기해하고 있다.(熊本縣立美術館, 1985, ≪中國の佛像展≫)

속하는 조상을 하는 것보다 상위의 개념이 된다.

둘째로 향좌측면은 癸酉年四月이나 향우측면은 癸酉年五月로 향좌측면 쪽이 시간상으로 빠르다.

셋째로 향우측면의 제②·③행의 「此右諸……」의 부분은 「此右諸 智識與」로 복원이 가능하므로 향좌측면이 향우측면에 앞서서 나와야 된다.

이와 같이 비면을 배치하고, 비의 명문 판독에 대해 조사해 보자.

먼저 향좌측면에서 제①행은 모두 10자이고 「10」번째 글자는 日자이다.

제②행은 모두 4글자로 「1~3」번째 글자를 각각 兮, 乃(?), 末(?), 로 판독한 견해가 있으나[155] 비 자체에서 확인이 불가능하여 3자 모두를 모르는 글자로 한다.

제③행은 모두 4자이다. 「4」번째 글자를 推자로 본 견해가 있으나[156] 扌변이 十처럼 보이고 隹의 부분도 명확치 못해 모르는 글자로 한다.

제④행은 모두 4자이다. 「2」번째 글자는 發로, 3번째 글자는 願으로 각각 판독해 왔으나[157] 그러한 자흔의 확인이 불가능하여 여기에서는 모르는 글자로 본다.

제⑤행은 모두 5자이다. 「2」번째 글자는 布자처럼 보였으나 자흔이 너무 희미해 모르는 글자로 한다. 「3」번째 글자는 지금까지 판독해 온 대로 彌자로 본다.

제⑥행은 모두 5자이다. 「1」번째 글자를 乃자로 판독해 왔으나[158] 비 자체에서는 전혀 그러한 자흔을 찾을 수가 없었다.

155 黃壽永, 1976, ≪앞의 책≫, p.247.
156 郭東錫, 1984, 〈앞의 논문〉, p.73.
157 黃壽永, 1976, ≪앞의 책≫, p.247.
158 黃壽永, 1976, ≪앞의 책≫, p.247.

제⑦행은 전체가 4자인지 5자인지도 불확실하지만 5자로 보아 둔다. 「1」번째 글자를 소자로 읽는 견해가 있으나[159] 牟자이다.[160] 「2」번째 글자는 氏자이고, 「3」번째 글자는 毛자였다.[161] 「4」·「5」번째 글자는 관등명이란 선입견을 갖고 판독하면 각각 乃자, 末자의 자흔이 보이기도 하나 여기에서는 모르는 글자로 한다.

제⑧행은 모두 4자인지 5자인지도 불확실하나 5자로 잠정적으로 처리해 둔다. 「2」번째 글자는 等자로 읽어 왔으나[162] 그러한 자흔의 확인은 불가능하다.

제⑨행은 모두 5자이다. 「3」번째 글자는 知자로 읽어 왔으나[163] 智자였다.

제⑩행은 모두 5자로 판독에 전혀 다른 이견이 없다.

제⑪행은 모두 10자이다. 「8」번째 글자는 종래에 發자로 읽어 왔으나[164] 等자로 판독된다. 「13」번째 글자는 知자로 읽어 왔으나[165] 智자였다.

제⑫행은 모두 5자로 판독에 다른 이견이 없다.

제⑬행은 종래에 奏樂天 부분의 명문으로 보아 왔으나[166] 한문에서 상단이 하단보다 먼저 기록되는 점에 따라 左上 奏樂天에 있는 명문으로 한다. 모두 4자로 「1」번째 글자는 日자로, 「4」번째 글자는 願자로 읽는다.

159 黃壽永, 1976, ≪앞의 책≫, p.247.
160 郭東錫, 1984, 〈앞의 논문〉, p.73 여기에서는 제⑦행의 「2」번째 글자를 牟자로 보고 있다.
161 郭東錫, 1984, 〈앞의 논문〉, p.73.
162 黃壽永, 1976, ≪앞의 책≫, p.247.
163 黃壽永, 1976, ≪앞의 책≫, p.247. 黃壽永, 1989, ≪앞의 책≫, p.247에도 智자로 판독되어 있다.
164 黃壽永, 1976, ≪앞의 책≫, p.247. 黃壽永, 1989, ≪앞의 책≫, p.247에도 等자로 읽고 있다.
165 黃壽永, 1976, ≪앞의 책≫, p.247.
166 郭東錫, 1984, 〈앞의 논문〉, p.247. 향좌측면의 제⑩행과 제⑪행의 사이에 이미 한자에 있어서 통용되고 있는 단의 개념에 입각하여 표기하고 그 때문에 이렇게 바꾸었다.

제⑭행은 右下 奏樂天에 있는 명문으로 전부 3자로 판독에는 전혀 다른 이견이 없다.

제⑮행은 모두 4자로 「3」번째 글자는 大舍란 신라 관등명의 合字인 △로 읽는다.

이제 배면의 명문을 판독할 차례가 되었다. 종래에는 배면의 4단에 각각 4줄씩의 인명이 쓰여진 것으로 판독해 왔다. 배면에는 4단의 각각에 5구씩의 공양자상이 있는데 그 향좌측에 명문이 있다. 2 · 3 · 4단에서 5줄임이 확인되어 1단에도 5줄로 복원하였다.

제1단에 있어서 제①행의 「1」번째 글자는 上자로 판독해 왔으나[167] 울주천전리서석 · 창녕비 등에서와 같이 与로 쓰여있어서 與자로 읽는다. 제③행의 「1」번째 글자는 그 자획이 모습이 豆자 또는 臣자로[168] 보였으나 우선 豆자로 보아 둔다. 제⑤행은 전혀 글자의 유무를 확인할 수 없지만 제2 · 3 · 4단의 예에 따라 모두 4글자를 복원하였다.

제2단에 있어서 제②행의 「2」번째 글자는 信자로 읽어 왔으나[169] 그 자흔의 확인이 불가능하여 여기에서는 모르는 글자로 본다. 제③행의 「1」번째 글자는 大자로 읽어 왔으나[170] 上자로 읽었다. 제⑤행의 「4」번째 글자는 희미하게나마 師자의 자흔이 보여 師자로 읽었다.

제3단에 있어서 제②행의 「2」번째 글자는 久자로 읽어 왔으나[171] 자흔의 확인이 불가능하였다. 제③행의 「2」번째 글자는 力자로 읽었다. 제③행의 「2」번째 글자와 「3」번째 글자사이에는 흠집에 있어서 글자를 판독이 어렵다. 이 두 글자를 합쳐서 관등명으로 보면 乃末이 연상되기도 하

---

167 黃壽永, 1976, ≪앞의 책≫, p.248.
168 일본의 471년 또는 531년설이 있는 稻荷山古墳 출토의 철검 명문에 이 글자와 유사한 臣자가 많이 나온다.
169 黃壽永, 1976, ≪앞의 책≫, p.248.
170 黃壽永, 1976, ≪앞의 책≫, p.248.
171 黃壽永, 1976, ≪앞의 책≫, p.248.

나[172] 전후 관계로 볼 때 무리가 있어서 「3」번째 글자는 모르는 글자로 처리하였다. 제③행의 「4」번째 글자는 願자로 읽었다. 제④행의 「2」번째 글자는 久자이다. 「△惠信師」의 부분은 제⑤행이었다.[173]

제4단에 있어서 제②행의 「2」번째 글자는 許자였다. 제⑤행의 「1」번째 글자는 普자였다.

그 다음은 향우측면의 명문을 판독할 차례가 되었다. 제①행의 「6」번째 글자는 四자로 읽어 왔으나[174] 자형에 근거할 때 五자로 보는 것이 좋을 것 같다. 제②행의 「9」번째 글자는 石자로 읽어 왔으나[175] 글자 자체는 右자였다. 제⑤행은 종래에 제⑥행으로 보아온 左上 주악천 부분의 명문으로 「3」번째 글자는△였다. 제⑥행에서 「2」번째 글자는 眞자로 읽어 왔으나[176] 三자였다. 「3」번째 글자는 △자로 읽었다.

이제 정면으로 명문을 판독할 차례가 되었다. 제①행의 「1」번째 글자는 자형으로 볼 때 全자라기 보다는 至자에 가까웠으나 至자로 단정하기도 어려워 모르는 글자로 본다.(「2」번째 글자가 氏자인 점에 근거해 「1」번째 글자를 성으로 단정하고 판독하면 全자가 되어야 한다. 이 부분이 비의 시작부분이 아니고 또 인명 표기의 한 부분임에 근거할 때 全자의 판독은 재고되어야 할 것이다.) 제③행의 「3」번째 글자는 介자이다. 제⑦행의 「4」번째 글자는 以자로 읽어 왔으나[177] 자형상의 차이가 있었다. 제⑨행의 「3」번째 글자는 國자로 읽어 왔으나[178] 확인이 불가능하다. 제⑬행의 「3」번째 글자는 三자이다. 제⑭행의 「3」번째 글자는 走의 부분만이 뚜렷이 확인

---

172 乃末로 볼 때 乃자가 力자이므로 문제가 된다.
173 종래에는 제④행으로 판독해 왔다. (黃壽永, 1976, ≪앞의 책≫, p.248)
174 黃壽永, 1976, ≪앞의 책≫, p.247.
175 黃壽永, 1976, ≪앞의 책≫, p.247.
176 郭東錫, 1984, 〈앞의 논문〉, p.74.
177 黃壽永, 1976, ≪앞의 책≫, p.246.
178 郭東錫, 1984, 〈앞의 논문〉, p.72.

할 수가 있었다. 이 글자의 走변에 다른 자획이 첨가되는 지도 모르겠지만 여기에서는 잠정적으로 走자로 읽어 둔다. 이상의 판독 결과를 제시하면 다음과 같다.

3. 인명의 분석

본 비상의 인명 분석에 대해서는 이미 몇차례에 걸쳐서 시도된 바 있다.[179] 이러한 선학들의 업적을 발판으로 인명 표기에 대해 검토해 보기로 하겠다.

먼저 향좌측면에 나오는 인명부터 검토해 보자. 제⑤행에 대해 종래에는 彌次를 인명, 乃를 관등명으로 보기도 했고,[180] 彌次乃는 합쳐서 지명으로 보기도[181] 했다. 위의 어느 견해나 본 비상 자체에서 1행당(1줄당) 1사람의 인명 표기만을 기록하고 있는 원칙과 차이가 있다. 여기에서는 제⑤행만이 한사람의 인명 표기로 해서 분석해 본다. 「△△彌△次」에서 △△는 인명, 彌△次가 관등명이 되는 듯하다.[182]

제⑥행의 「△△正乃末」이 한 사람의 인명이다. △△正은 인명, 乃末이 관등명이다.

제⑦행의 「牟氏毛△△」가 한 사람의 인명이다. 牟氏毛가 인명, △△가 관등인 바, △△의 부분을 억지로 추독해 읽으면 乃末일 수도 있음은 전

---

179 洪承基, 1976, 〈앞의 논문〉, p.47등.
180 金周成, 1990, ≪앞의 책≫, p.167.
    權惠永, 1991, 〈新羅 官等 阿湌·奈麻에 대한 考察〉 ≪國史舘論叢≫ 21, p.54.
181 洪承基, 1976, 〈앞의 논문〉, pp.51~52.
182 彌△次는 7세기 금석문으로 추정되는 안압지 근처에서 출토된「作人居△次及伐車」란 명문(黃壽永, 1976, ≪앞의 책≫, p.258)의 及伐車와 같이 신라 관등인 及尺干일 가능성이 있는 듯하다. 왜냐하면 彌의 音과 及의 訓인「및」이 같고, △는 伐과 대응되고, 次와 車는 음이 같기 때문이다. 彌△次의 부분이 혹시 彌次일지라고 及干=及車와 같을 가능성이 있는 듯하다.

술한 바 있다.

　제⑧행에는 제일 마지막 글자가 五자이고, 여기에는 千·百 등의 숫자가 복원되어야 하므로 인명 표기가 원래부터 없었던 것으로 판단된다.

　제⑫행이 한 사람의 인명 표기이다. 「達率身次願」에서 達率은 백제의 관등명이고, 身次가 인명이다. 願자는 무슨 뜻에서 인명 표기의 뒤에 붙어있는지는 잘 알 수가 없다. 이 達率身次의 부분은 관등명＋인명으로 그 순서가 백제 금석문의 인명 표기에 대한 하나의 지표가 된다.[183]

　제⑬행의 「日△△願」이 한 사람의 인명 표기이다. 日△가 인명, △부분은 관등명이다. 관등명인 △부분에는 전후 관계나 글자의 수로 볼 때 △자가 복원되어야[184] 할 것이다.

　제⑭행의 「眞武△」가 한 사람의 인명 표기이다. 眞武가 인명, △가 관등명이다.

　제⑮행의 「木△△」가 한 사람의 인명이다. 木△가 인명, △가 관등명이다.

　이제 배면의 인명 표기에 대해 검토할 차례가 되었다. 제1단에서 제① 행의 「與次乃末」이 한 사람의 인명 표기이다. 與次가 인명, 乃末이 관등명이다.

　제②행의 「三久知乃末」이 한 사람의 인명 표기이다. 三久知가 인명, 乃末이 관등명이다.

　제③행의 「豆兎△」가 한 사람의 인명 표기이다. 豆兎가 인명, △이 관등명이다.

183　현재까지 백제 금석문에 있어서 관등이 포함된 인명 표기의 정확한 단서가 되는 유일한 예이다.

184　大舍로 복원하게 되면 癸酉銘三尊千佛碑像의 小舍가 합자된 점을 예로 들 것이나 현지 조사의 결과 천불비상에는 山舍의 합자처럼 적힌 관등명이 나왔다. 자세한 관찰 결과 전부가 大舍의 합자로 밝혀졌다.

제④행과 제⑤행은 글자를 읽을 수가 없어서 인명의 구체적인 분석이 불가능하다. 뒤의 제2 · 3단의 예에 따를 때 제④행의 인명은 그 관등명이 大舍로, 제⑤행은 관등명류가 △師로 각각 복원할 수가 있다.

제2단에서 제①행의 「△△△」가 한 사람의 인명 표기이다. △△가 인명, △가 관등명이다.

제②행의 「夫△△」가 한 사람의 인명이다. 夫△가 인명, △가 관등명이다.

제③행의 「上△△△」가 한 사람의 인명이다. 이 인명이 관등명을 갖고 있었다고 판단되는바, 그 관등명은 전후 관계로 보아 △로 추정된다. 「上△△△」에서 上△가 인명, 뒤의 △가 △, 그 뒤의 △가 願자로 추정된다.

제④행의 「△△△△」가 한 사람의 인명 표기이다. 이 인명도 앞의 인명에 준하여 판단하면 △△가 인명, △가 △, 그 뒤의 △가 願자가 된다.

제⑤행의 「△△△師」가 한 사람의 인명 표기이다. △△가 인명, △師가 관등명류가 된다.

제3단에 있어서 제①행의 「△△乃末」이 한 사람의 인명이다. △△가 인명, 乃末이 관등명이다.

제②행의 「△△△」가 한 사람의 인명이다. △△가 인명, △가 관등명이다.

제③행의 「△力△」가 한 사람의 인명이다. △力이 인명, △가 관등명이다. △에는 △의 복원이 가능하다.

제④행의 △久△가 한 사람의 인명이다. △久가 인명, △가 관등명이다.

제⑤행의 △惠信師가 한 사람의 인명이다. △惠이 인명, 信師가 관등명류이다.

제4단에 있어서 제①행의 「△夫乃末」이 한 사람의 인명이다. △夫가 인명, 乃末이 관등명이다.

제②행의 「林許乃末」이 한 사람의 인명이다. 林許가 인명, 乃末이 관등명이다.

제③행 「惠明法師」가 한 사람의 인명이다. 惠明이 인명, 法師가 관등명류이다.

제④행의 「△△道師」가 한 사람의 인명이다. △△가 인명, 道師가 관등명류이다.

제⑤행의 「普△△△」가 한 사람의 인명이다. 普△가 인명, △△가 관등명류이다. △△의 뒷부분인 △에는 師자의 복원이 가능하다.

향우측면의 인명을 분석할 차례가 되었다. 제④행의 「△△△△」가 한 사람의 인명 표기이다. △△가 인명, △가 △, △가 願으로 추정되나 확실한 것은 아니다.

제⑤행의 「△△△」가 한 사람의 인명이다. △△가 인명, △가 관등명이다.

제⑥행의 「使三△」가 한 사람의 인명이다. 使三이 인명, △가 관등명이다.

제⑦행의 「道作公」이 한 사람의 인명이다. 道作公을 합쳐서 한 사람이 인명이고 관등명이 없는지, 아니면 道作이 인명, 公이 관등명류인지 불분명하다.

마지막으로 정면의 인명을 분석할 차례가 되었다. 제①·②행 등을 인명으로 보기도 했으나 단정은 불가능하다. 정면 제①·②행은 향우측면과 연결되고 있으므로 그 가능성은 인정되어 잠정적으로 인명으로 보아두고자 한다. 이상의 인명 분석을 제시하면 표 2와 같다.

표 2 癸酉銘三尊佛碑像의 人名分析

비면의 표시		인 명	관 등 명	비 고
향 좌 측 면	1	△△	彌△次	及伐車(及干)
	2	△△正	乃末	
	3	牟氏毛	△　△	乃末로 복원
	4	身次	達率	백제 관등명
	5	日△	△	△로 복원
	6	眞武	△	
	7	木△	△	
배 면	8	與次	乃末	
	9	三久知	乃末	△로 복원
	10	豆兎	△	△師로 복원
	11	△△	△	
	12	△△	△△	
	13	△△	△	
	14	夫△	△	△로 복원
	15	上△	△	〃
	16	△△	△	
	17	△△	△師	
	18	△△	△	
	19	△△	△	
	20	△力	△	△로 복원
	21	△久	△	
	22	△惠	信師	
	23	△夫	乃末	
	24	林許	乃末	
	25	惠明	法師	
	26	△△	道師	
	27	普△	△△	△師로 복원
향 우 측 면	28	△△	△	△로 복원
	29	△△	△	
	30	使三	△	
	31	道作公		公이 관등명류인지도 모름
정 면	32	△氏	△△	인명인지 여부 불확실
	33	述況	△△	〃

4. 명문의 내용

본 비상의 명문이 造寺와 造佛像으로 크게 나누어서 생각할 수가 있다.[185] 향좌측면과 배면에는 造寺에 대한 내용과 인명이 기록되어 있고, 향우측면과 정면에는 造佛像의 내용과 인명이 기록되어 있다. 우선 조사와 관련된 부분의 대체적인 내용은 癸酉年四月 十△月에 △△彌△次, △△正乃末, 牟氏毛(乃末)의 3사람이 주도하여 여러 智識과 함께 國王, 大臣, 七世 父母 등을 위해 造寺했고, 이에 관계한 智識의 인명이 나열되어 있는 것이다.

여기에서 문제가 되는 것은 國王과 大臣의 소속이 백제인지 신라인지이다. 이 문제의 해결을 위해 癸酉年의 연대부터 검토해 보자. 조상의 미술사적인 접근에서 癸酉年을 673년으로 보아왔다.[186] 인명 표기에 근거할 때에도 같은 결론에 도달하게 된다. 癸酉年을 한 갑자 올려서 613년으로 볼려고 하면 그 당시의 정치적 상황으로 達率이란 백제의 관등명과 乃末 등의 신라 관등명이 같은 비문에 공존할 수가 없다. 癸酉年을 한 갑자 내려서 733년으로 보면 達率이란 백제 관등을 가진 사람의 나이가 백제 멸망 당시인 660년에 30살이라고 가정해도 733년에는 103살이 되어 성립되기가 어렵다. 따라서 癸酉年은 673년이 될 수밖에 없다. 673년 당시에 있어서 명문이 나오는 國王과 大臣이 백제의 국왕과 대신들일 때에는 본 비상의 성격은 백제 유민들의 부흥 운동과 연결될 수가 있다. 국왕과 대신이 현재에 살아 있는 신라의 국왕과 대신들이라면 비상의 성격을 백제 부흥 운동과 연결시키기 어렵게 된다. 이 문제의 보다 확실한 해결을 위해 비상 자체에서 관계 부분을 적기하면 다음과 같다.

---

185   洪承基, 1976, 〈앞의 논문〉, p.48.
186   黃壽永, 1989, ≪앞의 책≫, p.271.

……五十人智識共爲國王大臣及七世父母含靈等願敬造寺.

이 구절 가운데 含靈 부분의 해석이 문제가 되어 왔다. 이 부분을 "國
王大臣 및 七世父母의 영혼을 위해 절을 짓는다."는 의미로 해석해 국왕
과 대신을 백제의 죽은 국왕과 대신으로 본 견해가 있다.[187] 含靈은 癸酉
銘三尊佛 千佛石像에 나오는 法界衆生과 같은 뜻으로 인류를[188] 의미할
뿐, 죽은 영혼을 의미하는 뜻은 없다. 그래서 이 부분을 '국왕, 대신, 7세
부모, 모든 중생'으로 해석해 국왕, 대신, 모든 중생을 생존해 있는 현세
의 인물로 본 견해도 있다.[189]

673년 현재에 생존해 있는 국왕이라면 국왕은 당연히 신라의 왕을 가
리키게 된다. 이 때에 문제가 되는 점은「達率身次」란 인명 표기이다. 達
率은 백제의 관등명이므로 身次의 국왕이 신라왕이기에는 어디엔가 이
상하다. 이 부분에 관계되는 자료가 있는 바 이를 제시하면 다음과 같다.

百濟人位 文武王十三年以百濟來人授內外官 其位次視在本國官衘 京
官 大奈麻本達率奈麻本恩率 大舍本德率…….

(≪三國史記≫券 40, 雜志, 職官下)

문무왕 13년은 서기 673년인 바, 본 비상의 癸酉年과 동일한 해가 된
다. 673년 당시에 백제인들에게 大奈麻, 奈麻, 大舍 등의 신라의 관등명
을 주었지만 達率身次처럼 빠진 사람도 있었다고 판단된다. 만약에 673
년 4월에 백제의 부흥운동과 관련된 사람들의 인명을 기록해 놓았다고
한다면 백제의 유민들은 모두가 達率身次처럼 백제의 관등명으로 기록

---

187 金周成, 1990, ≪앞의 책≫, p.181.
188 含靈의 사전상의 의미는 人類, 人間이다.
189 洪承基, 1976, 〈앞의 논문〉, p.52.

하고, 인명 표기 방식도 백제식으로 하였을 것이다.[190]

이상에서 국왕과 대신들이 현재에 생존해 있는 신라의 국왕과 대신들임을 알 수가 있다. 이 점을 토대로 향좌측면과 배면의 해석을 시도해 보자.

'癸酉年(673년) 四月 十△日에…… 때문에(향좌측면의 제② · ③ · ④행에는 造寺의 이유가 적혀 있을 것으로 추측된다.) △△彌△次, △△正乃末, 牟氏毛(乃末)이 …… 五十人(제⑧행에는 사람의 수가 복원되어야 하므로 千二百五十人 등으로 복원될 수가 있는 듯하다.)의 智識[191]이 함께 國王·大臣·七世父母·含靈 등을 위해 願敬造寺했다. 智識의 이름을 기록한다. 達率身次~△△道師(24명의 인명 표기임)'.

향측면과 배면의 대체적인 해석속에서 여기에 나오는 인명들의 성격을 조사해 보자. 우선 배면에 나오는 1 · 2 · 3 · 4단의 인명들은 쉽게 나눌 수가 있다. 이들의 끝부분에는 △師로 끝나는 승려가 포함되어 있어서 4개의 부류로 나눌 수가 있다. 향좌측면에서도 達率身次를 포함한 4사람을 한 부류로, 그 앞의 造寺에 앞장섰던 △△彌△次를 포함한 3명을 한 부류로 나눌 수가 있다. 이들은 같은 智識 계층이지만 6개의 부류로 나누어진다. 제일 첫 부류인 3명중 △△彌△次는 彌△次가 及伐車와 음상사인 점에서 신라관등일 가능성도 있어서 그 출신지가 문제가 된다. 673년 당시에 백제인이 받을 수 있는 최고의 관등은 大奈麻까지이고, 及尺干은 백제인이 받을 수가 없는 관등이다. 그러면 △△彌△次의 출신지는 신라인일 가능성도 있게 된다. 6개의 부류중 하나만이 신라인이 포함된 부류일 가능성이 있지만[192] 나머지 5개의 부류는 모두가 백제 유민

---

190 백제 금석문의 인명 표기 방식은 신라와는 달리 관등명이 인명의 앞에 간다.

191 智識을 승려로 해석한 견해(洪承基, 1976, 〈앞의 논문〉, p.51)는 본 비상 명문에 관등을 갖고 있는 승려가 아닌 사람도 많이 포함되어 있어서 성립되기가 어렵다. 智識이란 계층은 癸酉銘千佛碑像에 나오는 香徒와 비슷한 역할을 했을 것 같다.

들로 판단된다. 부류가 5개인 점에서 이들이 백제 중앙의 5부 또는 지방의 5방 등과의 관련성 여부도 고려되어야 할 것이나 이를 연결시킬 자료가 전혀 없다. 적어도 이들이 연기 지방의 사람들로 보기에는 그 집단 가운데 관등을 가진 사람들이 많아서 문제가 되고, 오히려 백제 지역 전체의 사람들로 구성된 것으로 보아야 될 것이다.

이들 5개 부류중 達率身次와 같이 백제식 인명 표기와 백제의 관등명을 지닌 사람도 있지만 나머지 20여명은 백제 출신으로 신라의 관등을 673년에 받은 사람들이다. 그러면 이들은 백제의 유민에서 신라에 귀부한 계층으로도 해석이 될 수가 있다. 이들 계층은 당시 신라의 국왕과 대신들을 위해 절을 짓는 사람들이므로 신라의 백제 유민에 대한 통합 과정의 한 편린을 엿볼 수 있는 자료로 판단된다. 물론 癸酉銘阿彌陀三尊佛碑像을 만든 사람들의 주체는 백제 유민이고, 그 제작 기술자도 마찬가지로 판단된다.

이제 나머지 부분인 향우측면과 정면의 해석을 시도해 보자. '歲(次癸酉)年 五月十五日에 諸 ……을 위해 敬造한다. 此右의 諸(智識)과 △△△와 △△大舍와 道作公과 △氏△△와 述此△△와 三兮介木(해석이 불능)하고, 同心으로 阿彌陀佛像과, 觀音(像)과 大世至像을 敬造했다.' 그 이하는 파실된 글자가 많은 등으로 해석이 불가능하다.[193]

5. 맺음말

지금까지 간단히 癸酉銘阿彌陀三尊佛碑像에 새겨진 명문에 대해 살펴 보았다. 비상의 명문은 정면, 배면, 양 좌우측면의 4면에 새겨져 있다.

---

192 造寺 관계 인명중 제1부류에 속하는 △△彌△次, △△正乃末, 牟氏毛△△의 3명중 △△彌△次는 신라인일 가능성이 있지만 나머지 두 사람의 출신은 불명이나 백제로 추측된다.
193 이 부분의 정확한 해석에 대해서는 후고를 기다린다.

이들 비면의 배치 순서를 비문의 내용과 한자의 기재방식에 따라 향좌측면→배면→향우측면→정면으로 보았다. 이러한 비문의 배치 순서를 바탕으로 해 비상의 명문을 현지 조사 등을 통해 조사하였다. 그 결과 배면에서 4사람의 인명을 새로 찾는 등 기존의 판독에 대한 부분적인 수정보완을 하게 되었다. 본 비상의 인명 표기는 1줄당 1명씩만 기재되는 점에 근거해 비상에 나오는 33명의 인명을 분석하였다. 비문의 내용은 향좌측면과 배면, 향우측면과 정면으로 크게 양분되어 있다. 전자는 당시의 국왕과 대신 등을 위한 造寺에 관련된 것이고, 후자는 造佛像에 관련된 것이다. 전자에 나오는 명문 중 국왕과 대신들을 당시의 신라 국왕과 대신들로 추정하여 비문 자체가 신라의 대백제 유민에 대한 통합 과정의 한 단면을 엿볼 수 있는 자료로 해석하였다. 비상 명문의 끝부분인 정면은 불교에 대한 이해 부족 등으로 미처 해석하지 못했다. 이 부분에 대해서는 뒷날의 과제로 삼고자 한다.

제Ⅳ장

新羅 朗慧和尙碑의 두 가지 문제
−得難조의 해석과 건비 연대−

1. 머리말

최치원이 찬한 聖住寺大朗慧和尙白月葆光塔碑는[194] 글자수가 5,000자에 달하는 현존하는 가장 분량이 많은 비 가운데 하나이다. 이 비는 골품제를 포함하여 신라 하대의 역사를 말해주고 있는 중요한 사료이다. 비문에는 주인공인 무염(800−888년)의 가계를 언급하는 가운데 得難이란 용어를 사용하면서 신라 골품제에 관한 상세한 夾註가 달려 있다. 이를 보통 득난조라 부르고 있다. 이에 대해서는 지금까지 많은 성과가 축적되어 있다.[195] 최근에 들어와 이에 대한 종래와는 다른 각도의 해석이 등장하여 신라 골품제에 聖而眞骨, 得難 등 새로운 신분이 주장되기에 이르렀다.[196] 이 가설은 나름대로의 설득력이 있지만 사료의 해석에 다

---

194 이하 무염비라 부르기로 한다.
195 이에 대해서는 조범환, 2001, ≪신라선종연구−낭혜무염과 성주산문을 중심으로−≫를 참조.
196 남동신, 2002, 〈성주사 무염비의 득난조에 대한 고찰〉≪한국고대사연구≫28.

사진 19 성주사 대 낭혜화상백월보광탑비

소 의견의 차이를 보이는 부분도 있는 듯하다.

여기에서는 득난조의 해석을 위해 먼저 이에 대한 지금까지의 연구 성과를 일별해 보고, 다음으로 득난조를 전거에 근거해 해석하겠으며, 마지막으로 건비 연대를 다른 비와 비교해 검토해 보고자 한다.

2. 지금까지의 연구

신라사에 있어서 골품제가 차지하는 비중은 대단히 크다. 대개 성골, 진골, 6두품, 5두품, 4두품의 5개 신분으로 구분되는 것으로 이해되어 왔고, 성골의 실존 여부를 둘러싼 다양한 학설상 논쟁과[197] 성골 추존설 [198] 등 많은 가설이 나와 있다. 이러한 연구 성과의 다양성은 無染碑 得難조에서 眞骨과는 달리 聖骨이라고 기록하지 않고, 聖而라고 표기되어 있어서 이 부분의 해석을 더 어렵게 만든 듯하다. 여기에서는 우선 설명

197　이에 대해서는 이기동, 1977, 〈신라골품제 연구의 현황과 그 과제〉 ≪역사학보≫74 참조.
198　武田幸男, 1975, 〈新羅骨品制の再檢討〉 ≪東洋文化研究所紀要≫67, pp.159-168.

의 편의를 위해 관계 전문을 적기해 제시하면 다음과 같다.

俗姓金氏以武烈大王爲八代祖大父周川品眞骨位韓粲高曾出入皆將相
戶知之父範淸族降眞骨一等曰得難國有五品曰聖而曰眞骨曰得難言貴姓
之難得文賦云或求易而得難從言六頭品數多爲貴猶一命至九其四五品不
足言(武자는 결획되어[199] 있으며, 聖而 다음의 曰자는 추각임)

이 구절은 한때 친족 집단의 범위의 근거로도 이용되었고,[200] 골품제
연구에서는 일급 사료로 들고 있다. 이 부분 가운데 골품제와 직결되는
득난조는 그 당시까지의 연구 성과가 종합되어 다음과 같이 풀이되어
왔다.[201]

"나라에 五品이 있어, 聖而요, 眞骨이요, 得難이니, (得難은) 貴姓의 얻
기 어려움을 말한다. 文賦에 「或 求하기는 쉬우나 얻기는 어렵다」고 하
였는데, 따라서 六頭品을 말하는 것이다. 數가 많은 것을 貴히 여기는
것은 마치 一命에서 九命에 이르는 것과 같다. 그 四·五品은 足히 말
할 바가 못된다."

이러한 해석을 발판으로 득난=6두품으로 보아서 득난조의 5품을 성
이(성골), 진골, 득난(6두품), 5두품, 4두품으로 보아 왔다.
이와는 다르게 득난조의 5품을 聖而眞骨, 득난, 6두품, 5두품, 4두품
으로 본 가설이 제기되었다.[202]

---

199 결획에 대해서는 건비 연대 부분에서 상론하고자 한다.
200 김철준, 1968, 〈신라시대의 친족집단〉《한국사연구》1; 1975, 《한국고대사회연구》,
      p.164. 이에 대한 비판은 김두진, 1973, 〈낭혜와 그의 선사상〉《역사학보》57, pp.26-
      27.에 상세하다.
201 이기백, 1971,〈신라 6두품 연구〉《성곡논총》2 ; 1974, 《신라정치사회사연구》, p.35.
202 徐毅植, 1995, 〈9세기 말 新羅의 得難과 그 成立過程〉《韓國古代史硏究》8.

이 가설은 9세기 말의 골품제의 붕괴 과정에서 성골도 진골도 아닌 聖而眞骨을 설정한 점과 득난을 전혀 새로운 신분으로 설정한 점에서 차이가 있다. 여기에서는 득난조를 다음과 같이 해석하였다.

"나라에 5품이 있는데, 첫째가 聖而眞骨이고, 둘째가 得難이다. 귀성의 얻기 어려움을 말하는 것이니, ≪文賦≫에도 「或求易而得難」이라 한 대목이 있다. 육두품부터는 숫자가 큰 신분일수록 귀한데, 이는 마치 一命에서 九命에 이르는 것과 같다. 그 4·5품은 족히 말할 바가 못된다."

이 신설은 그 동안에 별로 주목을 받지 못하다가 9세기 후반의 신라의 관점에서가 아닌 중국 지식인의 관점에서 해석하여야 된다는 전제 아래 득난조에 대한 세밀한 검토와 함께 다시 대두되었다.[203]
여기에서는 지금까지 나온 다양한 해석을 소개하면서 득난조를 포함한 관계 부분을 다음과 같이 해석하였다.[204]

"(無染의) 俗姓은 金氏로 武烈大王이 8대조가 된다. 조부 周川의 品은 眞骨이며 位는 韓粲(5관등 大阿湌)이다. 고조와 증조가 나가서 장수가 되고 들어와서는 재상이 되었음은 집집마다 알고 있다. 아버지는 範淸으로 眞骨에서 한 등급 族降되었으니 得難이라 한다. 나라에 다섯 品이 있는 바, (첫째는) 성스러우면서도 참된 骨[聖而眞骨]이며, (둘째는) 得難이다. (得難은) 貴姓의 얻기 어려움을 말함이니, ≪文賦≫의 「혹 쉬운 것을 찾되 어려운 것을 얻는다」를 따라서 말한 것이다. (셋째는) 六頭品이니 數가 많음을 귀하게 여긴 것으로, 一命에서 九(命)에 이르는 것과 같다. 네다섯번째 品은 足히 말할 께 없다."

---

203 남동신, 2002, 〈앞의 논문〉, pp.189-190.
204 남동신, 2002, 〈앞의 논문〉, p.196.

이 신설에서는 종래의 성골과 진골 대신에 聖而眞骨을 설정해 9세기 후반의 골품제 모습으로 해석하고 있으나 무염비 득난조를 포함한 관계 부분 해석에도 나오는 진골과 무염비의 뒷부분 銘詞에「海東金上人 本枝根聖骨」이란 예에서 보듯 聖骨이란 용어가 나오고 있어서 聖而眞骨을 설정하기가 어렵다. 득난과 6두품의 신분을 설정하면서도 득난이 차지할 수 있는 관등이나 관직을 제시치 못하고 있으며, 893년경에 건립된[205] 심원사수철화상비에「曾祖△ 位蘇判 族峻眞骨」이라고 진골의 용례가 있는 점이 문제일 것이다. 왜냐하면 무염비에 聖而眞骨이란 신분이 설정되어 있음에도 불구하고 무염비 자체에 聖骨과 眞骨이 나오고 있으며, 그 뒤의 심원사수철화상비에도 眞骨이 나와서 聖而眞骨을 하나의 신분제로 설정하기 어렵다. 골품제의 새로운 신분으로 聖而眞骨을 설정하기 위해서는 곧 적어도 聖而眞骨이 몇 년의 생명력을 갖기 위해서는 무염비에는 성골과 진골이 나오지 않아야 되고 무염비의 직후에는 심원사수철화상비에서와 같이 眞骨이 나오는 용례가 없어야 될 것이다.

3. 得難조의 해석

득난조의 해석의 편의를 위해 이를 해석한 견해들부터 제시하면 다음과 같다.

"나라에 五品이 있는데, 聖骨·眞骨·得難이란 貴姓의 어렵게 얻음을 말한다. (陸機의) ≪文賦≫에 이르되「혹 쉬운 데서 구해도 얻기는 어렵다」고 했다. 이는 六頭品의 수가 많아서, 귀하게 되려면 최하위에서 최

---

205 武田幸男, 1975, 〈앞의 논문〉, p.173. 후술하겠지만 이 비의 정확한 건립 연대는 신라 말인지 고려 초인지 조선 후기인지 전혀 알 수가 없다. 그러나 비문의 찬술 연대는 신라 말임에는 재고의 여지가 없다.

상위에 오르는 것처럼 어렵다는 뜻이니, 나머지 四品ㆍ五品이야 말할 게 없다." [206]

"나라에 五品이 있는데 聖而, 眞骨, 得難 등이다. (得難은) 貴姓을 얻기 어려움을 이야기한 것이다. ≪文賦≫에서 「혹 구하기는 쉽지만 얻기는 어렵다」고 말한 것을 따서, 六頭品의 수가 많지만 귀성이 되기는 제일 낮은 관등(一命)에서 가장 높은 관등(九命)에 이르는 것과 같음을 이야기한 것이다. 그러니 4, 5품은 말할 필요도 없다." [207]

"나라에 5품이 있는데 聖譜라 하고 眞骨이라 하며 得難이라 하니 (得難은) 貴姓의 얻기 어려움을 말한 것이다. ≪文賦≫에 「혹 구하기는 쉬워도 얻기는 어렵다」고 하였는데, 따라서 6두품을 말하는 것이다. 數가 많은 것을 貴히 여기는 마치 一命에서 九命에 이르는 것과 같고, 4, 5두품은 족히 말할 바가 못된다." [208]

"나라에 五品이 있는데 성골, 진골, 득난(육두품. 득난은 얻기 어려운 貴姓이라는 뜻, 陸機의 문부에 求易而得難이란 말이 있음) 그리고 五頭品ㆍ四頭品이다. 數가 많을수록 귀한 것이니 一命에서 九命으로 올라갈수록 높은 것과 같이 육두품은 五頭品ㆍ四頭品보다 높은 것이다. 五頭品ㆍ四頭品은 족히 말할 것이 못된다." [209]

앞장에서 소개한 해석을 더하면 전부 7가지의 득난조 해석문이 소개된 셈이다. 이들 풀이를 발판으로 득난조의 전체를 부분 부분으로 나누어서 해석해 보기로 하자.

---

206 최영성주해, 1987, ≪주해4산비명≫, p.223.
207 가락국사적개발연구원편, 1992, ≪역주한국고대금석문≫ Ⅲ.
208 이지관, 1993, ≪교감역주역대고승비문≫-신라편-, p.179.
209 이우성, 1995, ≪신라4산비문≫, p.69.

1) 國有五品

이 부분의 해석은 두 가지로 해석되고 있다. 통설에서는 5품을 성이(성골), 진골, 6두품(득난), 5두품, 4두품으로 보고 있고, 신설에서는[210] 5품을 성이진골, 득난, 6두품, 5두품, 4두품으로 보고 있다. 이 구절만으로 어느 것이 올바른지 잘 알 수가 없다. 뒤의 해석에서 밝혀지겠지만 여기에서는 전자를 취한다. 이를 해석하면 "나라에 5품이 있다."가 된다.

2) 日聖而 日眞骨 日得難

종래의 통설에서는 "성이(성골)라고 하고 진골이라고 득난이라 한다"라고 해석하고, 신설에서는 "聖而眞骨이라고 하고 득난이라 한다"라고 해석하였다. 신설에서는 聖而 다음의 日자가 추기된 점, 다른 日자와 서체가 다른 점, 자형이 右上에 치우치게 잡아 궁색한 느낌을 주는 점 등을 근거로 최치원이 비문을 찬할 때는 없었던 글자로 보고 있다. 울주 천전리서석 을묘명(545년)의 乙卯年八月四日의 日자가 추기된 것이며, 창녕비(561년) 제□행에서 干자가 추기된 예를[211] 찾을 수 있고, 日자가 들어가야될 자리에 추기되어 있어서 이를 문의와 관계가 없는 글자로 보기가 어렵다.

3) 言貴姓之難得

이 부분은 "(득난은) 귀성의 얻기 어려움을 말한다."로 해석하거나[212] "(성이 진골 득난의) 귀성은 어렵게 얻음을 말한다."로 해석할[213] 수가 있다. 여기에서는 전후 관계의 문맥으로 보아서 후자에 따른다.

---

210 서의식과 남동신의 견해를 말하나 본고에서는 주로 남동신의 견해를 가리킨다.
211 今西龍, 1933, ≪新羅史研究≫, p.469.
212 이기백, 1974, ≪앞의 책≫, p.35.
213 최영성 주해, 1987, ≪앞의 책≫, p.223.

4) 文賦云 或求易而得難

≪文賦≫는 중국 晉나라 陸機가 글짓기에 대해 읊은 賦라고 한다.[214] 求와 得을 주어로, 易와 難을 동사로 해석하는 견해가 있고,[215] 求와 得을 동사로, 易와 難을 목적어로 해석하는 견해가 있다.[216] 이 부분은 ≪문부≫에서 인용했으므로 ≪문부≫에서 이를 어떻게 해석했는지를 살펴 보기로 하자. 이에 관한 당대의 유일한 주석은[217] 다음과 같다.

或本隱以之顯 或求易而得難 言或本之於隱而逢之顯 或求之於易而便得難[218]

李善의 주는 당나라의 문인들이 실제로 참조했던 주석서이다. 이를 참조하면 ≪문부≫에서 인용된 「或求易而得難」이란 구절은 문장을 지을 때 표현은 쉽게 하되, 그 뜻은 심오함을 얻는다는 의미가 된다.[219]

이 부분은 문의로 보아서 후자에 따른다. 이 부분을 해석하면 "≪문부≫에 이르기를 혹 쉬운 것을 찾되 어려운 것을 얻는다"가 된다.

5) 從言六頭品

이 부분은 從言六頭品으로 끊어 읽는지 아니면 從言으로 끝나고 六頭品을 뒤로 붙여서 해석할지가 문제가 된다. 從을 종래란 뜻으로 보고 이

---

214 남동신, 2002, 〈앞의 논문〉, p.192 참조.
215 이기백, 1974, ≪앞의 책≫, p.35.
216 남동신, 2002, 〈앞의 논문〉, pp.192-193.
217 남동신, 2002, 〈앞의 논문〉, p.192.
218 梁 蕭統편 · 唐 李善주, 1992, ≪文選≫권17, p.764.
219 ≪문부≫의 「或求易而得難」이란 부분은 현재의 王友懷 · 魏全端 主編, 2000, ≪昭明文選注析≫, p.148에는 「可由易懂處下筆而慢慢進入深奧」라고 풀이되어 있다. 이를 남동신, 2002, 〈앞의 논문〉, p.193에서는 "쉽고 가벼운 곳으로 말미암아 글을 쓰기 시작하여 천천히 심오한 곳으로 들어간다"로 해석하고 있다.

를 해석하면 "종래 말하기를 6두품의 (숫자가) 운운"이[220]된다.

6) 數多爲貴 猶一命至九 其四五品 不足言

여기의 一命至九는 一命至九(命)으로《周禮》, 春官, 大宗伯조에도 나오나[221] 보통 중국 北周의 九命制와 관련지어 왔다.[222] 최치원이 신라에 귀국후 남긴 글에서는 신라에 충성하지 않는 사람에 대한 것은 없다. 그는 신라인으로 죽을 때까지 신라에 충성을 다했다.[223] 이 무염비도 신라에 충성을 다 하는 마음으로 기록한 것으로 신라인이면 쉽게 알 수 있게 찬했을 것이다. 이 부분의 一命至九는 一命至九(命)이므로 一命과 九命이 신라 관등제의 관등 명칭을 가리킬 가능은 없을까? 그림 13의 신라 관등과 골품제의 관계에서 보는 바와 같이 一命은 이벌찬을, 九命은 급벌찬을 각각 지칭하게 된다. 이렇게 되면 뒤에 나오는 其四五品 不足言과 연결이 자연스럽게 된다. 신라에서 성이, 진골, 득난의 신분을 가진 사람들이 모두 관등을 갖는 것은 아니라고 판단된다. 이 「數多爲貴 猶一命至九 其四五品 不足言」의 앞에는 聖而(聖骨)·眞骨·得難이 여전히 주어로 생략되어 있다고 보고 해석하면 "(聖而·眞骨·得難은) 數가 많아서 貴하게 되는 것은 一命(이벌찬)에서 九命(급벌찬)까지이고, 그 4두품·5두품은 足히 말할 바가 못된다"가 되어 하나의 문제 제기가 될 수가 있다. 이는 중국의 사료를 무시하고 신라의 관등과 골품제와의 관계만으로 해석한 결과이다.

다시 중국의 관점을 중요시해 풀이해 보자. 一命은 처음으로 벼슬하는 일, 初仕, 최하위급 벼슬이란 뜻이고, 九命은 중국 周代의 官爵의 아

---

220 이 부분의 해석은 최영성교수의 교시를 받았다.
221 이 부분은 최영성교수의 교시를 받았다.
222 남동신, 2002, 〈앞의 논문〉, p.195.
223 김창호, 2001, 〈신라수창군호국성8각등루기의 분석〉《고문화》57, pp.153-154.

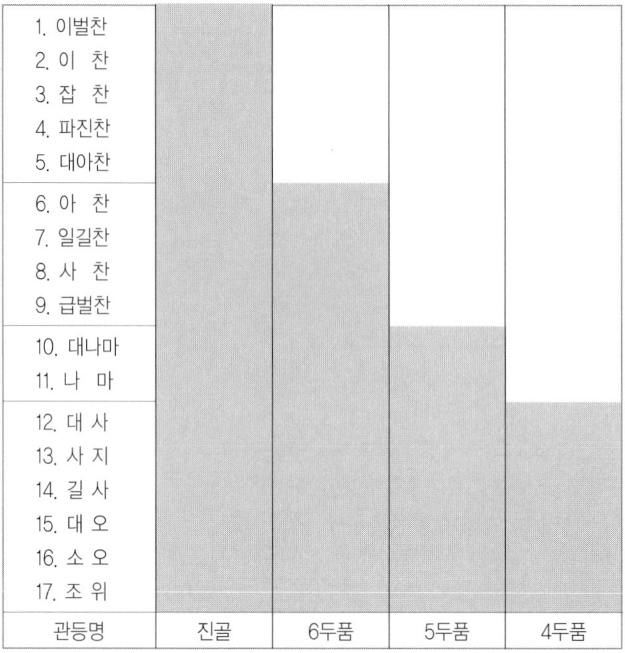

관등명	진골	6두품	5두품	4두품
1. 이벌찬				
2. 이 찬				
3. 잡 찬				
4. 파진찬				
5. 대아찬				
6. 아 찬				
7. 일길찬				
8. 사 찬				
9. 급벌찬				
10. 대나마				
11. 나 마				
12. 대 사				
13. 사 지				
14. 길 사				
15. 대 오				
16. 소 오				
17. 조 위				

그림 13 신라의 관등과 골품제의 관계

홉 등급으로 최하위는 一命, 최고위는 九命이란 뜻이라고[224] 하므로 종래의 해석대로 "숫자가 많아서 귀하게 되는 것은 一命(최하위)에서 九命(최고위)까지이고, 그 4·5두품은 족히 말할 바가 못된다"가 된다. 여기에서는 찬자 자신이 6두품으로서 이에 대한 상세한 해석으로 득난이 여기에서 중심적인 역할을 했고, 찬자 자신이 당시의 중국인을 의식한 모습이 보이므로 종래의 통설대로 해석하고자 한다. 그러면 이 부분을 해석하면 "(6두품의) 數가 많아서 貴하게 되는 것은 一命(최하위)에서 九命(최고위)까지이고 그 4·5두품은 足히 말할 바가 못된다."가 된다.

지금까지 논의해 온 바를 바탕으로 득난조의 전문을 해석하여 제시하면 다음과 같다.

---

224 민중서관편집국편(이상은감수), 1966, ≪한문대사전≫.

나라에 5품이 있다. 성이(성골)라고 하고 진골이라고 득난이라 한다. (聖而[225] · 진골 · 득난의) 귀성은 어렵게 얻음을 말한다. ≪문부≫에 이르기를 혹 쉬운 것을 찾되 어려운 것을 얻는다. 종래 말하기를 6두품의 數가 많아서 貴하게 되는 것은 一命(최하위)에서 九命(최고위)까지이고 그 4 · 5두품은 足히 말할 바가 못된다.

4. 건비 연대

일반적으로 학계에서는 신라 무염비의 연대는 대개 찬자인 최치원이[226] 신라말 학자이므로 신라 때 만들어진 비석으로 이해해 왔다.[227] 무염비의 건비 연대에 대해서는 두 가지 가설이 있어 왔다. 하나는 고려 현종대 (1010-1031년)에 세워졌을 것으로 추정한 견해이고,[228] 다른 하나는 비문이 쓰여진 신라 경명왕 8년(924년) 직후로 추정하는 견해이다.[229] 이 두 가설 가운데에서 대개 후자를 취하고 있다.[230]

무염비의 건비 연대에 대해서는 무염비의 소개와 함께 ≪海東金石苑≫ 上, p.150에 「武字缺筆避其國 民字缺筆避唐諱」라고 해 그 실마리를 제

---

225 이 聖而의 而가 무슨 뜻인지는 불분명하나 대개 聖而를 聖胃과 같은 의미로 해석해 왔다.
226 최치원이 찬한 글은 전부가 신라에 충성을 다한 사람이나 한반도 안에서는 신라의 영역에 있는 것을 대상으로 하였다. 가령 ≪동문선≫권 64에 실려있는 「신라수창군호국성8각등루기」의 주인공인 重閼粲異才의 경우도 종래 반신라적인 호족으로 보기도 했으나 이재는 신라에 충성을 한 관리로 해석되는 바 이에 대해서는 김창호, 2001, 〈앞의 논문〉 참조.
227 가령 한국을 대표하는 문화재청, 2001, ≪문화재대관(국보편 · 건조물)≫, p.314에서도 무염이 입적한(888년) 2년후에 부도를 건립했다는 비문의 내용으로 보아 890년을 무염비의 건립 연대로 추정하고 있고, 정식으로 불러야 할 탑명도 성주사낭혜화상백월보광탑비라고 하여 대자가 빠져 있다.
228 今西龍, 1933, ≪앞의 책≫, p.199.
229 葛城末治, 1935, ≪조선금석고≫, pp.282-286.
230 윤선태, 1993, 〈신라 골품제의 구조와 기능〉 ≪한국사론≫30, pp.13-14.
     서의식, 1995, 〈9세기 말 신라의 득난과 그 성립과정〉 ≪한국고대사연구≫8, p.253.

공하고 있다. 여기에서 其國은 우리 나라를 가리키므로 武자의 결획이
중국 唐의 임금 諱에는 없고,[231] 통일신라에도 없으므로 당연히 고려 혜
종이[232] 그 대상이 된다. 사실 무염비에는 建자와[233] 詢자도[234] 결획되어
있어서 고려 현종대설이 옳다.[235]

   그러므로 무염비는 신라 시대에 비를 찬했으나 여러 사정으로 그 후
인 고려 시대에 건립되었다고 여겨진다. 이와 같이 특이한 사연이 있는
탑비들에 대해 조사해 보기로 하자.

   먼저 서당화상비에 대해서는 비문중에 伊干金彦昇이 나와 그가 헌덕
왕으로 즉위하기 이전인 애장왕대(800-808년)으로 보고 있으나[236] 이는
비문에 나오는 특정 인물에 근거한 비석의 작성과 건립의 근거로 삼는
데에는 주의가 요망되는 대표적인 예가 된다. 가령 서당화상비에서 김
언승이란 인명이 없을 경우에 貞元年이란 연호가 나오는 바 이를 비문
의 작성 시기로 볼 수가 있다. 그러면 貞元이란 연호는 사용 시기인 785
년에서 804년사이가 서당화상비의 건비 연대가 된다. 이는 비의 건비 연
대와는 상관이 없고, 비문에 나오는 특정 인명이나 관제 등은 비문 작성
의 상한의 근거이지 비문의 실제적인 건립 연대로 곧 단정하기는 어렵
다. 다 아는 바와 같이 신라의 고승비는 선종의 전래와 궤를 함께 하는
것이다. 신라의 선종 선사비는 현존하는 자료에 근거할 때 813년에 단속
사신행선사비가 처음으로 건립되었고, 872년에는 대안사적인국사비가

---

231 陳新會, 1979, ≪史諱擧例≫, pp.145-149에서 唐의 임금 이름에 武자가 들어가는 예는
     없다.
232 今西龍, 1933, ≪앞의 책≫, p.199.
233 今西龍, 1933, ≪앞의 책≫, p.199.
234 今西龍, 1933, ≪앞의 책≫, p.199. 詢자는 3자 가운데 2자만 결획되어 있다.
235 詢자가 3자 가운데 1자가 결획이 없는 것과 마찬가지로 무염비 銘(其一)에 나오는 「觀
     光堯日下」의 堯는 고려 제2대 정종의 휘이므로 결획이 되어야 하나 그렇지 않아서 문제
     가 될 수가 있다.
236 김상현, 1988, 〈신라 서당화상비의 재검토〉≪초우황수영박사고희기념논총≫, p.481.

건립되었고, 884년에 보림사보조국사비가 건립되었고, 886년에 사림사
홍각국사비가 건립되었고, 887년에 쌍계사진감선사비가 건립되었다.[237]
그 뒤의 통일 신라와 고려 시대에도 수많은 선사비가 건립되었다. 교종
승려의 비로서는 현존하는 자료에 따르면 978년에 건립된 보원사법인
국사비가[238] 가장 오래 되었다. 서당화상비는 나말여초에 건립되었을[239]
가능성도 배제키는 어려우나 비문의 서두에 「音里火三千幢主級湌高金
△」이란 인명 표기를 보면 신라 말로 보는 쪽이 좋을 듯하다.

다음으로 수철화상비에 대해 검토해 보기로 하자. 이 비에 대해서는
≪대동금석서≫에 「實相寺 (在雲峰 智異山) 實相寺秀澈和尙寶月塔碑 (失
名) 唐僖宗乾符三年丙申立 新羅憲康二年」이라고[240] 876년 전남 운봉 지
리산 실상사에 세워진 것으로 되어 있다. 이 비문의 서두에는 다음과 같
은 구절이 나온다.

　　　△△新羅國良州深源寺 △國師秀澈和尙楞伽寶月△塔碑銘并序

여기에 나오는 양주는 ≪삼국사기≫ 지리지에 따르면 경남 양산군을
가리킨다. 지리산 실상사에 있는데에도 불구하고 수철화상비의 서두에

237　이들 선사비들은 대개 비문의 끝에 절대 연대인 중국 연호와 함께 연월일이 명기되어
　　있다. 선사비에서 비문의 끝부분에 나오는 절대 연대의 표기가 없다고 가정하면 그 건
　　비 연대는 거의 대부분이 올라가게 될 것이다.
238　법인국사 탄문은 다 아는 바와 같이 화엄종 승려이다.
239　≪삼국유사≫등 문헌에 나오는 고승비로는 아도화상비, 안함비, 승전비, 경흥비 등이
　　있다. 이들은 대개 신라 하대에 건립된 것으로 이해되고 있다.(곽승훈, 2002, ≪통일신
　　라시대의 정치변동과 불교≫, p.146) 경흥비는 삼랑사사적비로 보이며, 아도본비는 고
　　려 초에 찬한 것이나 그 내용으로 보아 비가 세워진 것은 아니라고 판단되고(김창호,
　　2001, 〈삼국유사에 실린 아도본비의 작성 시기〉≪경주사학≫20. 단 이 비의 찬한 시기
　　를 고려 1100년으로 본 것은 잘못된 것이므로 고려 초로 바꾼다), 안함비와 승전비의 건
　　립 연대에 대해서도 신중한 검토가 요망된다.
240　( ) 속의 것은 협주임.

는 양주 심원사라고 명기되어 있을까? 수철화상은 원래 심원사의 중이었으나 실상사의 제2조가 되어 절을 옮겼다.[241] 수철화상이 遷化한 것은 비문에 893년이라고 되어 있어서 앞의 876년 건비설은 성립되기 어렵다. ≪조선금석총람≫에서는 893년을 건비 연대로[242] 보고 있다. 비문에 贈太師景文大王과 贈太傅獻康大王이란 구절이 나와서 이를 최치원이 찬한 ≪동문선≫에 나오는 謝恩表[243] 등에 비교해 건비 연대를 898년에서 912년 사이로 보기도 한다.[244] 이 비의 碑陰에 康熙五十一年甲午四月 日重建이란 구절이 있는 바, 1714년에 비문을 復刻한 것으로 보는 가설과[245] 개각이 아니고 비가 넘어진 것을 중건한 것으로 보는 가설이 있다.[246] 단정은 어렵지만 조선 시대에 복각했다면 신라의 비를 조선 시대에 복각한 유일한 예가 되고 비의 끝에 복각의 이유와 복각에 관련된 사람들 등이 없는 점에서는 후자가 설득력이 있고, 신라 시대에 비를 세웠다면 비의 끝부분에 그 건립 연월일을 적고 있지 않는 점에서는 전자가 설득력이 있다. 이 비는 비문에 新羅國良州深源寺秀澈和尙碑이라고 명기되어 있어도 실상사에 건립되었고, 건비 연대도 고려 초로 보는 가설까지[247] 제기되고 있다. 新羅國良州深源寺秀澈和尙碑에서 新羅國良州의 부분이 파실되었다면 深源寺의 위치를 지리산으로 볼 수밖에

---

241 葛城末治, 1935, ≪앞의 책≫, p.269.

242 ≪조선금석총람≫상, p.56.

243 ≪동사강목≫제5하, 효공왕원년추7월조에도 같은 내용이 실려 있다.

244 추만호, 1991, 〈심원사 수월화상 능가보월비의 금석학적 연구〉≪역사민속학≫1에서는 건비 연대를 895년 전후로 보고 있다.

245 추만호, 1991, 〈앞의 논문〉, p.266. 복각설의 근거는 비문의 자체의 관찰이 아니라 비문의 내용이 일관성이 없고 어릴 때의 이야기가 뒤에 나오는 등으로 내용의 갈피를 잡을 수 없는 점이다.

246 葛城末治, 1935, ≪앞의 책≫, p.271.

247 한기문, 2001, 〈고려시기 밀양 영원사의 소속변화와 그 배경〉≪한국중세사의 제문제≫, p.694. 여기에서는 심원사가 고려 시대에 瑩原寺로 사명이 바뀌고, 고려 때 영원사의 소속 문제를 둘러싼 천태종과 조계종의 치열한 싸움에 주목하고 있다.

없을 것이다.

그 다음으로 갈항사비의 건립 연대에 대해 조사해 보자. 우선 설명의 편의를 위해 관계 전문을 제시하면 다음과 같다.

①二塔天寶十七年戊戌中立在之
②娚姉妹三人業以成在之
③娚者零妙寺言寂法師在旀
④姉者 照文皇太后君妳在旀
⑤妹者 敬信大王在也

이 탑에 적힌 명문은 天寶十七年戊戌에 근거해 758년으로 보고 있다.[248] 天寶十七年의 年 자도 載자로 적힌 것으로 보았다.[249] 화엄종의 승려인 승전과 관련된 이 사찰은 그가 石髑髏에게 화엄경을 강의한 것으로[250] 유명하다. 두 기의 석탑은 현재 서울의 국립중앙박물관에 이건되어 있다. 天寶十七年戊戌이란 절대 연대는 석탑의 건립 연대일뿐 명문의 작성 연대는 아니다. 이 시기 신라에서는 왕의 이름에 대해 諡號制를 채택했으므로 敬信大王이란 용어는 그가 원성왕으로 재위할때까지만 가능하므로 탑에 명문을 새긴 것은 785년에서 798년 사이로[251] 판단된다.

마지막으로 진경대사비의 뒷면의 추기에 대해 검토해 보기로 하자. 우선 설명의 편의를 위해 관계 전문을 적기하여 제시하면 다음과 같다.

---

248 윤선태, 2000, 〈신라촌락문서의 기재방식과 용도〉 ≪한국고대중세고문서연구(하)≫, p.174.
  김창호, 2001, 〈신라 촌락(둔전)문서의 작성 연대와 그 성격〉 ≪사학연구≫62, p.46.
249 윤선태, 2000, 〈앞의 논문〉, p.174.
  김창호, 2001, 〈앞의 논문〉, p.46.
250 ≪삼국유사≫승전촉루조.
251 葛城末治, 1935, ≪앞의 책≫, p.224.
  高正龍, 2000, 〈葛項寺石塔と舍利容器-8世紀中葉の新羅印花文土器-〉 ≪朝鮮古代研究≫2, pp.24-26.

① 金魚袋崔仁渷篆
　29性林刊字
　30(丁)巳閏七月 日重竪北刊

이 비석의 전면에 있는 비문 제②행과 제30행의 전문을 제시하면 다음과 같다.

②門下僧幸期奉 教書 門人朝請大夫前守執事侍郎賜紫金魚袋崔仁渷篆
　31龍德四年歲次甲申年四月一日建 門下僧性林刊字

뒷면 추기 제①행의 金魚袋崔仁渷篆은 전면에 있는 비문의 제②행의 마지막 부분과 일치하고, 추기의 제29행은 전면의 제30행의 마지막 부분과 일치한다. 인용을 하지 않은 나머지 28줄도 마찬가지이다. 바꾸어 말하면 전면 29줄의 하단부가 그대로 뒷면에 추기되어 있다.[252] 이를 음기라고 풀이하고서 전문을 해석한 예도 있다.[253] 이 부분이 추기인지[254] 아니면 음기인지의[255] 구분은 뒷면의 마지막에 나오는 (丁)巳閏七月 日重竪北刊이[256] 쥐고 있다. 이 연간지를 ≪이십사삭윤표≫에서 찾으면 조선 정조 21년 (丁巳, 1799년)이 된다.[257] 결국 이 비의 뒷면의 명문은 1799

252　추각의 근거가 비문인지 고탁본인지 등은 불분명하다.
253　이지관, 1993, ≪앞의 책≫, pp.363-364
254　葛城末治, 1935, ≪앞의 책≫, p.273.
255　허흥식편저, 1984, ≪한국금석전문≫-고대-, p.260,
　　　이지관, 1993, ≪앞의 책≫, p.346에서는 裏面이란 용어를 쓰고 있으나 앞면 글과 뒷면 글이 서로 연결되는 것으로 잘못 해석하고 있다.
256　重竪北刊의 의미를 정확하게 알 수가 없으나, 여기에서는 우선 "새로 세우고 北(비의 뒤면)에 새기다"란 뜻으로 해석해 둔다.
　　　이지관, 1993, ≪앞의 책≫, p.364에서는 (丁)巳 부분을 비를 세울 때인 龍德 4년(924년)보다 9년 후인 癸巳年(933년)으로 보고 있다.
257　葛城末治, 1935, ≪앞의 책≫, p.273.

년에 앞면의 밑부분 안보이는 글자를 새로이 새긴 추기에 불과하고 이는 문장으로 이루어진 것이 아니므로 해석할 수는 없다.[258]

이상에서 신라 비석의 건비 연대 추정에 있어서 주의해야 될 몇 예에 대해 간단히 살펴보았다. 이제 무염비로 돌아가 그 건비 연대에 대해 매듭을 짓기로 하자. 비석은 대개 비문이 撰하여지고, 보통 뒤이어서 刻字가 되어 건립되는 것이 일반적이다. 그러나 무염비는 890년에 비문을 찬술하라는 명을 최치원이 신라 진성여왕에게 받았고,[259] 그에 의해 890년에서 897년 사이에 비문이 완성되었다.[260] 최인연에 의해 890년에서 944년[261] 사이에 비문의 글씨가 쓰여졌고,[262] 고려 현종대인 1010년에서 1031년 사이에 비가 건립되어졌다. 그러면 비문의 글씨가 종이에 쓰여

---

258 무염비와 같이 신라의 선승비가 고려 시대에 건립된 예 가운데 쉽게 찾아서 제시하면 다음과 같다.

　　도선의 비문인 先覺國師證聖慧燈塔碑는 신라의 작품이 아니고, 그가 입멸한 후 150년이나 지난 고려 의종 4년(1150년)에 세워졌고(정성본, 1995, ≪新羅禪宗의 硏究≫, pp.261-262), 순지는 65세에 죽었다는 점(≪조당집≫권20, 오관산서운사순지화상전)을 근거로 추정하면 신라 효공왕1년(897년)까지는 생존해 있었고(김두진, 1975, 〈요오선사 순지의 선사상-그의 삼성불론을 중심으로-〉 ≪역사학보≫65, p.6), 비문의 음기에 淸泰四年이란 기록으로 보아서 고려 태조 20년(937년)에 그의 비가 선 것으로 추정하고 있다.(정성본, 1995, ≪앞의 책≫, pp.206-207).

259 남동신, 1998, 〈성주사와 무염에 관한 자료 검토〉 ≪성주사≫, p.620. 이 보고서에서는 기와의 연구에 새로운 장을 개척한 것과는 달리 여러 문헌사학자들이 관여했으나 그 누구도 무염비의 건립 연대를 고려로 본 사람은 없다.

260 남동신, 1998, 〈앞의 논문〉, p.620. 菅野銀八, 1924, 〈新羅興寧寺澄曉大師塔碑의 撰者에 就て〉 ≪東洋學報≫, 13-2, pp.268-269에서는 897년 7월에서 898년까지로 보았다. 그런데 최영성주해, 1987, ≪앞의 책≫, pp.10-11에서는 앞의 가설을 비판하고, 비문을 찬한 시기를 890년 이후로 보고 있다.

261 최인연의 생존 연대가 868년에서 944년까지임에 대해서는 최영성주해, 1987, ≪앞의 책≫, p.100 참조.

　　또 비문 끝에 나오는 「從弟朝請大夫前守執事侍郎賜紫金魚袋臣崔仁渷奉 敎書」의 從弟를 최치원의 종제로 보아 왔다.(菅野銀八, 1924, 〈앞의 논문〉, p.119) 그런데 이는 비문의 찬자인 최치원과의 관계가 아니라 무염비의 주인공인 낭혜화상과의 관계임을 밝힌 것은 이우성으로 이에 대해서는 최영성주해, 1987, ≪앞의 책≫, p.87 참조

262 菅野銀八, 1924, 〈앞의 논문〉, pp.112-114에서는 최인연이 무염비를 쓴 것은 경명왕 8년(924년)으로 보고있다.

지고 나서, 66년에서 141년이 지난 뒤에 비가 건립되어졌던 것이다.[263] 무염은 신라의 선승 가운데에서 가장 많은 2,000여명의 제자를 두었다.[264] 신라에서 큰 선문으로 알려진[265] 성주산파의 시조의 비석인 무염비가 신라가 아닌 고려 시대에 건립되어졌던[266] 이유는 잘 알 수가 없다.[267]

5. 맺음말

지금까지 무염비에 나오는 득난조에 대해 살펴본 바를 간단히 요약하여 맺음말에 대신하고자 한다.

먼저 득난조의 소개와 함께 이를 둘러싼 해석에 대해 선학들의 견해를 일별하여 그 문제점을 검토하였다.

다음으로 득난조를 여섯 가지 구절로 나누고 통설과 신설을 비교해가면서 풀이하여 득난조 전문의 해석을 제시하였다.

마지막으로 무염비의 건비 연대를 대개 신라 말로 보아 왔으나 비문

---

263 이렇게 비를 찬한 시기, 글씨를 쓴 시기, 건비 시기가 많은 시기의 차이가 있는 이유에 대해서는 후고를 기다리기로 한다.
정성본, 1995, ≪앞의 책≫, p.182에 「이렇듯 무염의 인격과 출가 수행자의 정신을 실천하는 그의 행적에서 알 수 있는 것처럼 그는 사실 신라 선종에서 가장 존경받는 高僧이었다. 문하 2,000명이 넘는 제자를 비롯하여 최치원이 (무염비에서;필자 주)"東國의 士流가 대사의 禪門을 모르면 一世의 수치가 된다"고 단언하고 있는 것처럼, 신라 최대의 선문을 형성했고, 馬祖의 鉤讖說에 부응하는 佛法東漸의 주인공으로 해동의 禪祖로 추앙받는 인물이었다」고 하여서 신라 말에 무염비가 건립되지 못하고 고려 현종 때에 건립된 점을 이해할 수가 없다.

264 정성본, 1995, ≪신라선종의 연구≫, p.16에 따르면, 성주산문이외에도 신라 선승의 문도는 折中의 사자산문도 1,000여인, 體澄의 가지산문도 800여인, 審希의 봉림산문도 500여인 등으로 알려져 있다.

265 정성본, 1995, ≪앞의 책≫, p.36.

266 보통 崔仁渷은 신라 시대의 이름이고, 崔彦撝는 고려 시대의 이름으로 알려져 있어서 비문을 쓴 시기가 그가 신라에 있을 때인지도 알 수가 없다.

267 이에 대한 관계 전문가의 후고를 기다린다.

에 나오는 결획에 의해 고려 현종설을 따랐고, 이를 서당화상비, 수철화
상비, 갈항사비, 진경대사비와 비교하여 검토하였다. 무염비는 890년에
서 897년에 찬하여졌고, 890년에서 944년 사이에 비문의 글씨가 쓰여졌
고, 1010년에서 1031년 사이에 비가 건립되었던 것이다. 곧 신라 시대에
비문이 지워졌고, 나말여초에 비문의 글씨가 쓰여졌고, 고려 초에 비가
건립되었다.

제 V 장

신라 誓幢和上碑에 몇가지 문제

1. 머리말

신라 시대 고승 원효에 관한 많은 저술과 사화가 ≪삼국유사≫ 등의 문헌에 실려 있지만[268] 신라인이 만든 금석문 자료로는 서당화상비가 유일하다. 비문의 내용중 절반이상이 파실되고 없으나 이에 관한 비교적 많은 성과가 제기되고 있다. 비문 자체의 연구는 금석문이란 관점에서 접근한 것이 아니고, 원효 연구의 연장선상에서 시도되어 왔기 때문에 여러 가지 혼란도 야기되고 있다. 이러한 점은 비문의 파실된 양이 많은 데에 기인한 것이다.

여기에서는 서당화상비의 검토를 위해 먼저 선학들의 연구 성과부터 일별해 보기로 하겠으며, 다음으로 비문의 복원 문제를 살펴 보겠으며, 그 다음으로 비의 전문을 해석하겠으며, 마지막으로 비의 건립 연대에 대해 살펴 보고자 한다.

---

268 이에 개략적인 연구 성과는 양은용편, 1979, ≪신라원효연구≫가 있다.

2. 지금까지의 연구

이 비는 1914년 한국의 금석문 자료를 수집하고 정리했던 당시에 경북 경주시 내남면 암곡리 止淵의 계류 부근에서 일본인에 의해 발견되었다.[269] 곧 비문의 게제와 석문을 행하고, 비문에 의해 서당화상이 원효인 점, 원효의 아들인 설총, 손자인 설중업 등을 밝히고 있다.[270] 또 비문의 설중업을 ,≪속일본기≫의 관련 구절과 비교해 연구하였다.[271] 그 뒤에 금석문 전문가에 의해 비문과 ≪삼국사기≫≪삼국유사≫의 관련 기사와 대조하고, 비문에만 나오는 원효 관련 기록을 밝히고, 비의 작성 연대를 원효가 죽은지 100년기인 선덕왕 6년(785년)으로 보았다.[272] 그 외에 비문과 더불어 문헌 사료로 원효의 전기를 연구한 것들도 있다.[273]

1914년에 발견된 서당화상비는 하부만 3조각으로 나누어져 있었는데, 1968년에 상부의 단편이 새롭게 발견되었다.[274] 여기에서는 새로 발견된 비문의 소개와 함께 비의 건립 연대를 비문에 나오는 角干金彦昇과 ≪삼국사기≫ 헌덕왕1년조의 「哀莊王元年 爲角干」을 대비시켜서 800-808년으로 보았고, 구비편과 신비편의 복원을 시도하였고, 비의 명칭도 탑비가 아니라고 주장하였다. 그 뒤에 신편과 구편을 집성하면서 오해의 소지를 남긴 판독문이 제시되었다.[275]

---

269 이에 대한 몇몇 연구 성과가 있었다. 小田幹治郎, 1920, 〈신라 명승 원효의 비〉≪조선 휘보≫4월호.
    岡井愼吾, 1920, 〈신라 명승 원효의 비를 읽고서〉≪조선휘보≫6월호.
270 小田幹治郎, 1920, 〈앞의 논문〉.
271 岡井愼吾, 1920, 〈앞의 논문〉.
272 葛城末治, 1931, 〈신라 서당화상탑비에 대하여〉≪청구학총≫5.
273 八百谷孝保, 1952, 〈신라승원효전고〉≪대정대학학보≫38.
    本井信雄, 1961, 〈신라 원효의 전기에 대하여〉≪대곡학보≫41-1.
274 황수영, 1970, 〈신라서당화상비의 신편 -건립연대와 명칭에 대하여-〉≪고고미술≫ 108.
275 허흥식편, 1984, ≪한국금석전문≫pp.149-152.

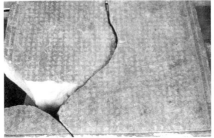

사진 20 서당화상비

　이에 대해 비문을 해박한 불교사 지식을 토대로 재검토한 성구 성과
가 나왔다.[276] 금석문의 연구란 시점에서 보면 글자의 공란 등을 무시한
실수가 많으며, 그 연대 등은 종래의 연구 성과에서 별다른 진전은 없는
듯하다. 비문의 판독, 복원, 해석 등에서 의욕적인 연구 성과가 제기되었
다.[277] 각 행을 61자로 보고, 詞는 본문 보다 1자가 적다고 최초로 주장하
였다. 이러한 연구 성과 속에서 서당화상비의 건립과 의의를 추구한 가
설이 나왔다.[278] 원효 저술의 포괄적인 연구를 제시하면서 서당화상비의
성격을 현창비로 규정하면서 그 복원을 잘못한 가설이 제기되고 있
다.[279]

276　김상현, 1988, 〈신라서당화상비의 재검토〉 ≪초우황수영박사고희기념미술사학논총≫.

277　남동신, 1993, 〈고선사 서당화상비〉 ≪역주한국고대금석문≫3.

278　곽승훈, 1994, 〈신라 애장왕대 서당화상비의 건립과 그 의의〉 ≪국사관논총≫74.

279　福士慈稔, 2001, 〈원효저술의 한·중·일에 삼국불교에 미친 영향〉, 원광대학교 대학원
　　　박사학위 청구논문, pp.29-31.

그림 14 서당화상비

여기에서는 우선 설명의 편의를 위해 비의 전문을 제시하면 다음과
같다.

㉝㉜㉛㉚㉙㉘㉗㉖㉕㉔㉓㉒㉑⑳⑲⑱⑰⑯⑮⑭⑬⑫⑪⑩⑨⑧⑦⑥⑤④③②①

1　每不□□偉能□干造更見得知玄未不倭大　　　　　　　　1

　　至斷□□哉學心金　有法頌如風經喜南唐

　　□□欲赤法不委彦　□無文是之數意演聖

□窟□弓體經命昇大叔生已　大日欲法善村

5　成經不向無逐志公師哉道經　匠馬和□寺主　　　　5

臻行勝彼處辭在海居　俗一大也騎光峯被□

啓樂□恒不不虔岳士　咸紀師　成故騰

讀道舞沙形□誠精之以稱雖賢　群白空

日寂惆狂十免尊乾形此僧不孫大取日

10　　恨言方輒法坤至貞龍躬相師將　　　　10

　　□諟重秀于元法申歡日䴙

　　人承三年□頂之我

　　親月中奉禮甚

　　□躬尋親傾

15　　　　　奉　　　　　15

□□□□□之三□□行知諸□□通□□心□□通山雨□昏□文□佛相初

□□□□三趣靈千山□遇神人　萬化而□法后□融而驟讖衢啓武母地印無

30　□□□□明矢跡心輻□　□□大善他□□未土□聊投空記拔□大初聖登適　30

□□□還高塵非超湊□　有□曆和方□曾立□爲廻空□苦獨王得體法莫

銘□□爲仙年文六傍是聖□期之上以　□□待讚序谷之□濟勝之夢高空慈

□□海居大不無月野傷人□淨春識垂　□悉更歎述憎論外危歡理星仙座迦

□覺□士師朽以德雲心攀聲刹　中拱大□□不婆名有雲書旣　國流據作如

25　穴遺□淡佛芥陳義趍乃旆者頂　傳二師□觀曾娑日愛奔等發　也星此傳影　25

寺跡□海地劫其資觀苦靡有戴大□年神□□移翻十空或見僧大早入村燈隨

堂遺□之而長事□像□絶　　師　三測灌□此爲門猶言斥那師應懷名之形

東文身□□在無□觀□追　　之　月未水□顯梵和捨我於之德天便　□良

近盡莊溟一其記光形倍戀奉大孫佛卅形之□冥語淨樹是世願惟成□佛再由

```
20 山蒙談東代詞安□誠增無德寺翰法日知處□心便論以言□研宿家有地轉能　20
　　慈盡□相□日可物心便從寺靈林能終機從下之附衆赴他就微植邦□□法感
　　改渥聖府言　表見頂策尤大章字者於復此之倦□莫長不中析道□待是輪之
　　□　快匡深　其彼禮身見德曾仲有穴遠池言也人不林是十理貫晏其一者心
　　□　說國窮　由山然心□法無業九寺□成□　此允譬或門□生恩月途誰故
15 恒大通匡正　所中後泥人師□□人春□此□女□歛如說論□知開滿他其所音15
　　□師神家理　以大講堂頌三捨使皆秋□□正人言曰靑我者薩因大分將能應里
　　□再允此　令德讚茸文藏及滄稱七歸高講三其善藍然　云心造解　之之火
　　當修文界　僧奉□屋據神見溟大十移仙忽禮三哉空說　之自功之　則理三
　　□穴允他　作□□二尋將□□□也居寺索天藏　體他如心悟莫時佛我必千
10 □□□□　□□□□□□孫□　卽穴　瓶神寶花氷不來矣學能忽地　然幢10
　　□□□□　□□□□□□日　於寺　水遮重嚴水然在　□宣有我　大主
　　□□□□　□□□□□瞻本大寺緣大□之之宗同逡世王從爲五見誓矣級
　　□□□□　□□□□見與□彼師之以師西又由要源成已城師蠢色丘幢哉湌
　　□□□□　□□□□□幾慈□國在西神房□表也者鏡河賴西性動雲陵和說高
5 含長□□　□□□□焉和論上初峯廟前之非　理納漢圓北復之□何上欲金 5
　　啼辭其□　求□□池寧知三宰盖權非小言入山雖萬矣音有孤乾特者其抽□
　　□帝祖□　自□□之知心昨因是宜溢池日愛僧元形　衆一誕坤覆只人法鑴
　　月關父□　揆方□□日空來□毗龕見是我法提一水　生小玆作母如也界
1 □□□□　無銘角□□寂造語讚室神也見來酒隨分大等寺情黔居驟俗括 1
　　　　30　　　　　　　　　　25　　　　　　　　　　20
```

3. 비문의 복원 문제

비문의 복원에 대한 대체적인 가설은 신편의 소개와 함께 제기되었다.[280] 이 가설을 후퇴시킨 것으로 몇가지 견해가 나왔다.[281] 이 비의 조사와 詞를 중심으로 비문을 61자, 사 부분은 60자로 본 가설이 제기되었다.[282] 이 견해 자체는 서당화상비의 복원에 기초를 마련한 것으로 판단된다.[283] 비문의 사 부분이 4자씩 끊어지는 韻文이므로 60자설의 타당성 여부를 판단할 근거는 없다. 그렇다고 이 복원안대로 하면 거의 비의 크기가 너무나 작아서 4자의 배수를 가진 상당량의 글자가 복원되어야 할 것으로 판단되어 여기에서는 단정은 유보하는 바이다.

4. 전문의 해석

비문은 반이상이 파실되고 없어서 정확한 해석은 불가능하나 선학들의 연구 성과를 발판으로 먼저 단락부터 나누면 다음과 같다.

제1단락-비의 제명, 찬자(?), 서자(?), 각자.[284]

제2단락-제2행 처음부터 제3행「我誓幢和上其人也」까지.

제3단락-제3행의 마지막 글자인「俗」부터 제28행의「芥劫長在」까지.

제4단락-제28행의「其詞曰」부터 제32행의「盡蒙盡渥」까지.

제5단락-그 나머지.

이를 토대로 전문을 해석하면 다음과 같다.[285]

---

280 황수영, 1970, 〈앞의 논문〉, p.3.

281 허흥식, 1984, ≪앞의 책≫, pp.149-151.
　　김상현, 1988, 〈앞의 논문〉, p.475.
　　福士慈稔, 2001, 〈앞의 논문〉, pp.29-31.

282 남동신, 1999, 〈앞의 논문〉, p.4. 2003년 12월 8일 국립중앙박물관의 서당화상비를 남동신교수와 함께 조사하였다. 명의 부분이 다른 부분과는 달리 글자가 1자씩 없는 것은 분명하였다.

283 기왕의 가설에서는 가령 恒沙狂言으로 끊어 읽어서 오어사 설화와 연결시키고 있으나 4자씩 끊어 읽으면 전혀 다른 뜻이 되어 따르기 어렵다.

284 찬자 앞에 제액을 상정하는 가설이 종종 제기되고 있으나 제액은 이수에 주로 존재함으로 제외하였다.

285 지금까지 나온 서당화상비 관련 성과를 두루 참조했으나 남동신, 1999, 〈앞의 논문〉과 남동신, 1999, 〈원효와 분황사 관계의 사적 추이〉≪신라문화재학술발표회논문집≫ 20 -분황사의 재조명-을 주로 참조하였고, 몇 군데 견해를 달리하는 곳은 새로이 해석하

(마멸) 음리화삼천당주인 급찬고금△가[286] 새기다.

(마멸) 애초부터 가까이 하거나 멀리함이 없었다. 자비로운 석가는 마치 그림자가 형체를 따르듯 하였다. 이는 실로 능히 느낄 수 있는 마음에 말미암기 때문에 상응하는 이치가 반드시 그러한 것이니, 위대하도다. 설사 법계를 궁구하고 (마멸) △相印을 (마멸) 법공의 자리에 올라 전등의 △을 짓고, 법륜을 다시 구르게 할 사람, 누가 능히 그렇게 할 수 있겠는가? 곧 우리의 서당화상이 바로 그 사람이다.

속성은 (마멸) 佛地 (마멸)하고 목숨은 高仙을 체득하였다. 여기에 근거하여 마을 이름을 佛地라 하였으니, △는 한 가지 길이다. 다른 사람이 佛地로 알았지만, 나는 구릉으로 보았으니, 왜냐하면 단지 (마멸). 어머니가 처음에 별이 떨어져 품속으로 들어오는 꿈을 꾸고서 문득 임신하였다. 달이 차기를 기다려 해산하려 할 때 갑자기 오색 구름이 특별히 어머니의 거처를 덮었다. (마멸) 문무대왕이 나라를 다스림에 일찍이 저절로 이루어짐에 응하여 나라가 평안하였으며, 은혜가 열리어 크게 이루어졌으니, 그 공은 능히 베풀 수가 없었다. 꿈틀대는 무리들의 하늘과 땅이 되고 백성들의 (마멸)이 되었다. (마멸) 홀로 기쁨을 (마멸).

대사의 덕은 전생에 심은 것이고, 도는 실로 나면서부터 알았다. 마음으로 인하여 스스로 깨달았으며, 배움에 일정한 스승을 좇지 않았다. 성품은 고고하면서 크게 자애로웠으며, 정은 (마멸) 어두운 거리를 (마멸). 괴로움을 뽑고 재난에서 구제하고자 이미 四弘誓願을 발하였으며, 미세한 이치를 연구하고 분석하고자 일체의 지혜로운 자의 마음을 △△하였다.

王城 북서쪽에 작은 절이 하나 있는데,[287] (마멸) 讖記와△△外書들도

였다. 비문의 해석에는 조철제선생의 교시를 받았다.

286 이 부분을 금관가야계 新金氏와 관련지워 고구려계 성인 高金으로 보기도 하나 지나친 해석이다.

세상에서 배척당하지 않았다[288] 그 중에서도 十門論은[289] 석가여래가
세상에 계실 때 이미 원만한 소리에 의지하였으나, 중생들이 (마멸) 비
처럼 흩뿌리고 쓸데없는 공론이 구름처럼 흩어졌다. 어떤 사람은 내가
옳고 다른 사람이 그르다 하였으며, 어떤 사람은 내가 그르고 다른 사
람이 그르지 않다하여, 말이 한도 끝도 없게 되었다. 대사 (마멸) 산을
△△하고 골짜기로 돌아간 것과 같고, 有를 싫어하고 空을 좋아함은 나
무를 버리고 큰 숲으로 달려가는 것과 같다. 비유하자면 청색과 쪽풀은
본체가 같고 얼음과 물은 근원이 같은데, 거울이 수많은 형상을 받아들
이고 물이 (천만갈래로) 갈라지는 것과 같다. (마멸) 융통하여 서술하고는
그 이름을 十門和諍論이라 하였다. 무리들이 칭찬하지 않는 사람이 없
어, 모두 이르기를 좋다고 하였다. 華嚴宗要는 이치는 비록 하나를 으
뜸으로 하지만, (마멸)에 따라서 (마멸) 찬탄하고 덩실 춤추었다. 범어로
번역하여 곧 사람들에게 부탁하였으니, 이것은 그 나라 三藏이 보배로
귀중히 여긴 연유를 말한다.

　山僧이 술을 끌어다 (마멸) 토지의 신을 서서 기다리며 다시는 옮기지
않았으니, 이것은 본성의 게으름을 드러낸 것이다. 여인이 세 번 절함
에 天神이 그를 가로 막았으니, 또한 법의 집착에 들지 않음을 표현한
것이다. (마멸) △主 (마멸) 마음의 법을 아직 일찍이 (마멸) 강의하다가,
문득 물병을 찾아서 서쪽으로 △△하면서 말하기를, "내가 보니 당나라
聖善寺가 화재를 입었다. (마멸)" 물을 부은 곳이 이로부터 못이 되었으
니, 고선사의 대사가 있던 방 앞의 작은 못이 바로 이것이다. 남쪽으로
법을 강연하고 봉우리에 △하여 허공에 올랐다. (마멸) 대사의 신이한
측량은 형상화할 수 없고, 기틀을 아는 것은 더욱 원대하였다. △△△

287　석장사를 가리키는 지도 알 수가 없다.
288　이 부분은 福士慈稔, 2001, 〈앞의 논문〉, p. 32에 따랐다.
289　보통 십문론을 십문화쟁론과 동일한 것으로 보아 왔으나 문맥상으로 다른 것으로 보이
　　며, 원효의 다른 저작명으로 보인다.

穴寺로 옮겼다. 인하여 神廟가 멀지 않는 데다가 귀신이 기뻐하지 않음을 보고 어울리고자 하였다. 그래서 白日 (마멸) 다른 세상을 교화하였다. 垂拱 2년(696년) 3월 30일에 穴寺에서 마치니, 나이 70이었다. 곧 절의 서쪽 봉우리에 임시로 감실을 만들었다. 여러 날이 지나지도 않아서 말탄 무리가 떼를 지어 장차 유골을 가져가려 하였다. (마멸) 萬善和上 識에 전하기를, "佛法에 능한 자가 아홉인데, 모두 大△라 불렀다"고 한다. (원효)대사가 제일 앞에 있으니, 아마도 玄風을 도운 大匠인가 보다. 대사가 말하기를, "내가 (마멸)" (마멸).

大曆 年間(766-780년) 초에 대사의 후손인 翰林 字는 仲業이 使臣으로 바다를 건너 일본에 갔다. 그 나라 上宰가 인하여 이야기하다가 그대가 대사의 어진 후손임을 알고서, 서로 매우 기뻐하였다. (마멸) 여러 사람들이 정토로 왕생할 것을 기약하며 대사의 영험스런 저술에 머리를 이고서 잠시라도 버리지 않았는데, 그 손자를 만나봄에 이르러 (마멸) 3일 밤이나 와서 칭송하는 글을 얻었다. 이미 12년이 흘러 비록 몸소 예를 펴고 친히 받들지는 않더라도 (마멸) 신이함을 아는 자에 △△가 있으며, 소리를 △△자에 봉덕사 대덕법사인 三藏 神將이 있어 △△△慈和와 더불어 마음의 空寂함을 알고 無生을 보았다. 속인과 승려가 모두 칭송하기를 승려 가운데 용이요 법의 △라고 하고는 받들어 (마멸) 행함에 성인을 만나 깃발을 더위 잡음에 단절이 없었는데, 추모함에 좇을 바가 없다. 더욱이 다른 사람의 頌文을 보건데 (마멸) 조짐을 깨달았으니, 어찌 (마멸) 다시 千叔이 있으리오. 이 번 정원 연중(785-804년)에 몸소 (마멸) 조짐을 깨달았으니, 어찌 (마멸) 상심하여 이에 괴롭고 △△는 두배나 더하고, 곧 몸과 마음을 채찍질하고 진흙과 띠집을 (마멸) 대사의 거사 모습을 만들었는데, 3월에 이르러 (마멸) 산에 폭주하고 옆의 들로 구름처럼 달려가서 형상을 바라보고 진심으로 예를 하였다. 그런 뒤에야 講讚 (마멸) 각간 김언승께서는 바다와 산악의 정기를 타고 났고, 하늘과 땅의 빼어남을 타고 나서 親△을 잇고, (마멸) 3천을 △△하

고 마음은 6월을 뛰어 넘었다. 덕과 뜻은 (마멸) 저 산속을 보니 대덕 奉
△ (마멸) 바야흐로 명을 (마멸) 마음과 목숨을 맡기고 뜻은 정성껏하며,
법을 높이고 사람을 중히 여겨 (마멸) (대사?)의 영험스런 자취는 문자가
아니고서는 그 일을 진술할 수가 없고, 기록이 아니고서 어찌 그 연유
를 드러낼 수 있으리오. 그래서 僧作으로[290] (마멸) 스스로의 법도를 구
하는 것은 무능하고 학문도 정도가 아니어서 마침내 사양하였으나 끝
내 면하지 못하여 문득 (마멸). 티끌같이 많은 세월이 지나도 썩지 말고,
겨자씨만큼 무수한 세월에도 길이 존재하리라.

그 詞에 이르되,

위대하구나 법의 본체여! 형체가 없는 곳이 없도다. 시방에 (마멸) 세
가지 신통함을 △△하였다. 고선대사는 불지에서 태어나 일생동안의
△를 올바른 이치를 깊이 궁구하였다. △△ 붉은 화살이여! 갠지스강의
모래같이 많은 곳을 향함이여! 미친소리 △△ (마멸) 환속하여 거사가
되었다. 담백한 바다의 △와 해동의 상부에서 국가를 바로잡고 진실로
문무가 있었다. (마멸) 그 조부를 △하였다. (마멸) 이기지 못하여 춤을
추고 슬피 (마멸)씩씩한 얘기는 성스러움에 궁궐을 하직하고 △窟을 끊
지 않았다. 일정한 장소를 거닐며 도를 즐겼다. (마멸) 행적과 저술을 남
겨 모두 은혜를 입고 입었도다.

대사가 (마멸) 울음을 머금고 △月 △에 매번 △△에 이르러 펼쳐 읽으
며, (마멸) 穴寺堂동쪽 가까운 산에 (마멸)

5. 건비 연대

지금까지 이 비의 건립 연대에 대해서는 4가지의 가설이 제기되고 있
다. 가장 먼저 나온 가설은 서당화상이 죽은 지 100년기를 기념하여 만

---

290 僧作은 연가7년명금동여래입상의 僧演, 울주천전리서석을묘명의 僧安, 僧首와 마찬가
지로 승려의 법명일 가능성이 있다.

들었다고 보아서 이는 곧 선덕왕 6년(785년)이 된다.[291] 이는 신비편에 785년보다 늦은 사실이 나와서 무너지게 되었다. 다음으로 혜공왕대로 본 가설이다.[292] 그 자세한 근거는 제시되지 않고 있으나 비문의 大曆之 春이란 구절에 의존한 것으로 짐작되나 이 역시 신비편의 발견으로 무 너지게 되었다.[293] 그 다음으로 신비편에 나오는 角干金彦昇에 근거해 그가 헌덕왕으로 즉위하기 이전에 각간에 있던 시기인 애장왕대(800- 808년)으로 보는 가설이다.[294] 이 가설은 현재 가장 많은 지지를 받고 있 다. 마지막으로 선종 승려들의 탑비가 만들어지기 시작한 813년을 소급 키 어려움을 전제로 신라말로 본 가설이 있다.[295]

위의 여러 가설 가운데에서 신비편의 발견으로 앞의 두 설은 무너지 게 되었고, 애장왕대설과 신라말설만이 검토의 대상이 된다. 애장왕대 설의 문제점을 먼저 비문 자체에서 조사해 보기로 하자.

먼저 이 비문의 겉으로 보이는 특징은 유난히 띄어쓰기가 많다는 점 이다. 남은 부분을 대충 계산해도 한 줄에 2번 가까이나 되는 듯하다. 이 점이 25행에서 28행까지는 무시되어 왔다. 가령 25행의 三月이란 구절 도 앞의 貞元年中이란 구절과 연결은 불가능하고 그 구체적인 연대의 제시가 있었을 것이다. 이러한 연도의 바뀜은 한줄 사이에도 가능하다. 25행에서 28행까지 연대 바뀜이 없었다는 단정은 어렵다.

다음으로 비문에 나오는 「泥堂茸屋……造 大師居士之形」이란 구절 에서 대사의 모습을 거사형으로 만들었음을 알 수가 있다. 승려의 상을 만드는 풍습은 교종과는 관계가 없고, 이는 선불교적인 조사선에서나

---

291 葛城末治, 1931, 〈앞의 논문〉.
292 이지관, 1993, ≪역주 역대고승비문≫-신라편-, p.44.
293 신비편에서 혜공왕대보다 후대 사람인 각간김언승이 나오고 있기때문이다. 이는 당시 이미 발견 보고된 신비편의 성과를 수용치 못한 까닭이다.
294 황수영, 1970, 〈앞의 논문〉, p.4.
295 김창호, 2003, 〈신라 무염화상비의 득난조 해석과 건비 연대〉 ≪신라문화≫22, p.240.

가능한 것이다.[296] 그러면 애장왕대(800-808년)설은 재고의 여지가 있게 된다.

그 다음으로 각간김언승때 작성되었다면 마땅히 그 당시의 국왕인 애장왕의 왕명이 있어야 될 것이다. 실제로는 각간김언승의 이름만 보일 뿐, 왕명은 없다.

마지막으로 신라에서의 비문의 작성에 사례들을 검토해 보기로 하자. 신라에서 비석은 왕릉이나 왕족들의 무덤 앞에 세우기 시작했다. 태종무열왕릉비, 문무왕릉비, 김인문비, 흥덕왕릉비 등의 예가 있다. 이에 뒤이어 선종 승려들의 비가 세워지고 있다. 그 예를 신라의 것만 제시하면 다음과 같다.

> 단석사신행선사비(813년)
> 대안사적인국사보륜청정탑비(872년)
> 보림사보조선사창성비(884년)
> 소림사홍각선사비(884년)
> 쌍계사진감선사대공탑비(887년)
> 성주사대낭혜화상백월보광탑비(890년)
> 월광사원랑선사선광탑비(890년)
> 심원사수철화상능가보월탑비(추정 893년)
> 봉암사지증대사적조탑비(924년)
> 봉림사진경대사보월능공탑비(924년)

이상에서 보면 신라때 비석은 왕이나 왕족에서 선종 승려 쪽으로 그 대상이 바뀌었음을 쉽게 알 수가 있다. 이러한 상황에서 교종 승려의 비인 서당화상비가 선종 승려비 보다 앞서서 800-808년에 세워졌다고

---

296 ≪삼국유사≫에 나오는 흥륜사 10성에 대한 소상도 이에 준할 것으로 판단된다.

해석하는 것은[297] 재고의 여지가 있는 듯하다. 서당화상비는 탑비는 아니지만 선종 승려비에 준하여 다루어져야 할 것이다. 선종 승려비 가운데 탑비가 아닌 예로는 단속사신행선사비와 소림사홍각선사비 등이 있다. 교종 승려로서 탑비를 세운 최초의 예로는 고려 초에 세워진 보원사 법인국사비가 있다.[298] 원효는 교종의 승려이다. 그렇다면 서당화상비의 연대를 邑里火三千幢主란 신라의 직명에 근거해 신라말로 볼 수가 있다. 음리화는 현재 경북 상주시 청리를 가리키므로 이 지역이 신라의 영역이었던 때를 고려하면 900년 이전의 가까운 시기로 짐작된다.

6. 맺음말

지금까지 살펴 본 내용을 간단히 요약하여 맺음말에 대신하고자 한다.

먼저 서당화상비에 지금까지의 선학들의 연구 성과를 검토하였다.

다음으로 비문의 복원 문제를 선학들의 견해를 발판으로 검토하였으나 지금까지 자료로는 전문의 복원이 불가능한 것으로 판단된다.

그 다음으로 비의 전문을 선학들의 견해를 토대로 해석하여 몇 군데 새롭게 해석하였다.

마지막으로 비의 건립 연대에 대한 4가지 가설 가운데 두 가지 신 비편의 발견으로 무너지게 되어, 나머지 두가지를 두고 검토하여 신라말로 곧 900년 이전의 가까운 시기에 건립된 것으로 보았다.

---

297 황수영이래 학계의 통설이다.
298 화엄종 승려인 탄문의 비는 978년에 세워졌다.

제2부

와

전

제 **I** 장

고구려 太王陵 출토 연화문숫막새의 제작 시기[1]

1. 머리말

주지하는 바와 같이 고구려 와당에 대한 연구는 태왕릉, 장군총, 천추총 등의 주변에서 기와를[2] 습득하기 시작하면서 일인학자에 의해 연구되기 시작하였다. 이는 보다 쉽게 말하면 광개토태왕비의 발견과 더불어 태왕릉의 주인공을 찾기 시작하였다고 할 수가 있다.[3]

광개토태왕릉을 장군총으로 보면 장군총의 연대가 5세기 초가 되며, 태왕릉을 광개토왕릉으로 보게 되면 태왕릉의 연대가 5세기 초가 된다. 지금까지는 문헌사학자에 의해 대개 태왕릉을 광개토태왕릉으로 보아 왔다.[4] 고고학자들도 대개 이를 따르고 있었다. 태왕릉 출토의 연화문

---

1 이 글은 2005년도 경주대학교 교내 연구비에 의해 연구되었음.
2 이들 기와는 고분의 제사와 관련된 건물을 무덤 위에나 주위에 지은 것으로 중국에서는 享堂이라고 부르고 있다.
3 태왕릉 등의 와당을 포함한 기와 연구의 역사는 광개토태왕비의 연구와 궤를 같이 하므로 100년이 훨씬 넘었다.
4 현재까지 한국과 일본학계의 일반적인 통설이다.

사진 21 연화문숫막새

와당의 연대를 4세기 중엽으로 보면서 태왕릉은 고국원왕, 소수림왕, 고국양왕이 그 대상으로 부상하였고, 장군총이 광개토태왕릉으로 주목받기 시작하였다.[5] 태왕릉 출토의 연화문 와당에 대한 정확한 편년은 태왕릉 주인공 문제와 직결되는 것이다. 이는 태왕릉 출토의 문자 자료의 검토, 고고학적인 접근이 필요하며, 기와에 대한 자료 정리도 필요하다고 사료된다. 문헌사학만으로 태왕릉의 주인공 비정이 위험하며, 고고학만으로도 이를 해결할 수가 없다. 고고학, 금석문, 기와 등을 통한 종합적인 접근만이 이를 가능하게 할 것으로 판단된다.

　여기에서는 먼저 태왕릉에 대해 고고학적인 접근을 시도해 보고, 다음으로 문자 자료를 통한 검토를 하겠으며, 마지막으로 연화문숫막새(사진 21)에 대한 검토로 그 제작 시기를 살펴보고자 한다.

5　현재 고고학계의 전반적인 추세로 이는 후술하는 바와 같이 잘못된 견해이다.

2. 고고학적인 접근

태왕릉의 주인공 문제는 광개토태왕비의 탁본이 일본에 전래되면서 시작되었다. 광개토태왕비를 왕릉비로 규정하는지는 않았지만, 비의 근처에서 광개토태왕릉을 찾으려는 의도에서 태왕릉을 주목하였다.[6] 장군총도 석총 가운데에서는 큰 무덤이고, 4면비인 광개토태왕비와 그 방향이 일치하여 광개토태왕릉으로 추정되기도 했다.[7] 이들 유적의 현지조사와 함께 제시된 관계 전문가들의 견해에서는 태왕릉을 광개토태왕릉으로 비정하는 경우가 많았다.[8]

이렇게 광개토태왕릉을 태왕릉 또는 장군총으로 보는 가운데 본격적으로 고고학적인 입장에 근거한 견해가 나왔다.[9]

여기에서는 태왕릉과 장군총에서 유구 자체인 무덤의 구조를 비교해 장군총이 태왕릉보다 늦은 형식이란 점에서 태왕릉을 광개토태왕릉, 장군총을 장수왕릉으로 보았다.[10]

평양에 소재한 傳東明王陵을 장수왕의 壽陵으로 본 견해가 나왔다.[11] 여기에서는 태왕릉과 장군총을 묘실의 방향, 현지 입지 상황에서 볼 때 태왕릉이 오래되었고, 장군총은 고구려 고분의 편년으로 볼 때 광개토태왕릉이고, 태왕릉은 광개토태왕 이전의 고국양왕 또는 소수림왕 또는 고국원왕의 분묘라고 결론지웠다.

고고학 쪽에서 태왕릉을 광개토태왕릉으로 보지 않는 학설이 나오면

---

6 浜田耕策, 1986, 〈高句麗廣開土王陵墓比定論の再檢討〉《朝鮮學報》119. 120, pp.61-64.
7 鳥居龍藏, 1910, 《南滿州調査報告》.
8 浜田耕策, 1986, 〈앞의 논문〉, pp.61-64.
9 三上次男, 1966, 〈古代朝鮮の歷史的推移と墳墓の變遷〉《日本の考古學》6.
10 緒方泉, 1985, 〈高句麗古墳群に關する一試考(下)-中國集安縣におけお發掘調査を中心にして-〉《古代文化》37-3, p.16.
11 永島暉臣愼, 1982, 〈高句麗の壁畵古墳〉《日韓古代文化の流れ》.

서, 태왕릉 · 천추총 · 장군총에서 출토된 와당의 형식 분류에 근거하여 그 주인공을 추정한 견해가 나왔다.[12] 여기에서는 와당의 형식 분류에 근거할 때, 그 시대적인 순서는 태왕릉 → 천추총 → 장군총으로 보았다. 태왕릉 출토의 연화문 와당 연대는 蓮花文의 蓮弁이 연꽃봉오리 모양으로 되어있는 바, 이와 유사한 예는 안악 3호분, 무용총, 삼실총, 쌍영총 등의 고구려 고분의 벽화에도 보인다. 그 연대를 357년에 작성된 안악 3호분의 묵서명에 근거해 4세기 중엽으로 보았다. 천추총의 와당 연대는 4세기후반에서 말경, 장군총의 와당 연대는 5세기 초두에서 전엽으로 각각 추정하였다. 따라서 광개토태왕릉은 태왕릉이 아니고 장군총이라 주장하였다.

여기에서는 다음과 같은 두 가지 점에 근거하여 연화문 와당을 편년하고 있다.

첫째로 와당에 있는 蓮弁 사이의 輻線이 내외의 圈線과 합쳐지는 형태는 고구려의 평양 지역에서 유행하는 수법이므로 태왕릉 · 천추총 · 장군총 출토의 와당은 427년 이전의 것이란 전제이다.

둘째로 태왕릉 출토 와당의 蓮弁이 연꽃봉오리 모양이라 357년의 안악 3호분 벽화와 연관시켜서 연대를 잡은 점이다.

먼저 와당에서 輻線이 내외의 圈線과 합쳐지느냐 떨어지느냐하는 문제는 5세기 중엽으로 편년되는 集安 長川2號墳에서 떨어진 연화문 와당이 출토되어[13] 재고의 여지가 있는 듯하다. 곧 輻線이 떨어진 점에만 근거해 태왕릉, 천추총, 장군총의 모든 와당이 427년 이전이라고 단정할 수만은 없게 된다.

---

12 田村晃一, 1984,〈高句麗の積石塚の年代と被葬者をめぐる問題について〉≪青山史學≫ 8.
13 東潮, 1988,〈高句麗文物に關する編年學的一考察〉≪橿原考古學研究所論文集≫10, p.293. 林至德 · 耿鐵華, 1980,〈集安出土の高句麗瓦堂とその年代〉≪古代文化≫40-3, p.25에서는 그 연대를 5세기말로 보고 있다.

다음으로 태왕릉 출토 와당의 연꽃봉오리 모양과 안악3호분의 벽화에 나타난 연꽃봉오리 모양이 비슷한 점에 근거해 태왕릉을 4세기 중엽으로 편년한 점도 문제가 있는 듯 하다. 5세기 후반에서 6세기로 편년되는 삼실총과 쌍영총에서도[14] 태왕릉출토 와당의 연꽃봉오리와 비슷한 모양의 벽화가 있다. 모양만 비슷하다고 조형 작품인 와당과 벽화의 그림을 같은 시기에 편년하는 것이 가능한가하는 점이다. 가령 최근에 신라 고분의 상한 문제의 절대적인 열쇠를 쥔 것처럼 간주되었던 등자가[15] 袁台子 무덤에서는 실물 등자는 출토되었지만 말을 타고 있는 기마인물도의 벽화에는 등자 그림이 없었다.[16] 나아가서 안악3호분의 山字形 盛矢具(胡籙)가 벽화에 많이 그려져 있지만 이와 유사한 모습을 한 고구려, 신라, 가야의 고분 출토의 호록을 4세기 중엽으로 보는 것은 전혀 고려되지 않고 있다.[17] 따라서 태왕릉의 와당 연대를 안악 3호분에 근거해 잡는 것은 재고되어야 한다.

와당 분류에 근거해 태왕릉→천추총→장군총의 순서로 편년한 결론이 제시된 데에도 불구하고, 태왕릉 출토의 와당을 5세기초로 보고 태왕릉을 광개토태왕릉이라고 주장한 중국학자의 견해도 나오고 있다.[18] 집안 근처의 고구려 무덤에서 출토된 와당의 편년에 있어서 견해의 차이가 생기는 것은 아직까지도 와당 편년 자체가 확실히 마련되지 못한 까닭이라고 판단된다.

---

14 삼실총과 쌍영총에 대해 주영헌, 1961, ≪고구려벽화무덤의 편년에 관한 연구≫에서는 전자를 4세기말~5세기초로, 후자를 5세기 말엽으로 편년하고 東潮, 1988, 〈集安の壁畫墳とその變遷〉≪好太王碑と集安の壁畫古墳≫에서는 삼실총과 쌍영총을 5세기 후반으로 편년하고 있다.

15 穴澤和光 · 馬目順一, 1973, 〈北燕馮素弗墓の提起する問題〉≪考古學シャーナル≫85.

16 遼寧省博物館文物隊 등, 1984, 〈朝陽袁台子東晉壁畫墓〉≪文物≫1984-6.

17 한반도 남부 지역의 호록 가운데 가장 이른 시기로 편년되는 昌原 道溪洞2號의 호록도 5세기를 소급하지 못하고 있다.

18 方起東, 1988, 〈千秋墓, 太王陵, 將軍塚〉≪好太王碑と高句麗遺跡≫, p.284

태왕릉과 장군총의 주인공 문제에 대한 고고학적인 접근에서는 문자 자료에 대한 검토가 전혀 없는 점도 하나의 약점일 것이다. 유물이나 유적을 분석해서 얻은 결론을 일방적으로 제시하여 광개토태왕릉과 장수왕릉을 비정하지만, 고고학자들 사이에도 의견의 차이가 생기게 된다. 가령 전동명왕릉을 장수왕 무덤이라고 주장한 견해가 있다.[19] 전동명왕릉이 장수왕릉인지 여부는 별문제로 하고서라도 장수왕의 무덤이 평양에 소재한다는 점에 동의할 수 있는 고고학자가 얼마나 될 지도 의문스럽다.

태왕릉의 太王 문제에 대해 고고학측에서는 중원고구려비에서 高麗太王이 장수왕을 가리키는 점을 근거로 고구려 때 太王은 광개토대왕 한 사람만이 아니라 여럿이라고 주장하였다.[20] 사실 모두루묘지 · 광개토태왕비 · 중원고구려비에 근거할 때 太王이라 표기되었던 고구려의 왕은 故國原王 · 廣開土王 · 長壽王이다. 위의 문자 자료에서 볼 때도 太王이라고 표기되었던 고구려의 왕은 3명이나 되어 고고학측의 반론은 설득력이 있는 것처럼 보인다. 여기에서 가장 큰 문제가 되는 점은 故國原王, 廣開土王의 경우는 죽은 뒤의 시호제에 의한 표기이고, 장수왕을 高麗太王이라 표기한 것은 재위중의 왕이기 때문이다. 그렇다면 시호제에 의한 표기도 아니고 생존시의 고구려의 왕이라고 단정할 수도 없는 太王陵이란 표기가 문제이다. 이 점에 대해서는 문자 자료를 통한 접근을 통해 검토하고자 한다.

3. 문자 자료를 통한 접근

태왕릉의 주인공을 광개토태왕이라 보는 것은 몇 가지의 타당성이 있

---

19 永島暉臣愼, 1982, 〈앞의 논문〉.
20 永島暉臣愼, 1988, 〈集安の高句麗遺跡〉 ≪好太王碑と集安の壁畵古墳≫, p.202.

다. 1970년 이전까지는 문자 자료에서 太王이라고 불리웠던 고구려의 왕은 광개토태왕밖에 없었다. 모두루묘지에 國崗上聖太王이 고국원왕을 가리키고 있음은 최근에 밝혀졌고[21], 중원고구려비의 高麗太王이 장수왕을 가리킴도 중원고구려비에서의 太子共=古鄒加共=長壽王子 古鄒大加助多임이 밝혀진 이후이다.[22] 또 광개토태왕비 근처에서 가장 가까이에 있는 대형분을 찾는다면 太王陵이 그 대상이 된다. 위와같은 점에서 보면 태왕릉의 주인공을 광개토왕으로 추정하는 것은 설득력이 있는 듯하다.

태왕릉 출토의 유명전은 여러 개가 출토되었지만 한결같이 그 전문은 「願太王陵安如山固如岳」이다.[23] 유명전에 나타난 太王陵이란 命名이 무덤 주인공의 생존시인가 아니면 사후인가가 문제이다. 有名塼은 전의 용도에서 볼 때 무덤의 표면에 까는 것이 분명하다. 무덤의 표면에 장식하는 유명전은 왕의 생존시에 이미 제작된 것이라기보다는 왕의 사후에 제작된 것으로 판단된다. 전면에 나오는 願자, 太王陵, 願太王陵安如山固如岳으로 보면 왕의 생존시에 제작되었다고는 보기 어려울 듯하다.

유명전이 왕의 사후에 제작된 것이라면「願太王陵安如山固如岳」이란 명문중에서 태왕릉이라고만 표기되어 있고, 시호명이 없는지가 궁금하다. 광개토태왕비의 내용에서나 ≪三國史記≫, 高句麗本紀의 내용에 근거할 때 고구려에서 시호제가 시행된 것은 분명하다. 광개토태왕비와 호우총 「乙卯年國崗上廣開土地平安好太王壺杆十」이란 명문에 근거할 때 태왕릉에서의 태왕이란 칭호도 廣開土太王陵이라고 기록되어야 할 것이다. 유명전에는 그냥 太王陵이라고 기록되어 있어서 태왕릉의 주인공이 광개토태왕이 아닐 가능성이 크게 된다. 극단적으로 가정을 하여

21 浜田耕策, 1986, 〈앞의 논문〉, p.106.

22 金英夏·韓相俊, 1983, 〈中原 高句麗碑의 建立 年代〉 ≪敎育硏究誌≫25.

23 浜田耕策, 1987, 〈高句麗の古都集安出土の有銘塼〉 ≪日本古代中世史論考≫.

태왕릉의 유명전을 광개토태왕 재위시에 만들었다고 보아도 그 칭호를 태왕릉이라고 할 것이 아니라 광개토태왕비에서와 같이 永樂太王이라고 해야 될 것이다. 이렇게 되면 문자 자료에 근거할 때 가장 유력시되었던 태왕릉의 광개토태왕설은 무너지게 된다.

그런데 광개토태왕의 경우는 생존시의 왕호를 광개토태왕비에 근거해 永樂太王(연호＋太王)이라고 불렀다고 주장할 수가 있지만 그 다음의 장수왕 경우만 하여도 연호＋太王을 지칭한 것이 아니고 중원고구려비에 高麗太王이라고 지칭하고 있다. 이렇게 되면 광개토태왕 전후의 고구려 왕은 연호＋太王으로 표기하였다고 단정할 수가 없게 된다. 태왕릉에서는 太王앞에 연호, 왕명, 高麗등이 없이 그냥 太王으로 기록되어 있다. 이렇게 太王의 앞에 아무 것도 붙지 않고 太王이라고 기록된 까닭을 우선 고구려에서는 왕의 재위시에 그냥 太王이라고 지칭했다고 해석해 보자. 현재까지의 문자 자료에 근거하고 태왕릉의 편년을 고려할 때 태왕릉의 주인공이 될 수 있는 왕은 故國原王, 小獸林王, 故國壤王이 된다. 이 때의 문제점은 太王陵 출토의 유명전에 새겨진 전문이「願太王陵安如山固如岳」이라, 이 전 자체는 왕의 생존시에 제작되었다기보다는 왕의 사후에 제작되었을 가능성이 큰 점이다. 고구려의 무덤이 壽陵일지라도 무덤의 표면에 장식하는 전에 발원형식의 문자까지 새길 수가 있을지 의문이다.

태왕릉의 太王이 어느왕을 가리키는 문제와 함께 주목되어야 할 자료로 서봉총의 은합 명문이 있다.[24] 이에 대한 상세한 검토를 위해 우선 은합 명문을 제시하면 다음과 같다.

① △壽元年太歲在辛

---

24 太王陵의 문자 자료를 다루면서 아직까지 한번도 서봉총의 은합 명문을 검토한 적이 없다.

② 三月△太王教造合杅
③ 三斤

(銀盒 外低)

① 延壽元年太歲在卯三月中
② 太王教造合杅斤六兩

(銀盒 蓋內)

이 명문에 대해서는 많은 연구 성과가 나와 있다.[25] 신라의 서봉총에서 출토된 은합의 제작지가 문제이다. 고구려에서 제작되었다면 명문의 太王은 고구려의 왕을 가리키게 되고, 신라에서 제작되었다면 명문의 太王은 신라의 왕을 가리키게 된다. 명문 자체의 내용으로는 제작지 문제를 해결할 수가 없다. 延壽元年辛卯란 연대와 왕호를 비교해서 제작지를 추정해 보기로 하자. 延壽元年辛卯는 391년, 451년, 511년이 그 대상이 된다. 524년에 작성된 蔚珍鳳坪新羅碑에서는 신라의 法興王을 喙部牟卽智寐錦王이라고 표기하고 있어서 391년, 451년, 511년 신라의 왕을 太王이라고 표기했다고 보기가 어렵다. 그렇다면 은합의 太王은 고구려의 왕을 가리키게 되고, 은합의 제작지도 고구려라고 보는 것이 타당하다고 판단된다.

은합의 태왕이 고구려의 왕을 가리킬 때 延壽元年辛卯의 연대가 문제이다. 391년은 고국양왕末年이고, 451년은 장수왕 39년이고, 511년은 문자왕 20년이다. 이 가운데 문자왕 20년설은 아직까지 한 번도 학계에

25 浜田耕作, 1932, 〈新羅の寶冠〉《寶雲》2, 1935《考古學研究》재수록.
    李弘植, 1954, 〈延壽在銘新羅銀合杅에 대한 一·二의 考察〉《崔鉉培博士還甲紀念論文集》.
    손영종, 1966, 〈금석문에 보이는 삼국사기의 몇 개 연호에 대하여〉《역사과학》1966-4.
    小田富士雄, 1979, 〈集安高句麗積石遺物と百濟·古新羅遺物〉《古文化談叢》6.
    金昌鎬, 1985, 〈古新羅 瑞鳳塚의 年代 問題(I)〉《伽倻通信》13·14.

제기 된 바가 없다. 서봉총의 연대를 늦게 잡아도 500년 전후인 점과 은합이 고구려에서 제작된 점에서 보면 511년설은 성립되기가 어렵다.

이제 남은 것은 391년설과 451년설이다. 391년설은 은합 명문에 「延壽元年太歲在辛卯三月中……」이라고 기록되어 있고, ≪三國史記≫, 高句麗本紀, 故國壤王9年條에 「九年 夏五月 王薨 葬於故國壤 號爲故國壤王」이라고 되어있는 점에 근거하고 있다.[26] 곧 391년 3월에 고국양왕이 「延壽」란 연호를 처음으로 사용하였고, 그 뒤에 광개토태왕의 즉위로 永樂이란 연호가 사용되어 延壽가 逸年號가 되었다는 주장이다. 이 견해 자체는 신라 적석목곽분의 연대를 끌어올리려는 의욕적인 노력의 일환일 뿐, 다른 구체적인 근거는 없다.

391년설에 따라 태왕릉의 주인공을 검토해 보자. 은합 연대를 391년으로 보면 태왕릉의 주인공은 고국양왕이 된다. 태왕릉의 주인공이 고국양왕일 때 延壽太王이라고 하지 않고 太王陵이라고 부른 까닭이 궁금하다. 391년 3월 이전에 유명전이 제작되었기 때문에 延壽太王陵이라 표기치 않고 太王陵이라고 표기했다고 하면 의문점이 해결될 수가 있다. 이 때에도 문제점은 여전히 남는다. ≪三國史記≫에 따르면 고국양왕의 재위 기간은 9년밖에 되지 않고, 광개토태왕비에 따르면 광개토태왕이 왕위에 즉위할 때 나이는 18세이다. 이러한 상황에서 볼 때, 고국양왕의 무덤을 391년 3월 이전에 壽陵으로 만들었을 가능성은 거의 없기 때문에 太王陵의 주인공을 고국양왕 무덤으로 보기가 어렵다.

451년설에 대해 검토해 보자. 서봉총의 延壽元年을 451년으로 보면, 太王陵의 주인공은 장수왕이 되어야 한다. 이 때에도 문제점은 있다. 먼저 太王陵의 太王이 延壽太王이라고 표기되어 있지 않은 점이다. 太王陵 자체가 壽陵으로 장수왕의 재위 기간중에 만들어졌을 경우에도 광개

---

26 崔秉鉉, 1990, ≪新羅古墳硏究≫, 崇實大學校大學院博士學位請求論文, pp.365-366. 이 견해에 대해서는 고를 달리하여 상세히 검토할 예정이다.

토태왕비의 예로 볼 때 延壽太王이나 아니면 중원고구려비에서와 같이 高麗太王이 되어야 할 것이다. 다음으로 太王陵은 와당의 편년에 따르면 4세기에 축조된 무덤이고 태왕릉을 장수왕의 무덤으로 볼 때에는 壽陵으로 가정해도 5세기 중엽을 소급할 수가 없다. 이렇게 되면 100년 이상의 연대 차이가 큰 문제점이다. 태왕릉의 주인공을 장수왕으로 보기도 어렵다.

태왕릉의 太王과 서봉총의 은합 명문의 太王이 동일인이란 전제 아래 은합의 延壽元年辛卯에 의거하여 고구려의 왕을 검토해 보아도 뚜렷한 결론이 없다. 광개토태왕비는 비문에 나오는「以甲寅年九月 九日乙酉遷就山陵於是入碑銘記勳績以示後世焉」이란 구절에 근거할 때 414년에 건립되었다. 여기에서는 王과 太王이 공존하고 있다. 모두루묘지는 문자왕대에 작성된 것으로 보아 왔다.[27]「還至國崗上廣開土地好太聖王緣朝父△未恩教奴客牟頭婁△△牟教遣令北夫餘守事…」란 구절을 근거로 모두루가 광개토태왕때의 사람임이 밝혀졌다.[28] 이를 근거로 모두루가 5세기 전반에 죽은 것으로 보고 있다.[29] 사실 모두루묘지에 판독불능한 글자가 많아서 단정할 수가 없지만 광개토태왕의 시호가 나와서 모두루묘지명의 작성 연대의 상한은 413년이다.[30] 호우총의 호우는 명문 자체의 乙卯年과 광개토태왕비의 書體 비교에서 415년에 제작된 것으로 추정하고 있다. 중원고구려비의 건립 연대에 대해서는 여러 가지 견해가 있지만[31] 장수왕의 태자인 古鄒大加助多가 죽은 직후로 추정되는 5세기 중엽으로 보아야 될 것이다.[32] 서봉총 은합의 제작연대를 延壽元年辛卯

27 田中俊明, 1981, 〈高句麗の金石文〉《朝鮮史研究會論文集》18, p.118 참조.
28 佐伯有淸, 1977, 〈高句麗牟頭婁塚墓誌の再檢討〉《史朋》7.
29 武田幸男, 1981, 〈牟頭婁一族と高句麗王權〉《朝鮮學報》99, p.100.
30 모두루묘지의 작성 연대를 고구려의 시호제를 인식치 못해 400년 전후로 생각한 적도 있으나 이는 잘못이다. 모두루묘지의 작성연대는 420년 전후로 추정된다.
31 金英夏 · 韓相俊, 1983, 〈앞의 논문〉참조.

에 근거해 451년으로 추정되고 있다.

지금까지 고구려 금석문에서는 故國原王(國岡上王)을 國罡上聖太王, 廣開土王을 永樂太王 또는 國罡上廣開土境平安好太王, 長壽王을 高麗太王으로 각각 표기한 3왕의 용례가 있다. 이들 용례 가운데에서 太王과 王의 사용에 한 기준이 되는 것은 광개토태왕비이다. 여기에서는 鄒牟王을 왕이라 표기한 것이 3예, 광개토태왕을 왕이라 표기한 것이 8예가 나온다.[33] 광개토태왕을 그냥 太王이라고 한 것은 3예가 있다. 그렇다면 광개토태왕비의 작성 당시에도 太王이란 용어의 보편화가 되지 못한 것 같다. 중원고구려비에서 비문의 서두에 재위중의 장수왕을 高麗太王이라고 지칭한 점에서 보면 이 때에 太王이란 용어가 보편화된 시기가 아닐까 짐작된다.[34] 이것은 현재까지의 자료로 한정할 때이고 광개토왕비에서 광개토왕을 永樂太王이라고 부르고 있어서 광개토왕때 太王의 사용이 보편화되었는지도 알 수가 없다.

4. 태왕릉의 연화문숫막새

주지하는 바와 같이 연화문숫막새는 태왕릉, 천추총, 장군총 등에서 출토되는데 이들은 고분 제사와 직결되는 享堂과 관계되는 것으로 알려져 있다. 종래 일본학계에서는 태왕릉, 천추총, 장군총의 순서로 편년해 왔으나[35] 연화문숫막새보다 앞서는 고사리문숫막새가 천추총에서 나와

---

32 金昌鎬, 1987,〈中原高句麗碑의 재검토〉《韓國學報》47.

33 浜田耕策, 1987,〈朝鮮古代の「太王」と「大王」〉《响沫集》5, p.389.

34 고구려 문자에 있어서 太王의 사용이 보편화되었을 때 왕의 재위시나 사후에도 관습적으로 太王이라고 불리웠던 고구려의 왕은 재위 기간이 79년간이나 되는 장수왕밖에 달리 그 대상자가 없다. 서봉총의 은합 명문의 太王이 장수왕이라면 太王陵의 太王도 장수왕이 되어야 한다. 이 때에는 태왕릉의 연대가 5세기 중엽이후가 되어 고구려 고분의 편년과 차이가 큰 점이 문제이다.

천추총, 태왕릉, 장군총의 순서로 편년되어야 한다고 한다.[36] 연화문숫막새 가운데 태왕릉의 것이(사진 21) 빠름에는 학계에서 거의 의견의 일치를 보이고 있다. 그 제작 시기를 대략 5세기 초로 보아왔으나 안악3호분의 연꽃무늬와(그림 15의 ①) 연결지우면서 그 제작 시기를 안악3호분의 연대인 357년에 준하여 설정하고 있다.[37] 이 부분의 타당성을 검토해 보기로 하자.

안악3호분에서는 盛矢具(胡籙) 그림이(그림 15의 ②와 ③) 있으나 고구려, 백제, 신라에서 성시구 실물이 나오고 있으나 어느 고분도 4세기 중엽으로 편년되지 않고[38] 5세기 전반에서 6세기 전반으로 편년되고 있다. 바꾸어 말하면 재질이 다른 벽화 그림과 고구려 연화문숫막새를 연결시켜서 그 연대를 추정하는 것은 무리가 있다는 말이다. 고고학에서 철기, 청동기 등을 교차 연대 추정 자료로 쓰고 있으나 이 문제도 성립되기 어렵다고 판단된다. 가령 황남대총에서 많은 신라 山 자형 관이 출토되었으나 은제관은 5세기 초의 것이고, 나머지 금동관들은 475년경의 것이기 때문이다.[39] 합천 옥전 M3호분과 일본 사이따마현의 이나리야마 고분의 철제 마구의 유사성에 의해 이나야마 고분의 철검의 연대인 471년과 비교해, 471년경으로 M3호분을 편년하고 있으나[40] 이는

---

35 田村晃一, 1984, 〈高句麗の積石塚の年代と被葬者をめぐる問題について〉≪靑山史學≫8.
    谷豊信, 1989, 〈四−五世紀の高句麗の瓦に關する若干の考察−墳墓發見の瓦を中心として−〉≪東洋文化硏究所紀要≫800.
    이 가설들은 현재 한국학계와 일본학계의 통설로 개설적인 고구려 기와 해설에도 반영되어 있다.
36 중국에서 이에 관한 보고서가 나왔다고 하나 필자는 미견이다.
37 田村晃一, 1984, 〈앞의 논문〉.
38 성시구가 4세기 중엽으로 편년되는 예는 전무하다.
39 같은 고분에서 금속기는 시대를 달리하는 예가 많을 것으로 사료된다. 경주 98호 남분을 풍소불묘(414년 또는 415년)보다 이른 시기에 편년하는 것은 명백한 잘못이다. 유적과 유물에 근거하지 않은 고고학은 문제가 있으며, 유적과 유물에 근거한 고고학만이 생명력이 있다고 필자는 굳게 믿고 있다.

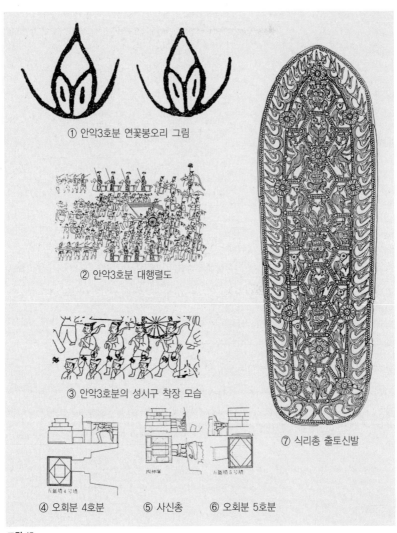

① 안악3호분 연꽃봉오리 그림

② 안악3호분 대행렬도

③ 안악3호분의 성시구 착장 모습

④ 오회분 4호분　⑤ 사신총　⑥ 오회분 5호분

⑦ 식리총 출토신발

그림 15

---

40 고고학계 일부의 견해로 많은 문제점이 포함되어 있다. 이나리야마 철검 명문의 연대는 기시 도시오이래 471년으로 일본학계에서는 보고 있으나 531년이 분명하다. 이에 대해서는 따로 소견을 발표할 지면을 갖고자 한다. 금속기에 의한 교차 연대법(크로스 데이팅)은 문제가 있다. 가령 경주 황남대총의 은제관은 풍소불 관과 비교할 때 5세기 전반이 분명하지만, 나머지 금동 관들은 모두 5세기 후반에 만들어진 것이다. 이럴 때, 황남대총

---

128 한국 고대 불교고고학의 연구

잘못된 것이다.

재질이 다른 유물로 연대 설정에 문제가 되는 예를 하나 더 검토해 보기로 하자. 주지하는 바와 같이 신라에서 연화문숫막새의 주연부에 連珠文이 있으면 통일 신라의 기와이고, 없으면 고신라의 기와가 된다.[41]

그런데 신라 식리총은 475-500년 사이로 편년되는[42] 데에도 불구하고, 연화문이(그림 15의 ⑦) 많이 있는데 이러한 연화문은 신라 기와에서는 7세기 전반으로 편년되고 있으며,[43] 식리총 신발에는 연주문도 많아서(그림 15의 ⑦) 신라의 기와 편년과는 서로 모순되고 있다. 곧 식리총의 연주문과 연화문으로 보면, 지금까지 고신라와 통일 신라로 구분되어 온 연주문의 유무는 아무런 소용이 없게 되고, 7세기 전반으로 편년되어 온 연잎의 가운데 줄이 있는 문양도 475-500년 사이로 보아야 될 것이다. 이렇게 편년하는 신라 기와학자는 없다.

안악3호분의 연꽃(그림 15의 ①)과 태왕릉 기와의 연꽃이(사진 21) 유사하다는 이유로 그 제작 시기를 설정할 수는 없다. 안악3호분의 연꽃과 같은 모양의 연꽃은 5세기 초로 편년되는 무용총과 각저총에도 나오고 있다. 그런데 하필 안악3호분과 연결시키고 있을까? 이는 잘못된 것으로 太王이 고국원왕, 고국양왕, 소수림왕도 그 대상이 됨을 의식한 것으로 보인다.

고고학에서는 유물과 유적에 대한 치밀한 관찰에 의해 그 시대의 생활사를 복원하는 학문이므로 다양한 분야에 걸쳐서 공부를 해야 된다.

의 은제 관과의 교차 연대는 고고학 편년이 50년이나 차이가 생기게 된다. 왜냐하면 황남대총의 연대는 김창호, 2000, 〈경주 황남대총의 축조 연대〉 ≪영남고고학≫27에 따르면 5세기 3/4 분기 경으로 추정되기 때문이다. 옥전 M3고분의 연대는 필자의 소박한 견해로는 5세기 말경 또는 6세기 초로 추정하고 있다.

41 이는 현재 학계에서 널리 사용되고 있는 통설이다.

42 馬目順一, 1980, 〈慶州飾履塚古新羅墓硏究-非新羅系遺物系統年代-〉 ≪古代探叢≫1- 瀧口宏先生古稀記念考古學論集-.

43 이러한 연꽃잎의 기와를 신라식 기와로 부르고 있다.

기와만으로 모든 고구려 고분의 왕릉 문제를 해결할 수는 없다. 잘못된 외국의 편년을 이용하거나 이 방법을 사용한 결론을 추종할 때 미치는 영향은 엄청나다. 기와 도록이나 논문에서 태왕릉의 와당을 4세기 중엽으로 보고 있으며, 그렇게 생활사를 복원하고 있다. 이는 마치 대가야에서 아직까지 기와의 출토가 없는 데에도 불구하고 고대 국가로 보는 것과 조금의 차이도 없다.[44]

고분 연구에 있어서 한국의 도질토기와 일본의 스에끼와 연결할 때도[45] 늘 금속기가 방증 자료로 사용되나 이 점도 주의가 요망된다. 특히 고고학에서 문헌이나 금석문 자료, 미술사 자료의 이용에는 그 창구가 다르므로 신중한 사료 비판이 요망된다. 가령 문헌에서는 신라 중고를 불교식 왕명 시대라고 하지만 금석문 자료에서는 왕명이나 사찰명 등이 문헌 차이가 있기 때문이다.[46] 가령 영태2년명납석제사리호에서는(766년) 같은 화랑의 이름이 두 번 나오는데 한번은 豆溫愛郎이라고 표기하고, 또 한번은 豆溫哀郎이라고 표기하고 있다. 문헌에 나오는 글자에 근거한 추론은 고려 초까지 불가능하다고 사료된다. 또 문헌에서는 냉수리비를 503년으로 보고 있으나[47] 실성왕(402-417년) 때 敎를 받은 절거리가 503년이 되면 86-101년 전의 일이 되고, 실성왕 때 나이가 30세라면 503년이 되면 그의 나이는 116-131살이 된다. 신라 때 이렇게 오래 산 사람은 상상 조차할 수가 없다. 사료의 비판 없이 자의적으로 해석하는 한국고대사는 고고학에서의 이용은 거의 불가능한 것으로 사

---

44 기와와 고대 국가의 관련성에 대해서는 김창호, 2003, 〈고고 자료로 본 신라 고대 국가의 성립 시기〉 ≪신라문화≫21.
45 스에끼 편년은 한국 고분에 거의 도움이 되지 않는다고 사료된다. 왜냐하면 일본의 스에끼 전문가인 大谷女子大學 中村 浩나 橿原考古學研究所 木下 亘 등이 가야 고분을 가장 잘 편년할 것 같지만 이들은 한국의 신라나 가야 고분을 편년할 수가 없기 때문이다.
46 이에 대해서는 김창호, 2003, 〈신라 영묘사 복원 시론〉 ≪청계사학≫18 참조.
47 냉수리비의 절대 연대는 443년이 틀림없다고 사료된다.

료된다.[48]

이제 다시 태왕릉으로 돌아가서 연화문숫막새의(사진 21) 연대에 대해 검토해 보자. 태왕릉을 4세기 중엽으로 편년하는 사람들은 대개 장군총을 5세기 초로 보아서 광개토왕릉으로 보고 있다. 장군총의 횡혈식석실은 벽과 천정을 잇는 부분이 특이하다.(그림 16) 이렇게 생긴 고구려 고분은 전부 6세기로 편년되고 있다. 5세기로 편년한 예는 전무하다. 5세기의 모두루총,[49]덕흥리 벽화 고분,[50] 무용총, 각저총 등은 모두 석실의 평면 구조가 呂자형이다. 呂자형이 아닌 장군총을 5세기로 보는 것은 자설의 편의를 위한 것일 뿐 전혀 고고학적인 연구 성과가 아니다. 장군총처럼 벽과 천정의 연결 부분이 특이한 예로는 오회분 4호분(그림 15의 ④), 4신총(그림 15의 ⑤), 오회분 5호분(그림 15의 ⑥) 등이 있다. 이들 고분은 모두 6세기로 편년되고 있다.[51] 이렇게 장군총을 6세기로 보면 태왕릉은 금석문 자료나 기와 자료로 볼 때 5세기 초의 고분이 된다. 그렇다면 고구려 최초의 연화문숫막새의(사진 21) 연대도 4세기 중엽이 아니라 5세기 초(410년대)가 된다. 정확한 고고학과 미술사 자료에 근거할 때, 백제의 연화문숫막새는 520년대에, 신라의 연화문숫막새는 550년대에[52] 처음

---

48 특히 고고학에서 고등 사료 비판 없이 ≪일본서기≫의 이용은 학계를 혼란으로 몰아넣을 뿐이고, 아무런 득이 될 수가 없을 것이다. 가령 ≪일본서기≫, 신공왕후기, 섭정전기 등에 나오는 波沙寐錦에 근거해 종래에는 모두가 매금을 신라 왕호 가운데 尼師今과 동일한 것으로 보아 왔으나 중원고구려비 발견이후에 麻立干과 동일한 것으로 본 이병도의 견해가 한일 양국에서 처음으로 제기되었고, 봉평비 발견으로 증명되었다. 이는 ≪일본서기≫의 연구에 있어서 고등 사료 비판이 절실함은 보여 주는 좋은 예로 판단된다. 가령 최근에 아즈마 우시오가 한국의 고분 출토 고고학 자료와 ≪일본서기≫를 이용해 慕韓 과 秦韓을 해결하는 방법은 현란하기까지 하지만 전부가 문헌에 대한 견해 차이에서 비롯된 것으로 판단하고 있다. 고고학 자료는 고고학적인 방법에 의해 연구되어야 할 것임을 다시 한번 강조해 두고자 한다.

49 모두루총은 지금은 모두 5세기로 보나 모두루총 묵서명을 모두 6세기로 볼 때 주영헌이 5세기설을 주장한 점은 높이 평가되어야 할 것이다.

50 408년이란 절대 연대를 가지고 있다.

51 東潮, 1997, ≪高句麗考古學硏究≫, p.192.

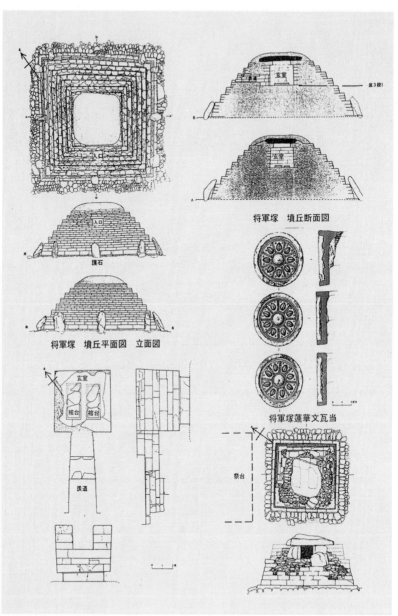

그림 16 장군총 관련 자료

으로 제작되기 시작했을 것으로 판단된다.

5. 맺음말

지금까지 논의해 온 바를 요약하여 맺음말에 대신하고자 한다.

먼저 태왕릉의 와당 시기 설정과 직결되는 태왕릉의 주인공 문제를 고고학적인 연구 성과의 소개와 함께 일별하였다.

다음으로 태왕릉에서 출토된 전에 새겨진 太王陵이란 명문을 고구려의 금석문 자료인 광개토태왕비문, 중원고구려비, 신라 서봉총 출토의 은합 명문, 신라 호우총 출토의 호우 명문, 모두루총의 묵서명 등에 나오는 太王의 예와 비교 검토하였다.

마지막으로 태왕릉 출토의 가장 빠른 연봉무늬의 연화문숫막새를 안악3호분, 무용총, 각저총 등과 비교하고, 재질이 다른 고고 자료의 비교로 연대를 추정하는 방법은 잘못된 것임을 근거로 태왕릉의 한국 최초의 연화문숫막새의 제작 시기를 410년대로 보았다. 따라서 태왕릉이 광개토태왕릉임을 알게 되었다.

---

52 6세기 전반까지 소급될 개연성은 있으나 아직까지 절대 연대를 말해 주는 자료가 없으며, 황룡사 창건 가람의 기와도 학계에서는 아직까지 찾지 못하고 있는 점이 참으로 안타깝다.

제 II 장

益山 彌勒寺 景辰銘 기와로 본
고신라 기와의 원향

1. 머리말

한국의 삼국시대 기와는 크게 두 가지 부류로 나눌 수 있다.[53] 고구려와 백제에서 유행했던 통쪽으로 만든 기와와 신라의 원통으로 만든 기와가 그것이다.[54] 전자와 후자의 기와 제작 방법은 차이가 있다. 전자는 나무로 엮어서 기와의 아래쪽이 넓게 되는 데 대해 후자는 오히려 아래쪽보다 위쪽이 넓은 모습이다. 전자의 경우에는 모골흔이 기와의 안쪽에 남고,[55] 후자의 경우에는 삼베흔만 기와의 안쪽에 남는다. 신라의 경우 통쪽으로 만든 기와가 발견된 바가 없으나 최근의 경주 경마장 유적에서 발견 예가 있다.[56] 마찬가지로 익산 미륵사지의 발굴 조사에 기와

---

53 경주대학교 박물관은 기와에 대한 자료를 집중적으로 모으고 있는 바, 이에 대해서는 金昌鎬, 〈기와고고학의 선언〉, 《경주신문》406 (1999년 2월 24일자)를 참조.
54 용어 선정은 崔孟植, 1998, 〈百濟 평기와 製作技法 新研究〉檀國大學校 大學院 史學科 碩士論文에 따랐다.
55 실제로 그 뒤의 정면으로 인하여 모골흔은 잘 관찰되지 않는 경우가 많다.
56 문화재보호재단 관계자의 호의로 몇 차례 실견하였다.

가운데 백제 시대에 제작된 원통으로 만든 기와가 발견되어서[57] 신라 원통 기와의 기원이 백제와 관련될 가능성이 크게 되었으므로 이에 대한 자료의 소개와 함께 소견을 밝혀 보고자 한다.[58]

2. 자료의 소개

全北 益山市 金馬面 箕陽里에 소재한 彌勒山의 남쪽 기슭에 위치하고 있으며 箕陽里 23번지 일대에 위치한 미륵사는 백제 무왕의 천도 전설과[59] 함께 통일 신라는 報德國과 관련되어 온 곳이다.[60] 미륵사는[61] 백제 무왕때 창건되어 통일 신라, 고려 시대에까지 계속 번성하였고, 조선시대에도 16세기까지는 절이 있었으나, 17세기에는 이미 폐사되고 동탑과 서탑, 동과 서의 당간지주만이 유존하고 있었다고 한다. 1970년에 들어와 원광대학교 마한 백제문화연구소에서 소규모 발굴 조사가 진행되었고, 1980년부터 1994년까지 15년간 국립문화재연구소에 의해 전면적인 발굴 조사가 진행되었는데 조사된 유구의 면적은 70,810평, 출토유물은 18,170점이다. 여기에서는 미륵사의 사역 남쪽 연못지 등의 유구 가운데 북측구릉 와적층에서 출토된 명문와에 대해서 간단히 소개하기로 한다. 이 곳에서 출토된 명문와는 모두 221점으로 그 가운데 여러 가지 종류의 인각와가 204점으로 가장 많고, 사찰 이름인 彌勒寺 이거나 그 앞에

---

57 미륵사지 발굴자 국립부여문화재연구소 최맹식소장의 교시에 따르면 여기에서는 원통으로 만든 기와가 절반을 넘는다고 한다.

58 본고의 작성에 있어서 기와 부분은 현 국립중앙박물관 학예연구실장 김성구관장, 현 국립문화재연구소 유적조사연구실장 최맹식소장, 미륵사전시관 노기환, 국립경주박물관 학예연구관 김유식 등의 교시를 받았다.

59 ≪三國遺事≫와 관세음영험기 등에 근거하여 그 가능성이 제기되고 있다.

60 王宮里寺址의 王宮이란 지명이 이와 관련될 지도 모르겠다.

61 이 장은 대개 國立夫餘文化財硏究所, 1996, ≪彌勒寺遺蹟發掘調査報告書Ⅱ≫에서 발췌하였다.

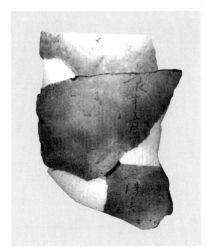
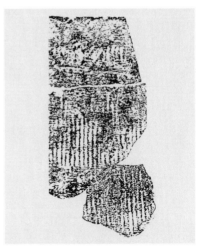

| 사진 22 경진년명 기와 | 그림 17 경진년명 기와 |

접두사를 治 혹은 大 등을 붙인 명문이 7점 그리고 金馬渚란 지명에 官이란 일반 명사가 합성된 명문이 1점 확인되었다. 또한 기와가 마르기 전에 직접 쓴 명문도 11점이 확인되었다. 우선 음각으로 쓴 기와의 명문(사진 22ㆍ그림 17)부터 살펴보자.

庚辰年五月二十△法得書[62]

모두 3조각으로 각각 와적층에서 출토되었는데 명문이 중심층으로 연결되어 일부 복원할 수 있었다.

명문은 암키와 등(背)에 기와가 마르기 전 날카로운 도구를 사용하여 한 줄로 내려 썼다. 내용은 어떤 시기 등을 나타낸 것으로 보이는데 景은 庚을 音借하였다고 생각되고,[63] 庚辰이란 干支를 五月二十과 함께 사

---

62 廿은 二十이 분명하지만 廿의 표기는 통일 신라까지 금석문에서 사용되고 二十이란 표기는 고려시대에 사용되었다. 여기에서는 원 보고서에 따라 二十으로 표기해 둔다.

63 이는 후술하는 바와 같이 잘못된 가설이다. 현재 발굴보고서 등에서 이러한 잘못은 당연한 것이라 생각된다. 문헌사가들도 사료의 비판을 무시한 예가 많으므로 구체적인 전거

용해 년, 월, 일을 표기한 것으로 판단된다. 그러나 그 다음의 글자 하나는 기와가 깨지면서 결실되어 보이지 않고 그 아래 法得書라는 명문이 뚜렷하게 보이고 있다.

이 기와의 등문양은 세선으로 아주 가늘며 내면 역시 0.6mm×0.3mm 크기이고, 작은 크기의 포목흔이 흔히 남아 있다. 포목흔으로 보아 평직으로 직조된 상태인데 그 상면 일부는 비와 같은 도구로 쓸어낸 흔적도 보여지고 있다. 또한 제작시 와통은 원통와통을 이용하였으며 태토는 고운 점토에 굵은 모래와 잔 모래가 많이 들어 있다. 이와 같은 특성을 지닌 기와는 일반적으로 통일신라 기와로 판단할 수 있는데 조사된 기와 중 동질의 기와로는 開元四年銘瓦를 들 수가 있다. 따라서 위의 제작시기는 통일신라초로 볼 수 있으며 開元四年인 716년을 전후로 庚辰에 해당되는 年干支를 찾을 수 있다. 이 기와 제작에 사용된 와통이 통쪽와통이 아닌 원통와통이므로 716년 이후의 경진인 740년으로 판단할 수 있겠다.

잔존 기와 크기는 24.5cm×16.5cm이고, 두께는 1.8cm이며, 색조는 밝은 갈색이다. 이 밖에 이 와적층에서는 음각으로 직접 쓴 명문와가 6점 있었는데 모두 통일 신라 시대에 제작된 암 · 수키와 편(片)이라는 공통점을 지니고 있었다. 그러나 대부분 조그만 편들이었는데 그 중 한 자씩 남은 '……謝寸……作…' 등이 있고, 2자 이상으로 된 명문도 있으나 그 의미를 해석하는 데에는 어려움이 따랐다.

의 제시 없이 대표적인 것만 나열해 보기로 한다. 韓國古代史研究所編에서 편찬한 ≪譯註 韓國古代金石文≫에 보면 景午의 피휘를 모르고서 해석한 예가 있으며, 신라의 太祖 星漢을 허구로 단정하고 자설을 전개하는 경우도 있다. 특히 포천 반월성 출토 기와의 명문은 나말여초가 분명하지만, 고구려 기와로 단정한 예도 있다.

3. 庚辰年 명문의 검토

우선 명문을 사진(사진 22 · 그림 17) 등에 의해 판독해 제시하면 다음과 같다.[64]

庚辰年五月廿(日)法得書[65]

7번째 글자인 日자는 파실되고 없으나 전후 관계에 따라 日자로 후독하였다. 景자는 庚의 音借란 가설은 한자 문화권의 어디에서도 통용될 수가 없는 새로운 학설로 따르기 어렵고, 景은 丙의 피휘이다.[66] 丙자는 唐高祖의 父名이 昞인 까닭으로 인해 丙자까지도 景자로 바꾸었다고 한다.[67] 그러면 결국은 위의 명문은 丙辰年이 되므로 656년, 716년, 776년 등이 그 대상이 될 수가 있으므로 이에 대해서 살펴보기 위해 관련 금석문 자료를 적기하여 제시하면 다음과 같다.

⑩五日景辰建碑 大舍臣韓訥儒奉
(682년, 文武王陵碑)
① 神龍二年景午二月八日
(706년, 神龍二年銘 金銅舍利方函)
① 永泰二年丙午
(766년, 永泰二年銘 塔誌)
5면⑥ 永泰△年丙午……

---

64 1999년 4월 17일 국립부여문화재연구소에서 실견하였다.
65 日자와 法자 사이에도 한자가 더 있었을 가능성도 있으나 원래부터 글자가 없었을 가능성도 있다.
66 피휘는 금석문 연구에서 기본적인 것이나 이를 잘못 인식한 경우도 종종 보인다.
67 葛城末治, 1935, ≪朝鮮金石攷≫, p.72쪽. 陳新會, 1979, ≪史諱擧例≫, pp.18-19.

(818년, 栢栗寺 石幢記)

① 寶曆二年歲次丙午八月朔六辛丑日……

(827년, 中初寺幢竿支柱)

② 會昌六年丙寅九月移

(846년, 法光寺石塔誌)

……秋九月戊午朔旬有九月丙子建……

(884년, 寶林寺 普照禪師彰聖塔碑)

丙午十月九日建……

(886년, 沙林寺弘覺禪師碑)

　　682년에 만들어진 文武王陵碑와 706년에 만들어진 神龍二年銘金銅舍利方函의 자료에서만 각각 丙辰을 景辰으로 丙午를 景午로 피휘하고 있을 뿐이다. 766년에 만들어진 永泰 2년명 塔誌의 丙午, 818년에 만들어진 栢栗寺石幢記의 丙午 846년에 만들어진 法光寺石塔誌의 丙寅, 884년에 만들어진 寶林寺 普照禪師彰聖塔碑의 丙子, 886년에 만들어진 沙林寺弘覺禪師碑의 丙午 등은 피휘가 시행되지 않고 있다. 기와의 景辰年은 700년 전후에서 찾을 수가 있다. 그 대상이 될 수 있는 것으로 657년과 716년, 776년 등이 있다. 596년도 그 대상이 될 수가 있으나 백제 무왕의 재위 기간(600~641년)으로 고려하면 제외해야 되며, 776년의 永泰二年銘塔誌의 丙子에 의하면 제외된다. 결국 남은 것은 656년과 716년 밖에 없다. 716년은 미륵사 자료의 '開元四年丙辰' 銘기와에서(그림 18) 元四年丙의 부분이 남아있어서 716년에는 丙자의 피휘가 실시되지 않았음을 알게 되었다.[68] 따라서 景辰年은 656년임이 분명하게 되었다. 656년은 백제 의자왕 16년이며, 신라 무열왕 3년으로 아직 백제가 멸망되기 이전이므로 이 기와는 백제의 기와임이 분명하게 되었고, 백제의

68　國立夫餘文化財研究所, 1996, ≪앞의 책≫, 圖版 199의 ②.

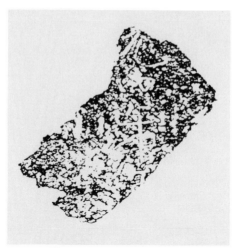

그림 18 개원4년명 기와

원통 기와가 존재함을 분명히 밝혀주는 예가 된다. 금석문 자료에서는 백제에서 피휘가 사용되었음을 최초로 확인함과 동시에 우리 손에 의해 만들어진 한국 최초의 피휘 예로 주목되어야 할 것이다.[69]

4. 고신라 기와의 원향

주지하는 바와 같이 고구려와 백제의 기와는 대개 통쪽으로 만든 기와이고, 신라의 기와는 원통으로 만든 기와가 주류를 이루고 있어서 신라의 평기와 가운데 암기와의 기원이 문제되어 왔다.[70] 수기와는 고구려, 백제, 신라 모두 원통으로 만든 기와이지만 유독 암기와에 있어서 왜 신라의 기와는 고구려와 백제는 차이가 있는지가 늘 의문이 되어 왔

---

69 종래 백제 말기의 국제 정세를 보통 돌궐＋고구려＋백제＋왜와 당＋신라의 대립 관계를 이해해 왔다. 656년에 백제에서 피휘를 사용하고 있어서 이 당시 백제와 당과의 관계는 문헌사가들의 통설처럼 적대 관계만은 아닌 듯하므로 이에 대한 재고가 요망된다.
70 신라 암기와는 독창적으로 발명된 것이라고 주장되기조차 하였다.

다. 미륵사지 기와에 있어서 암기와(평기와)가 절반이상이 원통에 의해 만들었겠지만 늘 백제기와와 통일신라의 기와의 구분이 어려웠고 또 수많은 기와에 대한 조사는 겨우 발굴자에 의해 진행되었고 체계적인 연구는 연구자의 빈곤 등으로 인하여 그 단서조차 잡지 못하고 있다. 기와 요지 등의 발굴 성과가 있으나[71] 이에 따르는 연구 성과는 못 미치고 있는 듯하다.[72]

경주 지역에 있어서 기와의 등장은 언제부터인지 불분명하지만 최근의 발굴 성과에 따를 때 500년 전후일 가능성이 있는 듯하다.[73]

이 때에도 경주 지역에서 출토되고 있는 원시 암막새형 기와나[74] 고구려계 숫막새의 연대 설정 등[75] 많은 어려움이 산적해 있다. 하지만 경주 지역에 있어서 백제계 숫막새의 숫자는 고구려계 숫막새 보다 압도적으로 우세하다. 신라의 숫막새의 기원도 백제에서 찾아야 될 것으로 판단된다. 신라 기와에 있어서 숫막새가 기와의 유입과 궤를 같이 하였는지는 잘 알 수가 없지만 그러할 가능성은 충분한 개연성을 갖고 있는 듯하다. 문제는 암막새의 경우이다. 신라 기와에서 암막새는 통일 신라초에 등장하여 그 문양은 완성된 형태이다. 지금까지 삼국시대의 암막새로는 군수리 폐사지의 예가 있다.[76] 이 암막새의 문양은 손가락으로 눌러서 만들었다. 백제 지역에서 익산 제석사지의 발굴 결과 백제의 암막새가 층위에 근거하여 제시되고 있다.[77] 이 암막새는 위와 아래의 연주문이

---

71 우리 나라 기와 연구 중 경마장 발굴을 들 수가 있다.

72 수많은 자료의 집적과 함께 신라 기와에 대한 편년이나 기술사적인 부분도 많은 발전이 가능할 듯하다. 막새와 중심의 연구는 대개 藤澤一夫, 1941, 〈古瓦樣式分類一試企〉, ≪佛敎考古學論叢≫에 근거하고 있다.

73 문화재보호재단의 일괄 유물 가운데 기와와 반출된 토기 편년에 근거하였다.

74 이 기와는 부소산성에서 3점, 경주의 월성해자에서 다량이 발굴조사 된 바 있다.

75 이에 대해서는 김유식, 1999, 〈慶州地域 出土 三國期 瓦當의 高句麗 樣式〉, ≪박물관신문≫330을 참조.

76 朝鮮古蹟硏究會, 1937, 〈夫餘軍守里廢寺發掘調査〉, ≪1936年度 古蹟調査報告≫, 圖版 62의 3, 4, 5.

없고 턱이 높게 만들어져 있으며, 문양 자체가 경주 금관총의 초두 문양과[78] 유사하다. 이 암막새가 백제 시대의 것일 가능성도 있어서[79] 앞으로 통일 신라의 암막새가 완성된 단계에서 나타나는 이유가 밝혀지기를 기대한다. 신라 암기와의 경우에 있어서 그 기술이 어디에서 왔는지 잘 알 수가 없었으나 미륵사지 출토의 기와에서 656년 백제에서 제작된 원통으로 만든 기와가 출토되었기 때문에 신라의 기와가 백제에서 왔다고 추정해 두고자 한다.

5. 맺음말

지금까지 논의되어 온 바를 간단히 요약하여 맺음말에 대신하고자 한다.

전북 익산시 미륵사에서 景辰銘이 새겨진 원통으로 만든 암키와가 발견되었다. 景辰의 경을 병의 音借로 보고 그 연대를 740년으로 추정하여 통일 신라 기와로 보았다. 景辰의 경은 병의 피휘로 682년에 작성된 文武王陵碑 등의 예가 있다. 신라에서는 700년 전후의 금석문에 나오고 있어서 景辰 곧 丙辰은 656년, 716년, 776년 등이 그 대상이 된다. 776년은 766년에 永泰二年銘塔誌에 丙午가 있어서 그 대상에서 제외되고 716년이 그 대상이 된다. 716년의 경우는 미륵사 출토의 기와 명문에 716년에 제작된 '開元四年丙辰' 중 '元四年丙'의 예가 있어서 성립되기 어렵다. 결국 丙辰은 656년(백제 의자왕 16년)이 된다.

---

77 원광대 최완규, 김선기의 교시에 따른다. 기와 사진은 圓光大學校 博物館, 1996, ≪開校 50周年紀念 博物館圖錄≫, 203쪽에 제시되어 있다.

78 이에 대해서는 馬目順一, 1985, 〈慶州金冠塚 古新羅墓龍華文銅鑑斗覺書〉, ≪古代探叢≫ Ⅱ를 참조, 雲岡石窟 제12洞의 예 등을 들고 있다.

79 같은 문양의 기와 편이 미륵사지에서도 출토된 바 있으나 그 층위는 백제시대가 아니라고 한다.

미륵사에서 출토된 원통 기와가 백제 시대에 만들어진 확실한 예가 되어 신라 암기와가 백제에서 전래된 것임을 짐작케 한다. 또 656년 景辰은 한국 최초의 금석문에서 피휘의 예이고 백제 금석문에서의 최초 피휘의 예가 된다. 나아가서 656년 당시 문헌사가들의 주장처럼 백제와 당과의 관계가 대립 관계가 아니었음을 시사해 주는 자료로 판단된다.[80]

---

80 ≪三國史記≫와 ≪三國遺事≫는 2차 사료일 뿐 사료가 아님을 명심해야 될 것이며, 삼국시대의 문헌 자료에 대한 고등사료 비판이 요망되는 바이다.

제III장

新羅 기와 연구에 있어서 몇 가지 문제

1. 머리말

　신라 기와는 그 모양이나 기술이 세계에서 가장 우수한 예술품이다. 이에 대한 많은 연구 성과가 나와 있으나[81] 아직까지 상당한 부분에서 해명되지 못한 과제를 안고 있기도 하다. 기와의 중요성은 아무리 강조해도 지나치지 않은 것이며, 도성제, 사원, 산성, 지방 관아, 지방 사찰 등의 연구에 있어서 기본적인 자료가 되고 있다. 아직까지 기와와 도성제 등과 관련시켜서 제시된 논고는 거의 없다. 기와는 기와대로 연구되고 도성제 등은 도성제 대로 연구되고 있는 실정이다. 특히 고대 건축사에 있어서도 기와의 중요성은 말할 필요가 없지만 기와의 편년을 바탕으로 한 한국고대건축사에 대한 논고는 나오지 않고 있다. 이러한 사정들은 현재 학계에서의 기와 연구 수준을 반영한 것으로, 고고학에서는 화려한 고분 유물 등에 밀리고 미술사에서는 불상 등에 밀려서 기와에

81　國立慶州博物館, 2000, ≪新羅瓦塼≫, pp.449-455.

대한 연구자가 거의 없는 실정이다.

여기에서는 신라 기와 가운데 문제시되어 온 초기 기와, 용면와, 문자기와 등에 대한 평소의 소견을 밝혀 보고자 한다.

2. 초기 기와

신라의 초기 기와에 대해서 최근에 제시된 가설부터 살펴보기 위해 관계부분을 제기하면 다음과 같다.

「경주에 언제부터 기와가 유입되어 사용되었는지 잘 파악되지 않고 있다. 그런데 5세기경에 제작된 것으로 추정되는 圓·平瓦가 경주의 半月城과 明活山城, 그리고 勿川里窯址 등지에 출토되고 있어서 불교가 공인되기 이전에 이미 기와가 유입되어 사용되고 있었음을 알 수가 있다」고[82] 하였다. 圓瓦와 平瓦란 기와 용어의 사용은[83] 일찍부터 사용되었으며,[84] 더 이상의 적절한 단어가 없는 듯하다. 초기의 기와 가운데 반월성(사진 23의 ①·②)과 물천리요지(사진 24의 ①)에서는 瓦形土器,[85] 토기구연암막새,[86] 끝기와[87] 등으로 불리는 기와가 출토되고 있다.

초기 기와 가운데 토기구연암막새가 출토된 경주 월성에서는 6세기 중엽이전이라는 연대관이 제시된 바 있다.[88] 이 초기 기와들은 대개 6세기 중엽에서 7세기 중엽까지 제작되었을 것으로 본 견해도 있다.[89] 일본

---

82 金誠龜, 2000, 〈新羅기와의 成立과 그 變遷〉≪新羅瓦塼≫, p.432.

83 金誠龜, 2000, 〈앞의 논문〉, pp.430-431.

84 浜田耕策·梅原末治, 1934, ≪新羅古瓦の研究≫, p.23.

85 金誠龜, 2000 〈앞의 논문〉, pp.430-431.

86 國立慶州博物館, 2000, ≪앞의 책≫, p.32, p.33, p.182.

87 위덕대학교 박물관 박홍국실장의 사견.

88 申昌秀, 1986, 〈皇龍寺址 出土 新羅기와의 編年〉, 檀國大學校 大學院 史學科 碩士學位請求論文, p.53.

89 趙成允, 2000, 〈慶州出土 新羅평기와의 編年 試案〉, 慶州大學校 大學院 文化財學科 碩士學位請求論文, p.28.

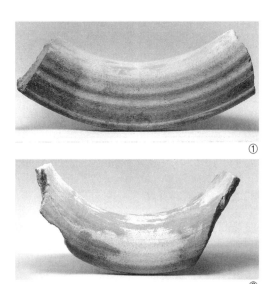

사진 23 경주월성 출토 토기구연 암막새

사진 24 경주 천북 물천리 출토 토기 구연 암막새

구주지역에서도 초기기와가 출토되고 있는데 6세기말에서 7세기초의
연대관을 제시하였다.[90] 위의 견해들을 종합하면[91] 초기 기와는 6세기중
엽이전부터 7세기초로 편년되고 있다.[92]

---

90 舟山良一, 1993, 〈牛頸の月浦窯跡群〉 ≪牛頸土地區劃整理事業地內 埋葬 文化財開發調
    査報告書≫ V, 大野城市 敎育委員會, p.37, p.39, p.51.
91 현 경주박물관 김유식 학예연구관은 현재 토기구연암막새의 연대를 6세기 전반으로 보
    고 있다.
92 박홍국, 2000, 〈경주 모량리 절터의 전탑지-잊혀져버린 초기 전탑-〉≪慶州文化≫6,

명활산성에서 5세기의 기와가 나왔다는 가설은 475년 고구려가 백제 수도였던 한성을 함락한 결과 신라의 왕궁을 일시적으로 명활산성으로 옮긴 적이 있는 바, 이에 따라 명활산성 출토의 기와를 5세기로 보는 듯하나 현재로서는 적극적인 증거가 있지 않아서 따르기 어렵다.[93]

국립김해박물관에 가면 대가야의 수도였던 고령 지산동에서 출토된 무문전 2점이 전시되어 있는 바 5세기라고 명기되어 있다.[94] 또≪가야문화도록≫에도 대가야의 기와나 전이 소개되어 있다.[95] 국립대구박물관에서 조사한 ≪주산성 지표조사보고서≫에[96] 따르면 누구나 인정할 수 있는 대가야의 기와나 전에 관한 이야기는 없다. 현재 남아 있는 고령 지산동 주산성도 대가야의 석성이란 적극적인 근거는 없는 것으로 사료되는 바,[97] 현재 학계 일각에서는 유적·유물에 대한 해석을 너무 성급하게 내리고 있는 경향이 있는 듯하다.[98]

최근에 다시 대가야의 5세기 기와에 대한 새로운 가설이 제기되었다.[99] 여기에서는 대가야에는 가야 왕궁지가 존재하며, 이 왕궁지는 고령읍 서쪽의 高臺에 위치하며, 뒤로는 주시기의 대가야 산성에 의해 앞으로는 망산산성에 의해 방어되고 있다. 그 서쪽 산에는 지산동의 왕묘가 배치되어 있다. 이 전가야 왕궁지에서는 몇 점의 와가 채집되었는데 (사진 25) 그 멸망뒤인 전기 전반으로 비정되어 왔다. 최근에 채집된 전

---

pp.128-129.

93 명활산성의 기와를 5세기로 볼 수 있는 아무런 뚜렷한 근거는 제시되지 않고 있다.

94 필자가 직접 국립김해박물관에서 실견하였다.

95 경상북도, 1998, ≪가야문화도록≫.

96 金誠龜 등, 1996, ≪主山城地表調査報告書≫國立大邱博物館學術調査報告書 1册.

97 金昌鎬, 2000, 〈伽倻의 石城의 존부에 대하여〉≪伽倻文化≫13.

98 경상북도, 1998, ≪앞의 책≫, p.19, p.23, p.27에 수록된 기와나 전돌은 현재의 연구 성과를 고려할 때 대가야의 것으로 보기에는 어려울 듯하다.

99 朴天秀, 1997, 〈政治体의 相互關係로 본 大伽倻王權〉≪伽倻諸國의 王權≫, p.208. 여기에 제시된 대가야의 계층문제는 필자와 견해차이가 많아서 고를 달리하여 소견을 발표할 기회를 갖고자 한다.

사진 25 전 가야 왕궁지 출토 기와류

가운데 몇 점이 대가야 시대의 것으로 판단되어 주목된다. 그 근거는 전의 단면색층에 보이는 외면과 심의 색층차이인데 외면은 회청색, 심은 암자색을 띤다. 이 전의 소성기법이 5세기대에서 6세기 전엽 가야토기의 제작 기법과 일치한다는 점과 전과 함께 출토되고 있는 토기의 연대가 5세기후엽~6세기 전엽인 점을 고려하면 이 전은 토기와 같은 시기로 비정될 수 있다. 이와 같은 전이 왕궁지 뿐만 아니라 주산성의 건물지에서도 여러 점이 채집되고 있다고 한다.

위의 가설에는 신라의 기와도 5세기로 소급하는 것이 없으며, 지표 채집품을 일괄유물로 본 점, 의욕적인 대가야를 고대국가로 볼려는 욕심 등이 작용하였을 뿐 과학적인 증거가 제시되지 않아서 따르기 어렵다.

3. 용면와 문제

신라의 원와와 평와 이외의 특수 기와 가운데 하나로 귀면와를 들 수가 있다. 내림마루와 귀마루(추녀마루)에 쓰이는 밑이 오목하게 들어간 귀면와와 추녀밑에 붙은 밑이 직선인 사래귀면와를 들 수가 있다. 이들 귀면에 대해 용면와로 부르는 새로운 가설이 제기되었다.[100] 이의 중요한 근거는 다음과 같다.

첫째로 지금까지 중국의 사래기와, 마루기와에 귀면와가 없을 뿐만 아니라 와당이외의 다른 용도로서도 통일신라의 귀면와와 똑 같은 도상은 없다.

둘째로 1997년 국립경주박물관에 소장되어 있는 성덕대왕신종의 용두를 자세히 조사한 적이 있었다. 세계적으로 우수한 조각품인 신종 용의 모습을 자세히 관찰한 후 안압지, 사천왕사지, 흥륜사지 등에서 나온 귀면와를 보니 그것들이 바로 용으로 보이지 않은가. 귀면와는 이제 막연한 귀면이 아니라 확실한 도상의 용의 表現 곧 용면의 정면관임을 확신케 되었다.

셋째로 귀면와의 두 뿔 사이의 공간에 배치한 여러 가지 형태의 寶珠이다. 화염으로 둘러싸인 보주형도 있고 하트(♡) 모양의 보주형도 있고, 보상화 무늬를 감싼 보주형도 있다. 신종의 보주는 용의 목덜미 위에 있는 연화좌상의 보주이다. 이 보주의 윗부분은 둘로 갈라져서 ♡形을 취

---

100 姜友邦, 2000, 〈韓國瓦當藝術論序說〉≪新羅瓦博≫.

하고 있다. 이는 용의 등에 있는 보주 같은 것을 尺木이라고 한다는 기왕의 견해가[101] 있다. 중국 唐代에 이르러서는 尺木이 博山의 형태를 취하게 된다.

넷째로 귀면와의 이마에 「王」자를 돋을새김한 예가 셋있는 점이다. 「王」이란 자는 아무데나 새기는 것이 아니다. 반드시 그런 것은 아니나 통일신라 시대의 귀부의 귀갑문에 「王」자들을 새긴 것이 있다. 흔히 귀부와 이수를 갖춘 입비는 왕릉에서 이루어 지는데 황복사지에 있는 귀부의 귀갑문에는 「王」자가 새겨져 있다. 고려시대의 거돈사 원공국사나 법천사 법홍국사 탑비의 귀부에도 「王」자가 있다. 용은 이미 알려져 있다시피 왕의 상징이다. 그만큼 용의 격은 높다. 그러나 만일 귀면이라면 어떻게 「王」자가 새겨지겠는가?

다섯째로 귀면의 입에서 두 갈래로 나오는 雲氣文이다.

여섯째로 울산시 농소면에서 발견된 전탑을 이루었던 문양전을 들 수가 있다. 모서리에 배치되었던 것인데, 한 면에 새겨진 무늬를 보면 용 도상의 모든 요소를 갖춘 용문의 측면임이 분명하다. 그러나 모서리에 모아진 두 용면을 합치면 흔히 귀면으로 부르게 된다. 이상과 같은 6가지의 이유에 근거하여 지금까지 귀면와로 불러왔던 기와들은 모두 용면와로 불러야 된다고 주장한 가설이 제기되었다.

위의 근거 가운데 먼저 중국의 사래기와·마루기와에 귀면와가 없을 뿐만 아니라 와당 이외의 다른 용도로서도 통일신라의 귀면와에 똑 같은 도상은 없다는 점은 신라와 중국의 와당의 차이에서 나온 것으로 귀면와를 용면와로 보는 점과는 아무런 상관이 없는 듯하다. 가령 중국에서 와당을 붙인 본격적인 처마끝 암막새(중국에서는 滴水瓦라고 한다)는 明代 초기에 등장하고 있으며, 아마도 元代무렵부터 시작된 듯하다.[102]

---

101 小杉一雄, 1968, 〈龍の尺木について〉≪美術史學研究≫6.

적어도 현재의 상황에서는 와당이 붙는 본격적인 처마끝 암막새의 등장은 신라가 唐보다 빨랐을 것으로 사료되고 있다. 중국에서 남북조시대나 수·당 시대에 암막새가 없는 점을 근거로 신라의 암막새를 다른 이름으로 부르는 증거는 되지 못하기 때문이다.

다음으로 성덕대왕 신종의 용모습을 자세히 조사하고 나서 보니 안압지, 사천왕사지, 흥륜사지 등에서 나온 귀면와가 용으로 보인다는 점이다. 이러한 방법은 흔히 상황판단으로 부르거니와 이는 고고학에서나 미술사에서 모두 주의해야 될 방법론으로 사료된다.

셋째로 귀면와의 이마에 王자를 돋을새김한 예가 셋 있는 점이다. 황복사지의 귀부, 거돈사 원공국사비의 귀부, 법천사 법흥국사 탑비의 귀부 등은 모두가 왕릉과는 직접 관련이 없다. 王자 문양은 고구려 벽화고분인 長川2號墓 등에서 나타나고[103] 있으나 이들 벽화고분은 모두 왕릉으로는 거명조차되지 않는 무덤일 뿐이다.

넷째로 귀면의 입에서 두 갈래로 나오는 雲氣文이다. 운기문은 흔히 고구려의 고분 벽화에 대단히 많은 예가 있지만 고구려의 벽화고분의 경우는 거의 왕릉으로 보지 않고 있다. 원 간섭시대부터 시작된 기와인 日暉文 기와에도[104] 운기문이 있지만 이들은 용과는 전혀 상관이 없다. 「고구려 안악궁 출토 암막새(사진 26)에서도 중앙에 정면관의 용이 있고, 양쪽으로 운기문이 전개된다. 그러니 용면와는 고구려에서 창안되고 통

---

102 國立慶州博物館, 2000, ≪앞의 책≫, p.222.

103 東 潮, 1988, 〈集安の壁畵墳とその變遷〉≪好太王碑と集安の壁畵古墳≫, p.103 참조.

104 松井忠春 등, 1994, 〈韓國慶州地域寺院用瓦の硏究-岬山寺所用瓦の考察-〉≪靑丘學術論集≫4, p.60.
    龜田修一, 1987, 〈百濟寺院のその後-扶餘地域中心として-〉≪三佛金元龍敎授停年退任紀念論叢≫(考古學篇), p.888에는 慶州 皇龍寺에 관한 문헌에 근거해 1105년의 항룡사 대수리시에는 사용했다고 주장하고, 朴銀卿, 1988, 〈高麗 瓦當文樣의 編年硏究〉≪考古歷史學志≫4, p.160에서는 11세기말~12세기 초부터 본격적인 조와가 이루어졌으며, 그 성격은 밀교의 영향으로 조형화된 문양이라고 주장하였다.

사진 26 고구려 안학궁 출토 암막새

일신라에 이르러 확립되었다」고[105] 강조하고 있으나 안학궁 출토의 귀면
암막새(사진 26)는 고구려 시대에 제작된 것이 아니라 고려 시대에 제작
된 것이므로[106] 위의 가설은 성립되기 어렵다.

　다섯째로 울산시 농소면에 발견된 전탑전을 이루었던 문양전(사진 27)
은 한 쪽 모서리를 볼 때에도 용면이고, 두쪽 모서리를 합쳐서 볼 때도
자세히 보면 귀면으로 보일 수도 있으나 용면임이 분명하다.

　그렇다면 용면와의 주장에서 남은 근거는 하나가 살아남게 된다. 귀
면와에 있어서 보주형이거나 尺木이 있거나 박산의 형태를 취하는 경우
에만 한하여 용면와로 불러도 좋을 것 같으며, 이를 제외한 기와는 여전
히 귀면와로 부르는 쪽이 좋을 듯하다.

105　姜友邦, 2000, 〈앞의 논문〉, p.427.
106　안학궁 출토 귀면암막새와 유사한 것이 浜田耕策・梅原末治, 1934, ≪앞의 책≫의 第六
　　圖에 개경부근 출토이며 고려시대로 명기되어 있다.
　　千田剛道, 1996, ≪高句麗・高麗の瓦-平壤地域を中心として-≫ ≪朝鮮の古瓦を考える≫,
　　p.16-17.

사진 27 울산시 농소면 출토 전탑전

4. 문자 기와

　먼저 「在城」명수막새(사진 28)에 대해 검토할 차례가 되었다. 이 「在城」 명수막새는 月城쪽을 신라의 正宮으로 보는 근거가 되어 왔다.[107] 「在城」명수막새의 명문이 王宮을 가리키려고 하면 「在城」보다는 「王宮」・「王城」 등의 명문이 좋을 것이나 「在城」이라고 기록하고 있다. 그러면 여기에서 地名이나 城名 등이 기와에 나타나는 예들을 잠시 살펴보기로 하자.

　단국대학교 사학과에서 발굴조사한 京畿道 抱川郡 半月城에서 「馬忽受解空口草」란 기와명문이 나왔고,[108] 1998년 忠南大學校 博物館에서

107　金昌鎬, 1995, 〈古新羅 都城制 問題〉 ≪新羅王京研究≫, p.91 참조.

사진 28 재성명 숫막새

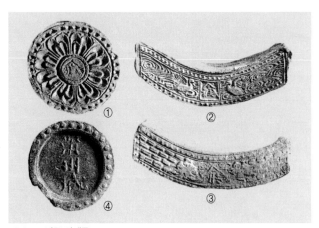
사진 29 명문 막새류

조사한 大田市 鷄足山城에서 「雨述」명 기와가 나왔고,[109] 順天大學校 博物館에서 조사한 전남 광양시의 馬老山城에서 「馬老」명 기와가 나왔고,[110] 忠南 禮山郡 鳳首山城에서 「任存」명 기와가 나왔고,[111] 서울대학교

---

108 檀國大學校 史學科, 1996, ≪抱川半月城 一次發掘調査報告書≫.
109 忠南大學校 博物館, 1998, ≪鷄足山城調査略報告≫.
110 順天大學校 博物館, 1998, ≪光陽市의 山城≫.

박물관에서 조사한 서울시 九老區 虎岩山城에서 「仍大乃」명 기와가 나왔다.[112]

이들 기와에 나오는 지명을 ≪三國史記≫에서 찾으면 한결같이 고구려, 백제의 옛지명으로 모두 후삼국시대에 만들어진 기와들로 판단된다.[113]

「全州城」명암막새(사진 29의 ②·③), 「全州城」명수막새(사진 29의 ①)가 후백제의 기와로[114] 밝혀진 바 있다. 「溟州城」명 수막새(사진 29의 ④)는 후고구려 기와로 판단된다. 「全州城」명의 후백제 기와에 대응될 수 있는 신라의 기와가 「在城」명수막새로 판단되어 후삼국시대일 가능성도 있을 듯하다.

다음으로 「東窯」명 기와에 대해 살펴보기로 하자. 이에 대해서는 삼국시대에 통일신라 말기까지 신라와요지로는 물천요, 동산요, 육통요, 망성요, 다경요, 금장요 등 이외에 낭산의 북쪽에서 와요지가 발견되었다. 이 곳은 사천왕사지와 인접해 있으며 신라 와요지 가운데 월성과 가장 가까운 거리에 있는 가마터가 될 것이다. 이 와요지는 현재로선 동요일 가능성이 매우 높은 것으로 사료된다는 전제아래 「東窯官瓦」명기와(사진 30) 등이 이 곳에서 출토되었다는 전제아래 8세기경의 기와로 보고 있다.[115]

사실 경주에 있어서 「東窯」명 평와(사진 31)는 보문사지의 동쪽으로

---

111 李南奭, 1999, 〈禮山 鳳首山城(任存城)의 現況과 特徵〉 ≪百濟文化≫28.

112 서울大學校 博物館, 1990, ≪한우물-虎岩山城 및 蓮池發掘調査報告書-≫.

113 이에 대해서는 제 V장 〈後三國時代 기와 자료에 보이는 麗·濟 地名〉 참조.

114 全榮來, 2000, 〈後百濟와 全州〉≪후백제 견훤 정권과 전주≫, p.31에서 전주 동고산성은 그 건물지의 규모로 보나 출토된 연화문 막새기와 형식으로 보아 9세기 말~10세기 초의 궁궐지로서의 충분한 고고학적 근거가 된다. 이는 후백제 견훤왕이 서기 900년부터 937년 멸망시까지 왕궁이었음을 추정할 수 있고, 이는 견훤이 완산에 입도하였다는 여러 기록과도 일치한다고 하였다.

115 김유식, 2000, 〈7~8세기 新羅 기와의 需給〉 ≪기와를 통해 본 고대 동아시아 삼국의 대외교섭≫, p.232.

사진 30 동요관와명 기와   사진 31 동요명 기와

300m근처에서 집중적으로 채집되고 있다.[116](그림 19) 여기에는 많은 가
마터가 있으며, 기와편들은 대개 조선 초기의 것으로 판단된다.「東窯」명
평와가 상당한 거리를 두고서 두 곳의 가마에서 구어졌을까하는 의문이
생긴다. 곧 사천왕사 서북코너의「東窯」명 평와는 그곳 가마에서 구어졌
다기 보다 후대의 건물에 공급되었을 가능성이 높지 않을까? 사천왕사
서북모서리에서는 가마 벽편이 보이는 등 가마가 있었다는 점은 인정된
다. 이 가마를 운영했던 시기는 통일신라 시대였을 것으로 본다. 왜냐하
면 이 가마는 규모도 크지 않았을 뿐만 아니라 사천왕사 전용가마로 판
단되기 때문이다. 만약 사천왕사 전용가마가 아니었다면 당시의 도심에
서 조업하기는 힘들었을 것으로 생각된다. 이 기와가 사천왕사 가마에
서 구어졌다기 보다는 후대의 이 부근 건물에 공급되었을 가능성이 높
지 않을까?

따라서「東窯」명 평와는 모두 조선 초기의 기와로 판단되며, 보문사
동편 와요지에서 구어졌다고 판단된다.

---

116 이에 대해서는 위덕대학교 현 박홍국 박물관장의 교시를 받았다. 國立慶州博物館,
    2000,≪앞의 책≫, p.359의 도판 1161의 설명문에서 보문사지 동편 와요지라고 나오고
    있다. 이는 조선시대 초기의 기와로 판단된다.

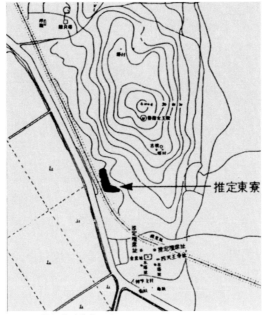

그림 19 동요명 기와 출토지

5. 맺음말

지금까지 간단히 신라 기와의 몇 가지 문제에 대해 살펴보았다.

초기 기와 부분에서 명활산성 기와 등은 5세기라 단정하기 어려우며, 반월성과 물천리요지에서 출토되고 있는 토기구연암막새는 6세기중엽 이전~7세기 초로 편년되는 듯하다.

아울러 대가야의 전과 기와에 대한 5세기설도 살펴보았다.

용면와 문제에 대해서는 종래의 귀면와를 모두 용면와라고 불러야 된다는 주장과 함께 그 근거로 6가지를 제시하고 있다. 6가지의 근거 가운데 5가지의 근거는 성립될 수가 없다. 1가지의 경우만 인정되므로 귀면와 가운데 보주 또는 尺木 또는 博山이 있는 것에 한하여 용면와로 불러도 좋다고 해석하였다.

문자 기와 부분에서는 「在城」명 수막새와 「東窯」명 평와에 대해 간단
히 살펴보았다. 「在城」명 수막새는 고구려·백제의 옛지명이 붙는 다른
예들과의 비교 검토로 후삼국 시대에 있어서 신라의 수도였던 경주에
서 만들어진 기와일 가능성도 있는 듯하다. 「東窯」명 평와는 사천왕사
지 서편 모서리 요지설에 근거해 8세기의 통일신라설이 있어왔으나, 보
문사 동편 와요지의 지표조사 등에 근거하여 조선시대 초기의 기와임
을 밝혔다.

제 **IV** 장

扶餘 外里출토 文樣塼의 연대

1. 머리말

백제의 절터 등에 대한 발굴조사는 대단히 활발하다. 백제 사원, 궁궐지, 관아, 귀족의 집, 산성 등의 연구에 기초가 되는 와전에 관한 연구는 거의 없다.[117] 백제 건축사의 가장 기본은 기와에 대한 연구인데도 불구하고 기와에 기초한 건축사 논문은 아직까지 나온 바가 없다.[118] 이는 산성 등의 연구에서도 마찬가지이다.[119] 지금 현재 역사고고학에서 가장 연구가 미진한 부분의 하나로 기와를 중심으로 한 불교고고학, 도성제, 산성, 궁궐지, 관아, 귀족의 집, 지방관아 등의 연구를 들 수가 있다.[120]

---

117 수많은 기와 관련 유적이 발굴 조사되어도 그 연구자가 없는 것은 하나의 기이한 현상으로 앞으로 개선되어야 할 것이다.

118 기와와 자기는 미술사나 고고학의 연구에 있어서 기초적인 분야로 판단된다. 가령 일명 사지가 있을 때 기와와 자기의 지표 채집만으로 창건 연대 등을 추정할 수가 있다.

119 백제지역의 산성 연구는 그 연구자 수가 많고 산성도 많아 대단히 활발하게 연구되고 있다.

120 가령 백제의 사찰 가운데 익산의 미륵사는 당시 수도였던 부여의 정림사보다 그 규모가 회랑 안쪽만 계산해도 5배 이상 크지만 당시의 수도가 아닌 익산에 건립한 이유가 불분명하다. 이에 대해서는 김창호, 2002, 〈≪三國遺事≫, 武王조의 새로운 해석〉≪신라학연구≫6 참조.

고고학의 연구에 있어서 크게 두 가지 방법이 있다. 하나는 토기·석기 고고학으로 개인적인 지표조사에 의해 형식 분류, 편년, 분포 등의 연구가 가능하다.[121] 와전은 토기와 마찬가지로 흙으로 만들었지만 정치체제, 이데올로기 등을 논할 수 있어서 그 중요성은 새삼 강조할 필요가 없을 것으로 사료된다.

여기에서는 백제 와전 연구의 일환으로 부여 외리에서 출토된 유적의 개요를 살펴보고, 다시 문양전을 소개하고 나서, 문양전의 연대에 대해 간단히 살펴보고자 한다.

2. 유적 개요

이 유적은 충남 부여군 부여읍 외리로 서방 금강의 대안에 위치하고 있다. 한 농부에 의해 1936년 3월 9일 나무를 뽑을 때 방형의 문양전이 발견되었다.[122] 동년 4월 18일에서 5월 3일까지 약 150평을 발굴 조사 하였다. 이 유적은 현재 농촌지도소가 들어서면서 완전 삭평되고 없다.[123]

이 때에 문양전 완형은 42점이나 출토되었고, 이 전들은 나지막한 대지와 보리밭 사이의 얕은 지표하에 남북 방향으로 깊이 9m의 열을 지어 일렬로 배열되었고, 그 동쪽에는 平瓦나 瓦當을 진흙을 사용하여 쌓아올린 높이 25cm의 瓦列이 있었다고 한다. 그 문양전들의 문양이나 순서에 아무런 질서가 없고, 상하가 뒤집어지기도 하여 그 博列이 본래의 구조가 아닌 후세에 건물을 짓기 위해 개변된 것으로 추측하고 있다. 또

---

121 다른 하나는 철기, 청동기 등 금속기 고고학으로서 공식적인 기관에서 발굴 등을 통해 자료를 구할 수가 있으며 그 당시의 정치 체계, 정신적 이데올로기, 전쟁 등의 연구가 가능하다. 穴澤和光 , 1994, 〈小林行雄博士の 軌跡〉 ≪考古學 京都學派≫, p.188

122 有光敎一, 1937, 〈夫餘窺岩面に於ける文樣博出土の遺蹟と其の遺物〉 ≪1936年度 古跡調査報告≫, pp.65~73

123 필자도 2000년, 현 국립문화재연구소 최맹식 실장과 함께 현지 답사를 한 바 있다.

이 문양전의 사용처에 대해 원래는 사찰 같은데 쓰인 벽전이었을 가능성을 제기하였다.

3. 문양전의 소개[124]

1) 蓮花文塼(사진 32-①)

대형 자방을 중심으로 10잎의 연판이 있다. 각 연판의 겉면에는 윤곽부 인동문을 얕은 浮彫로 만들고, 바깥주위에는 연주문을 돌렸다. 4모퉁이에는 화판 모양을 서로 옆에 있는 것과 합쳐지고, 十자형의 화문을 형성하고 있는 것은 얕은 부조로 틀을 만들고 있다. 문양 가운데 자방과 瓣端의 반전이 매우 높고, 매우 雄建한 분위기를 나타내고 있다.(25점, 완형은 4점)

2) 渦雲文塼(사진 32-②)

중앙 원내에 8판의 연화를 두고, 그 주위에 8개 와운문을 동그랗게 겹쳐서 배치하고 있는 것으로 연화문전과 같이 연주문권 안에 있다. 4모퉁이의 꽃모양도 연화문전과 같다. 와문은 流麗하고 다른 부분과 같이 오뚝한 선으로 주위를 틀로 만들고 있다.(25점, 완형 5점)

3) 鳳凰文塼(사진 32-③)

머리에서 몸체를 거쳐서 꼬리에 이르는 전체적 자태와 그것에 따른 날개, 다리 등 각각 S자형으로 나타나 있는 점이 매우 아름답다. 모두 문양화된 가운데에 머리 부분만은 鷄冠, 부리 및 그 가운데 보이는 혀 등이 매우 사실적이고 힘있게 그려져 있고, 몸체 역시 풍만한 모습을 나타

---

124   이는 주로 有光教一, 1927, 〈앞의 논문〉, pp.68-71에서 발췌하였다.

① 蓮花文塼　　　　　　　② 渦雲文塼

③ 鳳凰文塼　　　　　　　④ 蟠龍文塼

사진 32 문양전 소개

내서 연주문권 안에 잘 들어 있다. 문양의 주위를 오뚝한 선으로 둘러싸고 있다. 네모퉁이의 장식 문양 등은 연화문전, 와운문전과 같다.(19점, 완형은 7점)

4) 蟠龍文塼(사진 32-④)

봉황문전에 있어서 봉황의 얼굴이 완전 옆으로 묘사한 것에 대해 이것은 전면에서 나타냈다. 똑같이 원주문권 안에 4肢는 뛰고, 발톱을 움크리고 있고, 마치 날아가는 것 같은 모습을 나타내고 크게 벌린 입은 치아를 들어내며 소리를 지르고 氣를 토하는 분위기가 있다. 조금 닳아 버린 다른 좌편에 의하면 몸체에는 비늘의 세부까지 조각되어서 매우 정치하다. 또한 비어 있는 곳들은 비운문으로써 채워서 전의 4모퉁이는 연화문전, 와운문전, 봉황문전과 같이 문양으로써 장식화되어 있다.(15 점, 완형은 4점)

5) 鬼形文塼(一)(사진 33-①)

귀형의 문양전은 두 종류가 있다. 그 중 하나는 蓮台위에 정면 직립하고 있는 것, 다른 하나는 蓮上의 귀신이라고 불리우는 것이다. 이것은 눈을 앙시리고 본다. 입을 크게 벌려서 치아를 보이게 하고, 입 주위에는 수염을 휘날리고, 양 어깨는 당당한 모습을 하고 있다. 신체는 알몸이고, 유방, 겨드랑이를 보여주는 것 같이 보이고, 손발은 손발톱을 세우고 있고, 각 과판에는 환상의 수식을 달고, 정면 중앙에 길게 매다는 腰佩를 느러뜨린 모습을 나타내는 점은 고분 출토품과 관련성을 나타내는 것으로 주위를 야기시킨다. 모퉁이 장식은 하변의 양 모퉁이에만 있는 좌우에 나란히 있는 것과 화합하여 구름위에 산봉우리를 나타내는 것이지만 이것과 연좌에는 틀을 만들고 있다.(22점, 완형은 4점)

6) 鬼形文塼(二)(사진 33-②)

岩座위에 서 있는 것으로 鬼形은 蓮上의 귀신과 완전히 같은 모양이다. 자세히 관찰해 보면 이것은 전자의 鬼体를 닮고 있다. 座를 다시 조각하여 제작된 것으로 추정된다. 본 예의 귀신 모두가 전자보다 분명함에 있어서 뒤지는 것으로 보인다.(16점, 완형 6점)

7) 山景文塼(一)(사진 33-③)

산경문전은 문양으로 볼 때 두 종류가 있다. 그 중 하나에는 전면에

① 鬼形文塼

② 鬼形文塼

③ 山景文塼

④ 山景文塼

사진 33 문양전 소개

걸쳐서 산악중첩의 모양을 나타내고 있는 것이다. 곧 둥근 맛이나 풍부
한 凸形의 여러 산봉우리를 중첩하고 있다. 후방을 전방위에 둘러싸 올
린 동양 특유의 원근법을 잘 사용하고, 사이사이에 솟아오르는 바위를
배치하고 있다. 그 山頂에 수풀을 배치한 의장은 고구려고분 석실내의
벽화 및 法隆寺의 옥충주자 대좌의 그림을 방불케 하고, 바위 사이에 산
의 표면에 자라난 풀을 그리는 수법은 그 海礒鏡 문양과[125] 유사하고 古

---

125 해의경의 해의는 바다의 암석을 뜻한다.

意를 느껴지게 한다. 그리고 下方에는 매우 예리한 직선적인 바위선을 세워서 풍만한 산봉우리와의 상대는 매우 묘하고 下辺에 연하여 수평으로 흔들리는 운문을 부조가 높고 매우 웅건한 분위기를 더하고 있다. 같은 도판 밑에 보이는 작은 파편은 문양의 마멸이 얼마되지 않고 오똑한 선으로써 풍경화 안에 동물이나 정물을 합쳐서 다루는 대단히 명확한 예이지만 오른쪽 모퉁이 근처에 한 사람이 서 있고 그의 중앙에는 한 집을 나타냈다. 그 그림은 무리를 이룬 산봉우리 및 암석의 추상화된 도식적 표현에 비해 오히려 사실적인 것으로써 인물상은 얼굴, 衣文 주름에 이르기까지 세밀하게 묘사하고, 건물은 山寺로 보이고, 그 위에 1쌍의 치미를 올린 모양을 나타내고 있다. 상변에 운문을 배치하고 하변의 좌우에는 서로 인접하여 나란히 있다. 凸자형의 산 모습을 만든 모퉁이의 장식이 있다.(18점, 완형은 2점)

8) 山景文塼(二)(사진 33-④)

산경문은 밑의 반에 산경을 그리고, 중앙의 산꼭대기에 서 있는 봉황을 중심으로 운문을 배치한 것이다. 山景은 앞의 산경문전과 같이 도식적으로 풍만하게 그린 많은 산봉우리들이 중첩되어 그 좌우 양 허리에 뾰족한 바위산을 솟아 올리고, 하저에는 옆으로 흔들리는 운문을 배치하였다. 이것도 앞의 산경문전과 같이, 그 전면에 당간 같은 것을 겹치게 나타내고, 왼쪽에는 2층기단의 집을 그리고 있지만 배경에 산의 음지에 살펴보는 것 같은 우아한 느낌이 있다. 上段의 봉황은 가릉빈가라고도 생각되지만 중앙 산정상 위에 서서 鷄冠, 양 날개는 산경정상부의 운문은 渦雲湧出의 분위기가 있고, 조각이 정치하다. 하변 좌우에 산모양의 모퉁이 장식이 있는 점도 앞의 산경문전과 같다.(10점, 완형은 2점)

4. 문양전의 연대

외리 출토의 문양전은 그 출토량이 150점이나 되며 그 종류만도 8종이나 된다.[126] 이들 문양전은 네귀의 측면에 홈이 파여 있어서 이웃 전돌들과 서로 연결시키고 고정될 수 있도록 제작되고 있기 때문에 건물내의 바닥에 배설되는 부전용이라기 보다는 건물의 벽면을 쌓아 올리는 벽전용으로 간주된다.[127] 실제로 연화문전, 와운문전, 봉황문전, 반룡문전에서 4모퉁이에 4매 1조가 되어 十자형의 화문을 형성하고 있어서 더욱 그러하다.

8종의 문양전 가운데 연화문전(사진 32-①)에 10엽의 연꽃무늬를 반부조형으로 크게 배치하고 있는데 연판내에 인동자엽이 새겨져 7세기 전반으로 추정하고 있다.[128] 이 곳의 인동문자엽을 자세히 관찰해 보면 윤곽부가 있어서 7세기 전반의 다른 기와나 전의 인동문자엽(사진 32-①)과는 차이가 있음을 알 수가 있다.

외리의 문양전에 있어서 윤곽부가 있는 문양으로서 연화문의 인동문자엽외에도 산경문전(一)의 산경문(사진 33-③), 봉황문전의 봉황문(사진 32-③), 와운문전의 와운문(사진 32-②)과 연화문(사진 32-②)이 있다. 윤곽부가 있는 문양의 다른 예들은 그 유례를 찾기가 어려워서 여기에서는 와운문전의 연화문(사진 32-②)에 대해서만 살펴보기로 하자.

와운문전의 8엽연화문은 흔히 기와연구자들 사이에서는 이른바 호박씨문이라고[129] 불리우고 있다. 8엽 연잎 각각에 윤곽부가 있는 모습은 마

---

126 有光敎一, 1927, 〈앞의 논문〉.
127 有光敎一, 1927, 〈앞의 논문〉, p.67.
128 金誠龜, 1991, 〈百濟의 瓦塼〉≪百濟의 彫刻과 美術≫, p.338.
     朴待男, 1996, 〈夫餘 窺岩面 外里出土 百濟 文樣塼 硏究〉, 弘益大學校 大學院 美術史學科 碩士學位請求論文, p.63에서는 6세기말에서 7세기초로 편년하고 있다.
129 이 기와를 金昌鎬, 2001, 〈경주에서 출토된 후삼국 기와의 역사적 의미〉≪慶州文化≫7.

치 호박씨와 같기 때문이다. 이 호박씨문기와는 고구려, 백제, 신라의 삼국시대에서 그 예가 단 1점도 없다. 후삼국 시대로 편년되고 있는[130] 「在城」명 수막새(사진 28) 등에서 나타나고 있어서 그 연대가 다소 늦을 가능성을 의미하고 있는 듯하다.

참고로 통일신라에 있어서 호박씨문 기와가 나오는 예를 제시하면 다음과 같다.

경주 월성 출토 연화문수막새[131](도판[132] 41 · 45 · 48 · 49), 경주 안압지 출토(도판 121 · 122 · 123 · 125 · 126 · 127 · 129 · 132 · 139 · 140 · 143 · 156 · 157), 용강동 원지(도판 231), 전랑지(도판 240), 재매정지(도판 261 · 262 · 263), 삼랑사지(도판 278 · 279), 석장사지(도판 285 · 286), 영묘사지(도판 297), 황룡사지(도판 346 · 347 · 348 · 349 · 351), 흥륜사지(도판 381), 감은사지(도판 399), 굴불사지(도판 447), 보문사지(도판 453), 불국사(도판 459 · 461), 사천왕사지(도판 474), 석굴암(도판 481[133] · 482), 숭복사지(도판 488 · 489 · 490), 천군동사지(도판 500), 황복사지(도판 505 · 506 · 509), 인용사지(도판 523), 黃龍寺址(도판 539 · 540), 남산신성 장창지(도판 561), 오릉(도판 570 · 572), 금장리와요지(도판 637 · 638 · 640 · 641 · 642 · 643 · 644 · 645 · 648 · 649 · 650 · 651 · 652 · 653), 「在城」명(도판 1124 · 1125 · 1126 · 1127 · 1128), 안압지 출토 녹유연화문수막새(도판 1249), 사당곡사지(도판 1354), 피리사지(도판 1368), 하구리사지(도판 1370), 인왕동(도판 1382), 인왕동 910-1번지(도판 1387), 동천동 524-7

에서는 후삼국 기와로 보았으나 이는 잘못된 것으로 9-10세기의 기와로 바로 잡는다.
130 이에 대해서는 김창호, 2000, 〈신라 기와 연구에 있어서 몇 가지 문제〉《강좌미술사》 15 참조.
131 이하의 호박씨문기와는 전부가 연화문수막새이므로 출토지만을 적는다.
132 본고의 도판번호는 용어는 국립경주박물관, 2000, 《新羅瓦塼》에 실린 것을 가르킨다. 필자의 도판은 〈도〉라고 사용하고자 한다.
133 고려초의 기와로 판단된다.

번지(도판 1390), 성동동(도판 1406).

위의 호박씨문기와 가운데「在城」명기와는 후삼국 시대로 편년되고 있으며[134], 그 밖의 호박씨문기와는 800년 전후가 그 상한이라고 판단된다. 그러나 고구려 기와에서도 의사호박씨문수막새(도판 778 · 784)가 있으며, 이웃 일본에서도 白鳳時代의 호박씨문기와가 山田寺(도판 845), 山村廢寺(도판 851)에서 출토되어 그 시기를 7세기로 보고 있다. 따라서 外里의 호박씨문연화문도 7세기 전후한 시기로 보인다.

외리 문양전의 연대 결정에 있어서 중요한 자료로는 두 종류의 귀형문전에 나오는 허리띠(그림 20-③)가 있다. 허리띠에 대한 연구는 현재까지 고고학쪽에서 진행되었을 뿐이고, 미술사쪽에서는 거의 이에 대한 연구 성과를 찾아볼 수가 없다. 지금까지 선학들에 의해 제시된 선학들의 연구 성과를[135] 발판으로 귀형문전 허리띠의 연대에 대해 검토해 보기로 하자.

백제나 신라의 허리띠는 가죽 등 유기물은 썩어 없어지고[136] 대금구만 남게되어 주로 이에 대한 연구가 집중적으로 진행되어 왔다. 백제의 대금구 연구는 교구의 변천, 역심엽형의 과판 변화 등에 의해 대개 3시기(그림 21)로 나누고 있다.[137]

---

134 이에 대해서는 김창호, 2000,〈後三國 時代 기와 資料에 보이는 麗 · 濟 地名〉《韓國中世社會의 諸問題》참조.

135 伊藤玄三, 1984,〈韓國出土의 靑銅製銙帶金具資料〉《法政考古學》9.
伊藤玄三, 1988,〈新羅 · 渤海時代의 銙帶金具〉《法政考古學》40.
伊藤玄三, 1989,〈統一新羅의 銙帶金具-日本出土銙帶金具との關連で-〉《伊東信雄先生追悼 考古學古代史 論攷》
李漢相, 1996,〈6世期代 新羅의 帶金具-'樓岩里型' 帶金具의 設定-〉《韓國考古學報》35
李漢相, 1997,〈5~7世紀 百濟의 帶金具〉《古代研究》5.
崔孟植, 1998,〈陵山里 百濟古墳出土 裝飾具에 관한 一考〉《百濟文化》27.
李漢相, 1999,〈7世紀 前半의 新羅 帶金具에 대한 認識〉《古代研究》7.

136 유기물이 썩어 없어진 경우에 구조가 복잡한 유물일수록 출토 상황이 복원에 중요하다.

137 李漢相, 1997,〈앞의 논문〉, pp.142-165.

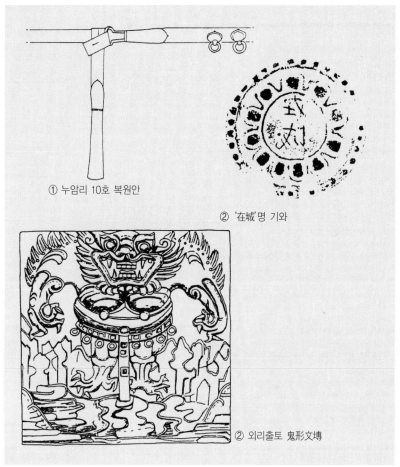

① 누암리 10호 복원안

② '在城' 명 기와

② 외리출토 鬼形文塼

그림 20 관련자료

Ⅰ기는 5세기 말에서 6세기 초로 편년되며, 그 출토예는 무녕왕릉, 송산리 1호분, 송산리 3호분, 송산리 수습품, 송산리 4호분, 정읍 운학리 3호분 등이 있다.

Ⅱ기는 6세기 중엽으로 편년되며, 그 출토예는 능산리 운동장부지 36호분 Ⅰ, 능산리 운동장부지 44호분, 능산리 운동장부지 50호분, 논산 표정리 13호분 등의 예가 있다.

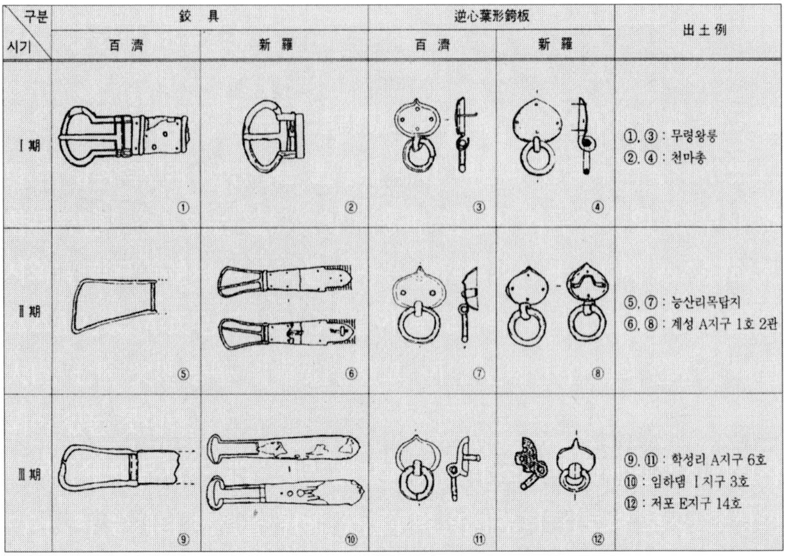

구분 시기	鉸具		逆心葉形銙板		出土例
	百濟	新羅	百濟	新羅	
Ⅰ期	①	②	③	④	①. ③ : 무령왕릉 ②. ④ : 천마총
Ⅱ期	⑤	⑥	⑦	⑧	⑤. ⑦ : 능산리목답지 ⑥. ⑧ : 계성 A지구 1호 2관
Ⅲ期	⑨	⑩	⑪	⑫	⑨. ⑪ : 학성리 A지구 6호 ⑩ : 임하댐 Ⅰ지구 3호 ⑫ : 저포 E지구 14호

그림 21 백제와 신라의 대금구 비교

Ⅲ기는 6세기 말에서 7세기 중엽으로 편년되며, 그 출토예는 능산리 운동장부지 36호분Ⅱ, 부여 은산, 장성 학성리 A-6호분, 대전 월평산성 94-7호 원형저장혈 등의 예가 있다.

위의 연구 성과를 신라와 비교해서 도시하면 그림 21과 같다.[138]

그림 21에서 백제나 신라의 Ⅰ기에 대해서는 뚜렷한 착장방법이 아직 제기되지 않고 있다. Ⅱ · Ⅲ의 백제나 신라의 허리띠 착장방법에 대해서는 누암리형이라고[139] 불리는 시기이다. 이의 착장방법에 대해서는 이미 뚜렷한 가설이 제기된 바 있다. 그 하한은 7세기 중엽으로[140] 보인다.

7세기 전반의 대금구로는 황룡사형 대금구(그림 22)가 있다.[141] 이는 앞

---

138 李漢相, 1997, 〈앞의 논문〉, p. 164의 〈표3〉을 전제하였다.
139 李漢相, 1996, 〈앞의 논문〉.
140 李漢相, 1996, 〈앞의 논문〉, p.159등에서 7세기로 보고 있으나 필자는 7세기 중엽으로 본다. 보다 상세히 말하면 660년까지이다.
141 李漢相, 1999, 〈앞의 논문〉.

의 누암리형과는 차이가 많고 당나라의 대금구의 영향으로 보고 있다. 이의 출토예로는 황룡사지 심초석 아래, 예안리 49호분, 청리 A-나-2호 석실, 청리 H-가-11호 석실, 청리 A-가-9호로 석실, 청리 A-가-10호 석실, 국은수집품 등이 있다.

신라의 대금구는 648년이 되면 변화되고 있는 듯하다. 이에 대한 관련 사료를 제시하면 다음과 같다.

「金春秋及其子文王朝唐…… 春秋又請改其章服 以從軍制於是內出珍
服 賜春秋及其從者」(≪三國史記≫,眞德王2年(648년)조)

진덕왕 2년(648년)에는 신라에서 당의 복식을 공식적으로 사용했음을 알 수가 있다. 648년의 당 복식 수입은 앞의 누암리형 대금구나 황룡사형 대금구와는 별로 관련이 없는 듯하고, 오히려 김해 예안리 49호 횡구식 석실분, 공주 웅진동 29호 수혈식 석곽묘 등에서 출토된 대금구와 관련이 큰 듯하다. 이들 대금구는 648년의 기사와 관련된 유물로 당나라식이라는 특징을 가지고 있다. 여기에서 출토 유적 가운데 대표적인 유적인 김해 예안리 49호 횡구식 석실분에 근거하여 예안리식(그림 23-②, 그림 24, 그림 25)이라고 명명하고자 한다. 이들 대금구의 상한은 7세기 중엽이 된다.[142] 이 가운데 공주 웅진동 29호 수혈식 석곽묘의 예는 통일신라때의 대금구로 알려져 있다.[143]

그러면 이와 같은 대금구의 대체적인 시대 흐름속에서 귀형문전의 대

---

142 이렇게 볼 때 예안리 49호 횡구식석실분의 경우, 6세기 후반에서 7세기 전반경으로 본 견해(伊藤玄三, 1998, 〈앞의 논문〉, p.18)가 있고, 7세기 전, 중엽으로 본 견해(李漢相, 1996, 〈앞의 논문〉, p.70)도 있다. 예안리 49호 횡구식석실에서 출토된 황룡사형 대금구는 7세기 전반, 예안리형 대금구는 7세기 중엽으로 각각 편년되며, 추가장이 있었던 것으로 판단된다.

143 伊藤玄三, 1988, 〈앞의 논문〉, p.25

금구(그림 20-③)에 대해 살펴보기로 하자. 귀형문전의 대금구는 장방형이고 가운데가 비워 있어서 예안리식 대금구임을 쉽게 알 수가 있다. 그 아래에는 원형의 수식이 달려 있다. 원형의 수식 예를 예안리식 대금구에서는 찾을 수가 없고, 오히려 이보다 시대가 앞서는 누암리식 대금구의 역심엽형(그림 20-①, 그림 21)에서 찾을 수가 있다. 누암리식대금구는 대개 백제에서는 660년 멸망때까지 지속되는 것으로 알려져 있다.[144] 그렇다면 귀형문전의 대금구는 660년 이후로 예안리식 대금구이면서 동시에 누암리식 대금구의 역심엽형을 하고 있어서 660년 이후에서 멀지 않은 시기로 보인다.

외리 8종의 문양전은 모두 같은 날, 같은 장소에서 구워진 점을[145] 염두에 두고 동시에 8종의 문양전의 그림이 백제적인 특성을 잘 나타내고 있어서 660년에서 신라가 통일을 완성한 676년 이전으로 편년될 듯하다. 이는 앞에서 얻은 호박씨문에 근거한 연대 설정과 유사하다. 이렇게 통일 전쟁기로 연대를 잡으면 이 시기의 백제 영역 안에서 절 등이 조성된 예가 있는지가 궁금하다. 다 아는 바와 같이 673년에 만들어진 계유명아미타3존불비상[146] 등의 예가 알려져 있다.[147]

문양전이 출토된 외리 유적은 문양전이 조사 당시에 바닥에 깔린 상태로 발견되었는데, 문양의 위와 아래가 엇갈린 채 놓여 있어서 후대의 다른 용도로 사용하기 위하여 전돌을 다시 배치한 유구로 보기로 한 점과 문양전의 네 모퉁이에 홈이 파여 있어서 벽전으로 간주되기도 한 점 등에서 절터인지 또 다른 성격의 건물인지 잘 모르고 있다. 벽전을 부전으로 사용한 점이나 바닥에 깐 전의 무늬가 위아래로 뒤바뀌어 있거나

---

144 李漢相, 1997, 〈앞의 논문〉, p.159.
145 이에 대해서는 김성구관장의 교시를 받았다.
146 이를 아직도 학계 일각에서는 실수로 잘못 명명된 癸酉銘全氏三尊佛像 등으로 부르고 있다.
147 앞으로 660년에서 676년까지의 백제 부흥 운동 시기에 대한 문물 부분의 연구도 진행되어야 할 것이다.

깨진 무늬의 전돌이 뒤집힌 채로 놓여 있어서 그 당시의 정치적인 상황이 대단히 급박했음을 암시해 주고 있다. 이 유적의 성격을 대담한 추측이 허용한다면 660년에서 676년 사이에 금강변에서 올린 제사 유구와 같은 일시적으로 급조한 유구가 아닐까하고 질문을 던져 놓고자 한다.[148]

5. 맺음말

지금까지 간단히 충남 부여군 부여읍 외리에서 출토된 문양전에 대해 간단히 살펴보았다. 이에 대한 요약을 제시하여 맺음말을 대신하고자 한다.

먼저 유적의 소개에 있어서는 외리 유적의 개요에 대해 간단히 소개하였다.

다음으로 문양전의 소개에서는 8종의 문양전의 각각에 대해 상세히 소개하였다.

마지막으로 문양전의 연대에서는 우선 와운문전의 안쪽에 있는 호박씨문을 통일신라의 호박씨문 기와와 비교 검토하였으며, 고구려의 유사 호박씨문 기와, 일본 白鳳時代의 호박씨문기와의 비교로 그 연대를 7세기로 보았다. 또 귀형문전에 나오는 대금구에 대해 살펴 보았다. 백제에서는 누암리형 대금구가 6세기 중엽에서 7세기의 백제 멸망시(660년)까지 사용되었고, 귀형문전에 나오는 대금구는 648년 이후에 사용된 당나라식의 대금구인 예안리식 대금구로 아직 역심엽형장식이 붙어 있어서 누암리식 대금구의 영향이 잔존하는 것으로 보아서 그 시기를 660년에서 676년 사이로 보았다.

---

148 이에 대한 상세한 것은 관계 전문가의 후고를 기다리기로 한다.

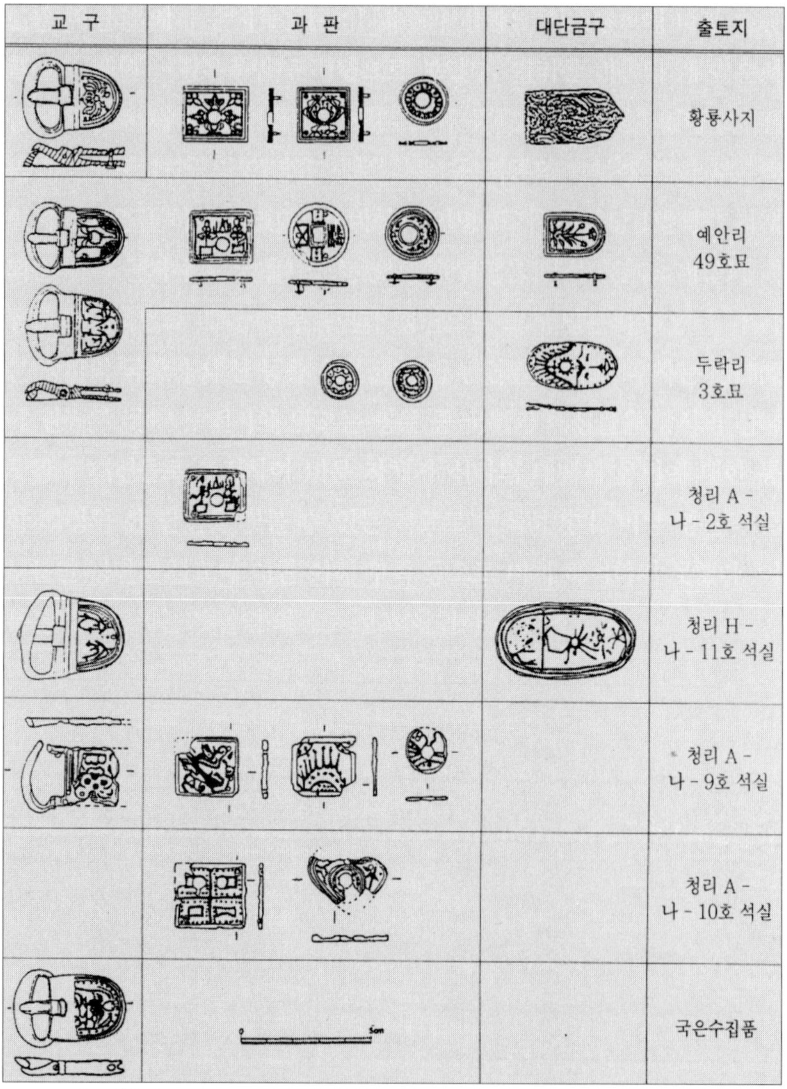

교 구	과 판			대단금구	출토지
					황룡사지
					예안리 49호묘
					두락리 3호묘
					청리 A - 나 - 2호 석실
					청리 H - 나 - 11호 석실
					청리 A - 나 - 9호 석실
					청리 A - 나 - 10호 석실
					국은수집품

그림 22 황룡사형 대금구의 출토 예

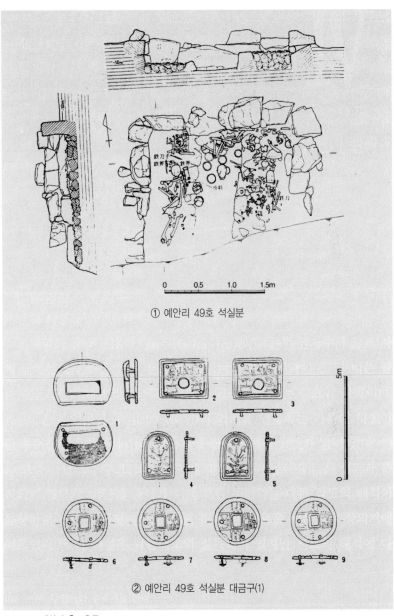

① 예안리 49호 석실분

② 예안리 49호 석실분 대금구(1)

그림 23 예안리 출토유물

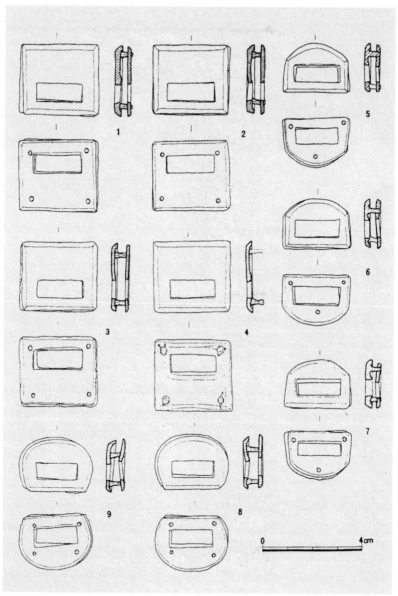

그림 24 예안리 49호 석실분 대금구(2)

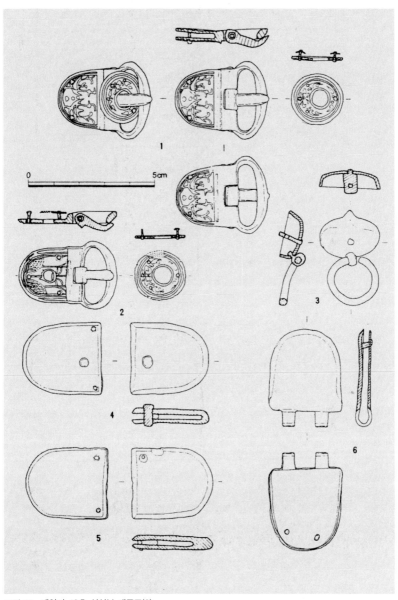

0   5cm

그림 25 예안리 49호 석실분 대금구(3)

後三國 기와 資料에 보이는 麗·濟 地名

1. 머리말

한국 옛기와 연구는 주로 막새기와 일변도로 진행되어 왔다. 최근에
들어와 사지나 산성 등의 지표조사나 발굴 등을 통해 평와에 대한 관심
이 높아지게 되었다. 종래의 큰 사찰의 보고서 등에서는 평와를 5점이내
의 도판에 싣는 것으로 만족해 왔다. ≪聖住寺≫[149] 등에서는 평와에 대
한 많은 지면을 할애하고 있어서 앞으로의 평와 연구에 큰 도움이 될 것
으로 판단된다.

위와 같은 분위기와 연구 성과에 힘입어서 여기에서는 평와 가운데
산성에서 출토되고 동시에 표면에 지명이 찍혀있는 기와를 검토하여 평
와 편년에 조그마한 디딤돌을 만들고자 한다.

---

149 忠南大學校 博物館, 1998, ≪聖住寺≫.

2. 기와 資料의 紹介

1) 馬忽명 기와

단국대학교 사학과에서는 1995년 7월 1일부터 10월 3일까지 95일간에 걸쳐서 京畿道 抱川郡 郡內面 舊邑里 산5-1번지의 淸城山 정상에 있는 半月山城을 발굴조사 하였다.[150] 반월산성은 포천 시가지에서 2km 떨어진 청성산의 정상부에 위치한 테뫼식산성이다. 산성의 형태는 성이름처럼 동서를 장측으로 하는 반월형에 가까운 모습을 하고 있다. 그 둘레는 1,080m, 동서너비 490m, 남북너비 150m로 동서가 길쭉한 반월 형태다. 발굴조사 결과 남문지, 북문지, 雉城 4개소, 건물지 6개지역, 유물지, 水口 각 2개소, 장대지 등을 확인하였다.

반월산성이 축조된 청성산 정상에 올라서면, 그 동쪽과 서쪽은 험준한 산맥으로 차단되었고, 남쪽으로는 祝石嶺에서 시작된 교교천이 흘러나가고 있음이 눈에 띈다. 평야 가운데 우뚝 솟아있는 산지에 축조된 반월산성은 사방을 조망하기에 매우 유리한 지형적인 조건을 갖추고 있다. 반월산성이 소재한 포천은 조선시대에 있어서 서울에서 함흥으로 이어지는 關北路가 통과하는 길이어서 교통의 요지에 있음을 알 수 있으며 함흥에서 서울로 통하는 인마와 물자을 통제할 수 있는 교통의 요충지였다.

여기에서 다루고자 하는 명문기와는 장대지에 구축된 예비군 참호의 단면을 정리하던 과정에서 출토되었다. 명문기와가 발견된 장소는 반월산성에서 가장 높은 곳으로 발굴조사 결과 여러 시대에 걸쳐서 여러 차례의 건물이 조성되었음이 확인되었다. 인근 주민들의 전언에 의하면 6·25동란을 전후하여 미군들이 이 곳에 주둔하면서 군사시설 축조를

---

150   檀國大學校 文科大學 史學科, 1996, ≪抱川半月山城一次發掘調査報告書≫.

그림 26 마홀명 기와

위해 장대지 일부를 불도져로 밀어냈다고 한다. 이 때 밀어낸 흙을 장대
지 서쪽의 경사면에 복토하는데 사용하였고, 후일에 다시금 예비군 참
호가 구축되었다. 따라서 이 명문기와는(그림 26) 원래 건물이 조성되었
던 장대지 중심부에 있었던 것으로 생각되며, 예비군 참호를 구축하면
서 장대지 서쪽으로 밀려난 것으로 판단된다. 이 명문기와는 크기가
35cm×21cm×3.5cm이며, 굵은 모래가 섞인 점토를 태토로 사용한 연
질로 된 기와의 밑에 장방형으로 된 구획을 세로로 만든 후에 글자를 양
각이 되게 찍은 것이다. 기와의 명문은 「馬忽受解空口單」또는 「馬忽受
蟹口草」로 읽고 있다. 여기에서는 위의 가설들을 참고하여 다음과 같이
읽는다.

　　馬忽受解空口草

2) 雨述명 기와

　大田廣域市 大德區 長洞山85番地의 鷄足山에 위치하고 있으며, 그 정
상부에 鷄足山城이 있다.[151] 이 계족산성은 종래에 百濟가 축성한 것으
로 알려져 왔으나[152] 1998년도 忠南大學校 博物館의 발굴조사 결과로 6

세기 중엽경에 신라에 의해 초축된 산성이란 가설이 제기되고 있다.[153] 1997년 11월 13일부터 1998년 7월에 걸쳐서 계족산성 제1차 발굴조사가 실시되었다. 계족산성의 내부에는 석축 성벽을 비롯하여 건물지, 문지, 봉수대, 저수지, 우물지 등의 시설물들이 양호한 상태로 남아 있는데, 제1차 발굴조사에서는 건물지, 저수지, 봉수

그림 27 우술명 기와

대의 3개 지점에 대하여 조사하였다. 계족산성 내부의 평탄면 곳곳에는 대략 10여개소 이상의 건물지가 존재했던 것으로 판단되는데, 제1차 조사지역은 북벽 부근의 약 1200평에 달하는 고지대이다. 발굴조사 결과 이곳은 삼국시대부터 통일신라, 고려시대에 이르기까지의 여러 건물지가 밝혀졌다. 현재 가장 잘 남아 있는 건물지는 고려시대에 축조된 제1건물지와 제2건물지이다.

제1건물지

고려시대 건물지는 표토를 제거하자마자 흑색부식토면에서 바로 노출되었다. 이 건물지는 담장과 건물기단을 비롯하여 문지와 계단, 敷石을 깐 步道 등의 시설이 비교적 양호한 상태로 잘 남아 있었다. 초축 후에 기단 네 면을 모두 확장 개축한 최후의 건물 규모는 15.8m× 6.8m의 크기에 정면 2-3칸, 측면 1칸의 구조로 되어 있다. 내부에서는 12~13세기로 볼 수 있는 청자편, 토기편들과 함께 다수의 銘文瓦도 출토되었다.

151 忠南大學校 博物館, 1998, ≪鷄足山城發掘調査略報告≫
152 沈正輔, 2000, 〈大田 鷄足山城의 考古學的 檢討〉≪考古歷史學誌≫16.
153 박순발, 1998, 〈鷄足山城에 대한 新知見〉≪대전문화≫7.

제2건물지

제1건물지의 선편에 나란하게 연접하여 축조된 것으로 단벽이 되는 북쪽 기단이 제1건물지 북쪽기단보다 남쪽으로 약 2m 가량 들었으나 제1건물지와 '「'형을 이루도록 배치되어 있다. 제2건물지 역시 여러차 례에 걸쳐서 개축되었는데, 최후의 건물지는 제1건물지의 최후 건물지 보다 축조가 늦은 것으로 확인되었다. 그러나 출토된 유물상으로 보면 시기 차이는 크지 않아 제1건물지와 시종 공존한 것으로 보아도 좋다. 건물의 자세한 구조는 중복이 심하여 파악이 어려우나 최종 건물을 기 준으로 하면 기단 규모14m×7.1m 에 정면 5칸, 측면 1칸 가량되며, 북 쪽 부분에는 온돌구조가 정연하게 남아 있다. 최후 건물 축조 시기는 제 1건물지와 비슷한 12-13세기로 판단된다. 출토 유물로는 토기, 자기, 철 기, 銅鏡 등도 출토되었으나 여기에서는 기와류에 대해서만 서술하고자 한다. 출토된 기와는 주로 線條文, 格子文, 魚骨文계통으로 구분될 수 있 는데 어골문 기와에서는 많은 양의 銘文이 확인되었다. 층위 및 시기에 따라 대략 3단계로 분류될 수 있다.

1단계; 고려시대 건물지 축조면 아래에서 출토된 것들로 선조문이 주 종을 이룬다. 명문이 있는 기와는 확인되지 않았다. 1단계 기와는 단각 고배등과 공반되고 있어서 6세기 중엽 이후의 고신라말에서 통일신라 로 편년된다.

2단계; 1단계 기와와 마찬가지로 고려시대 건물지 아래의 황갈색 사 질점토층에서 출토된 것들로 전형적인 어골문과는 달리 集線文을 서로 엇물리게 시문한 것과 격자 간격이 3~5cm로 넓은 사격자문에 종방향 의 직선이 결합된 기와들이 대부분이다. 이들 가운데 전자에 해당되는 기와는 거의 대부분 「雨述」이 찍혀 있는 명문와들이다. 2단계 기와는 다 음 3단계에 해당되는 고려시대 기와들이 거의 대부분 환원소성으로 두 께가 두꺼운 편인데 반해서 산화소성품이 절반 정도를 차지하고 있으며 와벽이 상대적으로 얇은 특징을 가지고 있다.

3단계; 전형적인 어골문기와들로 구성되어 있는데 형태상의 특징 및 공반된 청자 등을 통해 11~13세기로 편년되는 것들이다. 제1 · 2건물지를 비록하여 건물지 여러곳에서 출토되었는데「雨述」(그림 27),「雨述天國」,「棟梁道人六廻(?)」등의 명문기와가 포함되어 있다.

3) 馬老명기와

馬老山城은 전남 광양시 광양읍 사곡리와 용강리, 죽림리등 3개 里의 경계를 이루고 있는 해발 208.9m 의 長老山 정상부에 자리잡고 있다.[154]용강리 와룡 마을에서 산성을 오르면 마을 뒤편에 나 있는 小路를 따라 가파른 등산로를 20分

그림 28 마노관명 기와

정도 올라가면 마로산의 정상이 나오는데 마로산성은 산 정상부에 위치하고 있다. 마로산성의 정상부는 평탄한 편이나 정상부에서 아래쪽으로는 가파른 자연 경사면을 이루고 있다. 산성은 마로산의 정상부와 능선에 걸쳐서 형성되어 있으며 남쪽으로는 광양면과 신성리 왜성이, 북쪽으로는 광양읍이, 남동쪽으로는 광양-진주간 남해고속도로가 한눈에 보인다. 남서쪽 약 6.7km지점에는 백제시대 석성으로 알려진 순천 검단산성이 자리하고 있다.

총길이가 550m 정도인 마로산성은 면적이 약 18,945㎡이다. 남북방향

---

154   順天大學校 博物館, 1998, ≪光陽市의 山城≫.

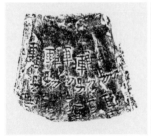

그림 29 군역관 명기와

에서 서쪽으로 약 30° 정도 치우쳐 長方形의 형상을 띠고 있는데, 남쪽과 북쪽 모서리가 높고 성의 중심부는 비교적 평탄한 지형을 이루고 있다.

산성에서는 기와편과 토기편이 수습되었다. 그 가운데 평와에 보이는 명문기와는 12점이다. 「馬老」명과 「官」명이 각각 5점씩 수습되었고,「馬老官」명(그림 28)과 「軍易官」(그림 29)명[155] 각각 1점씩 수습되었다.

4) 任存명 기와

忠南 禮山郡 大興面 上中里와 光時面 東山里 사이에 鳳首山이 있다.[156] 표고 484m의 봉수산 정상부에 쌓은 석성을 봉수산성이라고 부르고 있다. 이 봉수산성을 백제 부흥군과 관련된 임존성이라는 학설이 제기된 바 있다. 이 성에서는 성문지, 건물지, 雉城, 女墻, 우물 등이 있다. 이 성 안의 곳곳에 건물지가 남아 있다. 대부분의 건물지는 성의 남쪽에 남아 있다. 건물지 주변에는 토기편과 와편이 수습되었다. 와편은 등쪽에 線條文, 魚骨文, 複合文 등의 문양이 시문되어 있고, 그 가운데에는 「任存」, 「任存官」 등의 명문이 새겨진 것도 있다.(그림 30)

---

155 이 자료는 역사적인 해석이 안되는 자료이므로 후고를 요한다.
      吉井秀夫, 1996,〈新羅文字瓦〉《朝鮮古瓦考》, p.52에 의하면 官자를 官窯의 존재로 官衙와 관련지우고 있으나 따르기 어렵다.
156 李南奭, 1999,〈禮山 鳳首山城(任存城)의 現況과 特徵〉《百濟文化》28.

그림 30 임존명 기와

5) 仍大乃명 기와

서울市 九老區 時興2洞 山93번지 일대에 虎岩山城이 있다.[157] 이 성은 해발 347m의 조그만 봉우리를 최고봉으로 하여 산정상의 성내부는 비교적 평탄하다. 이 일대는 일반인에게는 주로 冠岳山으로 알려져 있는데 유적의 동쪽으로 직선거리 약2km지점에 해발 629m의 관악산 정상이 위치하고 동남방 1km지점에 460m의 三聖山 정상이 위치하고 있다. 이 성은 동북방에 연접하여 호랑이가 엎드린 모양을 한 호암산이 보이며, 마을에선 이를 범뫼라고 부른다. 성의 중앙에 위치한 제2우물지 북벽 트렌치 최하층에서는 청동제 숟가락이 2점이 출토되었다. 완형의 숟가락은 길이가 25cm가량되고 입술부분의 너비가 3.5cm 가량되고 손잡이 부분과 입술부의 주변은 조금 도드라져 있고 손잡이의 단면은 저변이 엷은 사다리꼴이다. 이 숟가락의 손잡이 뒷면에「仍伐內力只乃末△△△」의 명문이 음각되어 있다.

건물지에서 출토된 기와는 평기와로 막새기와는 1점도 없었다. 기와의 등무늬는 無文, 線條文, 格子文, 繩文, 菱形集線文, 斜線文, 魚骨文 등으로 다양하고 문자와도 927점이나 출토되었다. 이는 전체 기와의 약 14.1%를 차지한다. 「仍大乃」명은 736점으로 가장 많고(그림 31), 「仍大乃

---

157   서울大學校 博物館, 1990, ≪한우물―虎岩山城 및 蓮池發掘調査報告書―≫.

그림 31 잉대내 명 기와

△」및「仍大乃官」명이 있는 기와는 186점이 있다. 그 밖에「春(?)」,「支(?)
寺」등의 명문이 찍혀 있는 기와도 각각 1점씩 있다.[158]

3. 몇가지 검토

앞에서 살펴본 기와 명문에는 한결같이 지명이 나오고 그 출토지는
산성이고, 그 산성은 돌로 쌓은 石城이고, 지명은 석성이 있던 시대의
것이 아니라 고구려나 백제의 옛것이다. 이들 지명에는 어떤 역사적 사
실이 내포되어 있는지를 검토해 보기로 하자. 먼저 虎岩山城의 제2우물
지에서 출토된 숟가락 명문부터 검토해 보기로 하자. 이 숟갈의 명문은

---

158 이 밖에도 「熊川官」, 「公州官」등의 예가 있는데 그 시기를 알 수가 없다. 후고를 기다린다.

「仍伐內力只乃末△△△」이다.

이 명문의 「仍伐內」≪三國史記≫地理志의 「漢州 栗津郡 … 領縣三 穀壤縣 本高句麗 仍伐奴縣 景德王改名」의 「仍伐奴」와 연결시켰다. 「仍伐內」가 언제 개칭된 것인가는 정확히 그 시기를 알려주는 자료는 없다고 전제하고 경덕왕16년(757)에 본현에 속해 있던 漢山州가 漢州로 개칭되고 그 아래에 1小京과 27郡 46縣의 군현 정비 작업이 이루어졌으므로 그 시기는 경덕왕16년(757)경으로 추정하였다. 결국 「仍伐內」명 청동 숟가락의 하한을 757년으로 보았다.[159] 이 「仍伐內」명 청동숟가락에는 인명표기가 적혀 있다. 「仍伐內力只乃末△△△」[160]에서 「仍伐內」는 출신지명, 「力只」는 인명, 「乃末」은 관등명이다. 이 인명표기의 연대를 알아보기 위해 통일신라 금석문의 인명표기를 잠깐 살펴보기로 하자. 다 아는 바와 같이 신라 금석문의 인명 표기는 통일전에는 3가지의 방식이 있다.[161] 그 가운데에서 적성비 방식이 주류를 이루고 있다. 적성비에서는 직명, 출신지명, 인명, 관등명의 순서로 기재되며, 직명은 동일한 때 생략되고 출신지명은 동일한 직명내에서만 같을 때 생략된다. 이러한 인명표기는 7세기 중엽에 세워진 태종무열왕비에서는 중국의 영향을 받아서 출신지명이 적히지 않고, 인명과 관등명의 순서도 뒤바뀌어 관등명이 인명의 앞에 가게 된다.[162] 이와 같은 커다란 변화속에서도 직명, 출신지명, 인명, 관등명의 순서를 지재하는 인명표기 방식도 잔존하게 된다. 그 가운데 신라화엄경사경의 예를 제시하면 다음 표 3과 같다.[163]

159 서울大學校, 1990, ≪앞의 책≫, pp.83-84.
160 〈△△△〉부분은 마지막 글자가 源으로 판단되는 바 「仍伐乃刀只乃末」의 「△△源」(우물 이름)이란 뜻이 된다.
161 金昌鎬, 1983, 〈新羅中古 金石文의 人名表記(Ⅰ)〉≪大丘史學≫22.
162 太宗武烈王碑는 현재 파실되고 없으나 그 인명표기는 文武王陵碑와 같을 것으로 판단 된다.
163 金昌鎬, 1983, 〈永川 菁堤碑 貞元十四年銘의 再檢討〉≪韓國史研究≫43, p.128에서 전제 하였다.

표 3 景德王代 華嚴經寫經의 인명표기

職名	出身地名	人名	官等名
紙作人	仇叱珎兮縣	黃珎知	奈麻
經筆師	武珎伊州	阿干	奈麻
〃	〃	異純	韓舍
〃	〃	今毛	大舍
〃	〃	義七	大舍
〃	〃	孝赤	沙彌
	南原京	文英	沙彌
〃	〃	卽曉	大舍
	高沙夫里郡	陽純	奈麻
〃	〃	仁年	大舍
〃	〃	屎烏	大舍
〃	〃	仁節	
經心匠	大京	能吉	奈麻
〃	〃	無古	奈
佛菩薩像筆師	同京	義本	韓奈麻
〃	〃	丁得	奈麻
〃	〃	夫得	舍知
〃	〃	豆烏	舍
經題筆師	同京	同智	大舍

이 新羅 景德王代 華嚴經寫經은 文頭의「天寶十三載甲午八月一日初
乙未載 二月十四日」이란 구절로 보면, 경덕왕 13년(754)~14년(755)사이
에 만들어진 것임을 알 수가 있다. 이 화엄경사경의 인명표기는 직명,
출신지명, 인명, 관등명의 순서로 기재되고 직명과 출신지명의 생략도
적성비의 인명표기 방식과 꼭 같다. 이 신라 화엄경사경의 작성연대는
757년보다 앞서므로 청동숟가락 명문의 해결에 도움이 되지 못한다. 그
런데 804년에 작성된 禪林院鐘銘에는「古尸山郡仁近大乃末」이란 인명표
기가 나온다.[164] 「古尸山郡」은 忠北 沃川郡의 옛이름으로 757년에 管城
郡으로 바뀌었으나 「古尸山郡」을 출신지명으로 적고 있다. 이 인명표기

에서 「古尸山郡」은 출신지명, 「仁近」은 인명, 「大乃末」은 관등명이다. 이 「古尸山郡」의 예로 보면 「仍伐內力只乃末△△△」를 757년으로 그 하한을 한정할 수 만은 없게 된다.

이와 같이 757년의 경덕왕대 지명 개칭과는 상관없이 그 이전의 지명이 사용된 예로는 高麗 惠宗 元年(944)에 세워진 江原道 寧越郡에 소재한 興寧寺 澄曉大師寶印塔碑의 陰記에 「奈生郡」이 있다.[165]

다음으로 「馬忽受解空口草」명 기와에 대해 살펴보기로 하자. 이 기와에 대해 고구려 시대설과[166] 통일신라 시대설이[167] 있다. 기와 명문에서 「…草」로 끝나는 예로는 忠南 扶餘 定林의 「定林寺大藏堂草」, 忠北 淸原 金生寺址의 「金生寺講堂草」등이 있다.[168] 이 예들은 모두가 10~11세기에 유행한 것이다.[169] 「馬忽」이 고구려 시대에 사용된 지명인 점에 근거한 고구려 기와설은 앞의 「古尸山郡」과 「奈生郡」의 예로 볼 때 재고의 여지가 있는 듯하다. 이 기와의 명문은 장판으로 타날한 점에서 보면 후삼국시대의 것으로 판단된다.

鳳首山城에서 채집된 「任存」명 또는 「任存官」명은 百濟復興運動 당시의 임존성과 관계가 있는 백제 말기의 기와가 출토되지 않고 魚骨文 등이 타날된 기와편과 공존하고 있어서 그 시기가 후삼국시대임을 암시하고 있다.[170]

「雨述」명 기와에서는 그 연대 서열이 밝혀져 있어서 연대 결정에 도

---

164 李弘植, 1955, 〈貞元二十年在銘 新羅梵鐘—襄陽雪山出土品—〉《白樂濬博士還甲記念國學論叢》.

165 許興植編著, 1984, 《韓國金石全文》 —中世上—, p.345.

166 檀國大學校 文科大學 史學科, 1996, 《앞의 책》, p.44.
     徐榮一, 1996, 〈抱川 半月山城 出土「馬忽受解空口罜」銘 기와의 考察〉, 《史學志》29.

167 沈正輔, 2000, 〈앞의 논문〉, p.333.

168 徐五善, 1985, 〈韓國平瓦文樣의 時代的 變遷에 對한 硏究〉, 忠南大學校碩士學位論文.

169 松井忠春 등, 1994, 〈韓國 慶州地域寺院所用瓦의 硏究〉《靑丘學術論叢》4, p.41.

170 鳳首山城은 백제 말기의 산성이 아닌 점에 대해서는 李南奭敎授의 敎示를 받았다.

움이 되고 있다. 곧 1단계는 6세기 중엽이후의 고신라말에서 통일 신라까지이고, 그 관계는 1단계 기와와 마찬가지로 고려시대 건물지 아래의 황갈색 사질 점토층에서 출토된 것으로 전형적인 어골문과는 달리 集線文이 서로 엇물리게 시문한 것과 格子 간격이 3~5cm로 넓은 斜格子文이 종방향의 직선이 결합된 기와들로 거의 대부분이 「雨述」이란 명문이 찍힌 기와들이다. 3단계는 고려시대로 「雨述」, 「雨述天國」, 「棟梁道人六廻(?)」등의 명문 기와가 나왔다. 이러한 서열로 보면 「雨述」명 기와가 집중적으로 나오는 2단계는 후삼국시대로 추정할 수가 있다. 그렇다면 후삼국시대의 고구려나 백제 옛 강역에서는 지방호족들이 고구려나 백제의 옛지명을 사용하면서 석성을 새로 쌓거나 종래의 석성을 수리하여 반신라적인 모습을 나타내는 편린을 당시 고구려나 백제 강역의 山城출토 기와 지명에서 엿볼 수가 있다. 앞으로 이러한 계통의 기와들의 출토 예는 더 늘어날 것으로 사료된다.[171]

4. 맺음말

지금까지 논의해 온 바를 간단히 요약하여 맺음말에 대신하고자 한다.

통일신라 말기의 고구려와 백제 옛 강역에서는 고구려와 백제시대에 사용되었던 지명이 평와에 표면에 찍혀 나오고 있다. 이들 자료를 검토하여 후삼국시대 지방호족들의 반신라적 분위기 속에서 만들어진 것이다. 이들 기와는 결국 후삼국시대의 기와로 보았다.

---

171 沈正輔 , 2000, 〈앞의 논문〉, pp.332-333에 「沙尸」명이 있는 산성 출토 기와가 소개되고 있는데, 후삼국시대 자료로 판단된다.

제3부

가
람

제 I 장

皇龍寺 창건가람에 대하여

1. 머리말

신라의 수도였던 경주에는 불교가 공인된 법흥왕 14년(527) 이후에 흥
륜사와 영흥사가 창건되었다. 다음 왕인 진흥왕 때에는 황룡사란 큰 사
찰이 창건되었다. 지금까지 조사된 자료에 따르면 삼국시대에는 30여개
소, 통일신라시대에는 170여개소가 창건되었다.[1] 수많은 사찰 가운데 황
룡사는 규모면이나 사격면에서 신라를 대표하는 국찰이었음은 널리 알
려진 사실이다. 황룡사지는 1978년부터 8년간에 걸쳐서 국립문화재연
구소에 의하여 발굴조사되어 대체로 4-5차례에 걸쳐서 가람 배치의 변
화가 있음이[2] 알려지게 되었다.

여기에서는 종래에 창건가람으로 알려진 가람배치에 대한 소견을 밝
혀보기 위해, 황룡사의 연혁, 지금까지의 연구 성과와 아울러서 창건가

---

1 朴方龍, 1997,〈新羅都城研究〉, 동아대학교 대학원 사학과 박사학위청구논문, pp.149-
   161.
2 본 고의 3. 지금까지 연구 참조.

람의 성격에 대한 검토를 해보고자 한다.

2. 연혁[3]

황룡사에 관한 기록은 ≪三國史記≫·≪三國遺事≫·≪高麗史≫·
刹柱本記 등에 자세히 전해지고 있다. ≪三國遺事≫와 ≪三國史記≫에
따르면 진흥왕 14년(553)에 월성 동쪽에 新宮 또는 紫宮을[4] 세우게 했는
데 그 곳에서 황룡이 나타났으므로 이를 佛寺를 고쳐짓게 하고, 사찰의
이름을 皇龍寺로 했다. 이것이 황룡사 건립에 관한 최초의 기록이다. 위
에 본 바와 같이 황룡사는 새로운 궁궐의 조영을 시작하다가 어느정도
진행되고 나서 절의 조영으로 바뀌어서 진흥왕 27년(566)에 사찰의 주요
시설이 완공된 것 같으며,[5] 진흥왕 30년(569)에 주위의 담장과 부속 시설
을 만들어 완성됨으로써[6] 황룡사의 공사가 완료된 것으로 판단된다.

그후 진흥왕 35년(574)에 金銅丈六尊像이 만들어졌고,[7] 진평왕 6년
(584)에 중금당이 완성되었다. 이 중금당이 조성되고 난 후 60여년이 지
난 선덕여왕 12년(643)에 당나라에서 유학하고 돌아온 자장의 건의를 받
고 여왕은 군신들의 의견을 물어 백제의 장인인 阿非知를 초청하여 기
술 지도를 받고 伊干 龍春(龍樹)으로 하여금 공사감독관으로 하여 소장
200인을 거느리고 9층목탑을 짓게 하였다. 선덕여왕 14년(645)에 9층목
탑(높이 225尺: 80m)이[8] 완성되었다.

---

3 이 장은 趙由典, 1987, 〈新羅皇龍寺伽藍에 관한 연구〉, 동아대학교 대학원 사학과 박사
   학위 청구논문, pp.3-8에서 발췌하였다.
4 ≪三國史記≫ 眞興王 14年조에「……築新宮於月城東……」라고 하고, ≪三國遺事≫迦葉
   佛晏坐石조에「……築新宮於月城東……」라고 하고, ≪三國遺事≫皇龍寺丈六조에「……
   將築紫宮於龍宮南……」라고 하고 있다.
5 ≪三國史記≫, 眞興王 27年조에「……皇龍寺畢功……」라고 되어 있다.
6 ≪三國遺事≫, 皇龍寺丈六조에「……至己丑年周圍墻宇十七年方畢」이라고 되어 있다.
7 ≪三國遺事≫, 皇龍寺丈六조에「……鑄成丈六尊像…」라고 되어 있다.

9층목탑은 완성후에도 그 탑이 대단히 높기 때문에 벼락도 맞았으며,[9] 성덕왕 17년(718)에 크게 지진을 맞았고,[10] 성덕왕 19년(720)에 중수한 것으로 보이며,[11] 다시 경문왕 8년(868)에 탑이 진동하여 이를 수리하고 있다.[12] 탑이 완성된 후 220년간 지탱하여 오다 경문왕 13년(873)에 이르러서는 탑을 다시 세웠다.[13] 이러한 사실은 경문왕때 만들어 넣은 사리외함의 명문인 찰주본기에 의한 것이다.[14] 이 기록을 보면 문성왕때 이르러 이 탑이 북동으로 기울어지므로 이를 염려하여 재목을 모은 지 30여년이 지나도록 改構치 못하였는데 경문왕 11년(871)에 이르러 마침내 임금의 친동생인 上宰相伊干魏弘에게 명하여 그 해 8월 12일에 옛 것을 헐고 새롭게 만들도록 했다고 한다. 鐵盤위에 無垢淨經에 따라 小石塔 99구를 안치하였으며, 그 소탑마다 舍利 1매와 陀羅尼 4종을 넣고 다시 經一卷을 납입하고 그 위에 사리 1구를 함께 봉안하고 있다.[15] 경애왕 4년(927)에 탑이 북쪽으로 기울어졌고,[16] 고려 광종 5년(953)에 재앙을 입었으며,[17] 고려 현종 3년(1012)에 경주의 조유궁을 헐어 그 재료를 써서 탑을 수리했으며,[18] 고려 현종 13년(1021)에 9층목탑을 세 번째로 重成하고,[19] 고려 정종 2년(1035)에 벼락을 맞았고,[20] 고려 문종 18년(1064)에 네 번째의 중성이 있었고,[21] 고려 헌종 원년(1095)에 벼락을 맞아 탑을

8　趙由典, 1989, 〈앞의 논문〉, p.4.
9　≪三國遺事≫, 皇龍寺九層塔조.
10　≪三國史記≫, 聖德王 17年조.
11　≪三國遺事≫, 皇龍寺九層塔조.
12　≪三國遺事≫, 皇龍寺九層塔조.
13　≪三國史記≫, 景文王11年조.
14　黃壽永編著, 1994, ≪韓國金石遺文≫, 第五版, pp.164-170.
15　黃壽永, 1973, 〈新羅皇龍寺 九層木塔의 刹柱本記와 舍利具〉 ≪東洋學≫3, pp.269-324.
16　≪三國史記≫, 景哀王 4年조「三月皇龍寺塔搖動北傾……」라고 되어 있다.
17　≪三國史記≫, 前後所將舍利조 참조.
18　≪高麗史≫, 顯宗3年조 참조.
19　≪三國遺事≫, 皇龍寺 九層塔조 참조.
20　≪三國遺事≫, 皇龍寺 九層塔조 참조.

수리했으며,[22] 고려 헌종 2년(1096)에 다섯 번째로 중성되었고,[23] 고려 예종원년(1105)에 상서 김한충을 보내서 황룡사 낙성을 보게 했다.[24]

고려 고종 25년(1238)에 몽고병의 침입으로 황룡사가 불타 버렸다.[25]

3. 지금까지의 연구

삼국시대에 만들어진 제1급 사찰인 황룡사에 대한 연구는 일찍부터 시작되었다. 두 차례의 지표조사를 통한 1930년에 황룡사 가람에 대한 추정복원도(그림 36)가 제시되었다.[26] 1963년에 황룡사지는 사적 제6호로 지정되어 사역이 보존되었다. 1969년에 들어와 황룡사의 규모를 일부라도 밝혀서 학술자료로 삼기위해 발굴계획이 수립되어 문화재관리국과 이화여자대학교 합동으로 강당지의 일부 발굴되었다.[27]

본격적인 발굴조사는 1971년에 정부에서 수립한 경주관광종합계획의 일환으로 국립문화재연구소에 의해 1976년 4월에 착수하여 당초 3년 계획으로 시작되었으나 발굴조사중 예상외의 유구들이 밝혀지기 시작함에 따라 두 차례의 수정을 거쳐 1983년 12월까지 약 8개년에 걸쳐서 전면적인 발굴조사가 이루어져 가람의 전체적인 구조와 규모, 변천 과정 등을 확인함과 동시에 40,000여점의 각종 유물들을 수습하였다.[28]

---

21 《三國遺事》, 皇龍寺 九層塔조 참조.

22 《高麗史》, 獻宗 1年조 참조.

23 《三國遺事》, 皇龍寺 九層塔조 참조.

24 《高麗史》, 睿宗 1年조 참조.

25 《三國遺事》, 皇龍寺九層塔조에「又高宗十六年(필자주:25년)戊戌冬月西山兵火塔寺丈六殿 宇皆災」라고 되어 있다.
    《高麗史》, 高宗25年조에는「夏閏四月……蒙兵至東京燒皇龍寺塔」이라고 되어 있다.

26 藤島亥治郎, 1930,〈朝鮮建築史論(其一)〉《建築雜誌》.

27 建設部 慶州開發建設事務所, 1979, 《慶州觀光綜合開發事業誌》, p.593.

28 文化財管理局 文化財研究所, 1984, 《皇龍寺遺蹟發掘調査報告書》Ⅰ, pp.33~47 참조, 또 이 책의 pp.239-240의 大壺③은 구연부 상면에 「……月三十日造得林家入……」이란

1984년 황룡사유적발굴조사보고서에서는 황룡사의 가람배치를 다음과 같이 4가지로 나누고 있다.[29]

　　① 창건가람(그림 32)

　　진흥왕 14년(553)에 시작. 진흥왕 30년(569)에 완성

　　② 중건 가람(그림 33)

　　진흥왕 35년(574)에 장육존상 주조

　　진평왕 6년(584)에 금당 조성

　　선덕여왕 12년(643)에 9층목탑의 시작. 선덕여왕 14년(645)에 9층목탑 완성

　　③ 종루 · 경유가 설치된 가람(그림 34)

　　경문왕 13년(873)고려 예종원년(1105)

　　종루와 경루가 처음으로 회랑안에 들어선 시기

　　《三國遺事》의 황룡사종 주성사실에서 경덕왕 13년(754)

　　가람배치에서 경루와 종류가 나타난 시기에 따라서 854년경

　　④ 최종 가람(그림 35)

　　고려 고종 25년(1238)까지 존속

　　그 뒤에 황룡사의 가람 배치를 5차례에 걸쳐서 만들어진 것으로 본 견해가 나왔는데,[30] 이를 요약하여 정리하면 아래와 같다.

　　① 창건가람(그림 32)

　　진흥왕 14년(553) − 진흥왕 27년(566) 황룡사 완성.

명문이 음각되어 있는데 이를 국립청주박물관, 2000, 《한국 고대의 문자와 기호 유물》, p.109에서는 통일 신라 시대로 보고 있으나 「三十日」로 볼 때 고려 시대가 분명하다.

29　文化財管理局 文化財研究所, 1984, 《앞의 책》, pp.371-379.

30　趙由典, 1987, 〈앞의 논문〉.

진흥왕 30년(569) 황룡사 주위 墻宇 만듬

② 금당이 중건된 가람(그림 37)

진흥왕 35년(574) 장육존상 주성, 진평왕 6년(584) 금당조성.

③ 목탑이 중건된 가람(그림 33)

선덕여왕 12년(643) – 선덕여왕 14년(645) 9층목탑 완성.

이때 동서 금당지 조성

④ 종루와 경루가 신설된 가람(그림 34)

종루 · 경루 – 경덕왕 13년(754)경 만듬

경문왕 13년(873)에서 고려 예종원년(1105)까지 존속

⑤ 최종가람(그림 35)

고려숙종때(1095–1105년)에 새로운 종을 주조

고려고종 25년(1238)까지 존속

　그 뒤에 황룡사이 가람배치를 다음과 같이 4가지로 본 견해가 다시
나왔다.[31]

① 창건가람(그림 32)

진흥왕 14년(553)에 시작. 진흥왕 30년(569)에 완성

② 2차 가람(그림 33)

진흥왕 35년(574)에 장육존상 완성

선덕여왕 14년(645)에 9층목탑 완성

③ 3차가람(그림 34)

경덕왕 13년(754)에 시작해서 고려 헌종원년(1095)까지 존속

④ 4차 가람(그림 35)

고려 숙종원년(1096)에서 고려 고종 25년(1238)까지 존속

31　金東賢, 1993, 〈皇龍寺の發掘〉《佛敎藝術》207.

4. 창건가람의 성격

고구려, 백제, 신라, 통일 신라가운데에서 유일무이한 가람 형태를 하고 있는 황룡사의 창건가람에(그림 32) 대해서는 「황룡사의 배치 형식(그림 32)과 고구려 안학궁의 배치 형식의 성격을(그림 39) 직접 비교하는 것은 무리가 있지만, 황룡사의 창건연기에서 황룡사가 본래는 궁전을 세울 예정이었던 것을 황룡의 출현으로 佛寺로 개조했다고 말하는 개조설에 입각하여 보면, 배치계획으로의 기본적 구상은 황룡사의 특수가람형식 3분할식배치 형식을 만들어냈을지도 모른다」고 하고 있다.[32] 창건가람 배치도(그림 32)와 전랑지 실측 복원도(그림 40)의 비교로 창건 가람을 왕궁으로 보기도 했고,[33] 또 「창건당초의 가람배치(1차 가람배치)는 창건연기에 의하면 새로운 궁궐을 조성하려고 하다가 황룡이 나타났으므로 사찰로 바꾸었다는 것으로 보아 궁궐건축과 관련이 매우 깊었음을 짐작할 수 있다」고 하고 있다.[34] 그러면 여기에서 황룡사의 창건연기에 대해 알아보기 위해 관련 사료를 적기하면 다음과 같다.

- 新羅二十四眞興王卽位十四年癸酉二月 將築紫宮於龍宮南
  有黃龍現其地 乃改置爲佛寺 號黃(皇)龍寺

  (≪三國遺事≫, 황룡사 장육조)

- 按國寺 眞興王卽位十四 開國三年癸酉二月 築新宮於月城東
  有黃龍現其地 王疑之 改爲皇龍寺

  (≪三國遺事≫, 가섭불연좌석조)

---

32 金東賢, 1993, 〈앞의 논문〉, p.115.

33 金昌鎬, 1995, 〈古新羅의 都城制 문제〉 ≪新羅文化祭學術發表會論文集≫16 −新羅王京研究−, p.92.

34 朴方龍, 2000, 〈皇龍寺와 新羅王京의 造成〉 ≪皇龍寺의 諸照明과 보존정비방향≫ −제22회 신라문화제 학술회의−, p.15.

• 十四年春二月 王命所司 築新宮於月城東黃現其地
  王疑之 改爲佛寺 賜號曰皇龍

  (≪三國史記≫, 진흥왕 14년조)

이들 기사에 따르면 新宮 또는 紫宮은 황룡사 창건이전에 축조한 것
이 분명하다. 황룡사의 발굴조사에서는 신궁(자궁)의 흔적을 찾지 못하
고 창건가람이(그림 32) 왕궁을 짓다가 가람으로 바꾼 것으로 이해하고
있는 듯하다.

지금까지 신라의 연구에 있어서 궁궐의 형태는 거의 밝혀진 바가 없
다. 1993년에 국립경주문화재연구소에서 발굴조사된 殿廊址 유적(그림
40)에 따르면[35] 궁궐지임을 증명하는 3×3칸의 明堂이 있다.[36] 이 명당
은 중국사에 있어서 선진시대부터 천자가 王道政治를 행하는 곳이라거
나, 天人關係가 조화하는 月令에 맞추어 백성들에게 마땅히 시행해야
할 政令을 베푸는 장소로 이해되어 왔다고 한다.[37] 전랑지(그림 40)와 창
건가람(그림 32)에서는 크게 볼 때 건물 전체를 세로로 3등분으로 구획하
고 있다. 전랑지 명당의 예(그림 40)에 따라 창건가람의 금당지를 복원할
려고 하면 명당이 전랑지와는 달리 창건가람에서는 북쪽으로 치우치게
되는 점이 문제이다. 창건가람에 있어서 왼쪽의 익랑지 흔적 때문에 금
당을 복원하고 있다.(그림 32) 신라 사원 건축에 있어서 익랑지가 등장하
는 것은 통일신라초의 사찰부터이다. 여기에서는 우선 발굴조사가 완
료된 감은사의 사찰 배치도[38]를 예로 들고자 한다.(그림 42) 이 시기의 천

---

35 慶州文化財研究所, 1995, ≪殿廊址‧南古壘 發掘調査報告書≫, p.275.
36 金昌鎬, 1995, 〈앞의 논문〉, p.95.
37 이강근, 1996, 〈신라 통일왕조의 궁궐에 대한 단상〉 ≪효현문화≫2, pp.135-136.
38 國立慶州文化財研究所, 1997, ≪感恩寺發掘調査報告書≫, p.236의 삽도 127의 감은사
    창건가람배치도

군리사지, 불국사 등에서도 익랑의 예가 알려져 있다. 그렇다면 창건가람에서 익랑으로 해석하는 것은[39] 조금은 성립되기 어려운 듯하다.[40] 오히려 고구려 안학궁의 예를 따르면 북궁, 중궁, 남궁에 있어서 가로로 연결되는 것이 많아서 그림 43과 같이 신궁 또는 자궁을 복원하는 쪽이 옳을 것 같다.

황룡사의 창건 가람은 고구려, 백제, 신라, 통일신라의 가람배치 가운데 중심곽을 세로로 구분하고 있는 유일한 예가 된다. 이러한 배치와 조금 연관된 예로는 고구려 평양의 안학궁(그림 39)과 사찰로서는 고구려 평양의 정릉사(그림 38)를 들고[41] 있다.[42] 창건가람에는 강당지가 없으며,[43] 금당지와 탑지에 대해서는 창건가람의 금당과 탑의 유구는 그 흔적조차 발견하지 못했고, 창건가람(그림 32)에도 그것이 사찰이기 때문에 당연히 금당과 탑이 있었을 것으로 믿어지나 이에 관한 고문헌의 기록도 전해지지 않기 때문에 이에 대해서는 전혀 추측할 근거가 없다고[44] 밝히고 있다. 창건가람(그림 32)에서는 금당과 탑을 가람이란 전제아래에서 도면상으로 복원한 것이 된다. 고신라 때의 가람은 현재까지 30여개가 알려져 있으나[45] 그 내부 구조가 밝혀진 것은 황룡사(그림 33)와 분황사(그림 41)뿐이다. 이들은 모두 고구려식인 1탑 3금당식으로 되어 있다. 창건가람도 1탑 3금당식으로 복원해야 될 것 같다.[46]

---

39 창건가람에서 익랑의 복원에 문제점이 있는 것에 대해서는 金東賢교수님의 교시를 받았다.

40 삼국통일이전의 사찰에서는 익랑의 존재가 알려진 바 없다.

41 정릉사와 안학궁의 소개는 千田剛道, 1983, 〈淸岩里發掘と安鶴宮〉《文化財論叢》 -奈良國立文化財研究所創立 30周年記念論文集-참조.

42 金東賢, 1993, 〈앞의 논문〉, p.115.

43 金東賢, 1993, 〈앞의 논문〉, p.131에서도「강당의 존재가 불확실하다」고 밝히고 있다.

44 文化財管理局 文化財研究所, 1984, 《앞의 책》, p.372.

45 朴方龍, 1997, 〈앞의 논문〉, pp.149-161.

46 李康根, 1999, 〈芬皇寺의 伽藍配置와 三金堂形式〉《新羅文化祭學術發表會論文集》20 -芬皇寺의 諸照明-, p.240에 황룡사 창건 가람은 탑이 없는 삼금당 가람이었을지도 모

5. 맺음말

지금까지 논의되어 온 바를 간단히 요약하여 맺음말에 대신하고자
한다.

여기에서는 먼저 고문헌에 나타난 황룡사의 연혁을 살펴보았다. 다음
으로 황룡사의 가람배치에 대한 선학들의 연구 성과를 일별해 보았다.
마지막으로 창건가람에 대한 검토를 하였다. 창건가람은 종래에는 대개
가람이란 전제아래 강당과 탑을 복원해서 황룡사의 창건가람으로 보아
왔다. 창건가람은 세로로 3구획된 독특한 건물배치로 고구려, 신라, 백
제는 물론 통일신라에도 없는 유일한 예가 된다. 이를 전랑지의 궁궐지,
고구려 안학궁과 비교하고, ≪三國遺事≫등의 고문헌의 검토로 新宮(紫
宮)으로 보았고, 황룡사의 창건가람은 고구려식인 1탑3금당식으로 복원
될 수도 있다는 가설을 제기하였다.

른다는 가설을 제기하고 있으며, 같은 책의 p.367에서 중국 수대 낙양 가람의 상황을 소
개하면서 50개 사원중 35곳이 탑이 없고, 15곳에만 탑이 있었다는 사실을 그 근거로 제
시하고 있다. 고구려, 백제, 신라의 사원에 있어서 탑이 없는 예가 없어서 따르기 어렵다.

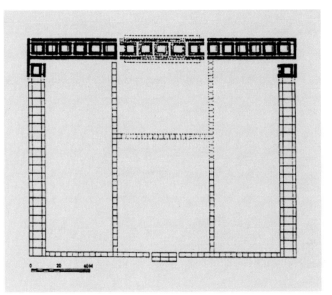

그림 32 황룡사 창건가람

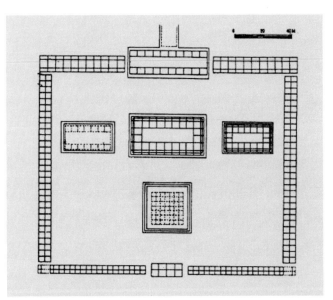

그림 33 황룡사의 중건가람

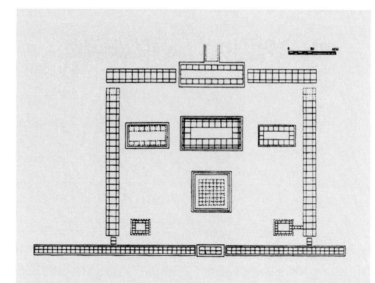

그림 34 황룡사의 종루와 경루가 설치된 가람

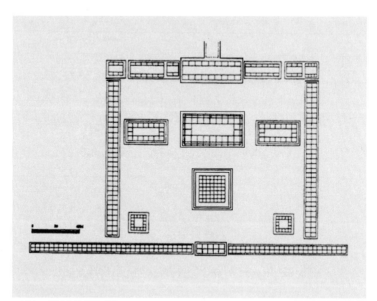

그림 35 황룡사의 최종가람

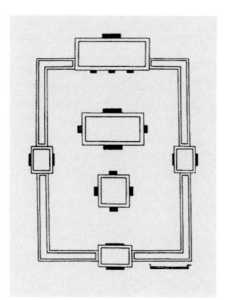

그림 36 황룡사 추정 복원도 배치

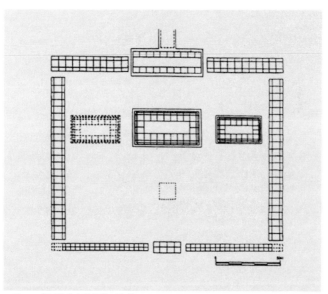

그림 37 황룡사의 2차가람(조유전)

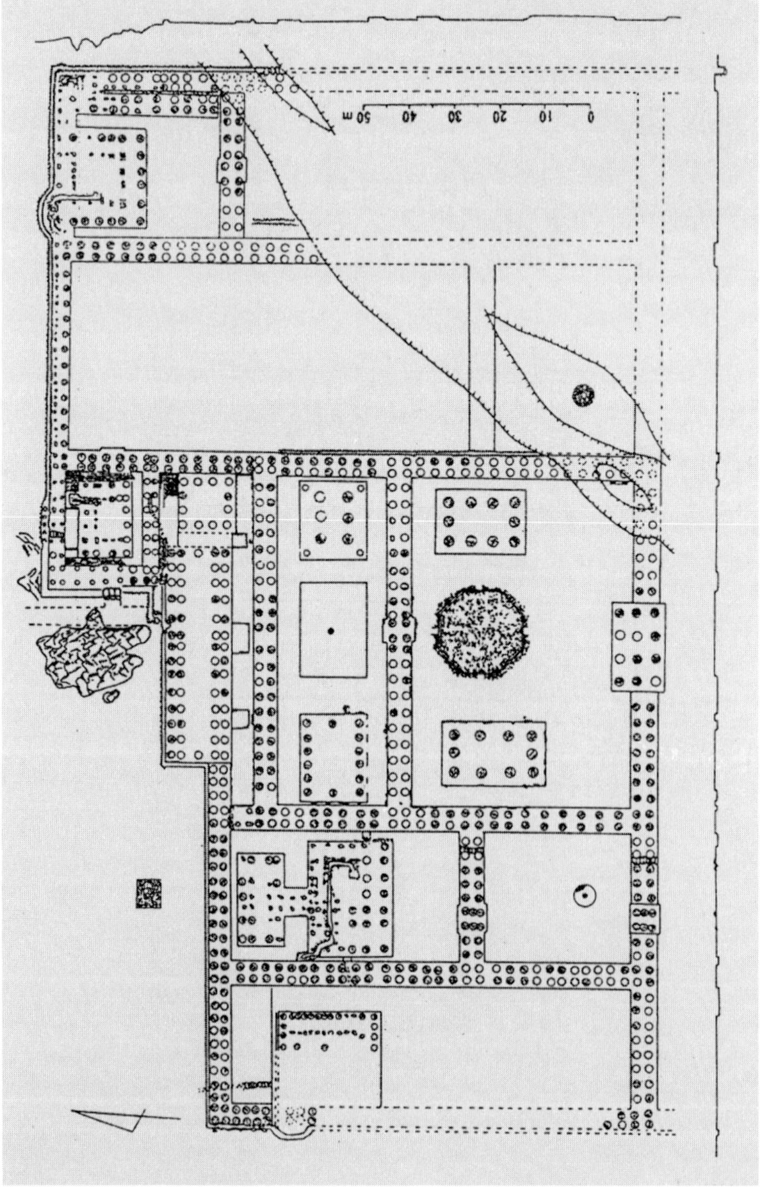

그림 38 정릉유구 실측도

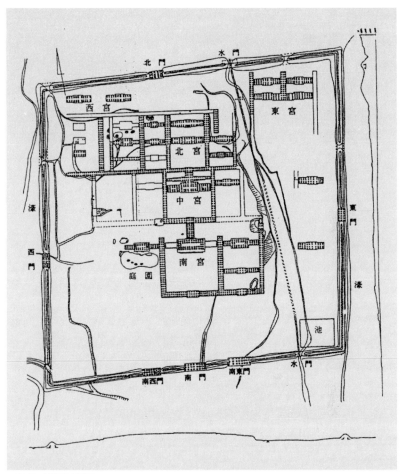

그림 39 안학궁 실측도

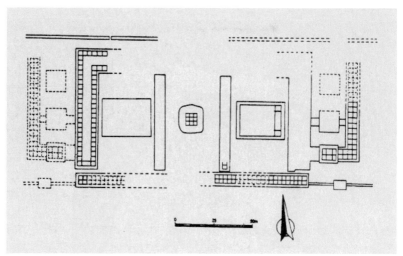

그림 40 전랑지 추정 배치도

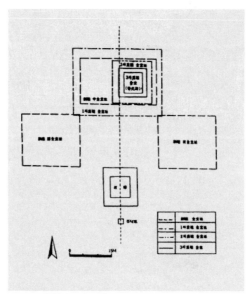

그림 41 분황사 금당 변천도

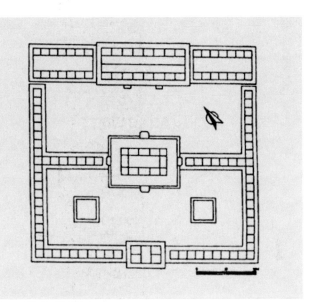

그림 42 감은사 가람배치도

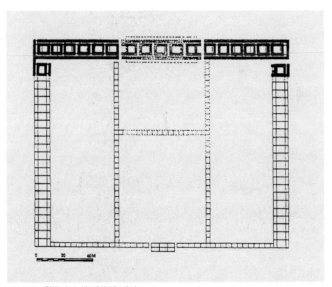

그림 43 황룡사의 신궁(나궁) 배치도

제 II 장

신라 시대 영묘사의 복원 시론

1. 머리말

신라에 불교가 공인되고 나서 흥륜사를 비롯한 수많은 절들이 경주에 들어서게 되었다.[47] 이에 대한 많은 성과에도 불구하고 발굴 조사의 부족과 문헌의 산일 등과 아울러 기와에 근거한 불교고고학의 미발달로[48] 초보적인 자료 정리도 부족한 실정이다.[49]

신라의 7처 가람 가운데 하나이며,[50] 통일 신라의 성전 사원[51] 가운데

---

47 이러한 당시 수도의 분위기를 문학적으로 《삼국유사》, 원종흥법 염촉멸신조에는 「寺寺星張 塔塔雁行」이라고 묘사하고 있다.
48 고대의 건축사가 가운데 기와에 근거하여 사원의 창건이나 중창 등을 논했던 학자는 없는 듯하다. 목조물이 없어진 고대 건축사에 있어서 기와의 중요성은 재언을 요하지 않는다.
49 경주 지역의 신라 사지에 대한 최근의 연구 성과는 다음과 같다.
박방룡, 1997, 〈신라도성연구〉, 동아대학교 대학원 사학과 박사학위청구논문.
황상주, 2001, 〈경주지역 신라사지연구〉, 단국대학교 대학원 사학과 박사학위청구논문.
50 이에 대한 최근의 연구는 김복순, 2002, 〈흥륜사와 7처 가람〉 《신라문화》 20이 있다.
보통 7처 가람은 흥륜사, 영흥사, 황룡사, 분황사, 영묘사, 사천왕사, 담엄사를 가리킨다. 종래에 7처 가람을 대개 삼한 소도와 관련지워 왔으나 당장 황룡사터는 저습지라 문제가 되고, 경주 분지에 7개의 소도가 있었다면 그 수가 너무 많다.

하나인 영묘사는 경주 시내에 있었는데에도 불구하고 이를 다룬 단 1편의 논문조차도 없는 상황이고, 그 발굴 조사도 당장은 기대하기도 힘든 실정이다.[52] 이러한 상황에서 남아 있는 사료들을 이용하고, 그 동안의 신라 시대의 사지에 대한 연구 성과에 대비하여 영묘사에 대한 종합적이고, 체계적인 검토가 필요하다고 사료된다.

여기에서는 신라 시대 영묘사의 복원을[53] 위해 먼저 ≪삼국유사≫ 등 문헌 사료를 검토하겠으며, 다음으로 금석문 자료에 나타난 영묘사를

---

51 성전 사원에 대한 기본적인 연구 성과는 다음의 논문들이 중요하다.
    이영호, 1983, 〈신라중대 왕실 사원의 관사적 기능〉 ≪한국사연구≫ 43.
    채상식, 1984, 〈신라통일기의 성전사원의 구조와 기능〉 ≪부산사학≫ 8.
    ≪삼국사기≫, 직관지에 나오는 사천왕사, 감은사, 봉성사, 봉덕사, 봉은사, 영묘사, 영흥사의 7개 성전사원 가운데 신문왕대에는 왕권 강화를 위해 사천왕사, 봉성사, 감은사, 영묘사, 영흥사의 5개 성전사원이 설치되었고(한기문, 2002, 〈신라 하대 흥륜사와 금당 십성의 성격〉 ≪신라문화≫ 20, p.175.), 같은 맥락에서 성덕왕대에 봉덕사, 혜공왕대에 봉은사, 애장왕대에 황룡사 성전이 설치되어 결국 신라에는 8개의 성전사원이 있었다(이영호, 1993, 〈신라 성전사원의 성립〉 ≪신라문화재학술발표회논문집≫ 14).
    이 가운데 봉성사의 위치는 나원리사지설(윤선태, 2002, 〈신라 중대의 성전사원과 국가 의례-대 · 중 · 소사의 제장과 관련하여-〉 ≪신라문화재학술논문집≫ 23, pp.83-120), 성동동 전랑지IV 일대설(田中俊明, 1988, 〈慶州新羅廢寺考(3)〉 ≪堺女子短期大學紀要≫ 23, p.23), 城東洞二寺址說(박방룡, 1997, 〈신라 도성 연구〉, 동아대학교 대학원 사학과 박사학위청구논문, p.143), 구 경주교육청부근설(박홍국, 2002, 〈「永泰二年 奉聖寺」명 납석제 蓋 소고〉 ≪불교고고학≫, 2, pp.102-106) 등이 있다. 납석제 뚜껑의 명문은 「永泰」 「二年」「七月」「一日(?)」……「北方」「奉聖」「寺也(?)」으로 일반적인 방식과는 달리 좌에서 우로 적혀있다. 여기에서 주목되는 점은 北方이란 뜻이다. 북방은 당시 경주의 왕궁 북쪽을 나타내는 것으로 해석되고, 구 경주교육청 근처는 월성으로 고분 보고서에서 보는 바와 같이 고분군이 있어서 절이 들어오기 쉽지 않은 장소이다.그러면 봉성사는 경주 왕궁의 북쪽에 있었다고 추정되나 나원리사지인지 여부는 단정할 수가 없다.
52 영묘사는 현재의 흥륜사지이고, 흥륜사는 현재 경주공업고등학교 자리라고 알려져 있다. 이에 대한 논의는 이근직, 2002, 〈앞의 논문〉 20 참조. 본고에서도 현재의 흥륜사에 영묘사가 있었던 것으로 본다. 그런데 홍사준, 1962, 〈신라영묘사지의 추정〉 ≪고고미술≫ 23에서는 영묘사의 위치를 경주 송화산 기슭 아래 서천변으로 추정하고 있다.
53 고려 시대와 조선 시대의 영묘사에 대해서는 이근직, 2002, 〈신라 흥륜사 위치관련 기사 검토〉 ≪신라문화≫ 20, pp.93-95 참조. 이에 따르면 영묘사의 폐사 시기는 1515년이라고 한다. 영묘사에서 고려 시대와 조선 시대의 기와편이 발견될 것이며, 여기의 조선 시대 와편은 그 하한 연대를 나타내주므로 앞으로의 연구가 기대된다.

검토하겠으며, 마지막으로 부분적인 발굴 조사를 통한 조사와 아울러 문헌과 금석문 자료로 영묘사 복원에 대한 초보적인 소견을 밝혀 보고자 한다.[54]

2. 문헌 자료

영묘사의 창건에 대해서는 ≪삼국유사≫, 아도기라조에 「善德王乙未開始」라고 되어 있어서 635년에 비로소 착공되었다고 해석하고[55] 있다. ≪삼국사기≫, 선덕왕 4년조에 「靈廟寺成」이라고 되어 있어서 635년에 이룩되었다고 풀이된다.[56] 이들 사료에서 보면 영묘사는 635년에 가람을 축조하기 시작했다고 판단된다.

신라 선덕왕 때에는 유명한 조각가인 良志가 활약하였다.[57] 그는 영묘사에 靈廟寺額을 썼고, 금당의[58] 丈六三尊塑像을 만들었다. 이 삼존상이 선덕왕 때의 것임은 ≪삼국유사≫에서 여러 군데에서 나타나 있다.

善德之創靈廟寺 具載良志師傳 詳之

(선덕왕기지삼사조)

旁通雜藝 神妙絕比 又善筆札 靈廟寺丈六三尊

(양지사석조)

---

54 신라의 폐사지에 대해서는 국립경주문화재연구소에서 체계적이고 종합적인 조사를 계획하고 있다고 한다. 앞으로의 연구 성과에 기대하고자 한다.
55 이재호역, 1989, ≪삼국유사≫ p.308.
56 이재호역, 1989, ≪삼국사기≫ p.98.
57 문명대, 1973, 〈양지와 그의 작품론〉 ≪불교미술≫1.
   장충식, 1987, 〈석장사 출토 유물과 석양지의 조각유풍〉 ≪신라문화≫ 3, 4.
   강우방, 1991, 〈신양지론〉 ≪미술자료≫ 41.
   문명대, 2001, 〈신라 대조각장 양지론에 대한 새로운 해석〉 ≪미술사학연구≫ 232.
58 장륙존상을 배치한 위치에 대한 언급은 어느 문헌에도 없으나 금당으로 추정된다.

善德王創寺塑像因緣 具載良志法師傳

(영묘사장륙조)

위의 사료에 따르면 양지는 영묘사에 장륙삼존소상을 만들어서 금당에 두었던 것으로 판단된다. 이 소상은 흙으로 만드는 소상으로 현존하는 것은 고려 초에 만들어진 부석사소조아미타여래좌상이 유명하다. 양지가 만든 귀면와, 석장사 출토 탑상전, 불상, 사천왕사의 녹유사천왕상전 등이 현재까지 전해지고 있으나[59] 영묘사의 장륙삼존상은 그 파편조차도 남아 있지 않다.[60]

선덕왕의 재위 기간은 632년에서 647년이므로 영묘사의 착공 시기인 635년에서 647년까지 영묘사가 완성되었고, 장륙삼존상도 만들어져서 금당에 안치되었을 것으로 추정된다. 영묘사는 7처가람 가운데 하나로[61] 《삼국유사》, 아도기라조에 나오고 있다. 영묘사는 나중에 성전사원의 하나가 되지만[62] 그 뚜렷한 특징을 찾을 수가 없다. 아마도 장륙존상이 석가삼존상일 가능성도 있는 듯하다.[63]

그런데 일찍이 영묘사에서 수렵문전이 출토되었다.[64] 이 塼面에는 말을 탄 채 활을 겨냥한 무사가 노루와 토끼를 쫓고 있는 모습이 가는 突

---

59 이들에 대한 연구는 다음의 논문에 상세하다.
　　문명대, 1973, 〈앞의 논문〉.
　　장충식, 1987, 〈앞의 논문〉.
　　강우방, 1991, 〈앞의 논문〉.
　　문명대, 2001. 〈앞의 논문〉.
60 소상이므로 앞으로 발견될 가능성이 클 것이다.
61 김복순, 2002, 〈앞의 논문〉.
62 이영호, 1983, 〈앞의 논문〉.
　　채상식, 1984, 〈앞의 논문〉.
63 신라 초기 불교의 주존은 석가불일 개연성이 가장 클 것이다.
64 齊藤忠, 1934, 〈慶州發見の狩獵文塼〉《考古學雜誌》 24-11 ; 1983, 《新羅文化論攷》, pp.306-307.

線으로 시문되어 있어서 널리 알려진 유물이다. 양 옆이 파손된 상태로 현재 남아있는 부분의 크기는 31.7(가로)×15.9(높이)×5.3(두께)cm이다. 이 수렵문은 고구려 무용총 벽화와도 유사하지만 중국의 甘肅省 嘉谷關 魏晋壁畵墓, 高臺駱駝城畵像磚墓, 酒泉西溝村魏晋墓 등의 화상전에 그려진 그림과 비슷하다는 전제아래 그 제작 시기를 7세기로 추정하는 가설이 나왔다.[65]

이렇게 되면 수렵문전도 영묘사의 창건때에 만들어진 것으로 해석될 수가 있다. 이 수렵문의 그림을 전술한 양지가 그린 것으로 볼 수는 없다. 아무래도 석장사에서 출토된 양지의 부조로 만들어진 불상과는 그 세련미에서 차이가 있다.

최근의 미술사 방법에 있어서 2대의 종주로 여겨져 왔던 형식론과 양식론에서 도상 해석학이 각광을 받고 있다. 영묘사의 수렵문전에 나오는 수렵문은[66] 아무래도 도상 해석을 거치지 않으면 안될 듯하다.[67]

이 수렵문을 자세히 보면 그림이 왜곡되어 있음을 쉽게 알 수가 있다. 이렇게 고대의 그림은 왜곡된 예가 많다. 쉽게 눈에 띄는 것이 무용총의 춤추는 그림이다. 이 그림에서 두 팔은 외과의 수술없이는 불가능한 모습을 하고 있다. 왜곡의 정도가 심한 예로는 안악3호분의 행렬도이다. 이에 대해서는 타처에서 상론한 바가 있으므로[68] 상세한 설명을 피하기로 하나 그 중요한 핵심은 주인공을 가운데 두고 화살, 도끼, 방패 등을 가진 사람에 있어서 지물을 서로 반대가 되게 착장하여 한쪽은 왜곡되

---

65 정병모, 2000, 〈신라 서화의 대외교섭〉 《신라 미술의 대외교섭》, pp.119 –120. 중국의 화상전과 신라의 수렵문전의 그림은 그 성격이나 용도 등에서 차이가 있어서 곧바로 대비해 연대 추정의 근거로 삼는 것은 선뜻 따르기 어렵다.

66 돈황의 막고굴 249굴의 천정에도 수렵도가 있다.

67 미술사학의 도상해석학은 대단한 좋은 학문적인 방법임에도 불구하고 실제로 이를 미술사의 해석에 이용하는 예는 별로 그 수가 많지 않은 듯하다.

68 김창호, 1995, 〈동래 복천동 22호분 성시구의 복원 문제〉 《영남고고학》 17, p.105.

게 그리고 있다는 점이다.

고구려의 고분 벽화에서 얻은 지식을 영묘사의 수렵문전에 대입하면 왼손과 오른손이 바뀌어 있음을 알 수가 있다. 이 전의 그림은 단독으로 존재하면 불교에서는 금기로 여기고 있는 살생을 하는 사냥 장면이므로 절에서는 아무런 소용이 없는 벽전에 지나지 않는다. 이 수렵문을 불교에서 사용했다면 어디에서 사용이 가능했는지가 궁금하다. 이는 어떤 그림군 가운데 하나의 사냥 장면으로 왼손과 오른손이 바뀌어서 왜곡되지 않는 그림과 짝을 이룰 가능성도 있는 듯하다. 불교에서 사냥 장면은 어디에 사용되는 그림일까? 우리가 잘 알다시피 초기의 불교에서는 석가모니의 전생담을 탑이나 불상 주위에 그린 예가 많다고 한다.[69] 아마도 수렵문전의 사냥 장면도 부처의 전생담과 관련된 그림의 일부로 사료된다.[70] 그렇다면 이 수렵문전의 연대를 언제쯤으로 보는 것이 좋을까?[71] 신라의 문양전의 전성기가 700년경인 점, 후술할 영묘사의 2기 목탑이 통일 신라 초기에 만들어진 점, 수렵문전이 석양지의 작품이 아니라는 점 등에 의해 680년경으로 편년해 두고자 한다.

다른 문헌 사료에 대해 검토해 보기로 하자. ≪삼국유사≫, 이혜동진 조에 「又一日將草索綯 入靈廟寺 圍結於金堂 與左右經樓及南門廊廡 告剛司 此索須三日後取之 剛司異焉而從之 果三日善德王駕幸入寺 志鬼心火出燒其塔 唯結索處獲免」라고 되어 있다. 이 구절은 惠空스님과 선덕왕에 얽힌 고사로 종래에는 아무런 의심이 없이 신봉해 왔다.[72] 그런데

---

69 이러한 사실에 근거하여 신라 시대의 금당에서 내외진주를 찾아 이것이 주불을 중심으로 돌았던 근거로 제시한 것은 이강근, 1998, 〈한국 고대 불전건축의 장엄법식에 관한 연구〉 ≪미술사학≫ 12가 있다. 단 불전이란 용어의 사용에는 810년에 작성된 인양사비에 金堂이란 용어가 5번이나 사용되고 있고, 대구 부인사에서 9–10세기로 보이는 夫人寺金堂명기와가 출토되어 재고의 여지가 있는 듯하다.

70 본생담의 어떤 부분인지는 알 수가 없어서 후고를 기다리기로 한다.

71 안악3호분의 호록 그림과 한국 고대 고분 출토 실물 호록의 연대는 100년 가까이 시기의 차이가 있다. 고구려에서도 4세기 호록은 실물 자료가 없고, 5세기의 자료가 있을 뿐이다.

영묘사에 있었다는 좌우경루가 문제가 된다. 삼국 시대의 가람 배치에서는 좌우경루가 발굴 조사된 예가 단 1곳도 없다. 통일 신라 초기의 감은사, 사천왕사, 고선사, 망덕사 등의 가람에서도 좌우경루는 없다. 종래 사천왕사의 강당지와 금당지 사이의 두 건물지를 좌우경루로 보아 왔으나[73] 이는 문두루 비법과 관련된 건물들로 해석되고 있다.[74] 좌우경루는 대개 750년 김대성에 의해 불국사를 중건할 때 이후로 보고 있다.[75] 그러면 100년 가량의 시차가 있어서 위의 사료 가치는 그 신빙성 여부 부분에 논란이 될 수가 있다.[76] 영묘사 창건시에 좌우경루가 있다는[77] 주장이 없는 점이 다행일 뿐이다.

영묘사는 ≪삼국사기≫, 직관지에 따르면 成典寺院으로 유명하다. 영묘사의 한자가 靈廟寺임을 근거로 조상의 제의를 담당하는 사원이나 국왕의 원찰로 해석할 수가 있다. 이는 후술하겠지만 영묘사는 금석문 자료에서도 여러 가지 한자로 사용되어서 靈廟에 집착할 수가 없고, 영묘사 주위에 왕릉이 없는 점에서도 조상 제사와 관련된 원찰로 보기는 어렵다고 판단된다.[78]

---

72 지금까지 ≪삼국유사≫의 번역에서는 부처의 얼굴을 가리키는 相好를 서로 좋아한다로 번역한 문헌사가를 비판했다. ≪삼국유사≫에서 김영태, 문명대, 김상현 등 많은 불교학 자의 연구 성과가 이루어져서 불교고고학 부분의 사료 비판이 요망되는 듯하다.

73 藤島亥治郎의 견해로 이의 실측도는 김정기, 1984, 〈경주사천왕사가람고〉≪윤무병박사 회갑기념논집≫, p.322의 사천왕사 가람 복원도 참조.

74 장충식, 1996, 〈신라 낭산유적의 제문제(Ⅰ)-사천왕사지를 중심으로-〉≪신라문화재학 술발표논문집≫ 17.
김창호, 2001, 〈신라 밀교사원 사천왕사의 역사적 위치〉≪밀교학보≫ 3.

75 김정기, 1984, 〈앞의 논문〉, pp.315-316. 이 논문에서 사천왕사의 현재 가람 배치를 창 건 가람으로 보지 않는 점에 대한 비판은 김창호, 2002, 〈신라 흥륜사의 가람 배치 문제〉 ≪신라문화≫ 20 참조.

76 ≪삼국유사≫, 이혜동진조는 750년이후에 기록된 것이다.

77 750년 이후에 영묘사에 좌우경루가 있었음은 부정할 수가 없다.

78 이외에도 영묘사에 관한 ≪삼국유사≫ 등 문헌 자료가 최효식·김호상, 2002, 〈앞의 논 문〉, pp.398-399에 소개되어 있다.
이홍직, 1955, 〈정원20년명 신라범종〉≪백낙준박사 회갑기념국학논총≫: 1971, ≪한국

3. 금석문 자료

영묘사가 나오는 금석문으로는 갈항사비가 있으므로 이에 대해 조사해 보기로 하자. 우선 설명의 편의를 위해 관계 전문을 제시하면 다음과 같다.

① 二塔天寶十七年戊戌中立在之
② 娚姉妹三人業以成在之
③ 娚者零妙寺言寂法師在旀
④ 姉者 照文皇太后君旀 在旀
⑤ 妹者 敬信大王在也

위의 명문은 이두 자료로 유명하다.[79]

제①행의 조사인 中자와 立在之, 제②행의 娚姉妹란 호칭과 成在之, 제③행의 娚과 在旀, 제④행의 님의 뜻인 君자와 유모란 뜻의 旀와 在旀, 제⑤행의 在也 등이다. 이 탑에 적힌 명문은 天寶十七年戊戌에 근거해 758년으로 보고 있다.[80] 天寶十七年의 年자도 載자로 적힌 것으로 보았다.[81] 화엄종의 승려인 勝詮과 관련된 이 사찰은 그가 石髑髏에게 화엄경을 강의한 곳으로[82] 유명하다. 두 기의 석탑은 현재 서울의 국립중앙박물관에 이건되어 있다. 天寶十七年戊戌이란 절대 연대는 석탑

고대사의 연구≫ 재수록, p.624에서는 ≪삼국사기≫ 선덕왕 4년조, 문무왕2년조, 문무왕 3년조, 문무왕 6년조, 문무왕 8년조 등에서 영묘사를 반드시 靈廟寺로 적고 있고, ≪삼국유사≫에서는 靈廟寺 또는 零妙寺로 상통시켜 사용한다고 하였다. ≪삼국유사≫에서 대부분 靈廟寺로 적고 있으나 零妙寺로 표기된 것은 3예가 있다.

79 홍기문, 1957, ≪리두연구≫, pp.305-308.
80 윤선태, 2000, 〈신라촌락문서의 기재방식과 용도〉 ≪한국고대중세고문서연구(하)≫, p.174.
    김창호, 2001, 〈신라 촌락(둔전)문서의 작성 연대와 그 성격〉 ≪사학연구≫62, p.46.
81 김창호, 2001, 〈앞의 논문〉, p.46.
82 ≪삼국유사≫, 승전촉루조.

의 건립 연대일 뿐 명문의 작성 연대는 아니다. 이 시기 신라에서는 왕의 이름에 대해 諡號制를 채택했으므로 敬信大王이란 용어는 그가 원성왕으로 재위할 때까지만 가능하므로 탑에 명문을 새긴 것은 785년에서 798년 사이로[83] 판단된다.

제③행에 零妙寺言寂法師란 구절이 나온다. 다 아는 바와 같이 갈항사는 승전이 중국 당에서 화엄종을 배우고 귀국해서 세운 화엄종 사찰이다. 그런데 화엄종 사찰의 건립에 원성왕의 오누이가 포함되어 있으며, 영묘사 소속의 언적법사가 포함되어 있다. 이 시기의 화엄종의 중앙으로의 진출 노력과 무관하지 않을 것으로 사료된다.[84]

다음으로 禪林院鐘銘의 인명 표기에 영묘사가 나온다. 우선 관계 부분을 적기하면 「上坐 令妙寺 日照和上」이다. 이 종은 804년에 만들어진 것이나 지금은 망실되고 없다.[85] 선림원 곧 億聖寺는[86] 화엄종 사찰로 알려져 있다.[87] 이 명문에서도 成內之 등 많은 이두가 나오고 있고, 上坐, 時司, 鍾成在伯士, 上和上, 宣司, 節唯乃는 종의 주조에 관련된 임시 조직과 관련된 지명으로 보이나 개개 직명에 대한 의미는 현재로서는 잘 알지 못하고 있다. 갈항사비와 선림원종명에 나타난 영묘사의 승려들이 석탑을 세우거나 종을 주조하는 등의 불사에 참여하는 것은 적어도 신라 하대의 영묘사는 화엄종계 사찰일 가능성이 크다고 사료된다.

---

83 葛城末治, 1935, ≪앞의 책≫, p.224.
   高正龍, 2000, 〈葛項寺石塔と舍利容器-8世紀中葉の新羅印花文土器-〉 ≪朝鮮古代研究≫ 2, pp.24-26.
84 가령 법화경에 의해 세워진 불국사가 법상종의 사찰이었다가 8세기 중엽이 되면 불국사를 두고 화엄종과 법상종이 싸움을 하게 되고 결국 화엄종이 승리를 거두게 된다.
85 이홍직, 1955, 〈정원20년명 신라범종〉 ≪백낙준선생기념논문집≫.
86 권덕영, 1998, 〈홍각선사비문을 통해 본 신라 억성사지의 추정〉 ≪사학연구≫, 55 · 56, pp.75-88.
87 최원식, 1985, 〈신라하대의 해인사와 화엄종〉 ≪한국사연구≫ 49, pp.8-9.
   문명대, 2002, 〈선림원본존불상문제와 석비로자나불상의 연구〉 ≪강좌 미술사≫ 18, p.20.

그 다음으로 신라의 금석문은 아니지만 신라 시대의 영묘사에 관계되는 것으로 葛陽寺惠居國師碑가 있다. 이 비문은 현존하지 않지만 그 전문이 남아 있다.[88] 그는 899년에 태어나 선종 승려로 주로 후백제에서 활약하였다. 특히 922년에 열린 彌勒寺開塔紀念 禪雲寺 選佛場에서 이름을 날렸고, 924년에서 926년경에 신라 경애왕의 초청으로 분황사의 주지가 되었고, 968년 (光宗에 의해) 國師로 책봉되었고, 974년에 입적하였고, 994년에 비를 세웠다. 이 비문에서 영묘사와 관련된 구절로는 929년(天成四年)에 「敬順大王命師移住靈廟寺法席築戒壇飾佛塔設法會七日」이 있다. 이는 경순대왕의 명으로 (분황사에서?) 영묘사의 주지로 옮겨 계단을 만들고, 불탑을 장식하고, 7일 법회를 열었다란 의미로 해석된다. 선종의 승려가 경주의 사원에 주지로[89] 임명된 예로 유일한 경우가 될 가능성이 크다.[90]

마지막으로 영묘사명 기와들을 들 수가 있다. 이에 대해서는 이미 몇 차례에 걸쳐서 공개된 바 있다.[91] 지금까지 제시된 영묘사 관련 기와명은 다음과 같다.[92]

「靈廟之寺」
「大令妙寺造瓦」[93]

---

88 이에 대한 상세한 것은 허흥식, 1986, ≪고려불교사연구≫, p.580 참조.
89 선종 출신의 승려가 화엄종계 사찰의 주지가 된 점이다. 분황사도 원효계 화엄종의 사찰이었을 가능성이 크다.
90 허흥식, 1986, ≪앞의 논문≫, p.595.
91 박홍국, 1980, 〈경주지방에서 출토된 문자명와〉 ≪전국대학생학술연구발표논문집≫ 5.
    김원주, 1983, 〈사적 제15호 홍륜사는 영묘사지의 잘못〉 ≪천고≫ 51. 국립경주박물관, 2000, ≪신라와전≫.
    박홍국, 2002, 〈와전자료를 통한 영묘사지와 홍륜사의 위치 비정〉 ≪신라문화≫ 20.
92 최효식·김호상, 2002, 〈경주지역 매장문화재 조사현황(Ⅲ)−사지발굴자료를 중심으로−〉 ≪신라문화≫ 20, p.398에서는 靈廟, 靈妙, 令妙, 零妙의 4가지 문자명 와전이 나온다고 하였다.

이들 문자와는 대개 현재의 신라 기와 편년에 따르면,[94] 10세기 이후로 판단된다.

이렇게 되면 당시의 금석문 자료에서는 영묘사가 갈항사비의 零妙寺, 선림원종명의 令妙寺, 혜거국사비의 靈廟寺, 기와명의 靈廟寺와 令妙寺로 모두 3가지의 한자로 표기되고 있다.[95] 영묘사의 예에서와 같이 신라에 있어서 금석문에서 동일한 인명(왕명)이나 寺名에서 한자의 표기가 차이가 나는 예를 제시하면 다음과 같다.

牟卽智寐錦王(524년, 봉평비)
另卽知太王(539년, 울주천전리서석 추명)

武力(545년경, 적성비)
另力(568년, 마운령비 등)

重阿湌金志誠(719년, 감산사미륵보살조상기)
重阿湌金志全(720년, 감산사아미타여래조상기)

良誠小舍(719년, 감산사미륵보살조상기)[96]
梁誠小舍(720년, 감산사아미타여래조상기)

---

93 이 명문와는 박홍국, 2002, 〈와전자료를 통한 영묘사지와 흥륜사지의 위치 비정〉≪신라문화≫ 20, pp.209-212에서 고려 시대로 보고 있다. 아마도 고려 시대 초기의 기와로 판단된다.

94 조성윤, 2003, 〈신라 장판타낙문양 평기와의 경주에서 제작여부에 대하여〉≪이화사학연구≫.

95 ≪삼국유사≫, 아도기라조에는 靈妙寺라고 표기되어 있는데, 이는 금석문 자료에는 없는 한자 표기이다.

96 이밖에도 동일인인 여자의 인명의 경우에도 719년 감산사미륵보살조상기의 亡妣 官肖里, 妹 古巴里, 前妻 古老里가 각각 720년의 감산사아미타불조상기에서는 亡妣 觀肖里, 妹 古寶里, 前妻 古路里로 나온다.

敏哀大王(863년, 민애대왕석탑기)

愍哀大王(887년, 진감선사비)

豆溫哀郎(766년, 영태2년명납석제호)

豆溫愛郎(766년, 영태2년명납석제호)

이들 예에 따르면 신라 시대에는 왕명, 인명, 시호제의 왕명에서도 한
자의 표기에서 차이가 있으며, 두온애랑의 경우에는 동일한 금석문에서
조차 애자에서 글자의 차이가 있다. 이런 정황을 고려하면 중고의 불교
식 왕호란 명명도[97] 재고의 여지가 있는 듯하다. 또 신라사에 대한 기본
적인 이해없이 신라의 率居란 화가를 후대의 率居奴婢와 관련지워서 그
의 신분을 논하는 식의 설명은[98] 부적절한 것으로 사료된다. 영묘사의
경우도 靈廟란 한자에 근거해 이를 조상의 제사와 관련시킨 해석은 재
고의 여지가 있는 것으로 판단된다.[99]

4. 발굴 자료

영묘사지에 대한 발굴 조사는[100] 1972년 고속도로 진입로 개설 공사

---

97 김철준, 1964, 〈한국고대국가발달사〉《한국문화사대계》 I.

98 가령 신라의 예는 아니지만 百濟와 溫祚를 百의 옛훈은 온이므로 溫과 같고, 濟와 祚는
    音相似이므로 온조는 없다식의 논리나 솔거와 솔거노비를 관계지우는 논리는 너무도
    유사하다.

99 남풍현, 2000, 《이두연구》, p.326에서는 令妙寺의 令은 갈항사석탑기에 나오는 零妙
    寺의 零자를 생획한 것이니 이 절은 경주에 있었던 신라의 국가적인 거찰인 靈廟寺(靈
    妙寺)의 異表記로 추정되고 있다고 주장하고 있으나 잘못된 견해이다.

100 이 장은 신창수, 2002, 〈흥륜사의 발굴성과 검토〉《신라문화》 20에서 발췌하였다. 단
    여기에서는 현재의 흥륜사를 흥륜사로 보고서 《삼국유사》의 吳堂 등을 원용하여 설
    명하고 있다. 여기에서는 현재의 흥륜사를 영묘사로 보고서 논지를 전개시켜서 영묘사
    의 가람 배치를 복원해 보고자 한다.

시에 사지의 서북쪽 서회랑지로 추정되는 건물 유구의 일부가 확인된 바 있다. 그뒤 사지에 대한 발굴 조사는 1977년도부터 3차에 걸쳐서 실시되었다. 1977년도에는 법당의 신축을 위하여 사찰측의 요청에 의해 종래 금당으로 추정되어온 금당지와 서남편의 추정 탑지 사이를 조사했으나 사찰과 관계되는 유구를 확인할 수 없었다. 1978년에도 금당지 동남편을 발굴 조사하였다. 탑지의 기단 일부와 동회랑지 유구를 확인하였다. 1981년에 추정 금당지 동남편의 선원 신축부지에 대한 발굴 조사가 실시되었다. 사지 서쪽 부분에서 확인된 탑지의 석축 기단과 같은 형태의 기단 유구가 확인되었다.

탑지 남쪽에 대한 토층 조사 과정에서 적심석군이 3군데 확인되었는데 1개는 탑지와 마찬가지로 2차 築土層 위에 축조된 것이고, 다른 2개는 창건 당시의 축토층에서 남북으로 배치되어 있었다. 이 적심석군의 성격은 확인할 수 없었으나 동회랑지와 같이 시기를 달리하는 적심석군의 존재로 보아 이 사찰이 후에 대대적으로 중창되었음을 알 수 있었다.

1) 서탑지

1978년도 발굴 과정에서 확인된 목탑지로 추정되는 기단 유구는 동서로 대칭을 이루고 있었다. 먼저 서탑지로 추정되는 기단 유구는 추정 금당지의 서남편으로 금당지 남북 중심축에서 28m 떨어진 서편에 자리잡고 있었다.

기단 하부의 토층 상태를 보면 기단 외곽 평탄지의 표토 60-70cm까지는 근세까지 교란되고 퇴적된 층으로 보이는 부식토나 모래층이 있었고, 그 아래에 20-50cm 두께의 불탄 와편이 다량으로 섞인 소토층이 깔려 있었다. 이 소토층 아래에는 60cm 두께로 흑색의 점토층이 계속되었으며, 최하층에는 깨끗한 河床과 같은 모래층으로 되어 있었다. 따라서 이 모래층 위의 흑색 점토층이 영묘사[101] 창건 당시의 築土層이었을 것으로 보인다.

추정 서탑지의 기단 유구는 흑색 점토층 위층인 소토층 위에 축조되어 있었다. 가장 외곽으로 소토층 안에 2-3열의 대형 할석을 180cm 너비로 원형으로 돌렸는데, 전체 직경은 1,900cm였다. 이 할석열은 기단 서편과 북편에만 부분적으로 확인되었고, 전면은 노출시키지는 못했으나 잘 남아 있을 것으로 추정된다.

이 할석열의 250cm 안쪽에서 지대석의 적심석열이 노출되었는데, 이 적심석열은 기단의 서편 부분에서만 남아 있었고, 지대석은 8각형으로 돌려져 있었다. 이 8각형 지대석의 직경은 약 1,500cm, 한변의 길이는 770cm로 확인되었다.

지대석의 약 200cm 안쪽부터는 外緣에 2중으로 할석을 쌓은 기단이 축조되었는데, 역시 축토층을 지반으로 하고 있었다. 직경 1,100cm의 원형 구간에 직경 40-50cm의 자연석과 할석을 일부 섞어 2-3단을 쌓고, 바닥의 상면은 평평한 돌을 고르게 깔아 놓았으며, 바닥의 가장자리에는 2중으로 할석을 돌려 쌓았다. 外側列은 50cm 높이로 1단을 돌렸으며, 내측열은 90cm 높이로 할석을 3-4단으로 외면을 정연하게 축조하였는데, 외측열의 직경은 900cm였다. 내부에는 바닥돌 위에 다시 대형 자연석을 배치하였는데, 대개 남북으로 열을 맞추어 놓았으며, 그 자연석 사이에는 상면까지 자갈로 채워져 있었다. 그 위로 유구 상면까지는 점토와 잔자갈을 번갈아 섞어 정연하게 쌓았는데, 우선 점토를 10cm 정도 두께로 다지고, 그 위에 잔자갈을 한두겹 깔고, 다시 그 위에 점토를 다져 반복하여 깔았다. 남아 있는 자갈층은 약 120cm 높이로 5단 정도 남아 있었으며, 이 기단 유구의 상면이나 외곽에서는 초석이나 적심석군 등은 전혀 발견되지 않았다.

---

101 원문에는 흥륜사로 되어 있다.

2) 동탑지

추정 동탑지의 기단 유구는 2차 발굴 조사시에 발견된 서탑지의 중심에서 약 5,920cm의 중심거리를 두고 동서 대칭으로 위치하고 있었다. 전체적인 평면은 상부와 지대석열의 착란이 심하여 일견 주정형의 원형으로 보이나, 동쪽과 동북쪽에 일부 남아 있는 면으로 보아 8각형이었을 것으로 추정된다.

탑지 기단의 전체 직경은 1050cm이며, 한 변의 길이는 약 450cm 내외였을 것으로 보인다. 이 기단 유구의 축조 상태를 보면 상면이 많이 유실되어 정확한 상태는 알 수 없으나 外周로는 지반 위에 길이 20-100cm, 너비 30-50cm 크기의 상면이 평평한 자연석이 돌려져 있었다. 이 외주의 자연석열에서 40cm 안쪽으로 들여서 그 위에 다시 같은 크기의 자연석을 이를 맞추어 돌렸다. 이와 같이 외주를 축조한 기단 유구 내부에도 역시 군데군데 대형 할석이 섞여 있었고, 그 사이 사이에는 직경 20cm 내외 크기의 자연석과 점토로 다져져 있었다.

동탑지의 경우는 내부의 축조 상태를 조사하지 않았으나 서탑지의 경우를 보면, 밑바닥의 평평한 자연석은 외주에만 돌려진 것이 아니고 기단 유구의 밑바닥 전면에 깔았던 것이었다. 이와 같이 바닥을 축조한 다음 그 위에 다시 40cm 안쪽으로 들여서 대형 자연석의 이를 맞추어 돌리고, 그 내부에도 같은 크기의 자연석을 열을 맞추어 배치하고 대형 자연석 사이에는 잔자갈로 채웠다. 그 위로는 잔자갈과 점토를 교대로 쌓아 올린 것이었다. 서탑지의 경우로 미루어 볼 때 동탑지 기단의 상부는 유실되고 기단의 하부만 남은 것으로 판단된다.

서탑지의 발굴시에는 기단 외주에서 약 200cm 밖으로 떨어져 1변 770cm의 8각형으로 돌아가는 지대석의 적심석군이 발견된 바 있으나 동탑지에서는 발견되지 않았는데, 그것은 서탑지의 경우보다도 동탑지의 기단과 주변이 모두 더 깊이 삭평되었기 때문에 이미 유실되었던 것으로 판단된다.

동탑지 기단의 북편에서는 기단 외주에서 약 550cm 떨어져 300-350cm 너비로 직경 60-70cm 크기의 대형 할석이 열을 지어 탑지 기단을 중심으로 하여 원형으로 돌아가는 석열이 노출되었다. 이 석열의 상단은 기단 저부의 자연석 상면보다 약 30cm 정도 낮았다. 석열의 일부로 생각되는 대형 할석은 기단 동쪽 토층탐색갱의 끝부분 곧 기단 외연에서 약 900cm 떨어진 위치와 남쪽에 설정한 토층탐색갱에서도 기단 외연에서 약 500cm 떨어진 위치에서 확인되었다.

이러한 석열은 서탑지의 조사시에도 탑지 기단을 중심으로 하여 돌려진 것을 확인하였다고 한다. 동탑지의 이 석열 역시 탑지의 부대 시설로 판단된다.

탑지 기단과 부대 시설 주변의 토층 상태를 살펴 보면, 표토하에서는 사지의 2차 構築土인 암갈색 사질토층이 깔렸다. 탑지 외곽의 부대 석열은 2차 구축토에서부터 그 이하로 박혀 있는 것이었고, 탑지의 기단은 2차 구축토의 위에 얹혀 있었다. 2차 구축토 아래에는 순수한 불탄 와층으로 이루어져 있었다.

이 와층은 탑지 외곽의 부대 석열 내부에만 깔려 있었고, 부대 석열 외곽으로는 불탄 와편이 섞인 부식토나 모래층으로 되어 있었다. 부대 석열 내부의 와층 아래에서 1차 구축토인 암갈색 점토층이 나타나고 있었다.

이러한 토층 상태로 미루어 볼 때 부대 석열 내부의 와층은 자연 퇴적이 아니고 탑지의 기단 조성을 위하여 의도적으로 깔았던 것으로 보인다.

3) 동회랑지

동회랑지는 동서 1칸의 단랑으로 되어 있었으며, 남북 2칸에 해당되는 초석의 적심석군이 확인되었는데, 柱間의 크기는 동서 약 170cm, 남북 약 350cm였다. 동탑지 중심에서 동회랑 외진주 초석 적심석군의 중심까지는 약 1,850cm의 거리를 이루고 있었다.

이 동회랑지의 초석 적심석군은 동일 장소에 시기를 달리하는 유구가 2중으로 중첩되어 있는 것으로 확인되었다. 상층의 동회랑지 유구는 표토하 약 20cm 아래에서 노출되었는데, 이것은 사지의 2차 구축토인 암갈색 사질토층을 지반으로 하여 형성된 유구였다. 유구의 상면은 유실되었으나 남아 있는 적심석군의 직경은 150cm 내외였으며, 직경 20cm 내외 크기의 천석을 고르게 깔아서 축조하였다. 이 2차 구축토를 지반으로 하여 묻은 적심석군의 하부에는 일단의 모래층이 깔려 있었는데, 이런 모래층은 동회랑지 뿐만 아니라 각 발굴 조사갱에서 노출되고 있는 2차 구축토의 아래에서 나타나고 있는 모래층과 연결되는 것이었다. 이 모래층 아래에서 사지의 1차 구축토인 암갈색 점토층이 나타나고 있었는데, 이 점토층에 축조된 적심석군이 별도로 확인되었다.

4) 기타 유구

영묘사지 발굴 조사 과정에서 탑지와 동회랑지 유구 이외에 탑지의 남편으로 설정한 토층탐색갱에서도 3개소의 초석 적심군이 확인되었다. 이 조사갱은 탑지 동편에 설정했던 조사갱과 마찬가지로 탑지 외곽으로 노출되고 있는 부대 석열과 그 부근의 토층 상태를 확인하기 위하여 설정하였던 것인데, 표토를 제거하자마자 탑지 기단 외연에서 남쪽으로 750cm 떨어진 지점에서 직경 약 150cm 크기의 초석 적심군이 노출되었다. 이 적심석군은 사지의 2차 구축토인 암갈색 사질토층에 축조된 것으로 이 초석 적심석군은 동탑지, 동회랑지 상층의 적심석군과 같은 시기에 축조된 것으로 판단된다.

이 적심군 하부에서 노출되고 있는 사지 1차 구축토인 암갈색 점질토층에서도 남북으로 배치된 2개소의 초석 적심군이 확인되었다. 두 적심석군의 간격은 약 250cm이었으며, 직경은 모두 120cm 내외였는데, 이 가운데 북쪽의 적심석군은 탑지 기단 외연에 바짝 붙어 있었다. 이 2개소의 적심석군은 사지의 1차 구축토인 암갈색 점토층에 축조된 것으로 동탑지보다 앞서는 시기의 유구이며, 동회랑지 하층의 유구와 같은 시기에 축조된 것으로 보인다.

5) 복원 시론

영묘사의 부분적인 발굴 결과에 따르면 2개의 층위로 나누어지며, 고려 시대의 기와 등은 발견되지 않는다고 한다.[102] 이에 따라서 영묘사는 삼국 시대에 창건되어 유지되다가 통일 신라 후기에 와서 대대적인 재건이 이루어졌으며, 이 때 8각형의 두 목탑을 배치한 쌍탑 가람이 조성된 것으로 보았다.[103] 여기에서는 앞선 층위를 삼국 시대로, 늦은 층위는 통일 신라 후기로 해석하고 있다. 함께 출토된 기와 편년에서 보면 선덕왕때(632~647년)의[104] 기와가 그렇게 많지 않고 오히려 당초문암막새 등으로 보면 통일 신라 초기의 기와가 많으며, 통일 신라 후기의 기와(9-10세기)는[105] 자료의 제시가 없다.

이러한 기와에서 얻은 결론과 문헌, 금석문 자료를 대비하면 선덕왕 때에 영묘사가 창건되었으며, 황룡사와 분황사의 발굴 성과에 따르면,[106] 아직 1탑의 가람이었을 것으로 추측된다. 발굴 성과에 따를 때,[107] 통일

---

102 신창수, 2002, 〈앞의 논문〉, pp.294-296.
현재까지 발견된 고려 기와는 大舍妙寺造瓦기와가 있으며, 앞으로 1515년까지의 고려 시대와 조선 시대 기와가 발견될 것으로 기대된다.

103 신창수, 2002, 〈앞의 논문〉, p.296. 여기에서는 동서 양 쌍탑의 조성 연대는 통일 신라 중기 이전으로 보기는 어려우나 고려 시대보다는 앞서는 것은 분명함으로 늦어도 통일 신라 후기에는 조성되었던 보아도 무방할 것 같다고 판단하고 있다.

104 영묘사의 창건 연대에 따르면 영묘사 기와의 시작은 635년부터이다.

105 이 시대의 대표적인 기와는 각종 문자명 기와와 호박씨문기와가 있다. 후자에 대해서는 김창호, 2002, 〈부여 외리출토 문양전의 연대〉《불교고고학》 2, pp.6-7.

106 이에 대해서는 김창호, 2000, 〈황룡사 창건 가람에 대하여〉《경주사학》 19 참조.

신라 초기에 두 개로 짝을 이루는 목탑의 쌍탑식가람이 들어섰고, 다시 ≪삼국유사≫, 이혜동진조에 따르면, 750년을 전후하여 좌우경루가 들어섰고, 그 뒤에 명문 기와편에 따르면, 10세기 이후에 영묘사가 개창되었음을 알 수가 있다. 이 때는 대대적인 사원의 보수한 시기이므로[108] 고려 시대의 혜거국사가 선종 승려로서 경순왕의 명에 의해 교종의 사찰이었던 영묘사 주지가 된 것과 연결되는지도 알 수가 없다.

5. 맺음말

지금까지 논의해 온 바를 간단히 요약하여 맺음말에 대신하고자 한다.

먼저 ≪삼국유사≫ 등 문헌 사료에 실린 영묘사 관련 자료를 일별하였다. 선덕왕대에 세워진 영묘사장륙삼존소상은 신라의 유명한 양지의 작품으로 석가상으로 추정하였고, ≪삼국유사≫, 이혜동진조에서 혜공과 관련된 기사에 영묘사의 좌우경루는 750년경이 되어야 가능하므로 사료 비판이 필요하다고 보았고, 수렵문전에 대해 전생담과 관련해 도상 해석이 필요하다는 문제 제기를 하였다.

다음으로 금석문 자료에서 신라의 영묘사와 관련된 자료로는 갈항사비, 선림원종명, 혜거국사비, 기와 명문 등이 있다. 영묘사가 통일 신라의 하대에는 화엄종계 사찰이었으며, 또 금석문 자료에서는 영묘사가 3가지로 표기되므로 신라 시대에는 왕명, 인명, 사명 등이 동일한 금석문에서도 달리 표기됨을 근거로 영묘사가 ≪삼국유사≫에서 靈廟寺로 표기됨을 근거로 조상 제사와 관련하여 해석하는 것은 재고의 여지가 있음을 밝혔다.

마지막으로 영묘사의 부분적인 발굴 성과를 흥륜사와 관련해 풀이했

---

107 신창수, 2002, 〈앞의 논문〉.
108 신창수, 2002, 〈앞의 논문〉, p.296.

으나 여기에서는 영묘사와 관련하여 해석하였다. 발굴 조사, 문헌, 금석
문 자료, 와편 등을 종합해 영묘사가 신라 시대에 가람의 복원을 크게 4
시기로 나누어서 제시하였다.

제 III 장

신라 興輪寺의 伽藍 배치 문제

1. 머리말

신라에 불교가 전래되고 나서 절이 만들어졌다. 초기의 절은 茅屋이나 굴에서 생활했지만 점차 기와 제작 기술을 포함한 건축술에 관한 많은 지식이 도입되어 금당, 강당 등을 갖춘 가람이 출현하였다. 이 시기의 가람 배치 등에 대한 연구 성과는 거의 없다. 가람 배치의 윤곽을 엿볼 수 있게 발굴 조사된 사원은 황룡사와 분황사가 고작이다. 신라 최초 사원인 흥륜사에 관한 많은 사료가 ≪三國遺事≫에 실려 있다. 이에 대한 연구 성과가 나오고 있으며[109], 그 가람 배치에 대한 가설도 제기된 바 있다[110]

여기에서는 선학들의 업적과 문헌 사료을 중심으로 흥륜사의 가람 배

---

109 김영태, 1977, 〈신라십성고〉≪한국학연구≫2.
    곽승훈, 1998, 〈신라 하대의 불교와 정치 변동〉, 한림대학교 대학원 사학과 박사학위논문.
    신동하, 1999, 〈신라 흥륜사의 창건과 변천〉≪인문과학연구≫.
110 이강근, 1998, 〈경주 문화재에 대한 재인식 – 신라 최초의 절 흥륜사를 중심으로〉≪경주문화≫.

치에 대해 알아보기 위해 먼저 흥륜사의 역사 지리적인 위치에 대해 살펴보고, 다음으로 고신라의 가람 배치를 발판으로 흥륜사의 가람 배치에 대해 검토하며, 마지막으로 통일신라의 가람 배치를 문헌과 비교해서 흥륜사 가람에 대해 조사해 보고자 한다.

2. 역사 지리적 위치

경주는 분지로서는 한반도에서 가장 넓은 곳 가운데 하나로 한 나라의 수도가 될 만한 곳이다.[111]

다 아는 바와 같이 경주의 지형은 암곡에서 내려오는 북천(동천, 알천)의 수량이 가장 많으며, 서천과 남천도 흘러서 결국 형산강에서 만나게 된다. 북천, 서천, 남천은 분지 전체를 3면에서 감싸고 있는 형상을 이루고 있으며, 지리학에서는 흔히 선상지형 지형이라고 부르고 있다.

이러한 지형에서는 물이 풍부한 것으로 알려져 있다. 곧 북천의 홍수로 봉덕사가 덮히게 되어 그 위치를 잘 모른다든지[112], 북천의 홍수로 김주원이 왕위에 오르지 못했다는 기록[113] 등이 그 예이다. 북천의 홍수에 대한 극복은 신라 시대에는 아마도 국가적인 과제로 판단된다. 가령 황룡사의 발굴 조사의 결과에 따르면 늪지를 메워서 사찰을 지었다고 한다. 이는 신라 시대의 치수의 예로 판단된다.

북천의 홍수가 넘쳐나도 경주 분지에서 안전한 곳은 어디로 보아야 될 것인가? 경주의 서천을 따라서 북쪽에 조선시대 읍성이 있었던 지역과 읍성의 남쪽 신라 시대의 고총고분군이 집중적으로 분포하고 있었던

---

111 고분군을 중심으로 한 마립간 시대의 신라를 비롯한 영남 각지에서는 고분, 토성, 하천이 세트를 이루는 곳에 나라가 형성되었다. 경주 분지는 이 3박자를 갖춘 대표적인 곳으로 물이 풍부해 농업 생산력이 높아서 고대 국가가 성장될 만한 지역이다.

112 현재 경주세무서 북쪽 근처로 보고 있다.

113 ≪三國史記≫, 원성왕 1년조.

지역이 그 후보지로 보인다. 신라 시대의 도시 계획도 경주의 서쪽 부분이 일찍 실시되었다고[114] 한다.

고총고분군의 남서쪽에 신라 최초의 공식적인 사찰인 흥륜사가 들어서게 된 것도 경주의 지형적인 특성과 부합되는 듯하다.

3. 고신라의 가람 배치와 흥륜사

고신라의 가람 배치를 알기 위해 우선 삼국 시대의 가람에 대해 개략적으로 살펴보기로 하자.

고구려는 372년 불교의 전래 이후에 성문사와 이불란사가 창건되었고[115], 광개토왕 때에는 평양에 9사가 창건되었다고 하나 이들 유적은 아직까지 발견된 바 없다. 평양 청암리사지는 고구려의 대표적인 1탑3금당식 가람으로 알려져 있다. 평양의 정릉사지도 발굴 조사가 되었지만 고려 시대의 유물과 유구가 뒤섞여 있어서 고구려 시대의 가람 배치를 잘 알 수가 없다.

백제는 384년에 불교가 전래되었으나 한성 시대의 가람에 대해서는 전혀 알려진 바 없다. 475년 웅진성 천도 이후에 공주에 있는 대통사 등이 알려져 있으나 가람의 배치는 유구의 훼손이 심해 잘 알 수가 없다. 538년 사비성 천도 이후의 가람 배치는 부여의 군수리사지, 정림사지, 능산리사지, 부소산성사지, 금강사지와 익산의 미륵사지가 알려져 있다. 정림사지 등의 가람 배치는 1탑1금당식이다. 익산의 미륵사지는 3원식(3탑3금당)으로 삼국 시대에서는 다른 예가 없는 유일한 예이다[116].

---

114 藤島亥治郎의 가설이다.
115 집안의 동대자를 이와 관련시키기도 하나 보다 확실한 증거가 필요하다.
116 이에 대해서는 미륵사 창건의 역사적 의미 김창호, 2002, 〈『삼국유사』 무왕조의 새로운 해석〉《신라학연구》6 참조.

신라는 527년 불교 공인 이래로 진흥왕 때(544년)에 흥륜사가 창건되었고, 566년에 황룡사, 634년에는 분황사가 각각 조영되었고, 그밖에도 많은 사찰이 만들어졌다.[117] 이 가운데 가람 배치가 알려진 것은 황룡사와 분황사뿐이다. 이들은 모두 1탑3금당으로 고구려의 가람 배치를 따르고 있다. 황룡사와 분황사에 앞서서 지어진 흥륜사는 ≪三國遺事≫, 興法, 阿道基羅조에 의하면,[118] 절은 茅屋이라고 하며, 또 최초의 신라 불교 전래가 고구려의 승려에 의해 된 것임으로 고구려의 가람 배치를 따랐을 가능성이 크다.[119] 이 때의 가람 배치에서는 아직까지 신라에서는 석탑이 출현하기 이전이므로 목탑이나 전탑일 가능성이 있다. 신라에서의 전탑 수용 시기 등을 고려할 때[120] 전자일 가능성이 크다. ≪三國遺事≫, 紀異, 桃花女鼻荊郎조에 "흥륜사 남쪽에 門樓를 세우게 하고 … 길달문이라고 하였다"란 구절에 근거해 이를 흥륜사의 남문으로 해석하기도 한다.[121]

고신라 시대 흥륜사 금당의 주존불에 대해서는 다음과 같은 기록들이 있다.

① 良図는 이로 말미암아 불교를 독실히 믿어 한평생 게을리 하지 않

---

117 박방룡, 1997, 〈신라도성연구〉, 동아대학교 대학원 사학과 박사학위논문, p.156에는 고신라의 사원이 경주에 30개가 있었다고 한다.

118 아도기라조에 실린 아도본비를 김창호, 2001, 〈≪삼국유사≫에 실린 아도본비의 작성연대〉 ≪경주사학≫ 20에서는 고려 숙종 때에 세워진 비로 해석하였으나 ≪海東高僧伝≫에 아도본비의 내용과 비슷한 내용이 있음을 은사 허흥식선생님으로부터 교시를 받았다. 여기에는 박인량의 ≪수이전≫이 인용되어 있어서 10세기경에 아도본비가 지어졌을 뿐, 그 내용으로 보아 실제로 건립되지는 않았을 것으로 사료된다.

119 고신라의 가람 배치는 고구려식이나 여기에 사용된 기와는 백제식이다. 이는 앞으로 해명되어야 할 과제로 판단된다. 신라에서 고구려식 수막새가 나오고 있으나 고구려에서는 없는 자방이라 신라의 수막새가 형성되고 난 뒤에 신라에서 고구려의 영향하에서 만든 기와로 판단된다.

120 경주에서 전탑의 출현은 대개 600년경으로 보고 있다.

121 경주시, 1982, ≪고도경주≫, p.221.

았다. 흥륜사 吳堂의 주불인 弥陀尊像과 左右菩薩을 塑像으로 만들고 아울러 金色으로 벽화를 그 당에 그렸다(≪三國遺事≫, 神呪, 密本摧邪조).

② 眞智王 때 와서 흥륜사의 眞慈가 언제나 堂主 弥勒像 앞에 나아가 소원을 빌면서 맹세했다. "우리 부처님께서는 花郎으로 化身하셔서 이 세상에 나타나시어 제가 늘 부처님의 얼굴을 뵈옵고 곁에서 시중들도록 하여주십시요"(≪三國遺事≫, 塔像, 弥勒仙花未尸郎眞慈師조).

①에 나오는 흥륜사 불보살상 조성의 주인공인 김양도는 661년에 대아찬으로서 백제 사비성 공격에 참여하였고,[122] 662년에 당의 군사들에게 군량을 운반하는 임무를 띠고 평양 방면으로 보내졌으며,[123] 고구려 멸망 후 당이 신라를 아우를 계획을 세울 때 이에 대처하는 과정에서 당에 사신으로 파견되어 그곳에 억류되어 670년에 감옥에서 죽었다.

①에 나오는 오당에 대해서는 금당의 잘못으로 보거나[124] 法堂이란 뜻으로 해석하고서[125] 弥陀尊像을 弥勒尊像으로[126] 고쳐서 해석하기도 하였고,[127] 吳堂을 奧堂 곧 금당 뒤쪽의 깊숙한 곳에 위치한 講堂으로 보고서[128] 흥륜사를 ②의 사료에서 금당 주불이 미륵상인 점에서 법상종과 관련될 가능성을 시사하기도 했다.

---

122 ≪三國史記≫, 태종무열왕 8년조.
123 ≪三國史記≫, 문무왕 2년조.
124 이기백, 1986, ≪신라사상사연구≫, p.84.
125 이재호 역, 1982, ≪삼국유사≫, p.560.
126 ≪三國遺事≫에서 미륵존상의 용어는 3번 나오고, 석가3존상, 장륙존상, 미타존상 등의 예도 있다.
127 미륵존상으로 고친 것은 최남선이래 이병도, 이기백, 이재호, 김영태 등의 한결같은 견해이다. 후술할 십성에 아미타신앙과 관련된 혜숙, 혜공, 원효, 자장의 4명이나 포함된 점이 문제이다.
128 이강근, 1998, 〈앞의 논문〉, p.62.

≪三國遺事≫에서는 金堂이란 용어가 10번쯤 사용되고 있어서 오당을 금당과 동일한 것으로 보기가 어려우며 ②에서 진지왕 때(576~578년) 이미 금당에 미륵존상이 있는 데에도 불구하고 아미타3존의 소상을 만드는 점도 해석키 어렵다. ≪三國遺事≫에서 사용되는 이해하기 쉬운 강당이란 용어 대신에 吳堂이 奧堂을 거쳐서 강당으로 연결되는 점도 이상하다. 여기에서는 ②의 사료에 따라서 흥륜사 강당의 주불은 미륵상으로 보고자 하며, 김양도가 만들어 바친 아미타3존상은 오당이란 건물에 있었던 것으로 보고자 한다.

4. 통일신라의 가람 배치와 흥륜사

통일신라가 되면 신라식 가람 배치라 할 수 있는 강당, 금당, 쌍탑, 남문(중문)의 쌍탑식 가람이 등장한다. 사천왕사, 감은사, 망덕사, 고선사, 천군리사지 등의 가람이 이에 해당된다. 이 쌍탑식 가람 배치는 고구려나 백제 등에서는 없었던 신라에서 형성된 가람 배치이다.

이러한 가람 배치 가운데 사천왕사지의 가람을 750년 이후로 본 가설이 제기되었다.[129]이의 중요한 근거는 다음과 같다.

첫째로 통일초의 가람 배치에서는 강당 양쪽에 감은사지의 예에서와 같이 회랑이 아니라 별도의 건물지가 붙는다.

둘째로 左経樓와 右鐘樓(또는 좌우경루)는 750년 이후에 나타나고, 이 종루와 경루의 평면이 정방형의 건물로 개조된 시기는 통일신라 말기 정도로 추정하였다.

경루와 종루는 황룡사와 불국사의 예에 따르면 중문과 탑 사이의 좌우에 배치되고 있다. 사천왕사의 경우에는 금당과 강당 사이의 좌우에

---

129 김정기, 1984, 〈경주 사천왕사 가람고〉 ≪윤무병박사 회갑기념논총≫.

각각 배치된 3×3칸의 건물지도 종래에는 대개 좌우경루로 보아왔다. 그러면 좌우경루의 위치가 중문과 탑 사이, 금당과 강당 사이의 두 군데가 된다. 최근에 들어와 사천왕사지의 금당과 강당 사이의 두 건물지 초석(각각 12개)에는 모두 원통형의 구멍이 뚫여 있어서 문두루 비법과 관련된 건물로 본 가설이 제기되었다.[130] 신라의 건물지에 있어서 모든 초석에 구멍이 천공된 예가 없어서 특수한 용도의 건물로 본 가설은 설득력이 있는 듯하다.[131]

강당의 좌우에는 회랑이 아닌 별도의 건물지가 있어야 된다는 가설은 [132] 사천왕사의 강당지 쪽은 이미 파괴가 심해 추정 복원을 하였고,[133] 1929년 당시에 사천왕사 가람 배치를 그릴 때도 강당 양쪽에 별도의 건물이 들어선다는 사실을 인식치 못했던 것으로 판단된다.

이제 흥륜사의 가람 배치에 대해 조사할 차례가 되었다. 중대의 흥륜사에 대한 기록은 태종무열왕4년(657년)에 흥륜사문이 저절로 무너졌다는 기록과[134] 문무왕 11년(671년)에 흥륜사 남문이 흔들렸다는 기록이[135] 있다. 이들 사료는 흥륜사의 쇠락을 나타내는 것으로 추정될 뿐[136] 가람 배치와는 아무런 관계가 없다.

하대의 흥륜사에 대한 비교적 많은 기록이 있으나 가람 배치와 관련된 것을 뽑아서 제시하면 다음과 같다.

東壁坐庚向泥塑 我道 猒髑 惠宿 安含 義湘 西壁坐甲向泥塑 表訓 蛇巴

130 장충식, 1996, 〈신라 낭산유적의 제문제(1)−사천왕사지를 중심으로〉 《신라문화제학술논문집》 17.
131 김창호, 2001, 〈신라 밀교사원 사천왕사의 역사적 위치〉 《밀교학보》 3, p.91.
132 김정기, 1984, 〈앞의 논문〉.
133 김정기, 1984, 〈앞의 논문〉, p.322 참조.
134 《삼국사기》, 태종무열왕 4년조.
135 신동하, 1999, 〈앞의 논문〉, p.23 참조.
136 신동하, 1999, 〈앞의 논문〉, p.24.

元曉 惠空 慈藏(≪三國遺事≫, 塔像, 東京興輪寺十聖조).

신라 풍속에 매년 2월이 되면 초여드렛날부터 보름날까지 서울의 남녀들이 다투어 흥륜사 殿塔을 돌면서 복을 빌곤 하였다. 원성왕 때(785~798년) 화랑 金現이 밤 깊도록 전탑 주위를 돌고 있는데 … 흥륜사 간장을 바르고 흥륜사 나팔소리를 들으면 나을 것이다(≪三國遺事≫, 感通, 金現感虎조).

제54대 경명왕 때(917~924년) 흥륜사의 남문 및 좌우 회랑이 불에 탔으나 수리하지 못하였는데, 정화, 홍계 두 승려가 장차 수리하려고 시주금을 모으고 있었다. 921년 5월 5일에 제석천이 左経樓에 내려와 열흘 동안 머무르니 이에 殿塔, 풀과 나무, 흙과 돌 등이 모두 이상한 향기를 발산하였다. 오색 구름이 절을 덮었으며 남쪽 못에 있는 물고기와 용이 기뻐서 날뛰었다. …건축기술자들이 스스로 찾아와 며칠이 못되어 완성시켰다(≪三國遺事≫, 塔像, 興輪寺壁畵普賢조).

먼저 十聖조부터[137] 해석하면 "동쪽 벽에 앉아서 庚向(서쪽에서 남쪽으로 15도 기운 방위)한[138] 진흙 소조상은 아도 · 염촉 · 혜숙 · 안함 · 의상이다. 서쪽 벽에 앉아서 甲向(동쪽에서 북쪽으로 15도 기운 방위)한 진흙 소조상은 표훈 · 사파 · 원효 · 혜공 · 자장이다"가 된다. 이들의 배치에 대해 입적순임을 근거로 동벽에는 가장 남쪽에서부터 아도 · 염촉 · 혜숙 · 안함 · 의상의 순서로, 서벽에는 가장 남쪽에서부터 자장 · 혜공 · 원효 · 사파 · 표훈의 순서로 각각 배치된 것으로 해석한 견해가 있다.[139]

---

137 십성의 성인은 ≪三國遺事≫, 紀異, 景德王忠談師表訓大德조에 "표훈이후로는 신라에 聖人이 나지 않았다고 한다"란 구절에도 보인다.

138 이 부분 해석은 이강근, 1998, 〈앞의 논문〉, p.63을 참조하였다.

139 이강근, 1998, 〈앞의 논문〉, pp.66-67.

이렇게 풀이하면 동쪽 벽과 서쪽 벽에서의 기재 순서가 서로 반대가 된다. 오히려 동쪽 벽과 서쪽 벽의 기재 순서가 동일하다고 보면 동쪽 벽은 북에서부터 아도·염촉·혜숙·안함·의상의 순서로, 서쪽 벽은 북에서부터 표훈·사파·원효·혜공·자장의 순서로 각각 기재되었다고 해석하는 편이 좋을 듯하다.

십성 가운데 표훈은 경덕왕 때 활약했던 고승이므로 그 봉안 시기는 혜공왕이후 하대로 추정되고 있다.[140] 또 십성은 불교 전래에 관련된 아도와 염촉, 불교 대중화와 관련된 원효, 혜숙, 혜공, 화엄종과 관련된 의상, 사파, 표훈 등의 몇가지 부류로 나눌 수 있다. 법상종과 선종의 승려가 없다.[141] 그런데 ≪三國遺事≫, 興法, 原宗興法조에 따르면 817년 이차돈 무덤의 예불향도를 결성한 흥륜사 永秀禪師가 유가승(법상종 승려)으로 알려져 있고,[142] 909년경에 최치원이 지은 新羅壽昌郡護國城八角燈樓記에 나오는 흥륜사의 融善呪師도 법상종의 승려로 알려져 있다.[143] 흥륜사가 법상종 승려와 관련시켜 보면 십성의 조상 시기를 하대초가 될지도 알 수가 없다.

남은 두 사료에 의하면 흥륜사에는 연못→남문→전탑 등이 있고, 회랑이 둘러져 있으며, 左經樓가 있음을 알 수가 있다. 殿塔이[144] 무엇을 가리키고 있을까? 佛殿과 佛塔을 해석할 수가 있다.[145] 불전은 보통 부처와 보살상을 안치하는 건물을 말하므로[146] 금당으로 판단된다. 위의

---

140 곽승훈, 1998, 〈앞의 논문〉, p.138.

141 곽승훈, 1998, 〈앞의 논문〉.

142 김남윤, 1995, 〈신라 법상종 연구〉, 서울대학교 대학원 국사학과 박사학위논문, p.145.

143 김창호, 2001, 〈신라수창군호국성팔각등루기의 분석〉 ≪고문화≫57, p.152.

144 전탑의 예는 흥륜사와 관련한 3예뿐이다. 佛殿이란 용례도 ≪삼국유사≫에 3예가 있고, 같은 책의 기이, 무왕조에는 「殿塔廊廡 各三所創之」란 구절이 있어서 여기에서는 잠정적으로 불전과 불탑으로 본 이강근, 1998, 〈앞의 논문〉, p. 68에 따르고자 한다.

145 이강근, 1998, 〈앞의 논문〉, p. 68 등.

146 길상 편저, 2001, ≪불교대사전≫.

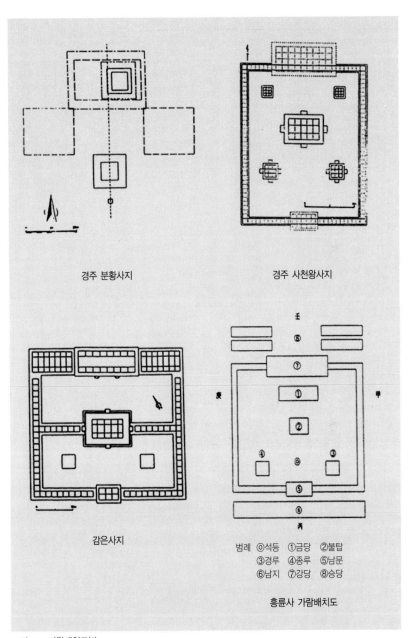

경주 분황사지

경주 사천왕사지

감은사지

범례 ◎석등 ①금당 ②불탑
③경루 ④종루 ⑤남문
⑥남지 ⑦강당 ⑧승당

흥륜사 가람배치도

그림 44 가람배치도(1)

연못→남문→전탑은 연못→남문→불탑→금당으로 풀이된다. 그러나 불탑이 석탑인지 목탑인지 아니면 전탑인지는 알 수가 없다. ≪三國遺事≫에 塔이 80예 가량 나오고 있으나 석탑은 11예가 나오고 목탑이 1예가 나오고 있을 뿐이다. 탑의 수를 밝힌 구절도 거의 없다. 금당도 ≪三國遺事≫에 10예가 나오고 있으나 불탑과 마찬가지로 그 숫자는 밝히고 있지 아니하다. 그렇다면 앞장에서 살펴본 바와 같이 고신라의 흥륜사가 1탑3금당이라면 통일신라의 가람에서 목탑이 계속 보수와 중건 등을 통해 그대로 유지되었는지 여부를 알 수가 없다. 금당의 수도 황룡사처럼 3금당이 계속 유지되었는지 아니면 분황사처럼 3금당이 1금당으로 축소되었는지도 알 수가 없다. 좌경루의 존재로 우경루 또는 우종루가[147] 있었다고 판단된다.

종래 흥륜사 금당의 주불을 미륵불 또는 미륵보살로 해석해 왔다.[148] 그래서 십성이 있는 금당의 주불도 이에 준하여 생각했다. 앞에서 살펴본 바와 같이 흥륜사의 십성에는 법상종과 선종에 관련된 승려가 없어서 그 가능성이 다소 떨어지는 듯하다. 다아는 바와 같이 법상종에 있어서 금당에는 미륵불, 강당에는 아미타불이 각각 안치된다.[149] 십성에는 태현, 경흥 등의 법상종 승려가 포함되어 있지 않다. 흥륜사 금당에 십성을 동벽과 서벽에 각각 5명씩 배치하면서도 금당의 주불에 대한 언급은 전혀 없다. 이 때의 금당 주불이 미륵불인지 여부는 불분명하다고 본다.[150]

사료의 「東壁坐庚向泥塑」과 「西壁坐甲向泥塑」에서 庚向과 甲向은 나침반을 사용한 시기의 용어로 보인다. 나침반을 사용치 못한 통일신라

---

147 ≪호산록≫에 1244년의 興輪寺大鐘銘幷序에 근거해 신라시대에 종루의 존재를 추정할 수 있다. 신라와 고려의 종의 크기 차이로 보면 성립되기 어렵다.
148 통일신라시대의 주불도 그렇게 이해해 왔다.
149 문명대, 1980, ≪한국조각사≫, p.196.
150 아마도 흥륜사는 여러 종파와 관련이 있지만 하대에는 법상종과의 관련도 상정된다.

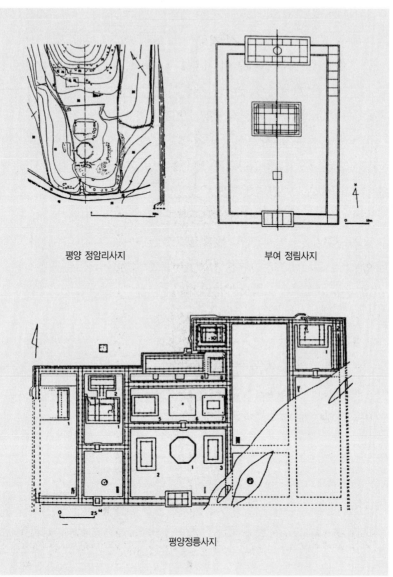

평양 정암리사지   부여 정림사지

평양정릉사지

그림 45 가람배치도(2)

시대 건물까지는 보통 진북을 가리키고, 이를 사용한 고려 시대의 건물
은 자북을 가리킨다고 한다.[151] 경향과 갑향은 고려 시대에나 사용이 가
능한 것으로 판단된다. 종래 이 기사를 ≪三國遺事≫의 찬술 체제에 나
타나는 일정한 원칙에서 벗어난 것으로 보아 찬술자인 일연이 기록한
내용이라기 보다는 후대에 추가된 것으로 추정하거나[152] 일연이 직접 답
사하여 살피고, 그 내용을 기록한 것으로 보기도 하였다.[153] 일연의 직접
답사 여부는 확인할 길이 없으나 적어도 그의 문도 등이 직접 와서 조사
한 것은 확실하다고 판단된다.[154]

「東壁坐庚向泥塑」과 「西壁坐甲向泥塑」에서 금당이 동서향에서 15도
甲庚向으로 기울어져서 진흙 소조상도 그 방향인지[155] 아니면 금당 자체
는 옆으로는 동서향 곧 전면은 정남향이지만 진흙 소조상만이 동서향으
로 긴 건물의 동벽과 서벽의 5구가 각각 15도 갑경향으로 기울어져서
마주 보고 있는지 여부이다. 전자의 경우에는 금당 자체가 15도 기울었
다고 특기할 정도로 표시가 나는 것은 아니다. 후자의 경우에는 금당의
동서향과 진흙 소조상과는 15도가 갑경향으로 기울어져서 마주 보는 특
이한 배치가 되고 사료 자체에서도 진흙 소조상이 15도 갑경향으로 기
울어진 것으로 해석되어 여기에서는 후자로 본다.[156]

---

151 윤무병선생님의 교시를 받았다.

152 이기백, 1987, 〈삼국유사의 편목 구성〉 ≪불교와 제과학≫, p.988.

153 김상현, 1993, 〈삼국유사의 역사방법론적 고찰〉 ≪동양학≫ 23, pp.4-5.

154 ≪三國遺事≫에 있어서 황룡사, 백율사 등 수많은 고려 시대에 東京이라 불린 사찰을
     언급하면서도 동경이란 용어는 목차에는 사용된 바 없다. 목차의 興輪寺壁畵普賢조에
     도 동경이란 용어는 없다. ≪三國遺事≫ 본문에도 처용가의 예를 포함해 東京이 3예가
     나오고 있다. 왜 東京興輪寺十聖조에만 동경이란 용어를 굳이 목차에서조차 밝히고 있
     을까? 이 십성조가 ≪三國遺事≫ 가운데에서 가장 간략하게 기술되어 있을까? 흥륜사
     에 있어서 ≪三國遺事≫, 塔像, 興輪寺壁畵普賢조에 따르면 921년에 그린 보현보살 벽
     화는 13세기에도 남아있었다고 한다. 흥륜사가 신라 최초의 가람으로 중고, 하대에는
     국왕과 관련되나 중대에는 그렇지 못하다. 그럼에도 불구하고 사료가 많이 남아 있어서
     흥미롭다.

155 이강근, 1998, 〈앞의 논문〉, p.67.

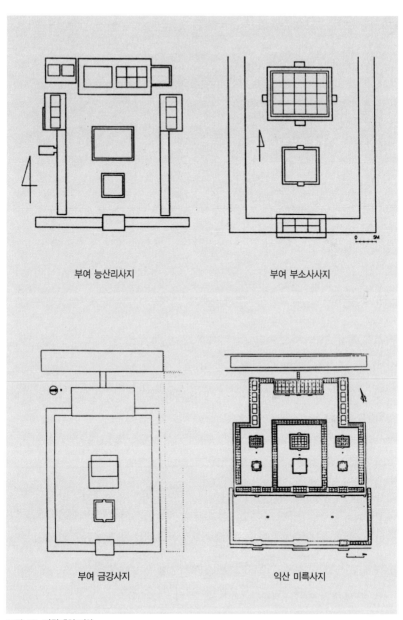

부여 능산리사지   부여 부소사사지

부여 금강사지   익산 미륵사지

그림 46 가람배치도(3)

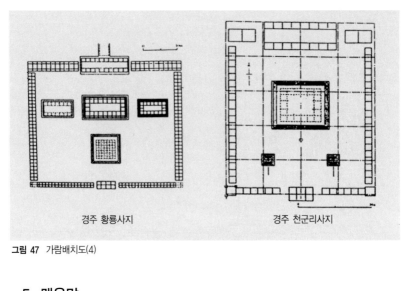

경주 황룡사지　　　　　경주 천군리사지

그림 47 가람배치도(4)

5. 맺음말

지금까지 신라 시대의 흥륜사 가람 배치에 대해 논의해 온 바를 간단히 요약하여 맺음말에 대신하고자 한다.

먼저 신라 시대 경주는 북천이 범람하였는데 이 때에 비교적 안전한 지역인 서천변에는 북쪽에 조선시대의 읍성이 있었으며, 그 남쪽에 신라 시대의 고총고분이 있었다. 그 남쪽에 신라의 최초 사원인 흥륜사가 자리잡음도 같은 맥락이다.

다음으로 삼국 시대의 가람 배치를 개괄하였다. 고구려는 1탑3금당식이고, 백제는 1탑1금당식이고, 신라는 30여 곳의 가람중 발굴 조사된 황룡사와 분황사의 가람 배치가 1탑3금당식이므로 흥륜사의 가람 배치도 1탑3금당식일 것으로 추측하였고, 탑은 목탑으로 보았다.

그 다음으로 통일신라초에 2탑1금당의 가람 배치가 새로 나타나는데

156　이렇게 15도 기울게 배치한 이유에 대해서는 후고를 기다리기로 한다.

문헌을 중심으로 흥륜사 가람 배치에 대해 검토하였다. 흥륜사가 황룡사처럼 1탑3금당을 유지했는지 아니면 분황사처럼 1탑1금당으로 바뀌었는지 알 수가 없다. 아울러 십성 배치 등에 대해서도 살펴보았다.

흥륜사의 가람 배치는 아직까지 지표 조사나 발굴 조사를 통한 복원안이 제시된 바 없어서 그 내용을 전혀 알 수가 없다. 앞으로 발굴 조사 등을 통해 확실한 실체가 알려져 문헌 사료와 함께 연구되어 수정 보완되기만을 바랄 뿐이다.

제 Ⅳ 장

新羅 초기 密教 사원인 四天王寺의 역사적 위치

1. 머리말

주지하는 바와 같이 한국 고대 사상사 연구에 있어서 가장 중요한 몫으로 차지하는 것으로는 고유신앙인 蘇塗등의 문제, 불교 가운데 밀교 문제, 도교 문제 등이 있다. 이 가운데 소도 등에 대해서는 연구 업적이 다소 축적되어 있으나[157] 밀교와[158] 도교에[159] 대한 업적은 손가락으로 꼽을 정도에 지나지 않고 있다. 이와 관련된 사료의 인멸로 인하여 더 이상 진전이 어려운 장벽에 부딪혀 있는 듯 하다. 반면 이에 관한 고고미술 자료는 의외로 많이 남아 있으나, 이에 관한 연구 성과는 거의 없다는 사실에 그저 놀랄 뿐이다.

여기에서는 신라의 초기 밀교와 중기 밀교 가운데 초기 밀교에 대해

---

157 이에 관한 연구성과는 金在庚, 1999, 〈新羅神佛融合史 硏究〉慶北大學校 大學院 博士學位 請求論文에 잘 집성 정리되어 있다.

158 大韓佛敎眞覺宗 中央敎育院, 1986, ≪韓國密敎論文集≫에 집성되어 있다.

159 신라 도교에 관한 논고로는 金昌鎬, 1999, 〈浦港 興海出土 壺의 圖像으로 본 古新羅의 道敎 傳來〉≪道敎文化硏究≫13 등이 있다.

접근해 보기위해 먼저 신라 중대의 왕권과 불교를 조사해 보고, 다음으로 초기 밀교 도상에 대해서 간단히 살펴보고, 마지막으로 초기 밀교의 국찰인 사천왕사의 역사적 위치에 대한 소견을 밝혀보고자 한다.

2. 중대의 왕권과 불교

신라 중대 왕권을 뒷받침한 불교 세력은 어느 계열일까 하는 점을 중요시해 왔다. 중대를 이른바 전제왕권이라는 전제 아래 이를 화엄사상으로 보는 가설들이 나왔다[160]. 특히 불교의 개설서인 ≪한국사신론≫에 채택되어 더욱 힘을 얻게 되었고,[161] 화엄이 一卽多ㆍ多卽一을 표방하는 통일지향적인 원융 사상으로서 신라 중대 왕권의 지배 이데올로기가 되었다고 해석하게 되었다. 이에 대해 초세속의 종교 이념을 정치 이념으로 해석하는 것을 부당하다는 비판이 있었고,[162] 이 반론과는 달리 화엄과 왕권과의 관계에 관해 부분적으로 동의하였으나[163] 화엄 대

---

160 신라 불교의 종파에 대해서는 여러 가지 논의가 있으나 필자는 다음과 같은 시안을 갖고 있다.

佛敎 宗派 槪要

新 羅		高 麗
中古	中代ㆍ下代	
中觀派 密敎	密敎 法相宗 華嚴宗 禪宗	瑜伽宗 華嚴宗 曹溪宗 法眼宗 天台宗 群小佛敎
불교 도입 소화기	과도기(학파 불교)	종파 불교

161 李基白, 1967, ≪韓國史新論≫.
162 金相鉉, 1984, 〈新羅中代 專制王權과 華嚴宗〉≪東方學志≫44.
163 김복순, 1988, 〈新羅 下代 華嚴宗研究〉, 고려대학교 대학원 박사학위 청구논문

신 왕권을 뒷받침한 이념 세력으로 유교보다 불교 내 유가신앙 쪽에 중점을 두어 불교와 정치 세력과의 연계 자체는 시인하였다. 이에 대한 반론도 있으나[164] 불교 자체의 이해나 역사적 안목의 차이에서 비롯된 것으로 중대를 화엄 사상에 근거한 전제 왕권으로 보는 가설에는 선뜻 동의키 어렵다.

최근에 들어와 이에 대한 금석문 자료에 근거한 또 다른 패러다임을 설정한 가설이 제기되고 있다.[165] 이에 혜공왕대의 성격 규정 등 중대의 정치사를 바라보는 시각 자체가 잘못되었다는 것이다.

사실 중국에 있어서 화엄 사상은 측천무후의 전제 정권에 대한 이데올로기 설정의 배경이 되었다는 것은 주지의 사실이다. 중국 최초의 종파라 할 수 있는[166] 天台宗도 수양제의 정치 이데올로기가 된 바 있으며, 한국에서는 天台宗이 신라에서는 유행되지 못하고 고려 전기에 나타나게 되는 점은 풀 수 없는 숙제일 뿐이다.

한국의 화엄종은 본격적으로 의상이 중국땅으로 건너가 지엄에게 배워서 귀국후 676년에 부석사를 세움으로서 비로소 시작되었다. 물론 원효 등 60화엄종의 연구는[167] 있었지만 화엄종의 사찰은 없었는 듯하다. 의상 때 화엄 10찰이 세워졌으나 당시 서울이었던 경주에는 이르지 않고 있다. 8세기에는 80화엄경이 도입되고, 766년에는 경남 산청 석남사 비로암에 석조비로자나불좌상이 만들어지기 시작했고,[168] 9세기에 들면 비로자나불은 경주에까지 들어가게 된다. 이는 불국사를 둘러싼 유가와 화엄의 싸움에서도 알 수가 있다.[169] 화엄종이 수도였던 경주에 들어오

---

164 李基白, 1986, 〈新羅時代의 佛敎와 國家〉《新羅思想史硏究》.

165 李泳鎬, 1983, 〈新羅 中代 王室寺院의 官寺的 機能〉《韓國史硏究》43.

166 중국 불교에서는 남조의 열반종을 최초의 종파라고 주장한 가설도 있다.

167 의상도 60화엄종계의 승려로 짐작된다.

168 文明大, 1992, 〈石南岩寺 毘盧舍那佛像의 硏究〉《佛敎美術》11.

169 《三國遺事》4, 義解 賢瑜珈海華嚴조 등.

는 시기는 9세기에 들어서서야 겨우 가능하다고 사료된다.

또 원효가 지은 ≪十門和爭論≫은 三律宗 등의 中觀派와 유가종의 중심 사상인 唯識論을 화합시키는 것으로 화엄종과는 전혀 관련이 없다. 이와 같은 당시 신라 불교의 여러 상황에서 보면 중대를 화엄종과 관련시키는 것은 재고의 여지가 있는 듯하다.

3. 밀교 도상

흔히 밀교는 密자의 의미 때문에 좋지않게 생각하는 경우도 종종 있는 듯하다. 대승불교는 밀교의 영향이 없었다면 성립 자체가 어려웠다. 화엄종 80화엄경의 비로자나불은 중국에서 750년경에 유행한 밀교의 영향이라고 알려져 있다.[170]

밀교는 보통 초기 밀교, 중기 밀교, 후기 밀교로 나누고 있다.[171] 초기 밀교는 잡밀이라고도 불리며, 그 증거는 그리 많지 않은 것으로 알려져 있다. 중기 밀교는 純密이라고도 불리워져, 일본에서 유행하였고, 우리나라에는 없었다는 가설과 일부 존재했다는 가설로 나누어지고 있다. 후기 밀교는 탄트라 밀교로서 티벳트에서 유행한 밀교로 우리나라에서 고려 후기, 조선 초에 그와 관련된 유물이 출토되기도 한다.

밀교는 흔히 身密, 口密, 意密이라 해서 몸으로는 印契를 했으며, 입으로는 다라니경을 외우며, 意로는 삼마지에 들어가는 것이다.

신라에 있어서 초기 밀교는 크게 除病 密敎와 護兵 밀교로 나누어지고 있다.[172] 제병 밀교는 혜통으로 대표되며, 병을 고치어 전교하는 방법

---

170 文明大, 1994, 〈毘盧遮那佛의 造形과 그 佛身觀의 研究〉 ≪李基白先生古稀記念韓國史論叢≫上.

171 松長有慶, 1969, ≪密敎의 歷史≫.

172 金在庚, 1976, 〈新羅의 密敎 受容과 그 性格〉 ≪大丘史學≫14.

을 취하고 있다. 호병 밀교는 명랑으로 대표되며 文頭婁秘法을 행하여 외적(당)을 물리치는 역할을 담당하였다. 밀교 계통의 사찰로는 사천왕사, 금광사, 신충봉성사[173], 원원사지, 갑산사[174] 등이 있다. 이들 사지에서는 아직까지 밀교계의 유물이 거의 출토된 바 없다. 겨우 알려진 것으로 사천왕사지의 종루와 경루로 알려진 건물터의 주춧돌에는 모두 깊고 둥근 홈이 파져 있어서 이를 문두루비법을 행하던 증거로 본 가설이[175] 있을 뿐이다.

신라에 있어서 밀교와 관련된 불상은 전혀 없었던 것일까? 이에 대해서 살펴보기 위해 신라의 불상에 대해 일별해 보기로 하자.

신라는 불교의 공인(527년)을 전후한 시기에 하이테크기술이 발달치 못했기 때문에 고구려와 백제의 불상에 비해 그 발전 과정이 뚜렷하지 않은 듯하다.[176] 6세기 후반의 신라 불상은 전 황룡사지 출토 금동여래입상과[177] 숙수사지 출토 금동 불상입상이[178] 있다. 이들은 539년의 연가7년명금동여래입상과 마찬가지로[179] 북위의 영향하에 만들어진 것으로 옷의 좌우에 삐죽삐죽한 돌기가 있다.

7세기 전반에는 화강암 석불로 조성된 남산 장창곡의 석조미륵삼존불상과 배리석조3존불 등이 알려져 있다.

7세기 후반의 이른 시기는 불상이 거의 없는 공백기라고 보아도 좋을 것이며, 7세기 말기에는 6세기의 불상과도 달리 통통하고 풍만한 불상들이 나타나고 있다. 서역풍의 조각으로는 사천왕사의 녹유사천왕전,

---

173 위치는 현재 불분명하나 경주역사 부근으로 추정되고 있다.

174 韓基汶, 2001, 〈高麗時代 開京 現聖寺의 創建과 神印宗〉《歷史教育論集》26, p.492.

175 張忠植, 1996, 〈新羅 狼山遺蹟의 諸問題(Ⅰ) -四天王寺址를 中心으로-〉《新羅文化祭學術發表會論文集》17.

176 600년까지의 신라 후진성은 고고학적 유물로 보면 분명히 들어난다.

177 國立中央博物館, 1990, 《三國時代佛教彫刻》 圖版 55.

178 국립중앙박물관, 1990, 《앞의 책》 도판 62.

179 金昌鎬, 1994, 〈甲寅年銘釋迦背銘文의 諸問題〉《美術資料》53.

감은사 금동사리기의 사천왕이 있고, 칠불암의 마애 3존불도 이 시기의 것으로 알려져 있다.

8세기 전반의 조각으로 안압지 출토의 금동판불, 구황동 3층석탑에서 출토된 금제 아미타불좌상, 감산사에서 출토된 석조미륵보살입상과 석조아미타불입상 등이 있다.

8세기 중엽에는 통일 신라 미술의 총화인 석굴암의 본존불을 비롯한 여러 조각들이 있고, 굴불사지 4면석불과 장항리사지의 석불입상 등도 이 시기에 속한다.

8세기 후반에는 한국적인 불교 도안이 창안되는데, 석굴암의 본존불 형식(항마촉지인의 석가여래좌상)이[180] 계승되고, 여래형 비로자나불 형식, 항마촉지인 약사여래 좌상 형식 등이 새롭게 나타나고 있다.

9세기의 불상은 기년명 비로자나불(철불)의 유행과 조각 기술의 퇴보를 들 수가 있다. 금동불이나 석불에서도 모두 장식화가 이루어지고 있다.

이상이 신라 불상의 개요이므로 이를 알기 쉽게 도시하면 표 4[181]와 같다.

표 4에서 보다시피 신라불상의 6세기의 깡마른 체구의 기세를 특징으로 하는 중국계 불상과 7세기 말기부터 8세기까지의 풍만감을 특징으로 하는 불상으로 대별되고 있다.

7~8세기 불상은 도대체 어디에서 온 것일까? 흔히 지체 표현이 얕고, 옷을 많이 벗고, 풍만한 상호를 가지는 불보살상은 밀교적인 요소가 있다고 알려져 있다. 그 대표적인 예가 8세기 중엽에 만들어진 석굴암

---

180 필자는 불국사와 석굴암은 모두 법화경에 근거해 지은 것으로 생각하고 있으며, 석굴암의 본존불은 석가상으로 해석하고 있다.

181 郭東錫, 2001, 〈新羅의 佛像〉제14기 국립경주박물관 강의교재(2月7日)를 주축으로 필자가 다시 작성한 것이다.

표 4 신라 조각사의 흐름

中國	時代別	形 式	특 징
北魏		(禪定印如來坐像)	中國式 氣勢 (中觀派)
	500	(一光三尊佛)	
東西魏	550	(半跏思惟像) (花崗巖石佛 등장)	
北齊周 隋 唐	600	右肩偏袒藥師佛	
	650 ｜	空白期	
	700	觸地印如來坐像 Udyana式 着衣 **翻**派式 衣文	密敎(初密)
	750	如來形 毘盧遮那佛 등장 觸地印 藥師佛坐像	
	800	鐵佛, 毘盧遮那佛유행	密敎(中密系)

의 11면 관세음보살상일 것이다.[182] 이러한 유형으로 감산사지 석조미
륵보살상이나 석조 아미타불상등도 들 수가 있다.[183] 7~8세기의 불상

---

182 11면관음보살상을 밀교적인 요소로 보지 않은 미술사학자는 없다

183 감산사의 719년에 만든 두 상은 법상종으로 이해하고 있으나 잘룩한 허리와 지체 표현
    이 얕은 점은 밀교적인 요소로 판단된다.

에 있어서도 수 많은 예의 제시가 가능하므로 우선 이를 제시하면 다음과 같다.

경북 구미시 고아면 출토 금동관음보살입상 2구(도판 41 · 42),[184] 경남 거창 출토 금동보살입상(도판 56), 경주 황룡사지 출토 금동약사여래입상(도판 57), 경북 영주시 순흥면 숙수사지 출토 금동여래입상 4구(도판 64 · 65 · 66 · 67), 숙수사지출토 금동약사여래입상 3구(도판 68 · 69 · 70), 경주시 인왕동 출토의 석조여래좌상(도판 101), 경주 남산 삼화령의 석조 3존불, 경북 군위 석굴암의 3존불, 감산사 석조아미타불, 감산사 석조미륵보살상.

이들 불상은 거창의 예를 제외하는 모두가 경북 일원의 불상들 뿐이다. 이들 불상도상은 분명히 6세기의 깡마른 체구의 북위계 불상과는 차이 있고 오히려 풍만한 몸매, 살을 조금 노출시키는 표현, 법의 표현에 있어서 육감적인 점, 잘룩한 허리, 3존불의 경우에 두 보살들은 중앙의 주불 쪽으로 허리를 트는 점 등에서 초기 밀교식 도상으로 보아도 좋다고 사료된다.

신라의 사찰 가운데 초기 밀교와 관련된 사찰로서 현재까지, 그 유물이 남아 있는 것 가운데 뚜렷한 것으로는 사천왕사와 원원사가 있다. 사천왕사에서는 녹유사천왕상전 2매가 남아 있고 이는 목탑지에서 발견된 것으로 목탑의 내부에 있는 이른바 4천주를 둘러싼 1×1칸씩 건물의 4벽에 붙어 있는 것으로 추정되며, 원원사 쌍탑의 1층 탑신에 4천왕상이 새겨져 있어서 4천왕상을 탑신에 새겨진 경우도 아마 초기 밀교계 사찰일 가능성이 있는 듯하다. 그 예로는 현재 국립중앙박물관에 보관되어 있는 남산 승소곡사지의 탑, 경주박물관 정원에 있는 탑신에 사천왕이 양각된 2점, 황룡사 서편 사지, 석굴암 입구의 사천왕상, 황룡사의

---

184 이하의 도판번호는 모두 國立中央博物館, 1990, 《앞의 책》의 것이다.

사리함, 운문사의 사천왕상, 화엄사의 탑에 새겨진 사천왕상, 염거화상 부도탑 등이 있다[185].이 밖에도 700년 전후에 한국에 들어왔을 것으로 추정되는 古悉曇梵字가 새겨진 경주 덕동 전탑지[186], 양지 스님이 제작한 것으로 알려진 석장사의 탑전, 감은사의 동·서탑 사리기의 사천왕상, 영묘사의 귀면전[187] 등도 밀교적인 도상으로 판단된다.

4. 사천왕사의 역사적 위치

종래에는 대개 신라의 사찰 가운데 황룡사가 고신라부터 신라 멸망시기까지 사격이 가장 높은 것으로 이해되어 왔다. 이는 전술한 바와 같이 화엄 사상에 의해 중대 왕권이란 도식적인 해석과 묵시적인 관계에서 궤를 같이해 왔다. 그런데 봉덕사종명과 황룡사 찰주본기와 ≪三國史記≫직관지에 적힌 성전사원조에 근거해 중대에는 사격이 사천왕사가 가장 높다는 새로운 견해가 제기되었다.[188] 이 가설 자체는 중대는 전제 왕권이라는 도식적인 설명과 상충되는 한국고대사학계의 충격적인 연구 성과로 받아들여야 함에도 불구하고 학계 일부에서는 비과학적이고 비실증적인 방법으로 자신의 구설을 고집하고 있다.

사천왕사의 사격이 높은 것은 누구나 인정할 수 있지만 역사적 위치의 설정에 대한 상세한 근거를 제시하지 못하고 있다.

주지하는 바와 같이 사천왕사는 신라 중대에 있어서 사격이 가장 높을 뿐만 아니라 명랑법사가 문무왕명에 의해 창건된 곳으로 여기에서 문두루비법을 행하여 唐나라의 군대를 물리친 대표적인 신라의 호국 사

---

185 文明大, 1980, 〈新羅四天王像의 研究〉≪佛教美術≫5.
     조원영, 1994, 〈新羅下代 四天王浮彫像 研究〉, 부산대학교 대학원 석사학위 청구논문.
186 朴洪國, 1998, ≪한국의 전탑연구≫, pp. 134~138.
187 朴洪國, 1998, 〈영묘사지(전홍륜사지)출토 귀면전고〉≪앞의 책≫.
188 李泳鎬, 1983, 〈앞의 논문〉.

찰이었다. 이러한 중대성에 비추어서 신라의 사찰 가운데 밀교의 흔적을 거의 찾을 수가 없어서 사천왕사의 역사적 위치 규명에 어려움이 많았다.

전술한 바와 같이 7~8세기에 있어서 금동 불보살상의 주류는 밀교계일 가능성이 크며, 이러한 밀교의 바탕 위에서 사천왕사가 호국 사찰로서 신라 통치 이데올로기의 중책을 담당했음을 알 수가 있다. 따라서 신라에서 679년의 「儀鳳四年皆土」란 기와가 나오고 있다. 곧 안압지, 월성, 나원리 사지, 성동동 전랑지, 동천동 유적, 국립 경주 박물관 신축부지, 선덕여상 부지, 첨성대 부근 등에서 출토되었으며, 7불암에서 의봉4년명과 세트가 되는 수막새가 출토되었고[189], 사천왕사에서는 의봉4년명의 평와가 붙었을 것으로 추정되는 암막새가 출토되었다. 의봉4년명 기와는 679년에 제작된 것이며, 682년에 창건된 감은사의 전면 발굴에서도 단 1점도 보이지 않아서 679년경의 아주 짧은 기간 동안에 사용된 것으로 판단된다. 이는 신라의 초기 밀교 기와라고[190] 불러도 좋을 만큼 신라의 도성제, 관청, 궁궐 등의 변화에 획기적인 시기였던 것으로 판단되며[191], 이 시기의 신라 도성 도시계획은 현교적 만다라라고[192] 불러도 좋다고 사료된다.

5. 맺음말

지금까지 논의되어 온 바를 간단히 요약하여 맺음말에 대신하기로 한다.

---

189 朴洪國, 1998, 〈경주 나원리 5층 석탑과 남산 7불암 마애불의 조성시기〉《과기고고》4.
190 위덕대학교 박물관 박홍국실장은 문무왕기와라고 부르고 있다.
191 신라 도성제에 대해서는 따로이 필자의 소견을 밝힐 기회를 갖고자 한다.
192 이 용어에 대해서는 위덕대학교 불교학과 김무생교수의 교시를 받았다.

먼저 중대 왕권과 불교 부분에서는 화엄종의 대표승인 의상의 「화엄 일승 법계도」에 응축되어 있는 一即多, 多即一의 원융사상을 신라 중대 왕권의 지배 이데올로기로 해석해 왔으나, 중대의 최고 사찰은 사천왕 사인 점과 원효의 「십문화쟁론」이 중관파와 유식 불교의 화의를 모색하 므로 화엄종과는 관련될 수 없음을 지적하였다.

다음으로 밀교 도상 부분에서는 초기 밀교와 관련된 도상으로 사천왕 사, 원원사지 탑신 1층에 붙어 있는 4천왕상을 주목하였고, 아울러 사천 왕사의 녹유전을 만든 양지 스님의 작품들이 출토되는 사찰로 밀교와 관련된 사찰로 보았으며, 7~8세기 육감적인 여러 불상들도 이에 관련된 도상으로 보았다.

마지막으로 사천왕사의 역사적인 위치 부분에서는 신라 중대의 최고 사격의 사찰임은 황룡사 찰주본기, 봉덕사종명, ≪삼국사기≫, 직관지 등에 의해 증명되는 바, 사천왕사는 초기 밀교의 호병적, 호국적 사찰이 므로 사천왕사 단독으로 신라의 여러 계통의 불교사원을 통제할 수는 없고, 사천왕사와 같은 많은 밀교 사원들이 경주나 경북 일원에 분포되 어 있음을 근거로 최고의 성전사원인 사천왕사의 역사적 위치를 자리 매김하는데 조그마한 디딤돌을 마련하였다.

제4부

석
탑

제 **I** 장

삼국 시대 석탑의 선후 관계와
의성탑리 석탑의 창건 시기

1. 머리말

탑리 5층모전석탑은[1] 경북 의성군 금성면 탑리동에 소재하고 있다. 재료는 화강석으로 만든 방형의 큰 탑으로서 광대한 단층 기단위에 각 5 층의 탑신과 옥개로 구성되어 있다. 제 1탑신은 목조 건축의 양식을 모 방하였고, 기단부는 정비된 건축 기단의 수법을 사용하였고, 옥개부는 상면 6단, 하면 5단의 층급형 받침이 있어서 전탑의 양식을 보이는 모전 석탑이다. 기단과 탑신 위의 돌기둥형에는 엔타시스 수법을 보이고 있 다. 분황사 계열의 석탑으로 그 시기를 대개 고신라 말로 보아 왔다.[2]

여기에서는 이 탑리 탑의 조성 연대를 살펴 보기 위해 먼저 삼국 시대 의 석탑인 미륵사 석탑, 정림사 석탑, 분황사 모전석탑을 일별하겠으며,

---

1 주로 탑리 석탑이라고 줄여서 부르기로 한다.
2 일찍이 한국의 석탑을 집대성한 고유섭이래 대부분이 이에 따르고 있다. 진홍섭, 1967,
⟨한국모전석탑의 유형⟩≪문화재≫3. p.20에서는 탑리 모석석탑을 제2류 A형으로 나누
고 그 시기를 신라가 통일을 전후한 시기로 보고 있다.

다음으로 정림사 석탑과 미륵사 석탑의 선후 관계를 살펴 보겠으며, 마지막으로 당시 영남 지방의 불교 사원 등의 확대 과정 속에서 탑리 석탑의 창건 시기에 대해 검토해 보고자 한다.

2. 삼국 시대의 석탑[3]

1) 미륵사 석탑(사진 34)

미륵사의 창건 연기를 말하는 가장 오랜 문헌은 ≪삼국유사≫, 무왕조일 것이다. 관계 부분을 적기하면 다음과 같다.

> 第三十, 武王名璋 …… 一日王與夫人, 欲幸師子寺, 至龍華山下大池邊. 彌勒三尊出現池中, 留駕致敬. 夫人謂王曰："須創大伽藍於此地, 固所願也." 王許之. 詣知命所, 問塡池事, 以神力, 一夜頹山塡池爲平地. 乃法像彌勒三會, 殿塔廊　各三所創之, 額曰彌勒寺[國史云, 王興寺.]. 眞平王遣百工助之, 至今存其寺. [三國史記云: 是法王之子, 而此傳之獨女之子, 未詳.]

백제 무왕의 재위는 600-640년이다. 이 시기에 미륵사가 창건되었음을 알 수가 있다.[4]

≪삼국사기≫ 성덕왕18년조에 「秋九月 震金馬郡彌勒寺」란[5] 구절이 있어서 미륵사가 통일 신라의 중요한 절임을 알 수가 있다. 무왕조의 끝부분에 「至今存其寺」란 구절로 보면 ≪삼국유사≫의 편찬 시기인 13세기에도 미륵사가 남아 있음을 알 수가 있다.

---

3 이 장은 대개 고유섭, 1993, ≪고유섭전집≫1-한국탑파의 연구-에서 발췌하였다.
4 미륵사 창건의 역사적 의의에 대해서는 김창호, 2002, 〈『삼국유사』, 무왕조의 새로운 해석〉 ≪신라학연구≫6 참조.
5 금마는 익산의 옛이름이다.

≪동국여지승람≫, 권33, 익산불우조에 「有石塔極大 高數丈 東方石塔 之最」라고 하였다. 현재 거의 완형을 남기고 있는 1층 탑신은 동변의 1 변 길이가 약 27척 4촌, 약 2척 4촌 전후의 方柱가 병립하여 方 3칸 평면 을 보이며, 중앙 1칸은 통로가 되고, 좌우 양칸은 판벽이면서 중앙에 다 시 하나의 小柱를 넣었다. 大柱는 방형의 초석 위에 섰는데, 그 측면에 판벽을 고정시키기 위한 물림의 조작이 있는 것은 주목된다. 판벽 중앙 에 있는 소주 등은 토대석 地枋長石이 중첩한 장석 위에 섰고, 주상에는 다시 額枋形 장석을 받고, 대주의 주두까지도 통한 平板枋形 장석이 있 고, 이들 대소의 각 방주는 엔타시스식이다.

평판방형장석 위에는 한 소벽이 있고, 積出式 단층형 받침 3단이 있으 며 하 1단은 별조로서 상 2단의 각 높이보다 조금 높아 桁 내지 梁으로 서의 뜻에 통한다. 이것은 제 2층 이상에 있어서 특히 현저한데, 아마도 다른 석탑에서 볼 수 없는 또하나의 특색이다. 이 層級形 받침 위에 平 薄長大한 옥개석이 놓여 있고, 다시 그 위에 제 2층 탑신을 받는 토대석 1단이 만들어졌다. 이 토대석은 제 3층 옥개로부터 1단이 늘어서 2단이 되었고, 받침의 段層數도 제 4층 簷下로부터 1단이 늘어서 4단이다. 2층 이상에는 초층에서 보는 바와 같이 같은 중앙의 문호가 없으며, 모두 판 벽으로 하여 3칸 벽면의 중앙에 소주 한개를 넣었는데, 제 6층에 이르러 서는 간벽이 좁고, 이것을 결하고 있다. 이 탑의 층수가 몇층이었는지 전하고 있지 않으나, 이 간벽의 수축도로 보아서 본래 층수는 아마도 7 층으로 보인다. 현재 총높이는 약 37척이라고 하는데 7층으로 보아 본래 높이는 상륜부를 제외하고 약 50척 전후로 추정된다.

초층 탑신에 있어서 문호가 사방에 있었던 것은 그 내부의 통로 형식 에 의하여 상정할 수 있다. 곧 내부 중심에서 이 통로는 十자형으로 교 차하고, 그 교차점에는 방형의 약 3척 3촌 전후의 부정형의 方石이 4단 으로 쌓아올려 擦柱 역할을 한 듯하다. 통로의 상부는 2단 적출식의 받침 천정이 있고, 내부에는 아무런 像設을 볼 수가 없다.

탑의 바깥 주위에는 2-3척 떨어져 지대석이 있어, 일견하여 탑의 구획을 한 듯하고, 동남각 밖에 像石 1좌가 있되, 파손이 심하여 무슨 상인지 알 수가 없다. 기단으로 간주될 수 있는 기단의 유구가 없다.

2) 정림사 석탑(사진 35)

이 탑은 단층의 기단을 갖고 있는데, 기단 밑에 다시 1매의 지반석을 놓아 지반의 안정을 꾀하고 있다. 기단부는 地栿, 중석, 갑석의 3부분으로 이루어졌는데 모두 별조이고, 중석은 각 면의 우주 이외에 그 중앙에 탱주 1주를 넣었다. 탱주는 엔타시스형이다. 갑석의 한변 길이가 약 10척, 초층 탑신의 아래 너비는 8척으로서 기단이 탑신보다 불과 1척이 橫出하고 있을 뿐이다. 초층 탑신의 기둥 높이는 5척이고, 지반석 위의 기단 높이는 3척이다.

탑신은 5층인데 우주석은 별조이고, 그 사이의 벽은 판석 양매를 세웠다. 3층까지 동일 수법이고, 4층과 5층의 벽은 한 돌로 되어 있다. 기둥은 엔타시스식이다. 檐下의 받침부에는 1단의 桁形長石이 있어 탑신을 누르고, 그 위에 편평하고 긴 斗型造出의 받침 1단을 놓아서 옥개석을 받고 있다. 이 옥개석은 낙수면의 경사가 가장 완만하여 檐端이 수평으로 뻗어 있고, 거의 전체 길이 10분의 1되는 곳에서 근소한 반전을 나타내서 강력한 張力을 보이고 있다. 첨단의 단면이 거의 수직인 점도 이 迫力을 돕고 있을 것이다. 옥개석 위에는 4모서리의 降棟部에 반원형으로 융기된 造出이 있고, 상층 탑신을 받기 위하여 큰 土臺石 괴임이 1단 놓여 있다. 제 5층의 屋頂에는 노반과 복발이 남아 있고, 노반은 편평한 工자형을 이루고 있다.

이 탑의 가장 큰 특색은 각부 석재의 조합 방식인데, 기단의 中臺와 각 탑신 같은 것은 柱石壁板이 각각 별조이며, 기단의 地栿, 갑석, 옥개석 등은 8매의 판석으로 정연하게 조합하였고, 最頂의 옥개석은 수축도 관계로 4매로 하였다. 첨하의 받침 또한 같다. 각층이 지대석과 桁石은 장석 4매를 엇물림식으로 하였는데, 이들도 그 이음새는 上下交互로 遞照를 이루고 있다.

3) 분황사 모전석탑(사진 36)

탑은 方 약 43척, 높이 약 3척 8촌의 돌로 쌓은 토단 위에 있는데, 이 토단은 탑밑 지대석까지의 높이 약 5척의 높이를 향하여 상면 경사를 이루고 있으며, 4모서리에는 화강암제의 사자를 배치하고 있다.

탑신 초층의 크기는 남면에 있어서 너비 약 21척 5촌, 높이 약 9척 5촌, 상방을 향하여 內轉하고 있어서 안정성이 있다. 초층 탑신의 사방에는 가로 약 5척, 세로 약 6척, 깊이 약 3척의 감실을 짜고, 석제 문비가 있으며, 문의 양쪽에는 고부조의 인왕상이 있다.

옥개는 전 1매의 두께로서 積出式의 단층형 받침을 이루었고, 1층, 2층 모두 6단이 나왔고, 7단째로서 처마를 삼았고, 상부는 積送式으로 하여 四注屋蓋를 구성하였다. 제 3층은 받침 5단, 상부는 寶形四注의 옥개, 처마는 중앙부에서 조금 만곡을 이루고 있어 4모서리 반전의 기풍을 갖고 있다. 옥정에는 현재 석제의 앙화까지를 남기고 있다.

3. 미륵사 석탑과 정림사 석탑의 선후 관계[6]

한국 석탑의 연원은 대개 목탑과[7] 전탑에서[8] 찾고 있다. 그런 것을 밝

---

6 이 부분은 천득염, 1991, 〈미륵사지석탑과 정림사지석탑의 선후문제〉 《향토문화》11을 참조하였다.

7 이른 석탑 가운데 하나인 미륵사 석탑에는 목조 건축의 잔재가 많이 남아 있어서 석탑 이전에 목탑이 존재했음을 말해 주고 있다.

8 석탑의 옥개 받침의 층단은 전탑의 영향이므로 석탑 이전에 전탑이 있었음을 보여 주고

힐 수 있는 목탑과 전탑은 현재 남아있지 않다. 남아 있는 자료에 근거하여 대개 백제의 미륵사 석탑과 정림사 석탑이 주목되어 왔다. 전자는 후자보다 목조 건축의 잔재들이 많이 남아 있어서 현존하는 우리 나라에서 가장 오래된 석탑으로 보아 왔다.[9]

충남대학교 박물관에 의해 정림사의 발굴 조사 결과[10] 정림사의 석탑이 미륵사의 석탑 보다 오래되었다는 가설이 제기되었다. 여기에서 정림사의 석조 기단 하부에는 기단 외호석열 밖 약 300cm의 범위에 지표하 180cm에 달하는 사찰 창건을 위한 부지조성시에 만들어진 준판축이 있다. 그 안에 외곽석열 밖으로 60cm 범위에 두께 약 80cm의 Ⅰ · Ⅱ 판축층이 있는데, 이 판축은 외곽석열이나 기단 지하대석 아래의 基石과 밀착하고 있다. 또한 정림사 석탑에 선행하는 다른 건조물 특히 목조탑과 같은 것이 건립된 형적이 없으므로 이 석탑은 정림사 창건시에 건립된 것으로 보았다. 이러한 이유에서 정림사와 그 석탑은 웅진에서 사비로 천도한(538년) 후 얼마되지 않은 시기에 창건된 것으로 추정하였다.

정림사와 그 탑을 6세기 전반으로 본 가설도 나왔다.[11] 여기에서는 그 증거로 다음과 같은 세가지를 들고 있다.

첫째로 양식적인 면에서 정림사 석탑은 6세기 전기 즉 550년을 전후한 북위, 남조, 삼국 시대의 불상 양식과 비교되는 우아하고 날씬한 귀족적인 미를 보여주고 있어서 정제미나 세련미로 보아 그 연대를 백제 말보다는 올려 보아야 한다.

둘째로 미륵사 석탑이 목조를 충실히 번안하였을 뿐 새로운 석탑으로 모형을 만들지 못하였는데 반하여 정림사 석탑은 새로운 석탑 양식을

있다.

9 이는 우리 석탑 연구를 집성한 고유섭 이래의 통설이다.

10 윤무병, 1981, ≪정림사지발굴보고서≫.

11 문명대, 1984, 〈백제불탑의 일고찰〉≪남도영박사회갑기념사학논총≫.

창조하였다고 말하고 있다. 그러나 미륵사 석탑은 거대한 탑으로 조형화시키는데 따라 그러한 형태가 나왔을 것이고 정림사 석탑이 날씬한 5층 목탑을 모델로 해서 이루어졌다 해도 하등 이상할 것이 없다. 뿐만 아니라 정림사 석탑의 여러 부분에서 표현된 미의식은 석탑의 성격 보다는 목탑으로서의 성격이 강하게 나타나고 있다. 석탑의 시원이라는 미륵사 석탑은 목탑과 전탑의 장점을 따서 석탑으로 변형시켜 성립된 양식이며, 오히려 정림사 석탑이 목탑을 가장 충실히 번안해서 만든 석탑의 조형으로 보아야 할 것이다.

셋째로 탑신의 우주에 새긴 명문에 의해 정림사 석탑은 평제탑이라 불러 왔으나 이는 후대의 추각으로 해석되어 그 창건 연대가 소급하게 되었다.

석탑 건립의 지역성, 건탑 기술 등에 의해 정림사 석탑이 미륵사 석탑보다 오래되었다는 가설이 제기되었다.[12] 그 중요한 전거는 다음과 같다.

첫째로 정림사지와 미륵사지의 입지가 당시 백제의 수도와 지방이라는 관점에서 고대에는 수도와 지방의 위치가 현재보다 훨씬 차이가 있었을 것인데 이제까지 전통적인 목탑의 약점을 보완하여 건립하는 석탑을 수도에서 멀리 떨어진 익산에서 먼저 시작했다는 사실은 어딘지 어색한 감을 준다.

둘째로 건탑 기술에 있어서 이제까지 아무런 기술 축적이 없이 미륵사탑과 같이 커다란 석탑의 시공에 성공한다는 사실은 매우 힘든 일이다. 축조 기술의 발달로 볼 때에는 정림사 석탑이 먼저 조성되고, 이 기술이 좀더 발전하여 층별로 다양한 표현을 하고 있는 미륵사 석탑이 나중에 건립되었다고 보는 쪽이 순리일 것이다.

셋째로 탑을 중심으로 발굴 수습된 유물로 볼 때 와당과 초석 등에서

---

12 홍재선, 1989, 〈백제계석탑의 연구〉《황수영박사화갑기념사학논총》, pp.283-316.

시기적으로 50년이상의 시차를 갖고 정림사 석탑이 먼저 조성된 것으로 보인다.

이에 대해 미륵사 석탑이 정림사 석탑보다 빠르다는 가설이 나왔다.[13] 이의 중요한 근거는 다음과 같다.

첫째로 Ⅰ, Ⅱ, Ⅲ층으로 구성된 굴광 판축층이 사찰 창건을 위한 부지 조성시에 만들어진 것이란 점은 수긍이 간다. 그러나 그것이 석탑을 건립하기 위한 기초로 만들어진 굴광 판축층이란 확실한 증거가 될 수 없다는 점이다.

둘째로 석탑이라는 석조가구물의 기초로서 과연 굴광판축이 만들어질 수 있을까하는 점이다. 굴광판축기단은 목조 건축의 기단에서 확인되었고, 그것은 항상 상면이 지표 위로 융기되어 있거나 원래 융기되고 있었던 것이었다.

셋째로 만일 정림사 5층석탑을 위해 시공된 굴광판축이라면 왜 그렇게나 넓은 범위에 걸쳐서 판축이 필요한가하는 의문이 생긴다.

넷째로 판축 범위로 보아 이 굴광 판축은 당초에는 지표 위에 융기된 굴광 판축으로 만들어진 목조탑의 기단으로 만들어진 것이 아닌가하는 대안을 제시하였다.

정림사의 석탑에 있어서 먼저 목탑이 세워졌다가 다시 석탑을 세웠다면 발굴 조사에서 쉽게 그러한 흔적이 발견될 것이다. 정림사 석탑이 미륵사보다 늦게 되었다는 가설을 세웠기 때문에 목탑이 서고 다시 석탑이 섰다는 결론을 내리고 있다.[14] 지금까지의 자료에 따르면 정림사 석탑이 미륵사 석탑보다 빠른 것은 층위는 형태에 우선한다는 고고학의 일반적인 결론에 따를 때 순리적인 해석으로 판단된다.

---

13 김정기, 1984, 〈미륵사탑과 정림사탑-건립시기의 선후에 대하여-〉《고고미술》164.
14 이러한 가설에 찬성하는 견해로 천득염, 2000, 《백제계석탑 연구》가 있다.

4. 탑리 모전석탑의 조성 시기

탑리 모전석탑(사진 37)은 신라에서 분황사 모전석탑에 뒤이어서 고신라 시대로 본 듯하다.[15] 사실 탑리의 석탑은 쌍탑이 아니라 단탑인 점, 우주위에 주두가 있는 점, 1층 탑신에 감실이 있는 점 등에서 686년 이전에 만들어진[16] 고선사 석탑에 선행하는 것으로 보아 왔다.[17] 이렇게 되면 결국 탑리의 모전석탑은 고신라 시대에 만들어진 것으로 해석할 수밖에 없다. 그러면 탑리의 모전석탑은 통일신라 초에 만들어진 감은사의 쌍탑보다 훨씬 세련된 석탑이 되는 모순이 생기게 된다. 나아가서 고선사 석탑(사진 38)이나 감은사 석탑(사진 39)은 모두 畿甸의 석탑 곧 중앙 정부가 만든 탑이나 탑리의 모전석탑은 지방의 석탑이기 때문에 중앙과 지방의 문화 수준이 역전되는 현상이 생기게 된다. 이 문제는 당시 지방 사원의 해명이라는 실마리를 제공해 주고 있으므로 이에 대해 좀더 살펴보기로 하자.

주지하는 바와 같이 신라에 있어서 사원의 본격적인 창건은 550년경에 기와의 생산과 더불어 시작되었고,[18] 이 때는 제정 미분리의 적석목곽묘 사회가 太王制의 성립과 함께 정치적인 기능을 갖게 되었으며, 조상 숭배를 중심으로 한 제의는 횡혈식석실분이 분담하게 되었다.[19] 이러한 사회의 큰 변화속에서 국가적인 에너지 사용을 바꾼 신라는 진흥왕 때의 비약적인 영토 확장이 가능했을 것으로 사료된다. 대가야 멸망, 한

---

15 고유섭, 1993, ≪앞의 책≫, pp.369-370.
16 고유섭, 1993, ≪앞의 책≫, p.369.
17 고유섭, 1993, ≪앞의 책≫, pp.369.
18 이 문제에 대해서는 신라의 이른바 고구려식기와를 중심으로 따로이 상론할 기회를 갖고자 한다.
19 이에 대한 상세한 것은 김창호, 2003, 〈고고 자료로 본 신라사의 시대 구분〉 ≪인하사학≫10 참조.

강 유역 진출, 함흥 평야까지의 영토 확장 등이 그것이다. 이를 웅변적으로 증명해 주는 자료가 단양적성비, 창녕비, 북한산비, 황초령비, 마운령비이다.

이처럼 영토 확장에 성공한 신라는 정복민에 대한 배려가 필요하였다. 그래서 마운령비와 황초령비에 있어서 당대의 최고 귀족이던 거칠부에 앞서서 沙門道人法藏慧忍의 두 승려가 나오고 있다. 이들 가운데 1인은 북한산비에서 석굴 속에 살던 道人일 것으로 짐작된다.[20] 이들 두 승려의 임무는 두 말할 필요도 없이 고구려의 옛땅에 있던 구고구려인의 신라인화로 판단된다.[21] 피정복민에 대한 배려와 함께 7세기 전반이 되면 영남 지방의 여러 곳에서는 기와가 출토되는 바 이들은 郡에 해당되는 지방 관아도 포함되어 있었던 것으로[22] 풀이된다. 7세기 후반이 되면 군위3존석굴, 영주 가흥리 3존불과 같이 지방에도 석굴 사원들이[23] 나타난다.[24] 이는 지방민의 이데올로기 지배와 관련이 됨은 재언을 요하지 않는다.

그러면 교종의 사원이 영남 지방에 들어서는 것은 언제쯤일까? 가장 뚜렷하게 알 수 있는 것은 의상대사에 의한 영주 부석사의 창건이다. 부석사는 영주에 문무왕의 왕명을 받고 676년에 창건되었다. 교종 사원의 경우 지방에 있어서 이보다 앞서는 예는 없을 것으로 판단된다. 이 경우에 문제가 되는 것은 영주 순흥의 숙수사와 칠곡 동명의 송림사이다. 숙수사에서는 6세기 후반으로 추정되는 금동불상이 출토되었고,[25] 송림사의 창건 연대를 7세기 전반으로 보는 가설이[26] 나왔기 때문이다. 숙수사

---

20 김창호, 2000, 〈고고 자료로 본 신라 삼국 통일 원동력〉《한국 고대사와 고고학》
21 김창호, 2000, 〈앞의 논문〉.
23 한국의 석굴 사원에 대해서는 문명대, 1968, 〈한국 석굴사원의 연구〉《역사학보》38을 참조.
24 김창호, 2003, 〈고고 자료로 본 신라 고대 국가의 성립 시기〉《신라문화》21, pp.91~93.
25 연가7년명금동여래입상과 유사한 불상이 출토되었다.

의 불상은 삼국 시대 말기와 통일 신라 초의 30점 가량이 출토되었다.[27]

그렇다면 숙수사의 창건 연대를 700년 전후로 볼 수가 있다. 송림사의 창건 연대도 유리 편년에 따르면[28] 8세기 초이므로 이 절 역시 700년 전후에 창건된 것으로 보인다. 이제 탑리의 5층석탑이 서 있는 일명사지의 창건 연대도 700년 전후로 볼 수가 있다. 그렇게 되어야 동일 시기에 있어서 지방의 문화가 중앙을 능가하는 잘못을 범하지 않고 석탑의 편년 순서와도 아무런 모순이 없게 된다. 결국 영남 지방에 있어서 탑이 있는 교종의 가람은 676년의 부석사 창건을 기점으로 700년 전후가 되어야 창건되는 것이 가능하다고 해석된다.

5. 맺음말

지금까지 의성탑리 5층모전석탑의 창건 시기에 대해 간단히 살펴 보았다. 이제까지 논의해 온 바를 간단히 요약하여 맺음말에 대신하고자 한다.

먼저 삼국 시대의 석탑으로 알려진 미륵사 석탑, 정림사 석탑, 분황사 모전석탑에 대해 일별하였다.

다음으로 미륵사 석탑과 정림사 석탑의 선후 관계에 대해 선학들의 연구 성과를 중심으로 검토하였다. 종래에는 대개 미륵사가 오래된 것으로 보아 왔으나 지금은 정림사 석탑이 미륵사 석탑보다 오래된 것으로 보고 있다. 정림사 자체의 층위에 따르면 정림사가 오래되었으나 정

---

26 김창호, 2001, 〈경북 칠곡 송림사의 창건 연대-위덕대학교박물관 소장품의 소개와 함께-〉《미술자료》66.

27 김재원, 1958, 〈숙수사지 출토 불상에 대하여〉《진단학보》19, pp.7-23 :2000, 《한국과 중국의 고고미술》.

28 谷一尚, 1986, 〈松林寺のガラス製舍利容器〉《論叢 佛敎美術史》, p.291에 따라 송림사의 창건을 8세기 초로 수정한다.

사진 34 미륵사 석탑

사진 35 정림사 석탑

사진 36 분황사 모전석탑

림사에 목탑이 먼저 서고 나중에 석탑이 선 것으로 해석해 미륵사가 오래된 것으로 본 가설도 있다. 이는 발굴 층위를 무시함과 아울러 목탑이 먼저 있었다는 고고학적 증거의 제시도 없이 상황 판단에 따른 논리로 설득력이 없음을 밝혔다.

마지막으로 탑리 석탑의 창건 연대를 신라가 영남 지방의 지배라는 측면을 주된 전거로 삼고, 고선사지 석탑, 감은사지 석탑과의 비교 검토하여 700년 전후로 보았다.

사진 37 의성 탑리 석탑

사진 38 고선사 석탑

사진 39 감은사 석탑

제 **II** 장

慶北 漆谷 松林寺의 창건 연대
-위덕대학교박물관 소장품의 소개와 함께-

1. 머리말

松林寺[29]는 慶北 漆谷郡 東明面 九德里 91-6번지 架山 남쪽 기슭에 자리잡고 있다. 현재 대한불교 조계종 제9교구 본사인 桐華寺의 말사이다. 城은 동서로 길게 이어진 골짜기의 북편대지를 차지하고 있으며 바로 남쪽에는 개울이 흐르고 있다. 1963년 1월 21일 보물 제189호로 지정된 松林寺 5층전탑은 금당 남쪽 평탄한 대지 위에 위치하고 있다. 이 탑에서는 1959년 4월 해체수리시에 많은 사리장엄구들이 출토되었다.[30] 사리장엄구에 의해 전탑의 축조 연대를 7세기 후반,[31] 8세기 전반,[32] 8세

---

29 松林寺의 통일신라 명칭은 摩頂溪寺로 추정되는 바, 이에 대해서 金昌鎬, 2001,〈新羅壽昌護國城八角登樓記의 分析〉≪古文化≫57.

30 Chewon Kim; *Treasures from the Songyimsa Temple in Southern Korea*, Aritibus Asiae, Vol. X X Ⅱ , Y2 1959. 같은 내용의 논문으로는 金載元, 1966,〈松林寺磚塔〉≪震檀學報≫ 29 · 30이 있다.

31 金關恕, 1961,〈松林寺 塼塔發見의 遺寶〉≪朝鮮學報≫18.
  崔元禎, 2000〈漆谷 松林寺 五層塼塔 佛舍利莊嚴具研究〉, 대구가톨릭대학교 대학원 예술학과 석사학위논문, pp.57-58.

기,[33] 9세기[34] 등으로 보아 왔다.

여기에서는 먼저 전탑에서 출토된 사리장엄구를 살펴보고 다음으로 1997년 여름에 송림사 마당에서 습득된 명문석의[35] 소개와 검토를 하고 나서, 마지막으로 송림사의 창건 연대에 대한 소견을 간단히 밝혀보기로 하겠다.

2. 사리장엄구

1959년 4월에 송림사 5층전탑이 해체 수리되었다. 이 과정에서 많은 유물들이 출토되었다. 해체는 상륜부부터 시작되었다. 상륜부의 복발 아래에서 고려시대의 상감청자 합이 발견되었다.

5층의 탑신을 위에서부터 해체할 시 3층 옥개 위인 4층 탑신에 석함이 발견되었다. 여기에서 불경이 있었던 흔적은 관찰될 수 있었으나 상세한 것은 알 수가 없다.

2층 탑신의 해체 작업 시 적심석 속에서 거북모양으로 된 또 다른 석함이 발견되었다. 이 석함의 신부는 큰 석괴의 상부를 4각형으로 다듬어서 만든 것이고, 그 위에 거북의 머리와 龜甲의 모양을 한 4각형의 뚜껑이 덮여 있다. 이 석함의 뚜껑을 열었을 때 사리함을 포함한 중요한 유물들이 발견되었다.

전탑에서 출토된 유물들을 하나하나 간단히 설명하기로 하겠다.[36]

---

32 谷一尚, 1986, 〈松林寺のガラス製舍利容器〉 ≪論叢 佛敎美術史≫, p.291.
    姜友邦, 1993, ≪한국 불교의 사리장엄≫, p.51.
    朴洪國, 1998, ≪한국의 전탑연구≫, p.139.
33 金載元, 1966, 〈앞의 논문〉, p.28.
34 秦弘燮, 1992, ≪國寶≫5, p.212.
35 이 명문석은 위덕대학교 박물관 朴洪國관장에 의해 습득되었고, 사진, 실측도, 탁본 등도 동 박물관의 학예연구원들에 의해 작성된 것이다. 자료 소개의 기회를 준 박관장 등에게 심심한 사의를 표하는 바이다.

1) 石函[37]

유물이 들어 있던 석함은 2층 탑신에 해당되는 부분에서 발견되었다. 외형을 거북모양으로 만들었는데, 函身部에 네모나게 판 藏置孔의 크기는 상부 1변이 9cm, 깊이는 16.8cm, 내부와 주위에 여러 가지 채색을 하였다.

2) 舍利器

기단 1변의 길이가 12.7cm이고 높이는 14.2cm이다. 기단과 屋蓋는 주로 금동판을 오려서 만들었고 그 사이에 녹색 유리제의 컵형 용기를 안치하였다. 이와 같은 특이한 형식의 사리기는 종래 우리나라는 물론 중국이나 일본에서도 발견된 일이 없었다. 연판으로 장식한 기단 상면 주위에는 오래된 형식의 난간을 돌려 세우고 있다. 이 기단위에 놓인 유리컵형 용기는 구경이 8.4cm, 높이 약 7cm이다. 외면 주위에 12개의 유리 小環을 돌려 붙인 것을 특징으로 한다. 이 속에 역시 녹색 유리제의 사리병이 들어있는데, 그 높이는 6.3cm이다. 마개도 유리로 만들어져 있었다. 보개는 주위를 2단으로 걸쳐 장식판을 斜方向으로 병행해서 돌려 세우고 있다. 그 上緣에는 연판상 장식을 같은 간격으로 배치하고 있다. 또 처마 밑 주위 4면에는 3각형의 수식을 돌아가면서 달아 붙였다.

3) 莊嚴具

위의 사리기와 함께 다음과 같은 장엄구류가 들어 있었다.

• 銀製鍍金樹枝形裝飾具(높이 22cm)

좌우에 대칭적으로 전개하는 수지상 장식을 중심선에서 약 80도에 가

---

36 석함과 사리장엄구 유물의 도판은 國立中央博物館, 1991, ≪佛舍利莊嚴≫, pp.26-29.

37 이하 사리장엄구에 대한 설명은 尹武炳, 1960, 〈近來에 發見된 舍利關係遺物〉≪美術資料≫1, pp.7-8에서 전제하였다.

까운 각도로 접어서 만들었다. 그 밑뿌리는 칼 끝과 같은 모양이다. 나무가지 모양과 같은 부분에는 전면에 걸쳐 총 수 200개가 넘는 금색찬란한 小圓形의 영락이 달려 있다.

- 銅製鍍金圓形金具 2개(지름 3cm, 두께 0.8cm)

양면에 동심원의 圓圈을 연속해서 돌려 새겨 놓았다. 용도는 알 수 없으나 경주 분황사탑 속에서도 비슷한 물건이 발견된 바 있다. 불가에서 사용하는 輪寶로 생각하는 사람도 있다.

- 銀製小環 15개(지금 1-2cm)

지름 0.2cm정도의 은선을 사용해서 만들었는데 크기는 동일하지 않다. 개중에는 두 개씩 연결한 것도 있다.

- 玉類

曲玉 3개. 그중 하나는 경옥제이고 두 개는 담청색의 유리제이다. 유리곡옥중 하나는 頭部만 남아 있다.

- 水晶製飾玉

截頭한 6각추형을 둘 합친 모습으로 만든 이른바 切子玉이다. 大小 크기도 일정치 않다.

8개

- 瑪瑙製丸玉

한 개가 있었다.

- 碧玉製管玉

길이 약 2cm 내외의 것이 4개 있었다. 그 중에 하나는 조금 가늘다

- 유리제식옥

조금 큰 것이 28개, 그 외에 小玉이 많이 있었다.

濃靑·靑色·綠色·黃色 여러 가지 빛깔에 투명·불투명의 여러 가지가 있었다.

• 香木

沈香과 丁香의 두 가지가 들어 있었다.

3. 명문의 소개

1997년 여름에 송림사 마당에서 글자가 음각 된 명문석이 습득되어 현재 위덕대학교 박물관에서 전시되고 있다.

가로 7.8cm, 세로 8.7cm, 높이 1.4cm인 방형의 직육면체인 명문석은 전면이 마연되어 있다. 명문은 앞면에 우에서 좌로 기록되어 있으나 마연에 의해 글자를 판독하기 어려운 상태이다. 또한 후대의 낙서로 판단되는 침선이 관찰된다. 뒷면에는 표와 같이 가로·세로로 침선을 교차시킨 것이 관찰되고 사선으로 빗금 친 부분도 관찰된다.(사진 40) 어떤 의도로 이 표와 같은 그림을 그렸는지는 알 수 없다.

이제 명문의 판독에 들어갈 차례가 되었다. 이 명문들은 글자를 새기고 나서도 글자가 있는 면이 마연되었기 때문에 글자를 읽기가 매우 어렵다. 제①행은 모두 5자로 판단된다. 「1」번째 글자인 道자는 누구나 쉽게 읽을 수가 있다. 「2」번째 글자인 使자도 읽기가 어렵지 않다. 「3」~「5」번째 글자는 읽기가 어렵다. 이 부분은 신라 중고 금석문의 인명 표기 방식에 따르면[38] 부명이 나오는 자리이므로 신라의 6부명과 관련지워서 추독하기로 하였다. 「3」번째 글자는 그 자획이 「」로 남아 있어서 沙喙部의 沙자와 관련이 가능하다. 「4」번째 글자는 그 자흔을 찾을 수가 없다. 「5」번째 글자는 部 자의 오른쪽에 있는 「阝」부분이 확인되어 部자로 볼수가 있다. 그렇다면 「3」번째 글자는 沙자로, 「4」번째 글자를 추독하면 喙자로 볼 수가 있고, 「5」번째 글자는 部자로 보인다.

---

38 金昌鎬, 1983, 〈古新羅 中古 金石文의 人名表記(1)〉 ≪大丘史學≫23.

제②행은 모두 6자 또는 7자가 있을 것으로 추정되나 여기에서는 설명의 편의를 위해 6자설을 취한다. 「1」번째 글자는 자흔이 뚜렷하나 읽을 수가 있다. 「2」-「4」번째 글자는 그 자흔 조차 남아 있지 않다. 「5」번째 글자에 앞서서 「6」번째 글자는 申자가 분명하다. 申자 앞의 글자인 「5」번째 글자는 年干支와 관련되는 글자이다. 「5」번째 글자는 艹식으로 적혀 있다. 이를 甲, 乙, 丙, 丁, 戊, 己, 庚, 辛, 壬, 癸의 10자 가운데에서 찾으면 甲자에 가장 가깝다.

표 5 송림사 명문의 판독

④	③	②	①	
大	年		道	1
	十	△	使	2
	一	△		3
	月	△	△	4
	廿	△	卩	5
一	一			6
	日	申		7
	△			8

제③행은 모두 8자이다. 「1」번째 글자는 年자로 판독된다. 「2」번째 글자는 十자이다. 「3」번째 글자는 一자이다. 「4」번째 글자는 月자이다. 「5」번째 글자는 廿이다. 「6」번째글자는 一자이다. 「7」번째 글자는 日자이다.「8」번째 글자는 자획은 분명하나 읽을 수가 없다.

제④행은 모두 몇 글자인지 알 수가 없다. 「1」번째 글자는 大자이다. 그 밑에 一자가 있다. 이상의 판독 결과를 도시하면 앞의 표 5와 같다.

4. 창건 연대

지금까지 송림사의 창건 연대는 전탑에서 나온 사리장엄구에 의해 7세기 후반설, 8세기 전반설, 8세기설, 9세기설 등이 제기되고[39] 있다.

이러한 가설들은 나름대로의 그 근거를 갖고 있다고 판단된다.

여기에서는 먼저 사리장엄구 가운데 利器의 기단부에 있는 연판에 주목하고자 한다.[40] 여기의 연판은 한 가운데를 오똑하게 해서 분리하고 있다. 이러한 연판형식은 고신라의 기와에서 다량으로 출토되고 있다. 이러한 기와는 보통 고구려나 백제 양식에서 벗어난 신라화한 기와로 보고 있다. 그 제작시기는 대개 584년경에 제작되기 시작하여 7세기 전반경까지 계속 제작되고 있다고 한다.[41] 물론 기와의 문양과 금동판의 문양을 비교하는 것은 다소 문제점이 있으나[42] 그 연대의 일단을 600년경 전후로 볼 수 있지 않을까 한다.[43]

다음으로 銀製鍍金樹枝形裝飾具와 비슷한 형식이 부여 하황리, 남원 척문리, 논산 육곡리, 나주 흥덕리 등 6세기 백제 고분에서 출토된 바 있고,[44] 그 사용 시기는 6세기가 중심이나 7세기까지 사용되었을 가능성도 제기되고 있어서[45] 송림사 전탑의 상한을 600년경으로 볼 수가 있다.

마지막으로 명문의 분석을 통해 그 연대의 일단을 살펴보기로 하자. 표 1에서「道使(沙喙部)△△△△」에서 道使는 직명, (沙喙部)는 출신부명, △△△은 인명, △는 관등명이 된다. 道使는 443년에 작성된 냉수리비의 耽須道使, 524년에 작성된 봉평비의 居伐牟羅道使, 帝智悉支道使, 561년에 작성된 창녕비의 道使, 591년에 작성된 남산신성비의 奴含道使, 營

---

39 이에 대해서는 본 고의 머리말 부분을 참조.

40 이에 대한 착상은 이미 崔元禎, 2000, 〈앞의 논문〉, p.46에 제기되어 있다.

41 金誠龜, 2000, 〈新羅瓦當의 變遷과 그 特性〉≪기와를 통해 본 고대 동아시아 삼국의 대외교섭≫, p.160.

42 식리총의 신발 바닥에도 8엽 연화문이 있는데 가운데에 불룩한 테가 직선으로 되어 있다. 식리총의 연대는 475~500년 사이로 편년되고 있다.

43 이렇게 될 때 사리기 속에 들어있는 유리컵형 용기는 사산조페르시아의 것으로 8세기 초가 되어 문제점이 노정되나 이에 대해서는 관계 전문가의 후고를 기다리기로 한다.

44 崔鍾圭, 1991, 〈百濟 銀製冠飾에 關한 考察-百濟金工(1)-〉≪美術資料≫47, pp.88~91.

45 崔鍾圭, 1991, 〈앞의 논문〉, p.92.

| 앞면 | 뒷면 |

사진 40 명문석 사진 · 탁본

坫道使, 阿且兮村道使, 仇利城道使, 荅大支村道使 등으로 모두 지명과 함께 나오고 있으나 본 명문에서는 道使가 단독으로 나오고 있다.[46] 이 道使를 보면 명문의 작성 연대는 신라에서 州郡縣制가 확립되는 685년이 하한이다.[47] 沙啄部라는 부명 표기에 근거할 때 대개 그 하한은 661

---

46 물론 창녕비(561) 전반부 기사 부분에도 道使가 단독으로 나오고 있으나 이는 문장중에서 나온 것이다. 이 명문처럼 지명이 붙지 않고서 인명표기의 직명으로 道使가 단독으로 나오는 것은 처음이다.

47 藤田亮策, 1963, ≪朝鮮學論考≫, p.339.

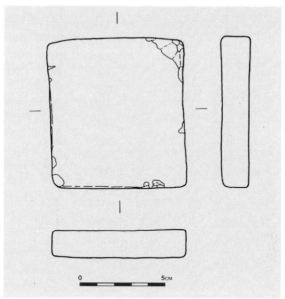

그림 48 명문석 실측도

년이 된다.[48] 명문이 나오는(甲)申年과 관련지우면 624년, 564년, 524년, 464년 등이 그 대상이 되나 앞에서 사리기 연판의 무늬와 은제도금 수지형장식에서 얻은 연대와 대비시키면 624년 만이 그 대상이 될 수가 있다. 따라서 송림사의 창건 연대는 7세기 전반경으로 추정할 수가 있다. 송림사 5층전탑의 창건 연대도 이에 준하여 추정하고자 한다.

5. 맺음말

지금까지 논의되어 온 바를 간단히 요약하여 맺음말에 대신하고자 한다.

먼저 사리장엄구 부분에서는 송림사 5층전탑의 해체수리시에 출토 사리장엄구들은 간단히 소개하였다.

---

48 金昌鎬, 1999, 〈古新羅 金石文에 있어서 部名의 사용할 때기〉≪白山學報≫52, p.45에는 660년대로 보았으나 무열왕비의 건립연대는 661년으로 볼 수가 있다.

다음으로 명문의 소개에서는 1997년 여름에 송림사 마당에서 4각형의 6면체 돌에 새겨진 명문에 대해서 그 사진, 실측도, 탁본 등의 제시와 함께 간단히 소개하였다.

마지막으로 송림사의 창건 연대에 대해서는 주로 사리장엄구의 양식론에 근거하여 7세기 후반, 8세기 전반, 8세기, 9세기 등으로 보아 왔다. 여기에서는 사리기 기단부에 있는 연판을 신라의 수막새에 나오는 연판과 대비하고, 은제도금수지형장식구를 6세기 백제 출토의 관식과 대비시켜서 그 연대를 600년 전후로 보았다. 명문에서 도사가 나오는 하한과 沙喙部란 부명이 나오는 시기를 고려하여 명문에 나오는 甲申年의 연간지를 624년으로 보았다. 따라서 송림사의 창건 연대나 전탑의 창건 연대도 이에 준하여 7세기 전반으로 보았다.[49]

---

49 7세기 전반은 신라의 지방에 지방 관아가 들어서기 시작함과 동시에 사원이 들어서는 시기이다.

제 5 부

삼국유사의 연구

≪三國遺事≫에 실린 我道本碑의 작성 시기

1. 머리말

우리나라의 고대사 연구의 기본 자료로는 ≪三國史記≫와 ≪三國遺事≫를 들 수 있다. 전자는 官撰의 정사인데 대해, 후자는 私撰의 記事類이다. 내용의 정확성은 후자쪽이 오히려 전자보다 정평이 나 있다.[1]

≪三國遺事≫에 대한 연구는 역사, 향가, 서지학, 민속, 불교, 고고학, 미술사 등 많은 부분에서 다양하게 접근하고 있는 데에도 불구하고 아직까지 연구되어야 할 많은 부분이 있을 것으로 사료된다. 이러한 부분들은 관계 전문가의 후고를 기다리기로 한다.

여기에서는 ≪三國遺事≫가운데 한 부분인 我道本碑의 작성 시기를 살펴보기 위해서 먼저 아도본비가 실린 아도기라조의 원문을 제시하겠으며, 다음으로 아도기라조의 역주를 하겠으며, 그 다음으로 아도본비와 아도화상비를 검토하겠으며, 마지막으로 아도본비의 작성시기에 대한 소견을 밝혀보고자 한다.

---

1 일반적으로 통용되고 있는 역사학계의 정설이다.

2. 阿道基羅조의 原文

新羅本記第四云 第十九訥祇王時 沙門墨胡子 自高麗至一善郡 郡人毛
禮(或作毛祿) 於家中作堀室安置 時梁遣使賜衣著香物(高得相詠史詩云 梁遣
使僧曰元表.宣送溟檀及經像) 君臣不知其香名與其所用 遣人齎香遍問國中
墨胡子見之曰 此之謂香也 焚之則香氣芬馥 所以達誠於神聖 神聖未有過
於三寶 若燒此發願 則必有靈應(訥祇在晉宋之世 而云梁遣使恐誤)

時王女病革 使召墨胡子 焚香表誓 王女之病尋愈 王喜厚加賚貺 俄而不
知所歸

又至二十一毗處王時 有我道和尚 與侍者三人 亦來毛禮家 儀表似墨胡
子住數年 無疾而終 其侍者三人留住 講讀經律 往往有信奉者(有注云 與本
碑及諸傳記殊異 又高僧傳云西竺人 或云從吳來)

按我道本碑云 我道高麗人也 母高道寧 正始間 曹魏人我(姓我也)堀摩奉
使句麗 私之而還 因而有娠 師生五歲 其母令出家 年十六歸魏 省覲堀摩
投玄彰和尚講下就業 年十九又歸寧於母 母謂曰 此國于今不知佛法 爾後
三千餘月 鷄林有聖王出 大興佛敎 其京都內有七處伽藍之墟 一曰金橋東
天鏡林(今興輪寺 金橋謂西川之橋 俗訛呼云松橋也 寺自我道始基而中廢至法興
王丁未草創 乙卯大開 眞興王畢成) 二曰三川岐(今永興寺 與興輪開同代) 三曰
龍宮南(今皇龍寺 眞興王癸酉始開) 四曰龍宮北(今芬皇寺 善德甲午始開) 五
曰沙川尾(今靈妙寺 善德王乙未始開) 六曰神遊林(今天王寺 文武王己卯開) 七
曰婿請田(今曇嚴寺) 皆前佛時伽藍之墟 法水長流之地 爾歸彼而藩揚大敎
當東嚮於釋祀矣 道稟敎至鷄林 寓止王城西里 今嚴莊寺 于時未雛王卽位
二年癸未也

詣闕請行敎法 世以前所未見爲嫌 至有將殺之者 乃逃隱于續林(今一善
縣) 毛祿家(祿與禮形近之訛 古記云 法師初來毛祿家 時天地震驚 時人不知僧名
而云阿頭彡. 麼者乃鄕言之稱僧也猶言沙彌也) 三年 時成國公主疾 巫醫不效

勅使四方求醫 師率然赴闕 其疾遂理 王大悅 問其所須 對曰貧道百無所求
但願創佛寺於天鏡林 大興佛教 奉福邦家爾 王許之 命興工俗方質儉 編茅
葺屋 住而講演 時或天花落地 號興輪寺

毛祿之妹名史氏 投師爲尼 亦於三川岐 創寺而居 名永興寺 未幾 未雛
王即世 國人將害之 師還毛祿家 自作塚 閉戶自絶 遂不復現 因此大教亦
廢 至二十三法興大王以蕭梁天監十三年甲午登位 乃興釋氏 距未雛王癸
未之歲二百五十二年 道寧所言三十餘月驗矣

據此 本記與本碑 二說相戾不同如此 嘗試論之 梁唐二僧傳 及三國本史
皆載 麗濟二國佛教之始在晉末大元之間 則二道法師 以小獸林甲戌 到高
麗明矣 此傳不誤 若以毗處王時方始到羅 則是阿道留高麗百餘歲乃來也
雖大聖行止出沒不常 未必皆爾 抑亦新羅奉佛 非晚甚如此 又若在未雛之
世 則却超先於到麗甲戌百餘年矣 于時鷄林未有文物禮教 國號猶未定何
暇阿道來請奉佛之事又不合高麗未到而越至于羅也 設使暫興還廢 何其間
寂寥無聞 而尙不識香名哉 一何大後 一何大先 揆天東漸之勢 必始于麗濟
而終乎羅 則訥祇旣與獸林世相接也 阿道之辭麗抵羅 宜在訥祇之世

又王女救病 皆傳爲阿道之事 則所謂墨胡者非眞名也 乃指目之辭 如梁
人指達摩爲碧眼胡 晉調釋道安爲柒道人類也 乃阿道危行避諱 而不言名
姓故也 蓋國人隨其所聞 以墨胡阿道二名 分作二人爲傳爾 況云阿道儀表
似墨胡 則以此可驗其一人也

道寧之序七處 直以創開先後預言之 兩傳失之 故今以沙川尾於五次 三
千餘月未必盡信 蓋自訥祇之世抵乎丁未 無慮一百餘年 若曰一千餘月 則
殆幾矣 姓我單名 凝難詳

3. 阿道基羅조의 譯註[2]

신라본기 제4권에 다음과 같은 말이 있다. '아도가 신라 불교를 닦다.(혹은 阿道 또는 阿頭라고도 한다).' 제19대 눌지왕때에 沙門 墨胡子가 고려부터 一善郡에 이르니, 郡人 毛禮(혹은 毛祿이라고도 쓴다)는 집에 堀室을[3] 만들어 安置 疑贍했다. 그 때 梁나라에서 사신을 보내어 의복과 향을 주었다.(高得相의 詠史詩에는 梁나라에서 元表란 使僧을 시켜 溟檀과[4] 經像을 보내왔다고 한다) 임금과 신하는 향의 이름과 용도를 알지 못하여 사람을 보내어 향을 가지고 다니면서 나라 안에 두루 물어보게 하였다. 묵호자가 이것을 보고 말하였다. '이것은 향이라는 것입니다. 불에 사르면 향기가 그윽하여 神聖에게 치성하는 것입니다. 神聖은 三寶에 지나지 않으니, 만약 이것을 시루어 소원을 빌면 반드시 영험이 있을 것입니다.(눌지왕은 晋·宋시대에 해당되니 양에서 사신을 보냈다고 함은 아마 잘못일 것이다.)

이 때 王女가 병으로 위독해서 묵호자를 불러 향을 피우고 축원을 드리게 하였더니, 왕녀의 병이 곧 나았다. 왕이 기뻐서 예물을 후하게 주었는데, 얼마후 그가 어디로 갔는지 알 수가 없었다.

또 제 21대 毗處王때에 이르러 我道和尙이라는 이가 侍者 세 사람과 역시 毛禮의 집에 왔는데, 외모가 묵호자와 비슷하였다. 그는 수년 동안 이 곳에 살다가 병도 없이 생애를 마쳤다. 侍者 세 사람은 그대로 머물면서 經律을 강독하였는데, 이따금 불교를 믿는 사람이 생겼다.(注가 있

---

2 여기에서는 주로 辛鍾遠, 1993,〈三國遺事 「阿道基羅」條 譯註〉≪宋甲鎬敎授停年退任記念文集≫을 참조하였다.
3 고신라의 석굴에 대해서는 북한산비에 나오는 道人이 居하던 石窟을 승가대사상이 있는 승가굴로 생각할 수가 있다. 그러나 이 석굴은 승가대사상을 만들 때 대단히 증축되었을 것으로 판단된다.
4 ≪해동고승전≫에는 沈檀이라고 나옴.

어서 이르기를[5], 本碑[6] 및 諸傳記는[7] 다르다고 하였다. 高僧傳에서는[8] 西天竺 사람이라 하였고, 혹은 吳나라에서 왔다고 하였다.)

我道本碑를 살펴보면 다음과 같다. 아도는 高麗人이다.[9]

어머니는 高道寧으로서 正始年間에[10] 曹魏사람[11] 我(我는 姓이다)崛摩가 고구려에 사신으로 왔다가 고도령과 私通하고 돌아갔는데 아기를 배게되었다. 아도가 다섯 살이 되었을 때, 어머니가 그를 출가 시켰다. 열여섯 살에 위나라에 가서 아버지 굴마를 찾아 뵙고, 玄彰和尙의 문하에 들어가 수업했다. 열 아홉 살 때에 돌아와 어머니를 뵈오니, 어머니가 말하였다. '이 나라는 지금까지 불법을 모르지만, 이후 3천 몇 달이 지나면 계림에 聖王이 나시어 불교를 크게 일으킬 것이다. 그 서울에는 일곱 군데에 절터가 있다. 첫째는 金橋[12] 동쪽 天鏡林(지금의 흥륜사다. 金橋는 서천의 다리를 말하는데 세간에서는 '松橋'라고 잘못 부르고 있다. 이 절은 아도가 처음 터를 잡았으나 중간에 폐지되었다. 법흥왕 丁未年에[13] 이르러 처음 창건되었고, 乙卯年에[14] 크게 공사를 벌이어 진흥왕때에 마쳤다.), 둘째는 三川岐(지금의 永興寺다. 흥륜사와 같은 시대에 창건되었다.), 셋째는 용궁[15] 남쪽(지금의 황룡사다. 진흥왕 癸酉年에[16] 처음 착공되었다.), 넷째는 龍宮 북쪽

<hr />

5 앞에서 본 ≪三國史記≫, 法興王15年조 末尾의 註.
6 앞 註의 金用行所撰의 我道和尙碑(혹은 阿道碑)를 가리킴. 이에 대해서는 뒤에서 장을 달리하여 상론할 것이다.
7 ≪鷄林雜傳≫에 실린 전기를 가리키고 있는 듯하다.
8 ≪해동고승전≫권1 阿道伝 참조
9 역주 부분에 있어서 고려는 모두 고구려를 가리킨다.
10 240년에서 248년 사이를 가리킨다.
11 조조가 세운 위나라를 말한다.
12 금교의 위치는 李根直, 2000, 〈新羅 王京 橋梁址 位置 再考〉≪慶州文化論叢≫3, p.35-38 에 따르면 흥륜사지(현재의 경주공업고등학교 자리)의 서편으로 추정된다고 한다.
13 법흥왕 7년(520년).
14 법흥왕 15년(528년).
15 朴方龍박사는 황룡사지 서쪽 集水 유구로 추정하고 있다.
16 진흥왕 14년(553년).

(지금의 분황사다. 선덕왕 甲午年에[17] 개창되었다.), 다섯째는 沙川尾(지금의 영묘사다. 선덕왕 乙未年에[18] 개창되었다.), 여섯째는 神遊林(지금의 四天王寺다. 문무왕 乙卯年[19]에 개창되었다.), 일곱째는 婿請田(지금의 曇嚴寺다.)으로서 모두 前佛 시대의 절터이며, 불법의 물결이 깊이 흐를 곳이다. 너는 그곳에 가서 위대한 불교를 펼칠 것이며, 釋尊의 제사가 동으로 퍼지는 일을 맡아라.'고 아도가 분부를 받들고, 계림에 와서 王城의 西里에 살았는데, 이 곳이 지금의 嚴莊寺이다.[20] 이 때가 미추왕 즉위 2년 癸未年이다.[21]

아도가 대궐에 들어가 불교를 펴기를 청하니, 모두 전에 보지 못하던 것이라 하여 꺼리고 심지어 죽이려는 사람까지 있었다. 그러나 도망가서 續林(지금의 一善縣) 毛祿의 집에(祿은 禮와 字形이 비슷한 데서 생긴 잘못이다. 古記에 다음과 같이 적혀 있다. 法師가 처음 毛祿의 집에 왔을 때 천지가 진동하였다. 그 때 사람들은 僧이란 명칭을 알지 못했으므로 阿頭彡麼라고 불렀다. 彡麼란 鄕言의 僧을 가리키는 말이니, 沙彌라고 말함과 같다.) 3년 동안 숨어 있었다. 이 때에 成國公主가 병이 났는데, 巫醫도 효험이 없자 사람을 사방으로 보내어 의사를 찾도록 했다. 스님이 급히 대궐로 들어가서 마침내 그 병을 고쳤다. 왕은 매우 기뻐하여 그의 소원을 물으니, 스님은 대답하였다. '소승은 아무 것도 바라오는 바가 없사오나 다만 天鏡林에 절을 지어 불교를 크게 일으켜서 나라의 복을 비는 것이 소원입니다.' 왕은 허락하고 공사를 착수하도록 명령했다. 당시 풍속이 질박하고 검소하여 띠를 엮어 자붕을 이었다. 스님은 여기에 살면서 강연을 하였는데, 가끔 천화가 떨어졌다. 절 이름을 흥륜사라 하였다.

---

17 선덕왕 3년(634년).
18 선덕왕 4년(635년).
19 문무왕 19년(679년)
20 이 곳 밖에 나오지 않으며 창건시기, 위치 등을 알 수가 없다.
21 미추왕 2년(263년).

모록의 누이는 이름이 史氏로서 스님께 귀의하여 비구니가 되었는데, 三川岐에다 그녀 또한 절을 지어 살았다. 절 이름은 永興寺다. 얼마 못되어 미추왕이 돌아가시자 나라의 사람들이 스님을 해치려 하였다. 스님은 모록의 집으로 돌아와 스스로 무덤을 만들어 문을 잠그고 돌아가셨으니, 끝내 세상에 다시 나타나지 않았다. 이리하여 불교 또한 폐지되었다. 제 23대 법흥대왕이 蕭梁 天監 13년 甲牛年에[22] 왕위에 오르자 불교를 일으켰으니, 미추왕 癸未年으로부터 252년의 거리가 있다. 고도령이 예언한 三千餘月이 들어 맞았다.

이렇게 보면, 本紀와 本碑의 두 설이 서로 어긋나서 같지 않음이 이와 같았다. 한번 試論해 보면 다음과 같다. 梁·唐 두 고승전[23] 및 三國本史[24]에는 모두 고구려와 백제 두 나라 불교의 시작이 晉나라 말년 太元年間이라[25] 하였는데, 二道法師가[26] 소수림왕 甲戌年에[27] 고구려에 온 것이 분명함으로 이 傳은 틀리지 않았다. 만약 (아도가) 비처왕때에 비로소 신라에 왔다고 하면 이것은 高麗에서 백여년이나 있다가 온 것이 된다. 아무리 위대한 성인의 행동거지와 나타나고 없어짐이 여느 사람과 다르다고 하더라도 반드시 다 그렇지는 않을 것이다. 그리고 신라에서 불교를 믿은 것이 이토록 늦지는 않을 것이다. 또 만약 미추왕 때였다고 하면(아도가)(高)麗에 온 甲牛年보다[28] 백여년 전이 된다. 이때는 신라가 아직 文物禮敎도 없었고 나라이름도 정해지지 않았는데 어느 겨를에 아도가 와

---

22 법흥왕 원년(514년).
23 慧皎의 《고승전》과 道宣의 《속고승전》.
24 《三國史記》, 新羅本紀를 가리킨다.
25 376년에서 396년까지이다.
26 모든 주석서에는 順道와 阿道라고 해석하고 있으며, 최근에 三道는 阿道의 잘못이라는 가설이 제기되고 있다.(신종원, 1993, 〈앞의 논문〉, p.568 참조) 필자는 三道는 阿道의 잘못이라는 가설을 따른다.
27 소수림왕 4년(374년).
28 소수림왕 4년(374년).

서 불교를 받들자고 하였겠는가? 또 고려에도 오지않은 채 신라로 넘어 갔다는 것은 이치에 맞지 않는다.

설사(미추왕 때에) 잠시 (불교가)흥하였다가 곧 없어졌다 하더라도 어 찌 그 사이에 그토록 적막하여 소문이 없을 것이며, 향의 이름조차 알지 못했을까? 하나는 연대가 너무 뒤지고, 하나는 너무 앞서지 않는가? 생 각컨데 불교가 동방으로 전파되는 형세는 반드시 麗·濟에서 시작하여 신라에서 마칠 것이다. 눌지왕대는 소수림왕대와 서로 맞닿음으로, 아 도가 (高)麗를 떠나 (新)羅에 온 것은 마땅히 눌지왕 때가 될 것이다.

또 왕녀가 병을 고쳤다는 것도 모두 阿道가 한 일이라고 전하고 있으 나, 이른바 墨胡(子)라는 것도 진짜 이름이 아니라 그저 지목해서 한 말 이다. 마치 梁나라 사람들이 달마를 가리켜 碧眼胡라 하고, 晉나라에서 釋道安을 조롱하여 柒道人이라고 한 점과 같은 것이다. 이것은 아도가 위태로운 일을 하느라고 이름을 숨겨 성명을 말하지 않은 까닭이다. 아 마 당시 사람들이 들은 바에 따라, 묵호자·아도 두 이름으로 사람을 둘 로 나누어 전기를 지은 것이라, 더구나 아도의 모습이 묵호자와 비슷하 다고 하였는데, 이것으로 보아도 한 사람임을 알 수 있다.

도령이 일곱 군데 절터를 차례로 든 것은 그 개창한 순서에 따라 예언 한 것이나 傳이 잘못되었음으로 이제 沙川尾를 다섯 번째에 올려놓는 다. 3천 몇 달 이란 말도 반드시 다 믿을 것은 못된다. 대개 눌지왕 때로 부터 법흥왕 정미년 까지는 무려 백몇 년이 됨으로 1천 몇 달이라고 하 면 거의 비슷할 것이다. 성이 我이고 외자 이름을[29] 道라 한 것도 거짓인 듯 하니 자세히 알 수 없다.

---

29 我道의 道을 말함.

4. 我道本碑와 我道和尙碑

我道에 관한 비석으로 세 가지가 있다. 하나는 아도기라조에 나오는 我道本碑이고[30], 다른 하나는 ≪三國史記≫, 법흥왕 15年조에 나오는 我道和尙碑이고, 그 나머지 하나는 ≪三國遺事≫, 原宗·厭髑滅身조의 分注에 나오는 阿道碑이다. 뒤의 두 비는 모두 金用行所撰이라고 비를 지은 사람의 이름이 명기되어 있어서 먼저 관계 史料부터 제시하면 다음과 같다.

「此據金大問鷄林雜傳所記書之 㼱[31] 奈麻金用行所錄 我道和尙碑所錄 殊異」(≪三國史記≫,法興王 15年조 末尾의 註)

「又按金用行撰阿道碑 舍人時年二十六 父吉升 祖功漢 曾祖乙解大王」(≪三國遺事≫, 原宗法興·厭髑滅身祖의 分注에 厭髑傳의 한 異說로서 제시됨.)

위의 두 사료에 있어서 我道와 阿道는 각각 고구려, 신라에서 사용된 용어이므로[32] 동일한 사람이다. 위의 사료에서 먼저 전자부터 살펴보기로 하자. 이는 이차돈의 순교 전설에 대해 설명한 것으로 그 내용은 ≪鷄林雜傳≫에[33] 근거해 기록하였고 「阿道和尙碑」에[34] 실린 것과는 (내용이) 다르다고 되어 있다. 金用行의 金이란 성은 아마도 661년 작성된[35] 태종

---

30 본고의 2장 참조.

31 李載浩역, 1989, ≪三國遺事≫, p.902에는 㼱을 與로 보고 있다.

32 村上四男撰, 1994, ≪三國遺事考証≫, 下之一, p.88.

33 김대문이 지었다고 서명만 나올 뿐이고, 책 자체는 일실되고 없어서 자세한 내용은 알 수가 없다.

34 후술하겠지만 아도화상비는 아도비와 동일한 비로 金用行이 지은 것으로 지금 전해지지 않고 있어서 그 자세한 내용은 알 길이 없다.

35 태종무열왕릉비의 인명표기 방식은 문무왕릉비와 똑같은 것으로 사료되고, 문무왕릉비

무열왕릉비의 작성이후이고, 韓奈麻 관등은 大奈麻하고 같지만 고신라 시대에는 사용된 바없고, 706년에 작성된 황복사석탑 금동사리함명에[36] 그 예가 있다. 韓奈麻란 관등명이 인명의 앞에 오는 점등에서 통일신라 때인 8세기경에 작성된 것으로[37] 판단된다.

후자인 阿道碑의 내용은 이차돈이 舍人일 때 나이가 26세이고 아버지는 吉升이고, 할아버지는 功漢, 증조할아버지는 乙解大王이라는 경력과 세계가 기록되어 있다.

아도비의 내용은 앞에서 살펴본 바와 같이 아도기라조에 인용된 아도본비에는 그 내용이 없다. 따라서 아도비와 아도본비는 동일한 비석이 아님을 알 수가 있다. 아도비와 아도화상비의 관계이다. 金用行이 아도비와 아도본비의 내용이 다른 두 비를 지었다면 그러한 표시가 위의 인용문에서는 그 꼬투리가 나타날 가능성이 있는데도 그러한 증거는 전혀 찾을 수가 없어서 두 비는 같은 내용의 비로 판단된다.

이렇게 金用行이 지은 아도화상비와 아도비가 동일할 때 그 지은이를 모르는 아도본비와의 관계이다. 아도비에 실린 이차돈의 경력과 세계에 관한 내용이 전혀 아도본비에는 없으므로 두 비는 동일한 비가 아님을 쉽게 알 수가 있다. 아도화상비는 지은이를 명기하고 있고, 찬자는 관등명까지 제기하고 있으나(아도본비에서 찬자의 이름이나 관등명 등이 제기하고 있으나) 아도본비에서는 찬자의 이름이나 관등명 등이 전혀 없다. 따라서 아도본비는 아도화상비와는 전혀 다른 비이다.

이렇게 아도화상비와 아도비는 金用行이 지은 동일한 비이고, 아도본

와 마찬가지로 성도 사용되었다고 판단된다. 무열왕릉비의 작성연대는 661년쯤으로 필자는 보고 있다.

36 許興植編著, 1984, ≪韓國金石全文≫-古代-, p.124

37 村上四男撰, 1994, ≪앞의 책≫, p.88에서는 金用行을 하고 新羅人으로 보고 있다.
郭丞勳, 1998, 〈新羅 下代의 佛敎와 政治變動〉, 翰林大學校 大學院 史學科 博士學位請求論文, pp. 125-6에서 아도화상비는 신라 중대에 만들어진 것으로 주장하고 있다.

비는 찬자를 모르는 다른 비임에도 불구하고 아도기라조에는 「有注云與本碑及諸傳記殊異」라고 되어 있어서 혼란을 일으키고 있다. 이 부분을 '注가 있어서 이르기를 더불어 本碑와 諸傳記는 다르다고 하였다.' 로 해석된다. 이는 앞에서 인용한 ≪三國史記≫ 法興王 15年조 末尾의 注와 그 내용이 동일하다. 곧 본비는 아도화상비를 가리키고,[38] ≪계림잡전≫ 을 가리키고 있기 때문이다. 이렇게 아도기라조에서 아도본비란 비석을 인용까지 해 놓고도, 아도화상비(또는 아도비)를 본비라고 줄여서 부르기까지 한 까닭이 궁금하다.

종래에는 대개 이를 아도본비와 아도화비(아도비)를 동일한 비로 본 유력한 근거로 삼아서[39]이해해 왔다. 아도본비가 아도화상비(아도비)와 다르다는 사실을 알고 있음에도 불구하고 아도화상비(아도비)를 본비라고 부른 이유는 아도라조의 찬자도 아도화상비(아도비)가 아도본비 보다는 앞서서 만들어진 점을 알고 있는 까닭이 아닐까? 아도본비가 아도화상비(아도비)보다 일찍 찬술 되었다고 찬자가 알고 있었다면 아도본비만을 약칭해서 본비라고 하지 않았을까? 아도라조기의 찬자도 아도본비와 아도화상비(아도비)의 두 비 가운데서는 그 당시 신라 불교 전래에 관한 내용이 풍부한 아도본비를 택한 것으로 짐작된다.

따라서 아도화상비와 아도비는 金用行 소찬의 동일한 비명이고, 아도라조의 아도본비는 金用行 소찬의 비는 아니라고 판단된다.

---

38 辛鍾遠, 1993, 〈앞의 논문〉, p.505에서는 ≪계림잡전≫을 제전기로 이해하고 있는 것 같다.

39 村上四男撰, 1994, ≪앞의 책≫, pp.88-89, 郭承勳, 1998, 〈앞의 논문〉, pp.125-126에서 도 3비를 같은 것으로 보고 있다.

5. 阿道本碑의 작성 시기

이제 아도본비의 작성 연대에 대해 살펴볼 차례가 되었다. 이 비석의 작성 연대는 비문의 말미에 나오는 「未雛王癸未三歲二百五十二年」이 란 구절에서 癸未年이 263년이므로 여기에 252년을 더하면 514년 (법흥 왕 11년)이 된다.

고신라 때 작성되었다는 가설과는[40] 달리 그 이후로 볼 수 있는 요소 들이 많아서 이를 제시하면 다음과 같다.

첫째로 6세기 신라 금석문에서는 직명+출신지명+인명+관등명의 순 서로 기재되는 인명표가 나오지만[41] 아도본비는 그렇지가 못하다.

둘째로 진흥왕의 3순수비(북한산비, 마운령비, 황초령비)를[42] 제외하면 반드시 고식 이두 문으로 문장이 작성되거나 아도본비는 문장이 순수한 문으로 되어 있다. 3순수비에서도 많은 인명표기가 나오고 있어서 고식 이두문도 포함됨을 알 수 있다.

셋째로 아도본비에서는 「正始年間」, 「梁天監13年甲牛」 등에서와 같이 중국역대 왕조의 연호가 나오고 있다. 고신라 금석문에서는 연간지, 또 는 신라고유의 연호(마운령비와 황초령비)가 나올 뿐 중국 연호가 나온 예 는 없다.

네째로 아도본비의 「法與大王」의 大王이란 표기는 신라 태종무열왕 비(661년)의 「太宗武列大王」이 가장 오랜 예이고, 고신라에서는 대개 「太王」이라고 기록되어 있다.

다섯째로 「距未雛王癸未之歲二百五十二年」 식의 연대 표시는 고신라 금석문에서는 없다.

---

40 ≪朝鮮金石文總覽≫上, p.25에는 진흥왕 5년(544년)에 작성된 것으로 되어 있다.

41 金昌鎬, 1983 〈新羅 中古 金石文의 人名表記[I]〉 ≪大丘史學≫22.

42 흔히 창녕비도 진흥왕 순수비에 포함시키고 있으나 이는 잘못된 것이다.

여섯째로 七處伽藍之墟 가운데 曇岩寺의 연대를 문무왕 이후로 본 견해가 있으며[43], 四天王寺는 ≪三國史記≫ 文武王19년조에 따르면 문무왕19년(679년)에 완성되었다. 따라서 아도본비의 작성 시기도 문무왕 이후로 볼 수 있다.

일곱째로 아도본비에 고구려를 가리키는 말로 高句麗와 高麗를 함께 사용하고 있는 점이다. 다 아는 바와 같이 고구려에서는 5세기경부터는 고구려를 사용하지 않고 고려를 사용했다. 5세기 중엽에 건립된 중원 고구려비, 539년 제작된 연가7년명금동여래입상 등에서는 고려로 나오고 있다. ≪三國遺事≫ 王曆에도 고구려는 高麗, 후삼국의 후고구려는 後高麗라고 표기하고 있다. ≪三國遺事≫에서는 고구려를 高麗라고 표기하고 있으며, 다만 紀異, 高句麗조에는 高句麗와 高麗 각 2예 씩으로 공존하고 있다. 또 ≪三國遺事≫, 北夫餘조와 卞韓·百濟조에는 각각 高句麗란 말이 나올 뿐이다. 고구려를 520년부터[44] 고구려 멸망 시기까지는 고려라고 사용했는데에 대해[45] 고려 시대부터 고구려라고 쓰고 있다. 12세기에 만들어진 ≪三國史記≫가 대표적인 예이다.

≪高麗史≫에 高句麗란 용어의 사용이 世家 7건, 志 58건, 列傳 7건에 이르고 있다. 그렇다면 아도본비의 작성연대는 아도기라조에서 아도본비가 있음에도 불구하고 金用行所撰의 아도화상비를 본비라고 부르고 있어 아도화상비의 작성 연대인 8세기 전후보다도 늦음을 알 수가 있다. 아도본비에 句麗란 용어의 사용으로 보면 고려 시대(1100년경)로 그 연대를 잡을 수가 있다.

≪三國史記≫의 내용이 대단히 정확한 것으로 정평이 나 있는데 유독

---

43 高翊晋, 1989, ≪韓國古代佛敎思想史≫, p.64.

44 李殿福, 1991, ≪高句麗·渤海の考古と歷史≫, pp.168-172.

45 663년 작성된 唐劉仁願紀功碑에도 高麗란 단어가 있고, 700년에 작성된 高慈墓誌에도 高麗란 단어가 두 번이나 나오고 있다.

아도기라조의 아도본비만은 왜 그렇게 되었는지 알 수가 없다. ≪三國
遺事≫연구의 새로운 한 시점의 제시도 가능할 듯 하다.

6. 맺음말

지금까지 논의되어 온 바를 간단히 요약하여 맺음말에 대신하고자
한다.

먼저 ≪삼국유사≫에 나오는 아도기라조의 원문을 제시하였고, 다음
으로 아도기라조의 전문에 대한 註釋을 하였고, 그 다음으로 아도본비,
아도화상비, 아도비가 서로 다른 것인지 같은 것인지를 검토하였다. 마
지막으로 아도본비의 작성연대에 대해 살펴 보았다. 종래 아도본비의
연대는 대개 법흥왕22년(535년)으로 보아 왔다. 여기에서는 아도본비에
는 인명표기가 없고, 고식 이두가 사용되지 아니한 순수한 한문인 점,
고신라의 금석문과는 달리 중국 연호가 사용된 점, 아도본비에 나오는 7
처가람의 완성 연대가 문무왕 이후인 점, 비문에 고구려의 준말인 句麗
란 용어가 사용된 점 등에 근거하여 고려시대(1100년경)에 아도본비가
작성 되었음을[46] 밝혔다.

---

46 許興植, 1996, 〈高麗中期 四聖과 先覺國師碑의 意義〉 ≪道仙國師와 韓國≫, 第12回 國際
    學術會議에 따르면 고려 숙종전후가 될 것으로 판단된다.

◆ 참고문헌 ◆

◇ 한국
- 金昌鎬, 1983〈新羅 中古 金石文의 人名表記[I]〉《大丘史學》
- 許興植編著, 1984, 《韓國金石全文》-古代-
- 李載浩역, 1989, 《三國遺事》
- 高翊晋, 1989, 《韓國古代佛教思想史》
- 辛鍾遠, 1993,〈三國遺事「阿道基羅」條 譯註〉《宋甲鎬敎授停年退任記念文
  集》
- 村上四男撰, 1994 《三國遺事考証》, 下之一
- 許興植, 1996,〈高麗中期 四聖과 先覺國師碑의 意義〉《道仙國師와 韓國》
- 郭丞勳, 1998,〈新羅 下代의 佛教와 政治變動〉, 翰林大學校 大學院 史學科
  博士學位請求論文
- 李根直, 2000,〈新羅 王京 橋梁址 位置 再考〉, 《慶州文化論叢》3

◇ 일본
- 李殿福, 1991, 《高句麗・渤海の考古と歴史》

제 **Ⅱ** 장

≪三國遺事≫, 武王조의 새로운 해석

1. 머리말

한국 고대사 연구에 있어서 ≪三國遺事≫는 ≪三國史記≫와 함께 대단히 중요한 몫을 차지하고 있다. 전자의 경우는 그 정확성에서 후자보다 높이 평가해 왔다.[47] 전자는 일연선사가[48] 주로 불교적인 내용을 중심으로 찬술했기 때문에 역사학을 비롯한 불교사[49], 미술사[50] 등에서 많은 연구 성과가 나오고 있다. 전자에는 신라의 노래인 향가가 14수나 실려있어서 국문학 쪽에서도[51] 많은 연구 성과가 나와 있다. 특히 신라에서 가장 오래된 향가 가운데 하나인 서동요에 대한 역사학 쪽과 국문학 쪽의 연구는[52] 수 없이 많다.

---

47 학계의 일반적인 견해이다.

48 ≪삼국유사≫의 찬술에는 일연선사뿐만 아니라 그의 문도인 無極 등 많은 승려가 참가했다고 사료된다.

49 김영태, 김상현 등 많은 연구자가 있다.

50 문명대의 수많은 조각사 등의 업적을 들 수 있다.

51 梁柱東, 1965, ≪增訂 古歌研究≫ 등 많은 연구 성과가 있다.

여기에서는 《三國遺事》, 武王조를 금석문 등 그 당시의 자료와 비교하면서 새로운 각도에서 해석키 위해 먼저 원문의 제시와 해석을 하겠으며, 다음으로 지금까지의 연구 성과를 간단히 살펴 보고, 그 다음으로 서동요의 작성 시기를 금석문과 고문서를 비교해 검토하겠으며, 마지막으로 미륵사 창건의 역사적 의미를 살펴보고자 한다.

2. 원문 제시와 해석

武王[古本作武康, 非也, 百濟無武康.]

第三十, 武王名璋. 母寡居, 築室於京師南池邊, 池龍交通而生. 小名薯童, 器量難測. 常掘薯, 賣爲活業, 國人因以爲名.

聞新羅眞平王第三公主善花[一作善化]美艶無雙, 剃髮來京師, 以薯餉閭里群童, 群童親附之, 乃作謠, 誘群童而唱之云: 善花公主主隱, 他密只嫁良置古, 薯童房乙, 夜矣卯乙抱遺去如. 童謠滿京, 達於宮禁, 百官極諫, 竄流公主於遠方, 將行, 王后以純金一斗贈行. 公主將至竄所, 薯童出拜途中, 將欲侍衛而行, 公主雖不識其從來, 偶爾信悅, 因此隨行, 潛通焉, 然後知薯童名, 乃信童謠之驗. 同至百濟, 出母后所贈金, 將謀計活, 薯童大笑曰: "此何物也?" 主曰: "此是黃金, 可致百年之富." 薯童曰: "吾自小掘薯之地, 委積如泥土." 主聞大驚曰: "此是天下至寶, 君今知金之所在, 則此寶輸送父母宮殿何如?" 薯童曰: "可." 於是聚金, 積如丘陵, 詣龍華山師子寺知命法師所, 問輸金之計. 師曰: "吾以神力可輸, 將金來矣." 主作書, 并金置於師子前, 師以神力, 一夜輸置新羅宮中. 眞平王異其神變, 尊敬尤甚, 常馳書問安否. 薯童由此得人心, 卽王位.

一日王與夫人, 欲幸師子寺, 至龍華山下大池邊. 彌勒三尊出現池中, 留

---

52 최근까지 연구 성과에 대해서는 강봉원, 2002, 〈백제 무왕과 서동의 관계 재검토 −신라와 백제의 정치·군사적 관계를 중심으로−〉《白山學報》63. 참조.

駕致敬. 夫人謂王曰: "須創大伽藍於此地, 固所願也." 王許之. 詣知命所, 問塡池事, 以神力, 一夜頹山塡池爲平地. 乃法像彌勒三會, 殿塔廊 各三所創之, 額曰彌勒寺[國史云, 王興寺.]. 眞平王遺百工助之, 至今存其寺. [三國史記云: 是法王之子, 而此傳之獨女之子, 未詳.]

武王[53]-古本에는 武康이라 했으나 잘못이다. 백제에는 武康王이 없다.-

제30대 武王의 이름은 璋이다. 그 어머니는 과부가 되어 서울[54] 남쪽 못가에 집을 짓고 살고 있었는데, 그 못의 용과 관계하여 璋을 낳았다. 어릴 때 이름은 薯童이다. 才器와 도량이 커서 헤아리기가 어려웠다. 늘 마를 캐어 팔아서 먹고 살았으므로 나라 사람들이 인하여 (서동이라) 이름하였다.

신라 眞平王 셋째 공주 善花(善化)가 아름답기 짝이 없다는 말을 듣고, 머리를 삭발하고 서울로[55] 가서 마를 동네 아이들에게 먹이니, 아이들이 친해져 그를 따르게 되었다. 이에 그는 동요를 지어 여러 아이들을 꾀어서 부르게 했는데, 그 노래는 이러하다.

선화 공주님은
남 몰래 얼려 두고
서동방을
밤에 몰래 안고 간다.

동요가 서울에 퍼져서 대궐에까지 들려지니 百官들이 임금에게 극력 간하여 공주를 먼곳으로 귀양보내게 했다. 떠나려 하자. 왕후는 순금 한

---

53 무왕조의 武자는 고려 제2대 혜종의 휘에 해당하여 결획이 되어 있다.
54 京師에서 京은 大, 師는 衆의 뜻으로 곧 大衆이 사는 곳이란 뜻, 임금의 宮城이 있는 곳을 가르킨다. 여기의 京師는 백제의 사비성을 가르킨다.
55 여기의 京師는 신라의 서울인 徐羅伐을 가리킨다.

말을 주어서 가게 했다. 공주가 장차 귀양터에 이르려고 하는데, 서동은 도중에 나와서 절하면서 侍衛해 가겠다고 했다. 공주는 비록 그가 어디서 온지를 알지 못했으나 우연히 믿고 좋아했다. 이로 말미암아 隨行하면서 몰래 관계했다. 그런 뒤에야 서동의 이름을 알았으며, 동요의 영검을 믿게 되었다. 같이 백제에 이르러 母后가 준 금으로 생계를 하려하니 서동은 크게 웃으며 물었다.

"이것은 무슨 물건이요"

공주는 말했다.

"이것은 황금입니다. 百年의 富를 이룰 만 합니다"

서동이 말하기를 "나는 어릴 때부터 마를 파던 곳에 흙처럼 많이 쌓아 놓았소"라고 했다.

공주는 말을 듣고 크게 놀라면서 말했다.

"이것은 天下至寶니 그대가 지금 그 금이 있는데를 알면 이 보물을 부모님(진평왕)의 궁전에 수송하는 것이 어떻겠습니까?"

서동은 말했다.

"좋소"

이에 금을 모아 丘陵처럼 쌓아 놓고, 龍華山[56] 師子寺의[57] 知命法師에게 금을 수송할 계책을 물으니 법사는 말했다.

"내가 神力으로 보낼 터이니, 금을 가져오시오"

공주는 글을 써서 금과 아울러 사자사 앞에 갖다 놓으니, 법사는 신력으로 하룻밤에 신라의 宮中에 보내 두었다.

진평왕은 그 神變을 이상히 여기고, 존경이 더욱 심해져 늘 글을 써서

---

56 이병도, 1956, ≪原文兼訳註 三国遺事≫, p.271에서는 今釜山駅 △山이라고 하였고, 이재호역.1989, ≪三国遺事≫, p.249에서는 전북 익산에 있던 산으로 해석하고 있다. 여기에서는 후자에 따른다.

57 전북 익산 龍華山에 있던 절이나 상세한 것은 알 수가 없다. 이재호역, 1989, ≪三国遺事≫, p.249에서는 지금의 익산 弥勒山 師子庵이라고 하였으나 따르기 어렵다.

안부를 물었다. 서동은 이로 말미암아 인심을 얻어 卽位하게 되었다.

　하루는 무왕이 부인과 더불어 사자사에 가려고 용화산 밑의 큰 못가에 이르니, 彌勒三尊이 못 가운데 나타나므로 御駕를 멈추고 致敬했다. 부인이 왕에게 일러 말했다.

　"모름지기 이곳에 큰 절을 창건해야겠읍니다. 진실로 소원입니다."

　왕이 이를 허락했다. 지명법사가 있는 곳에 이르렀다. 못을 메울 일을 물으니 신력으로써 하룻밤에 산을 무너뜨려 못을 메워 평지로 만들었다.[58] 이에 法像인 彌勒이 三會(說法)해[59] 佛殿,[60] 佛塔, 廊廡를[61] 각각 3곳에 창건하였다.[62] 額은[63] 미륵사(국사에는 왕흥사라[64] 했다)라 했다. 진평왕은 百工을[65] 보내어 도왔다. 지금도 그 절은 남아있다.(≪삼국사기≫에는 法王의 아들이라 했는데, 이곳에서는 獨女의 아들이라 전하고 있으니 자세히는 알 수 없다)

58　미륵사의 발굴 결과 미륵사터에 큰 연못이 있었음은 분명하였다.
59　이 부분의 해석에는 張忠植, 2002, 〈美術史学의 仏教観〉≪近代 以後 人文学에 나타난 仏教観〉≫, p.105를 참조하였다.
60　≪삼국유사≫에 따르면 금당을 仏殿이라고 부르고 있으나, 810년에 작성된 창녕인양사비에서 金堂이란 용어가 5번이나 사용하고 있고, 대구 부인사에서 9-10세기의 암기와에 「夫人寺金堂」이란 명문이 나와서 금당이란 용어의 사용이 옳을 듯하다.
61　殿塔廊 부분의 해석도 거의 불가능했으나(가령 이병도, 1956, ≪原文兼訳註 三国遺事≫, p.272에서는 会殿, 塔, 廊廡로 해석하였다) 미륵사 발굴 조사후 자동적으로 해석되었다. 廊廡는 回廊을 의미한다.
62　이러한 가람 배치를 흔히 3원식이라고 부르고 있으며, 한국에서는 이런 유례를 찾기 어렵다.
63　額은 문 위 또는 방안에 걸어놓는 현판을 가리킨다. 여기에서는 사찰명을 의미한다.
64　이는 이병도, 1956, ≪原文兼訳註 三国遺事≫, p.272와 이재호역, 1989, ≪三国遺事≫, p.249에서 모두 오인으로 보고 있다.
65　각종의 工人.

3. 지금까지의 연구

무왕조에 나오는 서동요는 4구체라 신라 향가 가운데 가장 오래된 것 가운데 하나로 이해되어 왔다. 우선 서동요를 현대말로 풀이하여 제시하면 다음과 같다.

善花公主님은
남 몰래 시집을 가 두고
薯童房을
밤에 몰래 안고 간다.

선화공주는 신라 진평왕(579-632년)의 셋째딸이고 백제 무왕의 재위가 600-641년이므로 적어도 무왕의 즉위보다 앞서는 600년 이전에 서동요가 지어진 것이 된다.[66] 서동은[67] 나중에 백제 무왕이 되므로 서동과 선화공주의 로맨스는 너무 나이 차가 있어서 성립이 불가능하다. 그래서 무왕 대신에 선화공주의 상대자로 동성왕을 지목한 가설이[68] 제기되었다.

이렇게 백제 무왕과 신라 선화 공주 사이의 나이 차를 극복하기 위해 서동을 원효로 보는 가설이 제기되었다.[69] 여기에서는 서동 설화의 내용과 ≪삼국유사≫, 元曉不覊조의 내용을 비교 분석하여 두 설화의 구조와 내용이 8가지 점에서 비슷하다는 점에 착안하여 나온 것으로 서동은

---

66 신라에서는 서동요가 지어진 6세기의 금석문 자료가 많아서 서동요와 금석문의 비교 연구가 가능하다.

67 백제에서 나서 자랐고 별다른 교육도 받지못하고 금의 중요성도 모르는 서동이 결혼 연령이 되어 신라의 서울에 와서 언어의 차이 등을 극복하고 신라의 향가를 짓는다는 점은 쉽게 납득이 되지 않는 부분이다.

68 李丙燾, 1952, 〈薯童說話의 新考察〉≪歷史学報≫1. 이 가설은 미륵사가 발굴 조사되기 이전의 가설로 무왕조의 사료 비판의 근거를 만든 점에서 높이 평가되어야 할 것이다.

69 金善祺, 1967, 〈쇼뚱노래(薯童謠)〉≪現代文学≫151.

백제 무왕이 아니라 신라의 원효이며, 따라서 선화공주는 요석공주로 보아야 한다고 주장하였다.

1980년부터 1996년까지 발굴조사된 미륵사의 발굴 성과에 따르면 미륵사의 창건 연대는 사비성 천도(538년)이후로 파악되어 선화공주의 파트너를 무왕으로 본 가설이[70] 제기되었다. 또 ≪삼국사기≫ 백제본기의 기록과 ≪삼국유사≫ 법왕금살조의 내용에 근거해 무왕의 출계를 법왕의 아들로 보고, 서동과는 동일 인물이 아니라는 가설도[71] 제기되었다.

그밖에도 이 설화에 나오는 서동을 백제 무녕왕으로[72] 보는 등 다양한 가설들이 제기되고 있다.

무왕조의 해석에서 움직일 수 없는 사실은 미륵사는 그 발굴 성과에 따라[73] 백제 무왕때에 세워진 것이 틀림없다는 점이다. 그렇다고 선화공주와 서동의 나이 차이 극복에 대한 뚜렷한 해결책이 없이 선화공주와 서동(무왕)의 로맨스를 인정하는 것은 무왕조의 해석에 전혀 도움이 되지 않는다. 이러한 문제의 해결을 위해 서동요의 작성 시기에 대해 검토해 보기로 하자.

---

70 盧重国, 1986, 〈三国遺事 武王조의 再検討-泗비時代後期 百済 支配体制와 関聯하여-〉 ≪韓国伝統文化研究≫2. 이에 대해서 쓴 논문이 몇편이 있으나(노중국, 1999, 〈백제 무왕과 지명법사〉 ≪한국사연구≫107 등) 백제 무왕, 미륵사, 선화공주에 대한 견해는 한결 같아서 여기에서는 주로 노중국, 1986, 〈앞의 논문〉을 이용하였다. 여기에서는 익산의 쌍릉을 무왕릉으로 해석하고, 서동과 선화 공주 관계도 인정하는 점 등으로 사료 비판에도 다소 문제가 있다.

71 강봉원, 2002, 〈앞의 논문〉. 여기에서는 무왕대에 신라와의 전쟁 횟수가 13번이나 있어서 무왕조의 진평왕대 백제 왕실과의 혼인, 미륵사 창건에 신라에서의 장인 파견, 백제에서의 신라로의 금을 보내는 것 등이 역사적인 사실이 아니라고 주장하였다.

72 史在東, 1971, 〈薯童説話研究〉 ≪蔵庵池憲英先生華甲紀念論叢≫.
史在東, 1974, 〈武康王 伝説의 研究〉 ≪百済研究≫5.

73 국립부여문화재연구소, 1989, ≪미륵사유적발굴조사보고서≫Ⅰ.
국립부여문화재연구소, 1996, ≪미륵사유적발굴조사보고서≫Ⅱ.

4. 서동요의 작성 시기

서동요의 작성 시기는 대개 신라 진평왕대의 것으로 보아 왔다.[74] 그래서 현존하는 가장 오래된 향가 가운데 하나로 자리매김하고 있다.[75] 그 동안 한번도 당시의 자료인 금석문이나 고문서 등과는 비교 검토가 된 바가 없다. 여기에서는 우선 당대의 사료인 신라의 금석문 자료와 대비키 위해 서동요의 원문을 다시 제시해 보기로 하자.

善花公主主隱, 他密只嫁良置古, 薯童房乙, 夜矣卯乙抱遣去如

여기에서 고신라의 금석문과 다른 점은 隱과 乙은 吐 또는 조사의 사용과 善花公主主隱에서 뒤의 主를 님이란 존칭으로 보아서 善花公主님은이라고 풀이한 것이다.

먼저 지금까지 고신라 금석문에서는 님 등의 존칭이 사용된 예가[76] 없다.

다음으로 吐라고 불리는 조사에[77] 대해 조사해 보자. 善花公主主隱에 나오는 隱이란 주격 조사는[78] 당시의 자료인 금석문이나 고문서에서는

---

74 이는 현재 학계의 대세인 듯하다.
75 향가 가운데 가장 오래된 것으로 진평왕대의 彗星歌를 들고 있다. 그 다음이 서동요이다.
76 학계 일각에서 울주 천전리서석의 於史鄒女郎主之의 主를 님으로 풀이한 가설이 제기된 바 있다. 이를 따르는 견해는 나온 바 없다. 금석문에서의 예로는 갈항사 석탑기(758년 이후 785-798년 사이에 추각)에 照文皇太后君妳在旀의 君자와 개선사 석등기(891년)에 景文大王主, 文懿皇后主大娘主의 主자등이 있다. 단 김창호, 2001, 〈新羅 村落(屯田)文書의 作成 年代와 그 性格〉≪史学研究≫62, p.45에서는 天宝十七載로 읽었으나 天宝十七年이 옳다.
77 삼국 시대의 조사로는 중원고구려비(5세기 중엽)의 五月中, 평양석각(566년)의 丙戌十二月中, 신라적성비(545년)의 △月中 등의 中자가 있다.
78 갈항사 석탑기(758년 이후 785-798년 사이에 추각)에 나오는 「娚者零妙寺言寂法師在旀」「姉者 照文皇太后君妳在旀」「妹者 敬信大王妳在也」에서 세 번이나 나오는 者자가 주격 조사로 판단된다.(者를 홍기문, 1957, ≪리두연구≫, p.133에서는 주격토라고 하였다).

고신라는 물론 통일 신라의 자료에서도 사용한 예가 없다. 그런데 신라의 향가에서는 그 사용 예가 있어서 관계되는 것을 제시하면 다음과 같다.

　　二分隱吾下於叱古 吾分隱誰支下焉古
　　　　　　　　　　　　(處容歌)

　　唯只伊吾音之叱恨隱潽陵隱
　　　　　　　　　　　　(遇賊歌)
　　造將來臥乎隱惡寸隱
　　(懺悔業障歌)
　　生死路隱
　　　　　　　　　　　　(祭亡妹歌)

　　吾隱去內如辭叱都
　　　　　　　　　　　　(祭亡妹歌)
　　灯炷隱須彌也 灯油隱大海逸留去耶
　　　　　　　　　　　　(廣修供養歌)

이상과 같은 향가의 예를 제외하면 고려 시대부터 한문의 吐에 隱자가 阝(卩)으로 표기되어 주격 조사로 대개 쓰인다. 삼국 시대에는 部자가 阝로 표기되고 있어서 차이가 있다.

그 다음으로 목적격조사인 薯童房乙의 乙에 대해 검토해 보기로 하자. 乙의 예도 금석문이나 고문서 등 당시의 자료로는 고신라는 물론 통일 신라의 예도 없다. 향가의 몇 예를 적기하면 다음과 같다.

　　手乙寶非鳴良爾
　　　　　　　　　　　　(請佛住世歌)

法雨乙乞白乎叱等耶

(請轉法輪歌)

위의 향가들은 다 아는 바와 같이 고려초의 화엄종 승려인 均如가 지은 普賢十願歌 가운데 여섯 번째(請轉法輪歌)와 일곱 번째(請佛住世歌)의 노래이다. 신라에서 乙을 목적격조사로 쓴 예는 없다.

乙을 목적격조사로 쓴 예로는 경북 약목 정토사 형지기(1031년)의 예가 있어서 관계 부분을 제시하면 다음과 같다.

石塔伍層乙成是白乎願表爲遣

本貫同郡乙勸爲

위의 자료들에 근거하면 서동요는 고려 초에 지어진 향가로 판단된다. 서동요는 역사적인 사실이라기 보다는 고려 초에 만들어진 로맨스에 향가까지 더해져 우리의 문학 세계를 풍요롭게 했다. 흔히 위대한 사랑 이야기는 소설에서나 가능하고, 不朽의 여인상을 그려낸 작가는 하숙집의 하녀밖에 모른다고 한다. 백제의 최대 사찰인 미륵사의 창건과 어울어진 서동의 로맨스는 미륵하생경이 유행한 고려 초의 미륵사가 미륵도량으로써 큰 역할을 하면서 후백제인과 신라인이 함께 고려인화하는데에서 나온 사랑 이야기는 아닐지 질문을 던지고 싶다.

5. 미륵사 창건의 역사적 의의

미륵사에 관한 창건 동기에 대해서는 ≪삼국유사≫에 자세하게 기록되어 있고, ≪삼국사기≫에도 단편적인 내용이 실려 있어서 창건 당시부터 국가 사업으로 중요시했음을 엿볼 수 있다. 미륵사 창건의 의의에 대해서는 학계에서는 몇가지 의의를 들고 있다[79].

첫째로 백제는 성왕과 위덕왕 이후에 2년 동안에 혜왕과 법왕이 왕권을 이어 받았으나 일찍 죽고, 그뒤를 이어 즉위한 무왕은 전대에 빼앗긴 고토 회복이라는 명제아래 민심을 집결하기 위한 작업의 일환으로 미륵 신앙을 통해 국력을 한데 모을 필요가 있었던 것이다.

둘째로 위덕왕의 사후에 단명한 왕이 연이어 죽고 나서 등극한 무왕은 무엇보다도 왕권 강화를 통하여 내실을 기하고, 이를 기반으로 대외적으로는 신라, 고구려와는 외교와 전쟁을 적절히 구사하면서 국력을 키우는데 최선을 다한 것으로 판단된다.

셋째로 백제는 553년에 신라 진흥왕에게 한강 유역을 빼앗기면서 곡창 지대와 중국 항로의 교두보를 잃고, 대외적으로는 신라의 성장을 의식하지 않을 수 없고, 안으로는 농업물 생산의 부족을 느꼈을 것이다.

위의 어느 가설에서도 당시 수도였던 부여 대신에 익산에 백제에서 가장 큰 미륵사를 세운 이유는 뚜렷하지 못하다.[80] 백제의 곡창 지대는 익산 보다는 전남의 나주, 광주 등이 더 비중이 커서 따르기 어렵다. 백제의 최대 사찰이며 3원식이라는 삼국 시대 유일한 가람 배치를 한 미륵사가 어떻게 당시의 수도였던 부여에 건립되지 않고 익산에 세워진 까닭이 궁금하다.

흔히 익산 천도설에[81] 근거해 미륵사의 창건을 풀이하기도 한다. 그 근거로 들고 있는 것은 다음과 같다. 익산의 쌍릉을 무왕의 무덤으로 보

---

79 이들 가설은 최맹식 현 국립문화재연구소 유적조사연구실장이 경주대학교 문화재학부에서 2001년 12월 3일에 실시한 「미륵사지에 관하여」란 강연의 발표 요지에서 발췌하였다.
80 부여 정림사와 익산 미륵사를 비교하면 회랑안의 면적은 미륵사가 5배 이상이나 되고, 요사채 등을 포함하면 10배 이상이나 그 면적이 넓다고 한다. 참고로 회랑안의 면적은 정림사가 1,318평이고, 미륵사가 7,770평이다.
81 黃壽永, 1973, 〈百濟帝釈寺址의 研究〉≪百濟研究≫, 4, p.5.
   金三竜, 1977, ≪益山文化圏의 研究≫, pp.86-95.

기도 하고, ≪관세음응험기≫에 나오는 「百濟武廣王遷都枳慕密地 新營精舍 以貞觀十三年歲次己亥冬十月云云」이란 기사에 근거하여 무광왕을 武(康)王으로, 지모밀을 익산(金馬)의 고명인 慕只密로,[82] 정사를 帝釋精舍인 帝釋寺로 보았다. 이상의 근거에 의해 익산 천도설이[83] 주장되고 있다.[84] 익산에 백제 무왕때 천도를 했다면 익산에는 사방으로 도로가 나서 條坊制의 흔적이 미륵사 근처에 있어야 된다. 그러한 흔적에 대한 보고는 없다. 익산 천도설은 실제로는 증명이 불가능한 학설로, 어디까지나 하나의 설에 불과할 뿐이다.

이제 백제의 최대 사찰인 미륵사가 왜 당시의 수도였던 사비성(부여)에 건립되지 않고 익산에 서게 되었는지를 검토하기로 하자.

다 아는 바와 같이 전남 지역에는 백제 시대의 사찰은 발견되지 않고 있다. 백제의 절이 들어설 수 있는 남쪽의 한계선이 익산으로 판단된다. 이보다 남쪽에는 백제 시대의 절이 없는 바 그 이유가 궁금하다. 백제는 600년 전후에 지방에 불상이 조성되기 시작한다.[85] 그 대표적인 예가 서산마애3존불이다. 이는 백제의 지방 통치와 직결되는 것으로 7세기 전반에는 지방에 더 많은 불상과 기와 출토되고 있다. 이러한 조류에서 예외인 곳이 바로 전남 지방으로 그 까닭이 궁금하다. 사실 전남 지방은 웅진 시대(475-538년)에 웅진(공주) 보다 큰 고분군이 나주 반남 신촌리이나 나주 복암리에 존재하고 있어서 이를 마한으로 해석한 견해도[86] 있다. 이 때에 마한 세력이 있었는지 여부는 쉽게 결말이 날 수가 없지만

---

82 黃壽永, 1973, 〈앞의 논문〉, p.5.
83 黃壽永, 〈앞의 논문〉, p.4.
    金三竜, 1977, ≪앞의 책≫, pp.86-95.
84 李丙燾, 1976, ≪韓古国代史硏究≫, pp.550-551에는 익산의 別都説이 있다.
85 신라의 경우는 영남 지방에 대개 7세기 전반에 기와가 들어가 지방관아가 만들어지고, 7세기 후반에 마애상 등 불상이 들어가는 것 같다. 백제에서도 신라와 같을 것으로 사료되나 그 시기는 조금 빠를 것이다.
86 임영진에 의해 주장되고 있다.

백제의 간접 지배를 받던 곳이나 아니면 독자 세력을 가진 곳으로 볼 수도 있다.[87]

이러한 전남 지역에는 이데올로기적인 지배를 위해 절을 세울 수가 없어서 절을 세울 수 있는 남쪽 하한선인 익산에 당시의 수도였던 사비성의 정림사보다 더 규모가 큰 백제 최대의 가람을 세워 전남 지역민을 향하여 백제민이 되라고 던진 무왕의 정치적인 승부수로밖에 해석할 수가 없다.

6. 맺음말

지금까지 ≪三國遺事≫, 武王조에 대해 논의해 온 바를 요약하여 맺음말에 대신하고자 한다.

먼저 원문의 제시와 함께 이를 해석하였다. 끝부분의 彌勒三尊인가 彌勒三會인가에 대해서는 후자를 따랐다.

다음으로 무왕조의 해석에 대한 중요한 견해들을 일별하였다. 종래 선화공주와 무왕은 나이 차가 많아서 무왕 대신에 동성왕이란 학설을 비롯하여 미륵사 발굴 성과에 따라 미륵사의 창건이 무왕대로 고정되어 새로운 가설들이 나왔다.

그 다음으로 서동요에 나오는 주격조사인 隱이 고신라는 물론 통일신라때에도 사용된 금석문 등의 당시 자료에는 없고, 향가에는 6예나 있다. 목적격조사인 乙도 고신라는 물론 통일 신라에서도 사용한 금석문 등 당시 자료에는 없으며 고려초 균여가 지은 향가에는 그 예가 있고 1031년에 작성된 정토사 형지기에도 그 예가 있다. 이상을 근거로 서동요가 고려 초에 지어진 향가로 보았다. 고려 초에 작성된 서동요는 후백

---

87 보통 문헌에서는 이병도이래로 근초고왕때에 마한땅을 완전 정복한 것으로 이해해 왔다.

제인과 신라인을 고려인화하기 위한 배경아래 만들어진 것으로 해석될 수 있었다.

마지막으로 미륵사의 창건은 나주 반남 고분군 등의 축조자들인 현재 전남 지방민을 백제인화하기 위한 정치적인 승부수로 해석하였다.

제 Ⅲ 장

≪삼국유사≫, 금관성파사석탑조와
가야 불교 문제

1. 머리말

한국 고대사 연구 가운데 가장 활발하게 연구되는 곳의 하나로 가야
사를 들 수가 있다. 국내 가야사에 관한 사료는 ≪삼국사기≫에 나오는
가야 각국에 관한 단편적인 기사와 ≪삼국유사≫의 가락국기 등이 있
다. 이들 사료의 양은 극히 적어서 가야사의 복원은 거의 불가능하다.
이에 비해 ≪일본서기≫에는 가야사에 대한 비교적 많은 사료가 있으나
고등 사료 비판이 요구되고 있다. 또 가야 지역에서 발굴되고 있는 고고
학 자료도 가야사 복원에 중요한 사료이다. 문헌과 고고학 자료는 그 창
구가 좁기 때문에 상호 보완이 되는 경우가 거의 없다.[88] 문헌쪽에서는
고고학 자료를, 고고학쪽에서는 문헌 자료를 너무 쉽게 이용하고 있는
듯하다.[89] 이러한 문제들은 양 쪽의 학문의 발전과 함께 점차로 해결될
것으로 판단된다.

---

88 지금까지 문헌과 고고학 자료를 연결시켜서 성공한 예가 많지 않다.
89 고고학 쪽에서는 문헌을, 문헌 쪽에서는 고고학을 서로 상대방의 단점만을 지적하고 있다.

여기에서는 가야 불교에 관한 소견을 밝히기 위해 먼저 ≪삼국유사≫
에 나오는 금관성파사석탑조의 원문 제시와 같이 이를 해석하고 검토하
겠으며, 가야 불교와 관련되어 온 ≪삼국사기≫의 栴檀, 강수전을 살펴
보고, 고분에서 출토된 가야의 연화문과 금석문 자료에 대해 검토해 보
고자 한다.

2. 원문과 그 해석

金官虎溪寺[90] 婆娑石塔者, 昔此邑爲金官國時, 世祖首露王之妃, 許皇
后, 名黃玉, 以東漢建武二十四年戊申 [91], 自西域阿踰陁[92] 國所載來. 初公
主承二親之命, 泛海將指東, 阻波神之怒, 不克而還, 白父王, 父王命載玆
塔. 乃獲利涉, 來泊南涯, 有緋帆茜旗珠玉之美, 今云主浦. 初解綾袴於岡
上處曰綾峴, 茜旗初入海涯曰旗出邊.

首露王聘迎之, 同御國一百五十餘年. 然于時海東, 未[93] 有創寺奉法之
事. 蓋像敎未至, 而土人不信伏, 故本記無創寺之文.

逮[94] 第八代銍知王二年壬辰, 置寺於其地, 又創王后寺, [在阿道訥祇王
之世, 法興王之前.], 至今奉福焉, 兼以鎭南倭, 具見本國本記. 塔方四面五
層, 其彫鏤甚奇, 石微赤 斑[95]色, 其質良脆, 非此方類也, 本草所云點鷄冠
血爲驗者是也. 金官國亦名駕洛國, 具載本記. 讚曰: 載厭緋帆茜旆輕, 乞
靈遮莫海濤驚. 豈徒到岸扶黃玉, 千古南倭遏怒鯨.

---

90 경남 김해시에 있었다고 추정되는 절로 ≪삼국유사≫의 편찬 당시라면 몰라도 허황후가
　　있던 시대에는 사찰이 있었다는 것은 전설에 지나지 않는다.
91 원문에는 甲申으로 되어 있으나 建武24년의 연간지는 戊申이다.
92 陀 또는 陁로 읽어 왔으나 여기에서는 후자로 읽는다.
93 원문에는 末자로 되어 있으나 문의로 볼 때 未자가 옳다.
94 이는 衍文인 듯하다.
95 원문에는 班자로 되어 있으나 문의로 볼 때 斑자가 옳다.

금관(김해) 호계사의 婆娑 석탑이라고 하는 것은 옛날 이 고을이 金官國일 때, 시조 수로왕의 비인 허황후의 이름을 황옥이라고 했는데, 후한 건무 24년 戊申(48년)에 서역 아유타국에서 (황옥이) 싣고 온 바이다. 처음에 공주(허황후)가 부모의 명을 받아서 배를 타고 동쪽으로 가려고 했으나, 波神의 노함에 막혀서 이를 극복하지 못하고 돌아가서 부왕에게 아뢰니, 부왕은 이 탑을 싣고 가라고 명했다. 그제야 순조로이[96] 바다를 건너 (금관국의) 남쪽 해안의 단애면에 와서 정박하였다.

붉은 돛과 붉은 기를 단 배에 珠玉의 아름다움이 있었으므로 지금 그 곳을 主浦라고 부른다. 처음 언덕에 비단 바지를 벗던 곳을 綾峴이라고 하였고, 붉은 기가 처음 해안으로 들어선 곳을 旗出邊이라고 하였다.

수로왕이 그녀(허황후)를 초빙하여 맞아들여서 함께 나라를 다스린지 150여년이나 되었다. 그렇지만 그 때에 해동에서는 아직 절을 세우는 일, 불법을 받드는 일은 없었다. 대개 像敎(불상과 불교 교리)는[97] 아직 이르지 않아서 그 土人들은[98] 믿고 따르지 않았다. 그러므로 本記에[99] 절을 창건했다는 글은 없다.

제8대 銍知王2년 임진(452년)에 처음으로 그 땅(금관국)에 절을 두었다. 또 王后寺를 창건했다. 阿道·訥祗王의 시대에 해당되니 法興王 이전의 일이다. 지금에 이르도록 복을 빌고 있다. 아울러 남쪽으로 왜를 진압시켰다. (그 사실은) 本國의[100] 本記에[101] 구체적으로 보인다.

---

96 利涉은 순조로이 항해한다는 말, ≪易經≫에 「同人野亨 利涉大川」이란 구절이 나온다.
97 이재호역, 1989, ≪삼국유사≫, p.349에서는 像敎는 象敎, 곧 불교. 불교는 形象을 만들어 사람을 가리치는 까닭으로 象敎라 한다. 王巾 頭陀寺碑에 「正法旣沒 象敎陵夷」를 전거로 들고 있다.
    村上四男찬, 1994, ≪삼국유사고증≫-下之一一, p.165에서는 불상과 敎法(佛典)으로 보고 있다.
98 금관국 사람을 가리키는 것으로 판단된다.
99 ≪삼국유사≫에 실린 駕洛國記를 가리키는 것으로 추정된다.
100 금관국을 가리킨다.

탑은 모진 4면의 5층이다. 그 탑에 조각한 장식은 매우 기묘하며, 그 석재는 옅은 적색을 띠고 斑文 같은 것이 보이고, 그 석질이 좋으므로 이 지방(금관국)에서는 같은 종류가 없다. 本草라는 책에[102] 이른 닭의 벗의 피를 찍어서 시험했다는 것이 이것이다. 금관국은 또 이름이 가락국이다. (이에 대해서는) 본기에 구체적으로 기재되어 있다.

기린다.
아름답게 장식한 배는 붉은 돛대에 붉은 깃발이 펄럭임이 가볍습니다.
아육왕의 탑에 기도함은 그냥 파도가 조용하게 하는 것일 뿐만 아니고,
또 황옥을 키우고 안전하게 언덕에 도달하는 것을 바랄 뿐만 아니라,
영원히 남쪽의 왜를 무서워하는 파도를 방해하기 위하여 기도하는 것이다.[103]
탑을 실은 붉은 배의 가벼운 깃발,
덕분에 바다 물결 헤쳐 왔구나.
어찌 황옥만을 도왔었으랴,
천년 동안 왜국 침략을 막아 왔구나.

3. 금관성 파사석탑조의 검토

허황후의 호계사 파사석탑은 대개 전설시대로 보는 듯하다. 이에 대해 질지왕의 왕후사에 관한 것은 역사적인 사실로 받아드리고 있는 듯하다. 이 왕후사에 관한 기록은 ≪삼국유사≫ 가락국기에도 나옴으로 관계 부분을 적기해 제시하면 다음과 같다.

---

101 ≪삼국유사≫에 실린 駕洛國記를 가리키는 것으로 추정되나 가락국기에는 왜에 대한 언급이 없어서 문제가 된다.
102 본초는 ≪神農本草≫란 책을 가리킨다.
103 이 찬을 이재호역, 1989, ≪앞의 책≫, p.349에서는 다음과 같이 풀이하고 있다.

元君八代孫金銍王 克勤爲政 又切崇眞 世祖母許皇后奉資冥福 以元嘉
二十九年壬申 於元君與皇后合婚之地創寺 額曰王后寺(중략)

銍知王 一云金銍王 元嘉二十八年卽位 明年 爲世祖許黃玉王后 奉資冥
福 於初與世祖合御之地創寺 曰王后寺 納田十結充之

여기에서도 元嘉29년 壬申年인 452년에 왕후사를 건립했다는 기록이
나오고 있다. 이는 신라의 눌지왕 36년으로 신라 불교의 여명기이다. 더
구나 구체적인 명칭의 사찰 창건은 엄두도 못내던 시기이다. 지금까지
기와의 연구 성과에 따르면 452년은 고사하고 금관가야의 기와는 그 상
정조차도 언급된 적이 없다. 대가야의 가야도 존재했었다는 확실한 근
거를 갖고 있지 못하다. 가령 금관 가야와 연결시키고 있는 김해 대성동
고분에 있어서도 4세기대의 유적과 유물이 주류를 이루고 있다.[104] 5세
기 초가 되면 대성동1호분과 대성동2호분을 끝으로 대성동 고분군이 종
언을 고하게 되고, 그 뒤의 금관 가야와 관련되는 고총고분은 김해 지방
에서는 존재하지 않기 때문에 동래 복천동으로의 이주설까지 제기되고
[105] 있는 실정이다. 왕후사의 창건이 452년에 이루어졌다는 사실을 증명
할 수 있는 근거는 동시대적인 금석문이나 고문서는 물론 고고학적인
자료도 없다. 그렇다면 ≪삼국유사≫의 금관성파사탑조와 가락국기조
에 나오는 452년 금관 가야에서 왕후사란 절을 창건했다는 것도 믿기
어려운 자료로 판단된다.

4. 가야 불교 문제

지금까지 가야 불교에 대해서는 몇 편의 연구 성과가 있다.[106] 이러한

---

104 경성대학교 박물관, 2000, ≪김해대성동고분군Ⅰ≫.
105 신경철교수의 견해이다.

많은 연구 성과들은 대개 1990년대에 나온 것들이다. 1980년대부터 불기 시작한 가야사의 붐을 타고 가야의 불교에 대한 연구도 시작된 것으로 풀이된다. 그러면 지금까지 선학들이 다루어 왔던 문헌과 유적, 유물 자료에서 불교와 관련되는 부분을 살펴 보기로 하자.

1) ≪삼국사기≫에 보이는 가야 불교 자료

① 栴檀

대가야 멸망 과정과 관련되는 기술에 가야 불교와 관련된 자료가 나오고 있으므로 관계 전문을 번역하여 제시하면 다음과 같다.

(진흥왕) 23년 9월 가야가 배반하니, 왕은 이사부에 명하여 치게 했다. 사다함을 부장으로 삼았는데, 사다함이 5,000의 기병을 거느리고 먼저 栴檀門으로 치달아 들어가 백기를 세우니 성안이 두려워 어찌 할 바를 몰랐다. 이사부가 군사를 이끌고 들어가니 일시에 모두 항복하였다.[107]

진흥왕이 이찬 이사부에 명하여 加羅(加耶라고도 한다) 國을 습격케 하였다. 이때 사다함의 나이는 열다여섯으로 종군하기를 청하였다. 왕은 나이가 어리다고 하여 허락하지 않았으나 그 청이 간절하고 뜻이 굳어 마침내 귀당 비장으로 삼았는데, 그 낭도로서 따르는 자가 또한 많았다. 그 나라의 경계에 이르니, 원수에게 청하여 휘하의 군사를 거느리고 먼저 栴檀梁(이는 성문의 이름인데 가라어에서는 門을 梁이라고 하였다.)

---

106 김영태, 1991, 〈가락불교의 전래와 그 전개〉 ≪불교학보≫17.
     홍윤식, 1992, 〈가야불교에 대한 제문제와 그 사적 의의〉 ≪가야고고학논총≫1.
     문명대, 1993, 〈가야미술사 연구의 과제〉 ≪선사와 고대≫4.
     김복순, 1995, 〈대가야의 불교〉 ≪가야사연구-대가야의 정치와 문화-≫.
     김영화, 1997, 〈가야 불교의 수용에 대한 비판적 고찰〉 ≪경대사론≫10.
     이영식, 1998, 〈가야불교의 전래와 문제점〉 ≪가야문화≫11.
107 ≪삼국사기≫, 진흥왕 23년조.

으로 들어갔다. 그 나라 사람들은 뜻밖에 군사들이 갑자기 들어닥치니 놀라 갈팡질팡하여 막지 못하였다. 대병이 승기를 타고 마침내 그 나라를 멸하였다.[108]

신라는 진흥왕 23년(562년)에 대가야를 공격하여 멸망시켰는데, 561년 세워진 창녕비에서는 이찬 이사부가 없으나 이찬 이사부장군이 562년의 대가야 공격에서는 나와 당시 신라의 모든 大等이 진흥왕을 따라 창녕에 모두 가지는 않았다는 증거로 중요한 사료이다. 신라의 사다함은 대가야 전쟁에서 큰 공을 세웠는데, 그가 제일 먼저 공략하였던 대가야의 성문 이름이 栴檀梁이었다. 이 栴檀梁은 대가야의 여러 왕성의 문 가운데 하나로 보이는데, 이를 불교와 관련된 용어로 보아 왔다.[109]

≪삼국사기≫에 있어서 門에 해당되는 가라어가 梁이었음을 확실히 밝히고 있음을 볼 때, 栴檀梁은 대가야인 스스로 붙였던 성문의 이름임이 분명하다.[110] 栴檀은 인도의 유명한 향나무로 초기 불상을 만들 때, 금 등의 금속이 없으면 부처를 만드는 데에 사용되었고, 불경에 자주 나오는 용어이다.[111]

따라서 栴檀이란 용어를 성문의 이름으로 사용한 점에 근거할 때, 불교와의 관련성을 부정할 수가 없다.

② **强首傳**

강수전과 관련지워서 대가야의 불교를 논한 가설이 제기되고 있다. 사실 ≪삼국사기≫, 강수전에는 강수가 任那加良人이라고 명기되어 있어서 대개 금관가야인으로 보고 있다.[112] 가령 924년에 작성된 창녕 봉림

---

108 ≪삼국사기≫, 사다함전.
109 김영태, 1991, 〈앞의 논문〉, p.36.
110 이영식, 1998, 〈앞의 논문〉, p.96.
111 ≪장아함경≫ 권2, 유행경 ;≪대정경≫ 권1, p.20.(김복순, 2002, ≪한국 고대불교사 연구≫, p. 102 참조)

사의 진경대사비에 따르면 대사의 諱는 審希이고, 俗姓은 新金氏로 그 선조는 任那王族이고(중략) 遠祖는 興武大王이라고 명기하고 있어서 더욱 그러하다. 금관 가야 출신인 강수는 그의 열전에 불교와 관련되는 구절이 나온다고 하는 바 이를 제시하면 다음과 같다.

強首 中原京沙梁人也 父昔諦奈麻 其母 夢見人有角 而妊身及生 頭後有高骨 昔諦以兒就當時所謂賢者 問曰 此兒頭骨如此 何也 答曰 吾聞之伏羲虎形 女媧蛇身 神農牛頭 皇陶 馬口 則聖賢同類 而其相亦有不凡者又觀兒首有黶子 於相法 面黶無好 頭黶無惡 則此必奇物乎
父還謂其妻曰 爾子非常兒也 好養育之 當作將來之國士也 及壯 自知讀書 通曉義理 父欲觀其志 問曰 爾學佛乎 學儒乎 對曰 愚聞之 佛世外敎也 愚人間人 安用學佛爲 願學儒者之道 父曰 從爾所好 遂就師讀孝經 · 曲禮 · 爾雅 · 文選. 所聞雖淺近 而所得愈高遠 魁然爲一時之傑 遂入仕歷官 爲時聞人(≪삼국사기≫, 강수전)

여기에서는 강수가 유교를 택해서 공부하게 된 내력을 밝히면서 불교를 언급한 부분이 보이고 있다. 곧 그의 아버지가 불교와 유교 가운데 어느 것을 배우겠는가라는 질문에 대하여 유교를 택하여 공부할 것을 명확히 밝히고 있다. 그 이유는 불교가 世外의 敎라는 것이기 때문이다. 이를 근거로 대가야의 불교가 있었다는 근거로 삼은 가설이 나왔다.[113] 전술한 바와 같이 강수는 대가야의 출신이 아니라 금관가야 출신이므로 일단 대가야의 불교와는 관계가 없다. 강수는 692년에 죽었다고 하므로[114] 금관가야가 멸망된 532년과는 160년의 차이가 있어서 강수가 어릴 때 불교

---

112 김복순, 2002, ≪앞의 책≫, p.106에서는 임나의 위치에 대해서는 김해와 고령으로 견해가 나뉘어져 있다고 하였다. 임나의 고령설은 없는 듯하다.
113 김복순, 2002, ≪앞의 책≫, pp.106-107.
114 유홍렬감수, 1988, ≪국사대사전≫.

에 대한 언급은 가야 불교와 관련될 가능성은 적게 된다.

2) 고고학 자료[115]

① 고령 고아동 벽화고분의 연화문(그림 49)

1963년에 조사되었던 고령 고아동 벽화 고분에서는 석실의 천정과 벽에 녹색과 적색의 안료로 그려진 연화문이 10여개 가량 확인되었다. 연도의 천정에 그려진 4개의 연화문과 현실 천정에 그려진 1개의 연화문은 지름 26cm 정도의 크기로서 비교적 선명하게 잘 남아 있었으나, 나머지는 흔적의 일부만 남아 있다.[116]

② 합천 옥전 M3호분 출토의 연화문장식(그림 50)

가야 가운데 하나인 다라국의 중심 고분군으로 옥전 고분군을 들 수가 있다. 이 고분 가운데 가장 큰 무덤인 M3호분에서 연화문이 알려져 있다. 여기에서는 높이 2cm, 직경 1.8cm 가량의 청동제 연화문 장식이 피장자의 머리 쪽의 말투구 아래에서 출토되었다. 이것은 윗면에 8엽의 연화문이 돌려 있고, 연화문 중심에는 고리 모양의 꼭지가 붙어 있다. 옆면에는 돌아 가면서 연꽃잎이 내려뜨려져 있으며, 아랫단은 반쯤 핀 듯한 연꽃 봉오리와 같이 표현되었다.[117] M3호분은 4자루의 환두대도를 비롯한 출토 유물의 화려함으로 보아 이 지역 최고 지배자의 무덤으로 추정되고 있다.

③ 함안 도항리 8호분 출토의 연화문장식 금동판(그림 51)

함안 도항리 8호분에서 출토된 연화문장식 금동판은 安羅國과 관련

---

115   이 부분의 도면은 이영식, 1998, 〈앞의 논문〉에서 전제하였다.

116   김원룡, 1964, 〈고령고아동벽화고분약보〉≪고고미술≫5-3.
     김원룡 · 김정기, 1967, 〈고령고아동벽화고분조사보고〉≪한국고고≫2.
     계명대학교 박물관, 1984, ≪고령벽화고분조사보고≫.
     전호태, 1992, 〈가야고분벽화에 관한 일고찰〉≪한국고대사논총≫4.

117   경상대학교 박물관, 1992, ≪합천 옥전고분군 Ⅱ≫, p.173.

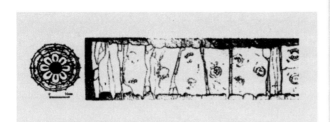

그림 49 고령 고아동 벽화고분의 연화문

그림 50 옥전M3호분 연화문 장식

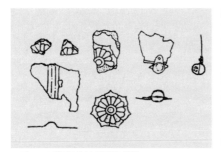

그림 51 도항리8호분 연화문 장식

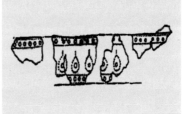

그림 52 도항리 암각화 고분 금동제 대금구

된 자료로 판단된다. 두께 0.3cm 내외의 금동판에 7엽의 복판 연화문을 선각으로 정교하게 새기고 도금한 것이다. 연화문의 꽃잎은 복판으로 구성되어 있는데, 아주 작은 파편으로 그 용도는 잘 알 수가 없다.

④ 함안 도항리 암각화 고분 출토 금동제대금구(그림 52)

함안 도항리 암각화 고분에서 출토된 금동제대금구에는 점선으로 화염문이 타출되어 있는데, 나주 반남면 신촌리 9호분에서 출토된 乙冠의 金銅冠帽側板에 점선으로 타출된 側示蓮花文과 유사한 형태이다. 이러한 연화문은 무용총이나[118] 장천 1호분과[119] 같은 고구려 벽화 고분에서도 확인되고 있다. 이 암각화 고분은 6세기 초로 편년되고 있다.[120]

고령 벽화 고분의 연화문을 비롯한 이들 가야 지역의 고분에서 나온 연화문을 반드시 불교 전래와 직접 관계가 되는 것인지에는 의문이 있다. 고령 벽화 고분의 연화문과 같은 계보를 갖고 있는 벽화 고분 천정의 연화문은 고구려 불교 전래 이전인 안악 3호분의 천정에도 나오기 때문이다. 이 안악 3호분 천정의 연화문은 불교와 관계가 없이 중국의 선진 시대에 존재해 있던 연화문 계열이라고 한다.[121] 이 문제는 안악 3호분의 주인공 문제를 어떻게 보느냐에 따라 달라질 수가 있다. 만약에 무덤의 주인공이 동수일 때는 불교의 영향이라고 쉽게 풀 수가 있지만 그렇지 않을 경우에는 불교의 영향이라고 해석하기가 어렵다. 황해도 안악에 집안 시대의 왕릉이 없어서 미천왕설이나 고국원왕설은 성립되기 어렵다. 그렇다고 동수묘인지 여부는[122] 현재까지의 자료로는 불분명하다. 따라서 안악 3호분의 주인공이 불분명한 현재의 상황으로 그 천정에 있는 연화문을 해석하기는 대단히 어렵지만, 만약에 안악 3호분이 중국의 불교와 영향이라고 한다면 그것은 불교와는 직접 관련이 없고 간접적인 영향으로 판단된다. 그 나머지 고분에서 출토된 연화문들도 이에 준하여 해석해 두고자 한다.

3) 금석문 자료

1963년 7월 16일 경남 의령군 대의면 하촌리 산30번지의 도로변에서 명문이 있는 고구려의 금동불입상이 발견되었다.[123] 동민들과 함께 도로

---

118 이 고분은 보통 4세기 말 또는 5세기 초로 편년하고 있다.

119 徐光輝, 2000, 〈高句麗の佛敎文化について-集安市長川一號古墳壁畵を中心に-〉≪龍谷大學國際社會文化硏究所紀要≫2.에서 장천 1호분을 정토법문신앙으로 보고서, 그 연대를 6세기 초로 보면서 중국 강남과의 교류를 상정하고 있다.

120 국립창원문화재연구소, 1996, ≪함안암각화고분≫, p. 92.

121 上原 和, 1996, 〈고구려 회화가 일본에 끼친 영향〉 ≪고구려 미술의 대외교섭≫.

122 묵서명의 위치에 주목하면 동수가 안악 3호분의 주인공으로 단정하기도 어렵다.

123 황수영, 1964, 〈국보 연가7년명 금동여래입상〉 ≪고고미술≫5-1.

공사에 참여하고 있었던 강갑순씨 모자는 도로에서 10여m 떨어진 돌무더기속에서 금동여래입상을 발견하였다. 불상은 너비 30cm, 길이 40cm, 깊이 30cm 가량의 석실 안에 누운 상태로 안치되어 있었으나, 다른 시설은 전혀 없었고, 그 일대에도 사지와 같은 불교 관련 유구는 전혀 발견할 수 없었다고 한다. 금동불상이 발견된 돌무더기는 사태로 산에서 도로쪽으로 흘러내린 것인데, 이 사태는 100년 이상은 안되어 보인다고 한다. 더구나 가야 시대부터 매장되어 있었던 것이라면 녹으로 뒤짚혀 있거나 손상이 있을 만도 한데 그렇지가 않다. 그렇기 때문에 한국동란 중에 함안 전선에 침입한 북한군이 이 일대에 장기간 주둔하였던 사실을 들어 가야 시대에 매장되었을 가능성에 대한 회의적인 의견이 제시되기도 했다.[124]

이 금동불입상은 높이 16.2cm 정도로 대좌, 불신, 광배가 함께 주조된 것으로 광배의 뒷면에 4행 47자의 명문이 새겨져 있는 바, 이를 제시하면 다음과 같다.

延嘉七年歲在己未高麗國樂浪
東寺主敬弟子僧演師徒　人共
造賢劫千佛流布第卄九因現義
佛比丘法穎所供養

연가7년기미년에 고구려 낙랑 동사의 부처님을 존경하는 제자인 僧演 등 사도 40인이 함께 현겁의 1000불을 만들어 세상에 유포하기로 하고, 그 29번째인 인현의불을 비구인 법영이 공양한 바란 것이 이 명문의 주된 내용이다.[125]

---

124 박경원, 1964, 〈연가7년명 금동불상의 출토지〉《고고미술》5-6 · 7.

그러면 이 불상에 나오는 연가7년기미가 언제인지를 조사해 보자. 종래에는 보통 이를 539년이라고 보아 왔다.[126] 최근에 와서는 중국 북위불과의 비교 검토로 479년으로 보는 견해가 제시되었다.[127] 이 명문에 나오는 僧演이라는 僧자가 포함된 인명에 주목하여 관계 자료를 제시하면 다음과 같다.

乙卯年八月四日聖法興太王節
道人比丘僧安及以沙弥
僧首乃至 居智伐村衆士
先人等見記

이 명문에 나오는 「道人比丘僧安及以沙弥僧首乃至」의 부분을 종래에는 道人인 比丘僧 安及以와 沙弥僧인 首乃至로 나누어 풀이해 왔다.[128] 이에 대해 한역 불교 경전에 及以와 乃至는 병렬의 뜻을 가진 조사란 견해가 나왔다.[129] 그렇게 되면 及以와 乃至는 승려의 인명과는 관계가 없는 조사가 되어 결국 승려의 이름은 僧安과 僧首만이 남아서 연가7년명 금동불입상의 명문에 나오는 僧演과 같이 僧자를 포함한 두 자의 법명이 된다. 그런데 연가7년명금동불상의 己未를 539년으로 보면, 울주천

125 이 명문 해석의 중요한 계기는 김영태, 1986, 〈영가7년명 고구려불상에 대하여〉≪한국
    불교학회제9회학술연구발표회 발표요지≫에 의해 이루어졌다.
126 황수영, 1963, 〈고구려연가7년명금동여래입상〉≪미술자료≫8.
    황수영, 1964, 〈국보 연가7년명 금동여래입상〉≪고고미술≫5-1.
    김원룡, 1964, 〈연가7년명 금동여래상 명문〉≪고고미술≫5-9.
    문명대, 1993, 〈앞의 논문〉, p. 100.
    장충식, 2000, 〈연가7년명 금동불상 재고〉≪동악미술사학≫1.
127 문명대, 1999, 〈고구려 재명금동불상의 양식과 도상해석의 문제〉≪현대불교의 향방≫
    -영하현승스님환력기념논총-, pp. 381-401.
128 대부분의 견해가 여기에 속한다.
129 深津行德, 1993, 〈法體の王-序說新羅の法興王の場合-〉≪學習院大學 東洋文化研究所
    調査研究報告≫39, p.55.

전리서석 을묘명의 연대를 대개 535년으로 보고 있기 때문에 신라 쪽의 자료가 고구려 보다 앞서는 결과가 생기게 된다. 이 문제를 해결하기 위해서는 己未의 간지를 한 갑자 올릴 수밖에 없다. 그러면 己未는 479년이 된다.[130] 이렇게 되면 가야 불교는 고구려에서 전래되었고, 가야 사찰에서 봉안되어 있었다가, 가야 멸망시에 매장된 것으로 추정할 수가 있다.[131]

5. 맺음말

지금까지 가야 불교에 대해 간단히 살펴 보았다. 논의해 온 바를 요약하여 맺음말에 대신하고자 한다.

먼저 ≪삼국유사≫에 나오는 금관성파사석탑조의 원문을 제시하고 이를 해석하고 5세기 초의 대성동고분군의 소멸에 근거하여 452년에 나오는 왕후사의 창건이 신뢰할 수 없음을 밝혔다.

다음으로 가야 불교와 관련되어 온 栴檀은 불교와 관련이 큰 용어로 보았고, 강수전은 대가야나 가야 불교와 관계가 멀 것으로 해석하였고, 고령 벽화 고분의 천정에 나오는 연화문 등은 불교와 간접적으로 관련되는 것으로 해석하였고, 의령에서 나온 연가7년명금동여래입상은 그 연대가 479년으로 가야 불교와 관련이 있을 것으로 추정하였다.

가야 불교의 사료는 극히 적고, 대가야를 비롯한 가야 지역에서 가야의 기와가 발견되지 않고 있어서 가야 불교가 존재했어도 탑이 있는 가람을 상정할 수는 없을 것으로 사료되므로[132] 앞으로 가야 불교에 대한

---

130 김창호, 2001,〈울주 천전리서석 을묘명에 대한 몇가지 첨언〉≪신라학연구≫5, p.15.
131 문명대, 1993,〈앞의 논문〉, pp.65~67.
132 신라에 있어서는 7세기 전반에 영남 지역에 기와가 발견되는데 이는 지방 관아 설치와 관련되고, 7세기 후반에는 군위 3존 석굴, 영주 가흥리 3존불 등 탑이 없는 석굴 사원으로 판단되며, 676년경의 부석사 창건을 시발로 700년경이 되어야 탑이 있는 교종의 가

보다 확실한 자료가 나와 가야 불교의 존재가 증명되기를 바랄 뿐이다.[133]

람이 영남 지방이 들어가는 것으로 보이는데, 그 구체적인 예가 칠곡 동명의 송림사전탑, 의성 탑리의 5층모전석탑으로 판단된다.

133 적어도 가야에서 기와로 덮힌 가람은 없었을 것으로 추정되며, 가야 불교 관련 유적인 절 등을 찾는 것은 상당히 어려울 듯하다.

제6부

불
상

경주 佛像 2예에 대한 異說

1. 머리말

신라 1000년의 서울이었던 경주에는 신라 시대의 많은 유적과 유물이 남아 있다. 지하에는 수많은 매장문화재가 남아 있으며, 지상에는 주추돌, 불상, 석등, 석탑, 당간지주 등 많은 석조물들이 남아 있다. 눈에 쉽게 보이는 불교 유물에 대해서는 《삼국유사》등 문헌의 이용과 형식론과 양식론이란 미술사적인 접근에 의해 주로 연구되어 많은 성과를 거두고 있다.[1] 경주라는 곳에는 한반도의 동남쪽에 편재되어 있고 대도시가 아니므로 전문가들이 수십년을 걸친 장기적인 연구는 거의 없는 듯하다. 이러한 점이 신라의 불교 유적에 대한 정체성 파악을 가로 막고 있는 원인 가운데 하나로 판단된다. 앞으로 이러한 문제의 해결을 위해서는 경주에 평생을 상주하면서 이에 대한 연구를 하는 관계 전문가가 나오기를 갈망할 뿐이다.

---

1 문명대교수 등의 여러 연구 성과를 들 수가 있다.

여기에서는 십수년 경주에 있으면서 현지 조사와 관찰 등으로 경주에 있는 불상 2예에 대한 평소의 의문을 제기해 보고자 한다.

2. 선도산 마애3존불

선도산 마애3존불의 조성 연대에 대해서는 7세기 중엽설, 7세기 3/4 분기설 등 다양한 가설이 제기되고 있다.[2] 그 가운데에서 1970년대 이 3존불의 복원 수리시에 발견된 고신라 시대의 연화문 숫막새가 출토되었다.[3] 이 와당은 지금까지의 신라 기와의 편년에 근거할 때 7세기 전반경으로 볼 수가 있다.[4] 이 한 점의 숫막새는 3존불상의 연대 설정에 중요한 단서가 될 수가 있다.

이 3존불상의 연대 설정에 중요한 자료로 협시보살인 관음보살의 등에 聖이란 글자가 새긴 점이다.[5](사진 41) 이 글자는 아직까지 학계에 알려진 바가 없다. 쪼대흙을 가지고 올라가 찍어서 聖자임을 알게 되었다.

신라 금석문인 무염비에서는[6] 골품제의 聖骨을 聖骨이라고 나온 예는 없고, 이와 관련된 낭혜화상비에도 「父範淸族降一等 曰得難 (以下 原註) 國有五品 曰聖而 曰眞骨 曰得難 言貴姓之得難 文賦云 或求易而得難 從言六頭品 數多爲貴 猶一命至九 其四五品不足言」라고 해 성골로 나오지 않고 聖而라고 나오고 있다.

이 聖而란 구절과 관련해 535년에 작성된 울주천전리서석 을묘명에

2　문명대, 1980.≪한국조각사≫ p.165 등 참조.
3　국립경주박물관편, 2000, ≪신라와전≫ p.117.
4　백제 기와를 주축으로 신라화한 기와로 그 시기는 7세기 전반으로 보인다.
5　이에 대해서는 몇 년전 경주대학교 문화재학부 경주 답사시에 학부학생들과 함께 발견하여 조사하였다.
6　무염비의 찬술과 글씨를 쓴 연대는 통일 신라 시대이나 비를 세운 연대는 고려 초이다. 이에 대한 상세한 것은 김창호, 2003, 〈무염비 득난조의 해석과 건비 연대〉≪신라문화≫ 22 참조.

「乙卯年四月八日 聖法興太王節」라고 나오는데, 여기의 聖자를 성골로 해석한 가설이 제기되고 있다.[7] 이러한 선학들의 업적을 발판으로 해석하면 선도산 3존불상의 관음보살 등에 새겨진 聖자도 聖而(성골)와 연결될 가능성이 있다. 이렇게 관음보살상의 등에 새겨진 聖자가 聖而와 관련이 되면 선도산 3존불상의 연대 설정에 聖자가 중요한 단서가 된다. 지금까지 신라 골품제 연구에 있어서

사진 41 선도산 3존불 관음보살의 聖자(점토탁)

신라의 성골 왕은 법흥왕, 진흥왕, 진지왕, 진평왕, 선덕여왕, 진덕여왕뿐이므로 진덕여왕이 654년에 죽었기 때문에 선도산의 3존불상은 654년을 내려갈 수가 없다.[8]

이 654년이란 연대는 앞의 연화문 숫막새에서 얻은 결론과 궤를 같이하고 있다. 따라서 선도산 아미타3존불상의 조성 연대는 7세기 전반일 가능성이 크게 되었다. 그러면 이 3존불상과 서형산성은 어떠한 관계가 있는지 궁금하다.

다 아는 바와 같이 신라는 왕경 전체를 방어하는 나성이 없어서[9] 이에 대한 해명에 몇몇 연구 성과가 나와있다.[10] 선도산의 8부 능선에 있는 서

---

7 이종욱, 1980,〈신라 중고시대의 성골〉≪진단학보≫59.
8 진덕여왕 다음부터인 태종무열왕부터는 보통 진골로 보고 있다. 신라의 신분제에 대해서는 고를 달리하여 상론할 기회를 갖고자 한다.
9 고구려의 평양성과 부여의 사비성에는 도시 전체를 둘러싼 나성이 있다.
10 박방룡, 1997,〈신라도성연구〉동아대학교 대학원 박사학위 청구논문.
    김창호, 1999,〈경주의 신라 산성에 관한 몇 가지 의문〉≪과기고고연구≫5.

형산성은 6세기경에 석성이 축조되었으며, 이 시기의 수도 방어에 한몫을 담당했을 것으로 알려져 있다.[11] 서형산성의 정확한 축조 시기는 잘 알 수가 없지만 6세기경에 만들어져 100년 가량 방어의 목적을 달성했으나 7세기 전반에 서형산성 안에 아미타3존불상이 조성하게 되어 수많은 불교 신도들이 성 안으로 출입하게 되었다. 이 때에 서형산성은 산성으로서의 기능을 상실하게 되고, 그뒤에는 서형산성의 기능을 산성이 대신한 것으로 이해되고 있다.

선도산에 있어서 아미타3존불상은 고신라말에 유행한 아미타신앙과 무관하지 않을 것이며, 선도산 자체가 당시의 수도였던 경주 서쪽에 자리잡고 있어서 西方淨土信仰과도 연결되고 있음을 쉽게 알 수가 있다. 이러한 선도산은 서형산성을 통한 수도 방어로서의 역할보다도 아미타신앙을 통한 신라 불교에 있어서 불교 대중화에 큰 몫을 담당했을 것으로 짐작된다.

≪삼국유사≫ 선도성모수희불사조에 따르면 선도산에는 토속 신앙과 관련된 仙桃聖母가 있던 장소로도 유명하다. 신라 초기 불교 전래 과정에서 고유 신앙과 불교가 습합된 모습을 여기에서도 느낄 수가 있다. 이러한 모습은 단석산의 마애상이나 울주천전리서석 을묘년명과 선각화와도[12] 무관하지 않을 것이다.

3. 남산 불곡 불상

경주 남산의 탑곡 서쪽에 불곡이 있다. 이 골짜기를 오르다 보면 계곡의 중간쯤에 龕室이 있다.(그림 53) 이 감실은 불상 1구를 조성하기 위해

---

11 보통 신라의 수도 방어는 동쪽의 명활산성, 서쪽의 서형산성(선도산성), 남쪽의 남산신성, 북쪽의 북형산성이 있으며, 이들이 나성을 역할을 하는 것으로 藤島亥治郎 이래의 통설이다. 이에 대한 비판은 김창호,1999, 〈앞의 논문〉참조.
12 이들 자료는 고유 신앙 또는 도교와 관련된 자료로 보인다.

만든 작은 방이다. 감실의 크기는 높이 2.8m, 너비 3.5m, 감실 깊이 0.9m이다. 이 감실 안에는 불좌상이 새겨져 있다. 그 높이는 1.5m나 된다. 이 불상은 상현좌의 좌상으로 수인은 선정인에 가깝고 머리에는 披風帽를 쓴 것 같고, 귀가 없는 불상이다. 이 상의 실측도에도 그렇게 되어 있다. 이 불상은 고신라의 불상으로 보면서 부처상인지 보살상인지도 아직까지 구분이 안되는 상이다.

그림 53 남산 불곡 불상의 실측도

이 불상은 1.5m의 등신대에 가깝고, 얼굴은 고부조로 돌출시켰으나 신체는 저부조로 상대적으로 얇게 새기고 있다. 육계를 낮게 표현하였는데, 소발의 머리칼은 그대로 귀와 연결되어 양감이 있는 얼굴을 다소 곳이 숙여 명상에 잠긴 듯한 표현이다. 전체적으로 부드러운 양감으로 조각된 이 불상의 둥근 얼굴에는 광대뼈가 나오고, 눈두덩이 통통하게 하는 등 명상에 잠긴 자비로운 얼굴이면서 다소 억센 기질도 보여주는 독특한 인상을 나타내고 있다.

어깨는 다소 각지게 표현하여 상체를 方形的으로 나타내었는데 두 손을 소매에 넣어 가슴에 모았기 때문에 완전히 4각형의 상체를 이루어 단정한 형태미를 나타내고 있는 것이다. 이러한 상체와 함께 넓게 앉은 무릎은 이 불상을 더욱 안정감이 있게 만들고 있다. 두 손은 소매 속에 감추어져 정확한 수인은 알 수 없으며, 결가부좌로 앉아 있는 자세는 오른 발을 왼 다리 위에 올린 이른바 吉祥坐를 하고 있는데 발이 유난히 큼직하여 삼국 시대의 큰 손발의 표현과 상통하고 있다.

통견의 옷은 두께를 느끼게 표현하였고, 승각기와 어깨에서 내려온 옷깃이 유난히 넓어 이 역시 태안마애불 등 삼국 시대의 불상 옷깃의 전통이 엿보이고 있다. 특히 모든 옷주름선들은 선각인데, 집중과 확산을 선명하게 표현하여 선각이면서도 강렬한 인상을 주고 있다. 소매에서 내리는 선 묘사들은 폭포처럼 흘러내리고 무릎의 선들도 물결처럼 겹겹이 겹쳐졌고, 무릎밑에서 흘러나온 옷자락은 대좌를 덮어내려 2단의 주름을 이루는 상현좌를 이루고 있다. 상현의 주름은 비록 단은 짧지만 규칙적인 주름을 이루고 있다.

이 불상은 650년 전후의 불상으로 보아 왔다.[13] 이 불상의 가장 큰 특징은 부처인지 보살인지 구분이 되지 않는 점과 귀가 보이지 않는 점이다. 보통 정인의 수인에 좌상이라 삼국 시대 말기의 부처로 보아 오고 있다.

이렇게 귀가 없이 披風帽를 쓴 상으로는 지장보살이 있다. 신라의 지장보살의 유일한 예로는 경주 낭산 중생사의 마애상이 있다. 이 상 자체는 조상기가 없고 신라 시대의 다른 지장보살의 예가 없어서 신라 시대의 것이라고 단정할 수가 없다. 8세기 중엽에 진표가 법상종을 개창하면서 지장보살을 중요시 했으나[14] 이에 관련된 사찰인 금산사, 법주사, 동화사에 신라 시대의 지장보살상을 현존하지 않고 있다. 우리 나라 조각사에 있어서 지장보살은 흔히 조선 시대에 유행하였다. 이러한 이유에서 불곡의 상을 지장보살로 보기는 어렵다. 또 다른 가능성으로는 승가상이 있다. 보통 승가상은 중국의 10여 예에 따르면, 몸에 가사를 입었으며, 결가부좌하였으며, 꼿꼿한 체형에 머리가 큰 편이며, 얼굴은 둥글고 풍만하며, 표정이 침착하며, 피풍모를 쓴 승려상이 많다고 한다.[15] 이

---

13 문명대, 1994, 〈앞의 논문〉, p.27.
14 진표는 미륵불과 함께 지장보살, 점찰계 등을 중요시하였다.

① 돈황막고굴 72의 승가상(만당)

② 낙양 관림 석각예술관 소장
승가상(1092년)

③ 북경 고궁발물관 소장 승가상
(1100년)

④ 북한산 승가상(1024년)

그림 54 승가상의 예

에 관한 유명한 예로는 한강 유역의 북한산 승가상이 있다.(그림 54)[16] 승
가상은[17] 승려에서 보살로 다시 부처로 격이 중국에서 상승되었다.[18] 피

15 목전제량, 1954, 〈中國에 민속 불교 성립의 일 과정〉≪동방학보≫25 등 참조

16 이홍직, 1959, 〈승가사 잡고〉≪향토서울≫6.

17 중국의 승가상에 대해서는 馬世長, 1997, 〈中韓古代佛敎文化交流兩例〉≪실크로드문화
와 한국문화≫참조.

풍모를 써서 귀가 보이지 않는 승가상은 710년에 승가대사가 중국 장안 薦福寺에서 입적하였다.[19] 그 뒤에 승가상이 만들어졌다. 우리 나라에는 한강 유역의 북한산 승가상이 있다. 이밖에도 통일 신라때 승가 신앙이 전래되어 〈삼각사중수승가굴기〉에는 최치원 문집을 간접 인용하여 다음과 같이 언급하고 있다.

옛날 신라 시대에 狼迹寺 승려 秀台가 (승가)대사의 성스런 자취를 많이 듣고서 마침 삼각산 남쪽에 경치좋은 곳을 골라 석굴을 파고 모형을 돌에 새기니, 대사의 모습이 더욱 동쪽 나라를 비추게 되었다.[20]

이와 관련하여 일찍이 權相老는 ≪봉은본말지≫를 인용하여 수태가 766년에 승가대사상을 조성하였다고 하였다.[21] ≪봉은본말지≫는 1943년 1월 봉은사 주지인 홍태욱이 당시 강백이던 안호진에게 편찬을 위촉하였으나 혼란기에 미처 간행하지 못한 채 자료가 흩어졌으며, 최근에 공개된 자료에는 승가사에 관한 자료는 없다.[22]

우리 나라에서 확실한 승가상의 예로는 고려 시대에 조성된 북한산 승가사에 있는 승가상을 들 수가 있다. 이에 대해서는 ≪동문선≫에 실린 이오의 〈삼각산중수승가굴기〉에 의해 승가상으로 해석한 견해가 제시되고 있다.[23] 그 뒤에 광배 명문의 함께 1024년으로 보았다.[24] 최근에는 승가상을 광배 명문보다 이른 시기로 보는 가설이 제기되기도 하였다.[25]

불곡의 상은 선정인에 유사한 수인, 피풍모를 써서 귀가 보이지 않는

18 남동신, 2000, 〈북한산 승가대사상과 승가신앙〉 ≪서울학 연구≫14, p.6.
19 남동신, 2000, 〈앞의 논문〉, p.7.
20 ≪동문선≫권 64, 삼각산중수승가굴기.
21 ≪한국사찰전서≫권 하 승가굴조, p.736.
22 이철교, 1993, 〈[서울 및 근교사찰지](원제:봉은본말지) 해제〉 ≪다보≫11, 권말 부록, p.2.
23 금서룡, 1916, 〈경기도 고양군 북한산 유적 조사 보고〉 ≪1916년도고적조사보고≫, pp.47-48.
24 이홍직, 1959, 〈앞의 논문〉.
25 마세장, 1997, 〈앞의 논문〉, pp.243-244.

점, 결가부좌한 점 등으로 보면 승가상일 가능성도 있는 듯하다.

그러면 승가대사는 710년에 입적했으므로 이 상의 상한 연대는 710년을 소급할 수가 없다. 당에서 신라로의 전래 시기 등을 고려하면 8세기 중엽경으로 볼 수도 있다. 이렇게 되면 종래 고신라말의 불상으로 해석한 가설과는 100년 이상의 차이가 나서 단정은 불가능하며, 앞으로 불곡 불상의 도상 해석이 하루 빨리 이루어지기를 바랄 뿐이다.

4. 맺음말

지금까지 경주에 있는 신라 불상 2예에 대해 간단히 살펴 보았다. 이를 요약하여 맺음말에 대신하고자 한다.

먼저 선도산아미타3존불상에 대해서 살펴 보았다. 이 불상의 조성 연대에 대해서는 7세기 중엽설, 7세기 3/4분기설 등 다양한 가설이 제기되어 왔다. 1970년 이 3존불의 복원 수리시 고신라의 연화문암막새가 출토되었다. 와당의 편년에 근거할 때 3존불의 연대도 7세기 전반경으로 볼 수가 있다. 3존불중 협시보살인 관음보살상의 등에 聖자가 새겨져 있다. 이를 무염비의 聖而, 울주 천전리서석을묘명에 나오는 聖法興太王節의 聖이 신라의 성골을 가리킨다는 기왕의 가설에 따라 관음보살의 聖자도 성골을 가리키는 것으로 보았다. 신라에서 성골은 진덕여왕때까지이므로 여왕이 죽은 654년을 이 3존불상의 하한으로 해석할 수도 있다는 문제를 제기하였다.

다음으로 불곡에 있는 불상은 종래 대개 고신라말로 그 조성 시기를 보아 왔다. 이 불상은 피풍모를 쓰고 있으며, 결가부좌를 하고 있으며, 수인은 선정인이 가까우나 선정인은 아니고, 불상인지 보살인지의 구분도 어렵다. 이 상은 최치원이 쓴 문헌과 북한산 승가사의 승가상 등과 비교할 때 승가상일 가능성도 있는 듯하다. 이 상이 승가상이라면 710년을 소급할 수가 없어서 8세기 중엽으로 볼 가능성에 대한 의문을 제기하였다.

제Ⅱ장

중원 봉황리 마애불상군의 재검토

1. 머리말

한국 고대에서 고려까지의 미술사는 불교에 관련된 미술사가 주류를 이루고 있다. 불교 미술사나 불교고고학에서 가장 기본이 되는 것은 불교사, 기와, 토기, 도자기 등에 대한 기초 공부가 중요하다. 현재 미술사 학계에서는 이런 기본적인 훈련이 없이 조각사, 공예사, 건축사, 회화사로 4분하여 전공을 나누고, 그 기본이 되는 불교사, 기와, 토기, 도자기는 가르치지 않고 있다. 고고학과 미술사를 구분하여 연구하면 문화재에 대한 도상 해석이나 편년에 문제가 노정됨을 종종 보고 있는데, 석사 과정부터 조각사 등으로 4분하고 훈련을 하는 것은 잘못된 방법이다. 적어도 박사 과정에 가서나 전공을 나누면 될지 몰라도 일찍부터 전공을 구분하는 것은 나중에 미술사 연구에 큰 약점으로 나타나게 될 것이다.

경주 칠불암에서 「儀鳳四年皆土」명 기와 파편을 습득함으로서 다양한 가설이 제시되었던 칠불암 불상의 연대가 679년경으로 결론이 났음은[26] 주지의 사실이다. 경주 선도산 마애3존불상도 복원 수리 과정에서 7세기 전반의 연화문숫막새가 발견되어[27] 그 조성 시기를 보다 확실하게 하였다. 이러한 실정에도 불구하고, 태안 마애삼존불이 백화산에 있다고 백제의 화엄종을[28] 주장한다든지, 750년에 만들어진 성덕대왕신종을 화엄종으로 해석을[29] 시도하는 방법은 모두 불교사에 대한 견해의 차이로 판단된다. 이러한 불상사가 미술사학계에서 사라지기를 간절히 바라면서 불교고고학의 관점에서 본고를 초하게 되었다.

여기에서는 먼저 중원 봉황리(햇골산)의 마애 불상군과 보살군을 소개하고 나서, 이에 대한 필자의 평소 소견을 밝혀 보고자 한다.

2. 불상의 소개[30]

충북 중원군 봉황리 안골 부락의 북쪽 산에 위치하고 있다. 이 마을 앞을 흐르는 봉황천이 한강에 이르기 전, 동쪽으로 구부러지는 모퉁이에 거의 이등변삼각형 모양의 낮은 산이 솟아 있어 이를 속칭 햇골산이라고 한다. 동네의 전하는 말에 의하면, 해가 뜨는 고을의 산이란 뜻에서 붙어진 산명이라는데, 이 산기슭의 바로 봉황천변에는 능바위라고

---

26 박홍국, 1998, 〈경주 나원리 오층석탑과 남산 칠불암의 조성 시기-최근 수습한 명문와를 중심으로-〉 ≪과기고고연구≫4.

27 김창호, 2003, 〈경주 불상 2예에 대한 이설〉 ≪경주문화≫9.

28 백제에는 율종, 삼론종 등은 도입되었으나 화엄종의 전래는 없었다. 우리나라에서 화엄종은 통일 신라 초에 도입되었다.

29 영주 부석사, 김천 갈항사, 합천 해인사, 구례 화엄사 등의 실 예에서와 같이 변경 지대에 있던 화엄종이 경주 중심부에 들어오는 것은 9세기에나 가능하므로(이 때의 화엄종은 비로자나불, 석가불, 노사나불의 3신불을 대광명전에 봉안한 80화엄종이 주류를 이루고 있는 것으로 판단된다. 단 부석사의 경우는 무량수전에 고려 초에 만든 소조아미타불이 있어서 60화엄종인지도 모르겠다.) 봉덕사종과 화엄종은 전혀 관련이 없다.

30 이 부분은 정영호, 1980, 〈중원 봉황리 마애반가상과 불·보살군〉 ≪고고미술≫146·147에서 발췌하였다.

사진 42 중원 봉황리 마애불상군   사진 43 중원봉황리 마애불상군 세부(동편)

일컫는 큼직한 바위가 있어 인근 부락에서 노리꾼들이 많이 몰려든다고
한다. 천렵꾼들도 많고, 밤이면 달맞이도 한다는 것이다.

봉황천 제방에서 햇골산을 바라보아 산봉우리 중심부를 향하여 평지
로부터 약 50m 가파른 산길을 올라가면 중턱 못미처에 거대한 암벽이
있다. 이 암벽에 불·보살상이 조각되어 있다. 자연의 암벽을 그대로 이
용하였으므로 전면은 약간 비스듬히 경사를 이루고 있다. 암벽 위에는
큰 암반이 돌출되어 있으므로 천연의 개석이 마련되어 있는 셈이다. 이
조상군은 암면의 방향대로 동남향 하였는데 바로 눈 밑에는 봉황천이
동쪽으로 흐르고, 넓은 봉황들을 넘어 동쪽으로는 멀리 한강이 구비처
보인다. 남쪽으로는 안골 깊숙이 장미산의 잣고개 너머로 탑평리 일대
가 짐작된다. 이렇게 시야가 넓게 전개되는 이 곳 천연의 위치는 마치
雲上界에서 중생을 굽어보는 것같아 역시 노인들의 예지에 감탄할 뿐인
바 이렇듯 조망이 絶佳한 위치를 택하고 있음은 충남 서산군의 마애삼
존불상이나 경북 군위군의 석굴에 있는 군위삼존불상과 같았다.

너비 약 5m, 높이 1.7m의 암면에 불상과 보살상을 양각하였는데(사진
42), 동편에는 반가사유상을 중심으로 한 보살상들의 1군이 있고(사진 43),
그 서편에 여래좌상과 공양상이(사진 44) 별도로 조각되어 있다. 이 위에
얹혀 있는 천연적인 개석은 너비 약 5.2m의 큼직한 암석으로서 돌출부

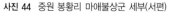

사진 44 중원 봉황리 마애불상군 세부(서편)

사진 45 중원 봉황리 마애불상군 세부
(반가사유상)

가 22cm-70cm 가량 됨으로 불상군과 보살상군의 노출을 막기에 충분
하다.

반가사유상을(사진 45) 중심으로 한 보살상군은 동편으로부터 보아 보
살입상 1구가 있고, 다음에 주존으로 반가사유상이 있으며, 그 다음으로
보살입상 4구가 배치되어 있어 모두 6구가 조상되었다.

전체를 연화좌 위에 봉안한 듯 넓게 펼쳐진 연화좌를 이루고 있는데
華奢한 蓮瓣이 아니고 주존 연화좌의 하단부로부터 여러 줄기가 파생된
연줄기에 간혹 연봉이 보이며, 협시보살들에는 연줄기로부터 대좌를 올
리고 있다.

주존인 반가사유상은 왼쪽 발을 垂下하여 연화좌 위에 얹었고, 오른
쪽 발은 왼쪽 무릎위에 올려놓아 전형적인 반가사유상을 이루었으며,
오른쪽 손은 들어 검지와 중지를 오른쪽 볼에 가볍게 대고, 무명지와
소지를 구부림으로써 전형적인 思惟形을 보이고 있다. 그리고 왼쪽 손
으로는 왼쪽 무릎 위에 올려놓은 오른쪽 발목을 잡고 있는데, 다섯 손
가락의 조각이 뚜렷함과 오른발의 사실적인 표현은 주목된다. 頭部는
크게 파손되어 상호와 보관 등 頭像의 일체를 알 수 없음이 유감스러운

데, 양쪽 어깨 위까지 길게 늘어진 것이 冠帶가 아닌가한다. 상반나신에 양쪽 어깨 위에 衣端은 뚜렷하며, 榻座에 衣文이 조각되어 있음을 볼 수가 있다.

반가사유상의 동편 협시보살도 頭像이 크게 파손되어 각 부분을 전혀 알 수가 없다. 원추형을 거꾸로 놓은 듯한 上廣下促形의 삼국 시대 전형의 대좌 위에 정면한 입상인데, 이 대좌는 같은 마애석불군 연화좌의 연줄기에 그 下促部가 연결되어 있는 것 같다. 팔을 구부려 양쪽 손을 앞으로 모아 臍前에 합장하고 있는 듯하며, 천의는 길게 흘렀는데 X자로 교차된 瓔珞은 양쪽 무릎까지 彫飾하였다.

서편의 협시보살도 두상이 완전히 파손되어 華冠이나 상호 등 각 부분을 짐작할 수가 없다. 대좌 역시 동편의 협시보살상과 같은 형태의 것으로 연줄기가 연결되어 있다. 정면을 보고 있는 입상으로 양쪽 팔을 구부려 손을 앞으로 모아 臍前에서 합장한 듯한데, 팔은 동편 보살상보다 강하게 구부렸다. 천의가 길게 흐르고, 또한 옆으로 펼쳐지고 있음이 분명하며, 양쪽 어깨부분으로부터 내려진 영락이 X자형으로 교차되어 무릎까지 조식되고 있음도 살필 수 있다.

반가사유상과 서편 협시보살상과의 사이에 또 하나의 보살상이 조각되었는바 입상으로 추측되나 상반신만을 나타내고 있다. 머리에는 華冠이 뚜렷하고 冠帶가 길게 어깨 위까지 내려졌다. 상호는 갸름한 편으로 양쪽 눈과 코 입 등이 뚜렷하다. 양쪽 팔과 천의가 어림풋할 뿐 확실하게 드러나 있지 않아서 분간할 수가 없다.

서편 협시보살의 서편 옆으로 2구의 보살입상이 배치되어 있는데, 이 2구도 협시보살과 같은 형태로 연줄기에 연결된 上廣下促形의 3각 대좌 위에 정면으로 서있다. 바로 옆의 보살입상은 직립한 자세가 아니고, 바로 옆 동편의 협시보살과 주존인 반가사유상 쪽을 향하려는 듯 胴體를 동쪽으로 조금 틀고 있음이 확실하다. 머리에는 보관을 쓰고 그 관대가 길게 어깨 위까지 흘렸으며, 상호는 긴 편이고, 안면에는 양쪽 눈과 코입 등의 각 부분의 조각이 잘 남아 있다. 통견한 衣文은 圓弧를 그리면서 臍前에 까지 흘렸는데, 이로부터 무릎 위까지에는 太彫로 더욱 큰 원호를 數條 그리고 있어 주목된다. 천의 자락이 양쪽 옆으로 흘러 내렸는데, 양쪽 손은 이 천의를 잡고 있는 것 같다.

맨 끝의 보살입상은 대좌가 연줄기에 연결되어 있는 것은 확실하나 암벽의 파손으로 확연하지 않다. 정면 직립의 입상이나 양쪽 팔을 들어 동쪽으로 돌려 구부려서 양손에 각각 보주형을 받들고 있는데, 이 모습도 역시 주존인 반가사유상을 향한 공양의 자세로 보아야할 것이다. 머리에는 華冠을 써서 그 관대가 길게 흘렸다. 상호는 역시 갸름한 편이며, 양쪽 눈과 코 입이 정제되어 있다. 동체에는 천의의 조각이 분명하고, 영락도 부분적으로 흔적이 뚜렷하며, 양쪽 팔에는 완천의 장식이 보인다. 상호는 正面正視하였으나 양손을 동편으로 돌리고, 공양하는 자세와 사실적인 조각 수법이 주목된다.

이상의 6구로 한 무리를 이룬 바로 서편으로 암벽이 크게 파손되어 있고, 그 다음 암벽으로 연결되는 암면에 현재 여래상과 그의 공양상이 조각되어 있다. 서편의 공양상과 대칭으로 동편에도 협시보살상이 배치되어 있었던 것이나 함께 파불된 것이 아닌가 한다.

현재 여래상은 正面하였고, 그 서편 쪽으로 여래상을 향한 공양상이 배치되어 있으며, 이들 사이의 하부에는 사자 한 마리가 조각되어 있다.

주존인 여래상은 주변 여러 상의 배치와 암면의 상태 등으로 보아 좌상으로 추측된다. 소발의 머리위에는 큼직한 육계가 있고, 목에는 3도의 표시가 없으며, 양쪽 귀가 머리 부분으로부터 양쪽 어깨 위까지 길게 흘러서 위엄이 한층 더하다. 통견한 법의는 가슴에서 U자형을 이루고 있는 바 그 밑으로 평행한 원호의 衣文이 太彫되었다. 수인은 시무외 여원인을 結하고 있는데, 두껍게 조각된 의문이 양쪽 손목에도 걸쳤으며, 양쪽 팔에도 의문이 나타나 있다.

서편의 협시보살좌상은 주존인 여래상을 향하였으므로 동쪽을 향한 우측면상을 드러내고 있다. 왼쪽 다리를 세우고, 오른쪽 무릎을 꿇고 앉은 반좌세의 공양상인데, 오른팔을 구부리면서 들어 오른손에 보주형을 받들고 있다. 머리에는 화관을 썼으며, 고개를 조금 숙이고 있다. 동체에는 천의의 주름이 보이고, 허리에는 띠를 둘렀는데, 큼직한 이식이 있어 이로부터 길게 흘러내린 허리띠의 주름과 끝마디가 흥미롭게 표현되었다. 왼쪽 발을 세움에 따라 왼쪽 발뒤꿈치를 들은 것도 주목되려니와 오른쪽 무릎을 꿇고, 오른쪽 발을 일으켜 세운 발뒤꿈치와 발가락 등의 표형이 더욱 주의를 끈다.

사자상은 꿇어 앉은 모양을 하고 있는데, 머리를 서편 공양상 쪽으로 취하고 있으나, 고개를 돌려 안면은 주존 쪽을 향하고 있다. 후미 쪽이 파손되고, 각 부분에 磨損이 심하여 세부까지는 잘 알 수가 없으나 웅크린 동체는 뚜렷하고 구부린 족부는 어렴풋하다.

각 불상과 보살상의 실측치는 다음과 같다.

반가사유상 높이 132cm, 머리 높이 26cm, 동편 협시보살입상 높이 107cm, 머리 높이 21cm, 어깨 너비 17cm, 가슴너비 10.5cm, 서편 협시보살입상 높이 95cm, 머리높이 19cm, 어깨너비 19cm, 주존 사이의 보살상 현재 높이 47cm, 머리높이 17cm, 어깨너비 15cm, 서편 보살입상 높이 84cm, 머리높이 34cm, 너비 15cm, 서단 보살입상 높이 69cm, 머리높이 17cm, 어깨너비 19cm, 대좌 너비 15-21cm, 여래상 현재 높이 61cm, 머리 높이 34cm, 어깨 너비 62cm, 가슴너비 27cm, 공양상 높이 78cm, 머리높이 15cm, 어깨너비 18cm, 寶珠徑 7cm, 사자상 38cm.

3. 몇 가지 검토

헷골산의 마애불-보살상에 대해 원보고자는 모든 양식과 조각 수법을 살펴보았을 때 600년경 삼국 시기에 조상된 것으로 추정하였다.[31]

이에 비해 그 뒤의 연구 성과에서는 전혀 다른 시각에서 이의 도상 해석과 편년 관을 제시하고 있다.[32] 그 개요를 제시하면 다음과 같다.

첫째로 불상들의 얼굴이 길고, 신체가 세장하여 중국 북위 양식을 많이 반영한 고구려 불상의 양식을 보이고 있다.

둘째로 반가사유상 양 어깨에 고구려 불상에 많은 被巾이 표현되어 있다.

셋째로 고구려 불상에 많은 삼각형을 거꾸로 놓은 연봉대좌를 반가사유상을 중심으로 한 모든 보살들의 대좌로 삼고 있다.

넷째로 통견의 착의법이 중국 북위 시대에 유행한 고식의 요소를 남기고 있다.

다섯째로 여래좌상의 양 옆에 사자상이 배치되어 있는 것은 중국 북위 내지 고구려의 형식을 따른 것이다.

여섯째로 전체적으로 불상과 보살상들이 씩씩한 기상이 있고, 강건한 느낌이 든다.

이 불상과 보살상들은 삼국 시대의 공통된 고식의 형식과 양식을 띠고 있으나, 앞에서 든 여섯 가지 특징들은 고구려 불상에 강하게 나타나는 것이므로 6세기 중엽의 고구려작품으로 추정하였다.[33]

계속해서 경주 단석산에 있는 마애상과 비교하였다. 곧 단석산의 마

---

31 정영호, 1980, 〈앞의 논문〉, p.21.
32 강우방, 1994, 〈헷골산 마애불상군과 단석산마애불상군-편년과 도상해석 시론-〉 《이기백선생고희기념 한국사학논총(상)》-고대편·고려시대편-.
33 강우방, 1994, 〈앞의 논문〉, p.455.

애상은 7세기 초로 화랑과 관계되는 미륵정토신앙으로 해석하고, 햇골산의 주존이 반가사유상이므로 미륵보살로 해석하고 고구려의 경당과 연결지우고 있다.

단석산의 마애상들은 명문에 나오는 菩薩戒에 근거할 때 8세기 중엽을 소급할 수가 없고, 거대한 미륵삼존상은 7세기 초가 아닌 통일 신라 말에 조성된 것이고, 이른바 공양상은 토착 신앙과 관련되는 것으로 신라의 토착 신앙에 대해서는[34] 6세기경에 제작된 것이며, 나머지 7기의 조그마한 불상과 보살상들은 7세기 1/4분기에 제작된 것이다.[35]

이러한 관점에서 보면 불상과 보살상의 도상 해석에 근본적인 문제점이 노정되고 있다. 단석산의 거대한 마애3존상은 미륵하생경과[36] 관련된 것이고, 6세기에 이미 신라의 토착 신앙과 관련된 유적인데,[37] 7세기 1/4분기에 들어 와 소형의 불상과 보살상군이 미륵상생경과 관련되어 조상된 것이다. 이는 앞의 도상 해석과는 근본적인 차이가 있는 것이다. 좀 더 이 가설의 타당성을 검토하기 위해 경당 관련 자료를 적기하여 제시하면 다음과 같다.

俗愛讀書 至於衡門厮養之家 各於街衢造大屋 謂之扃堂 子第未婚之前

---

34 김창호, 1996, 〈울주천전리서석에 보이는 원시 신앙 문제〉《향토문화》9·10 참조.
35 김창호, 2003, 〈다시 단석산 신선사 마애조상에 대하여〉《불교고고학》3.
   김창호, 2004, 〈경주 단석산 마애불상의 역사적 의미〉《신라사학보》1.
36 고신라 시대에 유행했으며, 도솔천에서 내려와 56억 7만년뒤에(원효의 설) 석가가 예언한 미래불로 중생을 구제하려 전륜성왕과 함께 온다고 한다. 고신라의 화랑도 이와 관련되며, 김유신의 화랑을 용화랑도라 했음은 주지의 사실이다. 나말여초에도 유행하였으며, 이 땅에 새로운 미륵불의 출현을 갈망하며(기독교적으로 말하면 메시아의 출현을 갈망하는 것이다), 거대한 미륵불을 그 당시 후삼국의 치열한 전쟁터였던 국경 지대인 충청도, 전라도 북부, 경상도 북부 등에 집중적으로 조성하였다. 미륵생경경에 의한 미륵상생설은 도솔천(미륵정토)에 죽어서 살기를 바라는 것으로 신라인들은 현세를 대단히 좋아해 죽어서 도솔천에 살기를 원했다. 마야부인도 도솔천에 살고 있다고 한다.
37 김창호, 1996, 〈앞의 논문〉.

晝夜於此 讀書習射

(≪구당서≫,동이전, 고려조)

人喜學 至窮里厮家 亦相矜勉 衢悉構嚴屋 號扃堂 子第未婚者曹處 誦經習射

(≪신당서≫,동이전, 고려조)

위의 두 내용은 비슷하다. 고구려인들이 독서를 하고 배우기를 좋아하여 아무리 군색한 마을의 없이 사는 집이라도 모두 부지런히 배운다. 길가에는 모두 높고 큰 집을 지워 이것을 경당이라 하고, 자제들 중에 아직 장가를 들지 않은 자가 있으면, 여기 모여서 經書를 외고 활쏘기도 연습한다는 것이다.

경당과 햇골산의 마애불상과 보살상이 있던 곳의 직접적인 연결은 곤란하다. 왜냐하면 경당은 고구려인들이 사는 마을에 큰 집을 짓고서 경서를 외고 활쏘기 연습을 한다고 명시되어 있고, 햇골산의 마애불상군과 보살상군에는 그 접근이 힘든 산중이 있기 때문이다.[38] 설사 햇골산의 마애불상군과 보살상군이 경당과 관계에 그 가능성이 조금이라도 있으려고 하면 이 햇골산의 마애불상군과 보살상군이 고구려 제작일 때만 가능하다.

주지하는 바와 같이 화강암에 마애상을 조각도가 아닌 정으로 쪼아서 조각하는 고도의 석제가공술은 중국이나 인도 등 세계 어디에도 없는 기술이다. 이는 백제의 서산마애삼존불에서 시작되어 신라에 전파된 기술로 고구려에는 그 예가 없다. 고구려의 집안이나 평양성에서도 마애불상이 발견된 예가 없고, 고구려의 그 어디에서도 마애불상이 발견되지 않고 있다. 그렇다면 햇골산의 마애불상군과 보살상군은 고구려에서 만든 것은 잘못 판단한 듯하다. 그러면 자동적으로 경당과 햇골산의 마

---

38 이 곳에 접근이 어려움은 정영호, 1980, 〈앞의 논문〉, pp.16-18 참조.

애 불상군과 보살상군의 연결은 불가능하게 된다.

그렇다면 햇골산의 마애 불상군과 보살상군은 처음부터 다시 검토하지 않으면 안되게 되었다. 주지하는 바와 같이 햇골산 근처는 고구려, 백제, 신라의 각축장으로 그 주위에 5세기 중엽에 세워진 중원고구려비가 있으며[39], 8세기에 건립된 것으로 추정되는 탑평리 7층석탑(이른바 중앙탑)이 있다. 특히 중앙탑 근처에서는 이 곳에서만 나오는 7세기 전반의 연화문숫막새가 있다. 이는 신라 영역 안에서 제작한 것으로 해석하고 있다.

햇골산 마애 불상군과 보살상군은 고구려와는 관계가 없고, 백제나 신라에서 제작한 것이다. 545년경에 건립된 단양적성비에 근거할 때,[40] 이 지역은 아무래도 6세기 중엽부터는 신라의 영토로 판단된다. 이 햇골산 마애 불상군과 보살상군은 6세기 중엽으로[41] 소급할 수가 없다. 서산마애삼존불의 상한이 600년이기 때문이다.[42] 600년 이후에 제작된 것이라면 당연히 신라에서 제작한 것으로 해석할 수밖에 없다. 신라에서 제작했다면 그 제작 시기를 언제로 보는 것이 좋을까?

신라에서는 불교를 이용한 지방민의 지배를 하였고, 국경 지역 특히 경상도 부부 지역에 많은 불상을 남기고 있다. 군위 삼존불, 영주 가흥리 불상, 봉화의 마애불상 등이 그 예이다. 이들 불상들은 대체로 7세기 전반을 그 중심 연대로 하여 조성한 것이다[43]. 그렇다면 충북 중원 봉황

---

39 김창호, 1986, 〈중원고구려비의 재검토〉 ≪한국학보≫47.

40 김창호, 1985, 〈단양적성비의 구성〉 ≪가야통신≫11 · 12.
    김창호, 〈단양 적성비의 재검토〉 ≪영남고고학≫6.

41 이 불상군과 보살상군을 6세기 중엽으로 본 것은 명백한 잘못이다. 고구려에서 가장 오래된 명문 불상인 연가7년명금동여래입상도 539년에 제작된 것이므로, 6세기 중엽이란 제작 시기 설정은 한국 조각사의 일반적인 편년을 무시한 해석으로 판단된다.

42 이는 현재 미술사학계의 통설이다.

43 김창호, 2003, 〈고고 자료로 본 신라 고대 국가의 성립 시기〉 ≪신라문화≫21.
    김창호, 2003, 〈삼국시대 석탑의 선후관계와 의성 탑리 석탑의 창건 시기〉 ≪과기고고연구≫9.

리 햇골산의 마애 불상군과 보살상군은 신라에서 만든 것이므로 7세기 전반을 소급할 수가 없다. 아마도 7세기 중엽 경에 조성된 고신라 마애 상군으로 추정해 두고자 한다.

미술사 쪽에서는 일반적으로 경상도 북부나 충청도의 불상들을 고구려의 신라에로의 불교 전래 또는 불상 전래와 연관지우고 있는지 알 수가 없다. 7세기 전반이나 그 이전이라도 일단 신라의 영역 안에 들어오면, 신라의 중앙 정부에서 불상의 조성이나 지방 사원의 건축은 전부 통제하는 것으로 보는 쪽이 올바른 역사적인 해석이 아닐까? 고구려가 신라로 불교를 전하면서, 경상도 북부나 충청도 지역에 불상군이나 가람이 지방민 독자적으로나 고구려의 후원으로 만들어졌을 가능성은 없다. 역시 신라 중앙 정부에서 통제하고 짓도록 허용했다고 보는 쪽이 순리적일 것이다. 결국 충북 중원 봉황리 마애 석불군과 보살군은 신라 중앙 정부에서 이 중원 지역의[44] 이데올로기 지배를 조성한 것으로 해석할 수가 있을 듯하다.

4. 맺음말

지금까지 논의해 온 바를 요약하여 맺음말에 대신하고자 한다.

먼저 중원 봉황리 햇골산의 마애불(보살)상을 주존인 미륵보살반가사유상과 불보살상, 마애여래좌상과 공양상을 소개하였다.

다음으로 지금까지 연구 성과로서 양식과 형식론에 근거하여 600년경의 삼국기로 보기도 했고, 고구려에서 제작되었다는 전제아래 6세기 중엽으로 보고서 고구려의 경당과 연결지우기도 했다. 한국에서만 존재하는 화강암에 조각도가 아닌 징으로 쪼아서 마애불상을 만드는 기술은

---

44 중원 지역의 중요성은 450년경에 고구려가 세운 중원고구려비와 신라가 8세기에 세운 중원탑에 의해 쉽게 알 수가 있다.

백제의 서산마애삼존불에서 시작되어 신라에 전해졌고, 고구려에서는 단 1점의 마애불상도 없어서, 햇골산의 마애불(보살)상은 서산마애삼존 불상의 제작 시기인 600년을 소급할 수가 없다. 600년 이후라면 당연히 신라 불상이 된다. 이는 군위 석굴의 3존불, 영주 가흥리 불상, 봉화 마 애불상과 궤를 같이 하는 것으로 해석하여, 7세기 중엽 경에 신라 중앙 정부에 의해 이 중원 지역의 이데올로기 지배를 위해 제작한 것으로 해 석하였다.

慶州 斷石山 神仙寺 磨崖巨像의 역사적 의미

1. 머리말

신선사는 경북 경주시 건천읍 우중골에 있는 단석산의 거의 정상에 자리잡은 옛 절이다. 이 곳에는 거대한 암석이 ㄷ자형을 이루고 있다. 안쪽 北岩에 높이 약 7m 의 여래입상을 중심으로 모두 10구의 불상이 조각되어 있다.(그림 55) 이 유적에 대해서는 ≪新增東國輿地勝覽≫, 慶州山川, 斷石山조를 비롯하여≪東京雜記≫, 古跡조에 소개된 바 있고, 본격적인 조사는 1969년 신라삼산조사시에 이루어졌다.[45]

불상의 연대에 대해서는 삼국말 6세기설[46] , 600년경설[47], 7세기 1/4분기설[48], 7세기초설[49] 등이 제기되었다. 명문의 연대를 고려시대로 보

---

45 黃壽永, 1980, 〈斷石山神仙寺石窟磨崖像〉≪韓國의 佛像≫, p.274.

46 黃壽永, 1980, 〈앞의 논문〉, p.283.

47 黃壽永, 1989,〈新羅半跏思惟石像〉≪韓國의 佛像≫

48 文明大, 1980, ≪韓國彫刻史≫, pp.150−151.

49 金理那, 1992, 〈三國時代의 佛像〉≪韓國美術의 現況≫, p.47.

　　姜友邦, 1994, 〈햇골산 磨崖佛群과 斷石山磨崖佛群〉≪李基白先生古稀紀念韓國史學論

는 가설도[50] 나온 바 있다.

여기에서는 먼저 10구의 불보살상을 소개하고, 조상기를 통해 불보살상의 조상연대를 추정하고 나서[51], 거대한 미륵3존상의 역사적 의미를 밝혀 보고자 한다.

2. 불보살상의 소개

ㄷ자형으로 생긴 석굴은 전실과 후실로 되어 있으며, 그 크기는 평면 길이 약 18.2m, 너비 약 3m, 높이 약 8m이다. 남암에는 조상기가 있으며 보살상입상 1구가 조각되어 있고, 동암에는 보살입상 1구가 조각되어 있고, 북암(一)에는 보살입상 1구가 조각되어 있고, 북암(二)에는 두 줄로 조그마한 불보살상 5구와 인물상 2구가 조각되어 있다. 석굴내의 각 암벽에 새겨진 불보살상의 양식과 크기는 다음과 같다.[52]

북암(一)

• 여래입상(그림 55-1, 그림 56-1) : 이 석굴의 주존으로서 거대한 長矩形 一石 전면에 厚刻 되어 있다. 相好는 둥글고 古式의 미소를 보이며, 頭頂에는 2단의 肉髻形이 특이하다. 三道는 없고 內腋衣가 엿보이는 通肩衣로서 좌우대칭의 각법을 따랐으며, 法衣는 길게 垂下되어 발 좌우 아래까지 이르고 있다. 왼쪽과 오른쪽 손은 다섯 손가락을 펴서 여원시무외인의 통인을 하였다. 이 상의 높이는 약 7m이다.

동암

• 보살입상(그림 55-2, 그림 56-2) : 西面한 巨像으로서 마멸이 심하나

叢≫, p.466.

50 李蘭暎, 1976, ≪韓國金石文追補≫, pp.55-56.
    許興植, 1984, ≪韓國金石全文≫, pp.1294-1296.

51 김창호, 2001,〈단석산 신선사 마애조상에 대하여〉≪불교고고학≫1.

52 이하의 설명은 黃壽永, 1980,〈앞의 논문〉, pp.280-282에서 발췌하였다.

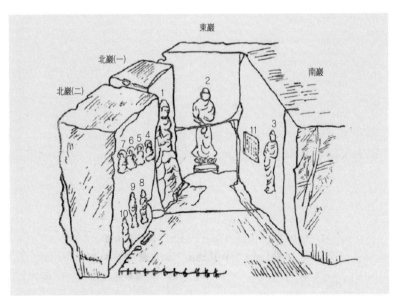

그림 55 단석산 신선사석굴내의 불보살상 배치도

그림 56 단석산 신선사 불보살상

그림 57 단석산신선사내의 불보살상 배치도

대체적인 윤곽을 더듬을 수가 있다. 仰蓮花座 위에 직립하였으며, 오른손은 寶瓶을 들고, 왼손은 손등을 보이게 가슴에 대고 있다. 상의 높이는 약 3m이다.

남암

• 보살입상(그림 55-3, 그림 56-3) : 동암의 보살입상과 같이 미륵불입상의 협시보살을 이루며, 조상기에 보이는 2 보살 중의 하나로 추정된다. 양식은 대략 동암의 보살상과 유사하나 양손이 다르다. 오른손이 위에

있고 왼손이 오히려 밑에 있으며 보병은 없다. 천각으로 되어 있으며 오 랜 세월에 걸쳐서 마멸되어 彫線을 찾기가 어렵다. 보살상의 높이는 약 2.1m이다.

북암(二)

• 半跏思惟菩薩像(그림 55- 4, 그림 57-4) : 正面像으로 연화대좌와 원형 두광을 구비하고 있다. 三面冠을 쓰고 동안을 보이며, 목에 삼도는 없고 上半裸身이다. 오른손은 굽혀서 右頰에 대어서 思惟形을 보이며 왼손은 垂下된 左足의 무릎에 얹어서 通形의 半跏形式을 나타내고 있다. 전체 의 형식은 국립중앙박물관 소장의 금동반가사유상(국보)과 유사하다. 상 의 높이는 1.09m로 천각이 되었으나 각선은 분명하다.

• 여래입상(그림 55-5, 그림 57-5) : 보주형 두광은 있으나 밑의 연화대 좌는 분명하지 못하다. 머리 위에는 육계가 있고, 법의는 우견편단이며, 그 아래로 裳衣의 주름이 보인다. 오른손은 胸上으로 들었으며, 왼손은 몸밖으로 나가서 窟內(동측)을 가리킨다. 정면상이며 상의 높이는 1.16m 이다.

• 보살입상(그림 55-6, 그림 57-6) : 정면상으로 머리에는 三角寶冠을 얹 었으며 삼도는 없다. 天衣는 兩肩에 걸쳤으며 腹下에 U자형을 이루고 다시 兩腕에 걸쳐서 身側으로 길게 늘어뜨리고 있다. 오른손은 복부에 왼손은 左身側 밖으로 나가서 窟內를 가리킨다. 둥근 두광과 연화좌를 지니고 있는데 상의 높이는 1.02m이다.

• 여래입상(그림 55-7, 그림 57-7) : 이 곳의 3입상 가운데 가장 선각이 뚜 렷하다. 보주형 두광과 單瓣伏蓮座를 지니고 있는데 연화문에는 자엽이 새겨져 있다. 둥글고 큰 상호에 비하여 육계가 매우 적다. 두 눈은 퉁퉁 부어 올랐다. 두 귀는 길고 삼도는 없다. 법의는 우견편단이며, 왼손에 걸 쳐서 垂下되었으며 신부 하단에는 상의가 보인다. 오른손은 胸上에 들어 서 다섯 손가락을 폈으며 왼손은 身側 밖으로 들어서 다섯 손가락을 모

두 펴고 있다. 상의 높이는 1.05m이다.

• 인물상(그림 55-8, 그림 57-8) : 오른손과 왼손으로써 柄香爐를 잡고 있다. 머리에는 독특한 冠帽를 썼으며[53] 上下衣制가 구별되어 있다. 천 각이나 相好의 두 눈은 뚜렷이 표시되어 있다. 상의 높이는 1.22m이다.

• 인물상(그림 55-9, 그림 57-9) : 앞의 인물상에 비하여 조금 작으나 向窟(東)한 자세나 服制는 동일하다. 왼손과 오른손으로 樹枝形을 잡고 있다.

• 여래입상(그림 55-10, 그림 57-10) : 가장 아래에 자리잡은 가장 작은 입상으로서 우견편단이다. 상의 높이는 0.57m이다.

3. 조상기의 분석(그림 55-11)

경북 경주시 건천읍에는 金庾信 장군이 바위를 잘랐다고 하여 斷石 山이란 이름이 붙여진[54] 산이 있다. 이 단석산의 山頂 부근에서 서남쪽 으로 해발 약 700m 지점에 높이 약 8m의 커다란 바위 4개가 천연적으 로 ㄷ자형 석굴을 이루고 있다. 그 석실 벽에는 대소 10구의 불보살상 이 조상되어 있고, 명문은 석굴내의 남쪽 벽면에 새겨져 있다. 사람의 키 정도 높이에서 3×1m 가량의 면을 고른 후에 새겼다. 명문은 약 20 행 정도로 매행마다 19자이다. 그 가운데 200여자가 판독되었다. 글자 의 크기는 2~4cm이다. 설명의 편의를 위해 전문을 제시하면 다음 표 6 과 같다.

---

53 姜友邦, 1994, 〈앞의 논문〉, p.459에서는 머리에 卒자책을 쓰고 있다고 하였다.

54 ≪東國與地勝覽≫, 慶州山川, 斷石山조에 「一云月生山在府西三里 諺傳新羅金庾信欲伐 麗濟 得神劍隱入月生山石窟 金鍊劍試斷大石 疊積如山 其石尙存 創寺其下 名曰斷石」란 구절이 나오고 있다.

표 6 단석산 마애석불 명문

⑳	⑲	⑱	⑰	⑯	⑮	⑭	⑬	⑫	⑪	⑩	⑨	⑧	⑦	⑥	⑤	④	③	②	①	
路	△	山	端	彌	己	△	金	△	△	△	寶	△	△	△	△	△	△	能	夫	1
深	△	△	巖	勒	罪	△	沙	△	△	△	舟	相	△	△	△	△	△	與	聖	2
眞	△	日	銘	石	仍	△	飛	△	△	△	超	勸	△	△	△	△	△	△	道	3
如	村	无	日	像	於	△	鳥	△	道	△	登	以	△	△	△	△	△	眞	者	4
理	現	形	△	一	山	△	共	△	人	△	彼	道	△	陽	△	△	△	約	凝	5
△	△	而	△	區	巖	△	來	△	△	△	岸	辨	△	△	△	△	難	妙	抱	6
道	△	於	常	高	下	△	儀	△	表	△	法	罪	△	△	△	△	明	法	有	7
鍊	度	△	樂	三	創	△	△	△	門	△	福	△	△	△	△	△	日	△	述	8
△	金	△	造	丈	又	爲	△	△	不	△	報	△	△	△	△	△	△	坊	之	9
褆	△	△	菩	伽	如	吟	△	隱	△	二	俞	△	△	△	△	△	△	佳	所	10
名	之	△	薩	藍	△	新	△	西	△	如	如	有	△	△	母	有	△	△	從	11
由	禾	△	二	因	愛	曲	△	△	△	理	歡	△	三	△	君	菩	有	△	△	12
善	水	佛	△	區	靈	祈	△	△	△	唯	響	△	△	△	△	薩	也	△	△	13
慶	貴	佟	話	明	虛	親	△	△	△	一	故	△	年	△	△	戒	△	△	△	14
六	法	千	六	示	名	△	誓	△	△	地	赤	共	△	△	上	彌	弟	△	△	15
述	苦	萬	道	徵	神	懺	△	△	△	皆	霞	議	△	△	子	乎	△	△	△	16
新	路	行	功	妙	仙	心	△	△	△	成	追	日	△	△	王	岑	△	△	恨	17
興	深	方	△	相	寺	府	△	△	△	佛	歛	苦	法	△	珠	易	△	△	路	18
庵	眞	夫	八	相	作	村	△	△	△	澤	泛	△	父	△	父	△	而	△	之	19

　　본래 천연은 ㄷ자형 석실을 이용하여 천장을 덮어서[55] 석굴 법당을 만들고, 불보살상 10구를 봉안하였는데 이들 불보살상의 조성연대는 그 양식론에 근거하여 6세기설, 600년경설, 7세기1/4분기설, 7세기전반설 등으로 나누어져 있다.[56] 위의 가설들은 조상기에 근거한 연대 설정이 아니라 불상의 양식 연대에 따른 것이다. 제 ⑮・⑯행의 「神仙寺作彌勒石像一區高三丈菩薩二區」에 의하면 신선사의 10구 불보살상 가운데에서 조상기와 관련된 것은 3구의 대형 불상뿐이다. 소형의 불보상의 연대는 앞에서 살핀 선학들의 견해와 같이 고신라 시대라는 것이 의심할 여

55　黃壽永, 1976, ≪韓國金石遺文≫, pp.249–251을 토대로 필자의 견해를 조금 더했다.

56　辛鍾遠, 1994, 〈斷石山神仙寺 造像銘記에 보이는 彌勒信仰集團에 대하여〉 ≪歷史學報≫ 143, p.2 참조

지가 없다. 명문에서 지칭한 3구의 대형불상의 연대는 명문의 분석에 따라야 될 것이다.

이 조상기에서는 6세기중엽의 진흥왕순수비나 673년의 절대연대를 가진 계유명아미타불비상의 조상기에서와 같이[57] 전형적인 인명표기가 보이지 않고 있어서 이들 금석문과의 비교로 연대를 추정할 수는 없다.

조상기에 있어서 하나의 큰 특징은 제⑰행에 「銘曰」이란 구절이 있다는 점이다. 고신라 금석문에서는 銘曰이라고 기록된 예를 찾을 수 없으며, 고구려나 백제의 금석문에서도 그러한 예를 찾을 수가 없다. 銘曰이란 표현은 682년에 세워진 문무왕릉비를[58] 비롯한 통일신라 시대의 금석문에서 유행되고 있다. 문무왕릉비와 그 인명표기 방식이 같을 것으로 추정되는 태종무열왕릉비의 명문에도[59] 銘曰이란 표현을 사용했을 가능성이 있다. 이 조상기의 상한은 태종무열왕비의 건비 연대인 661~681년으로[60] 추정될 수 있다.[61] 그런데 이 조상기의 전문은 한문으로만 되어 있을 뿐, 4 · 6병려체 문장은 아니다.[62] 잘 아는 바와 같이 문무왕릉비의 문장은 전형적인 4 · 6병려체 문장이다.[63] 본 조상기와 문무왕릉비의 문장을 비교하면 분명히 조상기의 문장에서는 그 인명표기가 고신라의 인명표기와는 차이가 있다. 문무왕릉비 제 ①행에 「及殖國學少卿臣金△△」가 나온다. 이는 관등(及殖), 직명(國學少卿), 臣, 인명(金△△)의 순서로 기재되어 있다. 조상기에 나오는 유일한 인명표기류인 제

---

57 黃壽永, 1980, 〈앞의 논문〉, p.283.
58 金昌鎬, 1983, 〈新羅 太祖星漢의 재검토〉≪歷史教育論集≫5, p.95.
    許興植 編著, 1984, ≪韓國金石全文≫古代, p.103.
59 金昌鎬, 1999, 〈古新羅 金石文에 있어서 部名의 사용 시기〉≪白山學報≫52, pp.37-38.
60 許興植, 1984, ≪앞의 책≫, p.88.
61 金昌鎬, 2000, 〈慶州斷石山神仙寺 磨崖造像記의 年代問題〉≪慶州文化≫6, pp.166-167 를 조금 수정 보완하였다.
62 이에 대해서는 경주고등학교 조철제선생님의 교시를 받았다.
63 今西龍, 1936, ≪朝鮮史の栞≫, p.204.

③행의 「菩薩戒弟子峇珠」가 있다. 이는 직명류(菩薩戒弟子), 인명(峇珠)의 순서로 되어 있어서 고신라의 인명표기 방식이 아니고, 문무왕릉비식의 인명표기이다. 그리고 문체가 4·6병려체가 아니기 때문에 문무왕릉비의 건립연대인 682년 보다 늦은 것이 된다.[64] 그렇다면 조상기가[65] 가리키는 3구의 대형 불상은 모두 통일신라의 불상임이 분명하게 된다.

이 명문 가운데 보다 연대 추정에 중요한 자료로는 菩薩戒라는[66] 구절이다. 이에 관한 용례를 찾아서 제시하면 다음과 같다.

紙作伯士那經寫筆師那經心匠那佛菩薩像筆使走使人那菩薩戒授令彌
齊食彌右諸人等若大小便爲哉(754년, 신라화엄사경)
菩薩戒弟子로서 武州都督 蘇判 鎰과 執事侍郎 寬柔, 貝江都督 咸雄,
全州別駕 英雄은 모두 王孫이다.(9세기 후반, 고려초 건립, 낭혜화상비)
(太傅大王) 乃命十戒弟子[67] 宣敎省副使 馮恕行 授送歸山 使待兎者離珠
羨魚者學網 出處之是五焉(924년, 봉암사지증대사비)

가장 빠른 예가 신라 화엄사경의 754년이다. 따라서 단석산 명문의 상한은 754년이 된다. 그 실제 연대는 754년보다 내려가지만 그 정확한 연대는 누구도 알 수가 없다. 고신라나 통일 전시기의 불상 상호가 단석산의 경우처럼 못생긴 예는 찾을 수가 없다. 이 불상 자체는 나말여초에 유행한 미륵상과 궤를 같이 하는 것으로 판단된다.[68] 그 실체는 아직까

64　4·6병려체는 645년에 작성된 사택지적비, 686년에 작성된 신라천수산사적비, 701년에 작성된 김인문비 등이 있다. 4·6병려체의 전성기는 최치원의 4산비문이며, 고려전기의 고승비문도 4·6병려체이다. 이에 대해서는 한국전통문화학교 최영성교수의 교시를 받았다. 본 조상기는 통일신라의 인명표기 방식이므로 700년경 보다 늦은 시기일 가능성이 크다.

65　본 조상기의 주된 내용은 辛鍾遠, 1994, 〈앞의 논문〉, p.9에 따르면 造像緣起 부분의 내용은 한마디로, 도솔천의 彌勒前에 왕생하기를 바라는 신앙집단이 懺悔滅罪持戒修福을 誓願하는 것이라고 요약할 수 있다고 한다.

66　이에 대한 상세한 것은 최원식, 1999, ≪신라보살계사상사연구≫, pp.33~65 참조.

67　十戒弟子가 보살계임에 대해서는 최원식, 1999, ≪앞의 책≫, pp.59~60.

지 알 수가 없다.

이제 단석산 도상들의 연대에 대해 언급할 차례가 되었다. 거대한 미륵3존상은 나말여초이고, 이른바 공양상으로 알려진 2구의 신라 고유 신앙 관련 도상은 5-6세기의 것이고, 나머지 조각상군은 모두 7세기 전반으로 판단된다. 이는 조각 수법의 차이로도 증명이 가능하다. 신라 고유 신앙상은 면각과 선각임을 강조해 두고자 한다.

4. 磨崖巨像의 역사적 의미

주지하는 바와 같이 후삼국 시대의 역사 기록인 ≪삼국사기≫와 ≪고려사≫는 한결같이 고려 왕건 태조를 중심으로 적혀 있고, 다소 윤색된 부분도 많다. 이를 토대로 역사를 복원하면 신라 쇠망사 개요이니 궁예는 정신병자고 견훤은 국내의 호족과는 관계가 먼 중국과의 외교에 힘을 기울린 위정자로 치부하고 만다. 이러한 흐름들은 신라 중대는 전제 왕권으로 그 이데올로기는 화엄학이라고 강조하고, 하대는 6두품을 중심으로 중국에서 선종을 받아드려서 반신라적이 되었다고 해석해 왔다.

신라에 있어서 화엄학의 불교 사찰은 9세기가 되어야 경주에 들어옴에도 불구하고 중대 정치적인 이데올로기로서 화엄학과 관련지우는 잘못을 범하여 왔다. 화엄학이란 발달된 불교학이 문맹률이 높은 당시의 사회에 다른 유식이니 중관이니 하는 불교학파와 어떤 차별성이 있는지 알 수가 없고, 있다고 하여도 그 차이를 위정자나 백성은 이해할 수가 없었을 것이다. 중대에 있어서 불교의 주류는 다 아는 바와 같이 화

---

68 9-10세기의 거대한 미륵상의 상호는 이와 비슷한 양식이기 때문이다. 이렇게 이 3존상이 나말여초로 추정하게 되면 당연히 이른바 공양상 2구는 불교와 관련없는 상이 된다. 이 상의 신발과 비슷한 도상은 5-6세기에 만들어진 것으로 추정되는 울주 천전리의 선각상이 있다. 이들 상은 모두 신라의 고유 신앙과 관련된 도상으로 판단된다. 도교와 관련될 가능성도 있다.

엄학이 아니다. 신라 중대는 사천왕사의 사격이 가장 높았기 때문에 밀교인 신인종이 이 시기의 이데올로기를 주재했다고 해석하는 쪽이 옳을 것이다.

신라사에 있어서 진성여왕 이후는 모든 것이 고려 왕건태조의 민족 재통일로 귀결되는 것으로 해석되어 왔다. 가령 909년경에 최치원에 의해 작성된 신라수창군호국성8각등루기의 경우도 그 주인공인 중알찬 이재를 대구의 호족으로 해석하여 반신라적으로 보아 왔다. 신라에 입국하고 나서의 최치원은 반신라적인 사람이나 사실에 대한 글을 쓰지 않은 유교적인 관념의 충신이므로 이재는 신라에 충성을 다한 신하로 해석되어야 할 것이다.

또 후백제의 수도였던 전주성에서 全州城명 암막새와 수막새가 만들어지자 신라에서는 이에 대응하여 在城명 기와를 만들어서 궁실에 사용하고 있다. 9-10세기를 대표하는 호박씨문기와도 경주에서 많이 출토되고 있어서 이 때에 경주에서 끊임없는 관청과 사찰의 조영이 이루어지고 있었다. 그러한 신라의 국력과 재력 때문에 후백제의 견훤이 경주를 기습 공격하여 국왕까지 죽이고도 신라를 멸망시키지 못하고 있다.

이 나말여초에는 사상적으로는 미륵하생경에 의한 미륵불이 유행하였다. 궁예는 그 자신이 스스로 미륵불을 칭하였으며, 후백제의 영역 안에 있던 금산사에서 진표가 미륵사상을 토대로 한 법상종을 열었음도 주목된다. 그래서 강원도, 충청도, 경북 북부 지역 일대에 거대한 미륵마애상이 많이 만들어졌다. 그러면 단석산의 미륵3존상의 조성은 그 시기가 문제가 된다. 고려의 후삼국 통일 이후에 만들었던 것일까? 이 때에는 신라 왕도였던 경주에서 접근이 용이한 곳에 만들었을 것이다. 남은 것은 후삼국 시대에 만들었을 가능성이다. 이 미륵3존상은 태봉과 후백제에서 유행하였던 미륵상에 대응하여 신라가 만든 것으로 해석된다. 곧 신라의 在城명 기와처럼 신라 왕실에서도 미륵 신앙의 유행을 감지하고 이를 수용하여 삼국 통일의 영웅 김유신장군과 관련되어 오고, 내륙 방어가 중요시 된 부산성에 가까운 단석산에 미륵하생경에 근거한 미륵3존상을 만들었다고 해석된다.

제IV장

東海市 三和寺 鐵佛 조상의 역사적 의미

1. 머리말

江原道 東海市 三和洞 176번지 頭陀山 기슭에 三和寺가 위치하고 있다. 원래 삼화사는 무릉계곡어구에 들어서기 전의 평지에 자리잡고 있었다. 1977년 삼화사 일대가 쌍용양회 동해공장의 채광권내에 들어가게 되자 무릉계곡안에 있는 현재의 위치로 옮기게 되었다. 이 과정에서 금당 앞뜰의 석조 삼층석탑과 주존불로 있었던 본 철불도 옮기게 되었다. 삼층석탑은 새로운 대웅전 앞의 좁은 화단에 옮겨 세웠고, 철불은 조그만 집에 모시게 되었다.[69]

1995년 10월 2일 李遠行스님이 주지로 부임하면서 불사를 일으키게 되었다. 1996년 12월 4일에는 약사전을 신축 준공하게 되었으며, 이 법당의 주존불로 철불의 相好를 모범으로 한 철조약사여래좌상을 새로 주조하여 봉안해 점안하였다. 이 과정에서 9월 20일 철불을 관계 전문가에

---

69 이 머리말 부분은 鄭永鎬, 1997, 〈三和寺 鐵佛과 三尺佛塔의 佛教美術史的 照明〉《한국 문화유산의 위상 제고 – 삼화사철불과 삼층석탑을 중심으로–》에서 발췌하였다.

의해 정밀 조사하게 되었다. 이 때에 배면에 많은 글자가 陽鑄되어 있음을 처음으로 발견하게 되었다. 그 뒤에 1997년 6월 17일에는 동해문화예술회관에서 「한국 문화유산의 제고-삼화사 철불과 삼층석탑을 중심으로-」란 주제로 학술발표회가 개최되어 삼화사철불 명문이 상세하게 학계에 알려지게 되었다.[70]

여기에서는 먼저 지금까지 선학들의 업적을 일별해 보고, 다음으로 명문에 대한 상세한 검토와 함께 철불과 삼층석탑의 양식론에 입각하여 불상의 조성시기를 살펴보겠으며, 마지막으로 철불조상의[71] 역사적 의미에 대해 살펴보아 전고의 미진한 부분을[72] 수정·보완하고자 한다.

2. 지금까지의 연구

삼화사 철불 명문에 대한 언급은 최초로 전술한 학술발표회에서 종합되었다.[73] 명문 제③행에 나오는 決言을 승려의 이름으로 보고서 그의 제자인 決凝스님을 고려시대에 만들어진 太白山 浮石寺에 있는 圓融國師碑의 원융국사로 보고서 그 시기를 9세기 말로 추정하였다.[74] 사실 고려 문종 8년(1054)에 건립된 원융국사비에서 동일 인명을 찾아낸 것은 금석문에 대한 대단한 혜안이라고 판단된다.[75] 이 가설에 대하여 좀 더 살펴보기 위해 관계부분을 적기 해보면 다음과 같다.

---

70 동해문화원, 1997, ≪한국 문화유산의 위상 제고 – 삼화사 철불과 삼층석탑을 중심으로-≫
71 우리 나라에서 9-10세기 철불의 유행은 중국에서 당나라 중기-후기에 구리로 만든 화폐가 유행하면서 구리로 부처를 못만들게 해 철불이 많이 주조되면서 이를 따르게 된다.
72 金昌鎬·韓基汶, 1999, 〈東海市 三和寺 鐵佛 金石文의 재검토〉≪講座 美術史≫12.
    이에 대한 비판은 金相鉉, 1999, 〈三和寺鐵佛과 華嚴業 決言大大德〉≪文化史學≫11·12·13에 이미 나온 바 있다. 이 논문에서의 상세한 비판에 힘입어서 본고를 작성할 수가 있었다.
73 동해문화원, 1997, ≪앞의 책≫, 이와 유사한 내용이 ≪文化史學≫8에 실려 있다.
74 黃壽永, 1997, 〈三和寺 新羅鐵佛坐像의 背刻銘記〉≪한국 문화유산의 제고≫.
75 결언에 대한 착안은 동국대 김상현교수의 덕이라고 1997년 6월 17일 세미나에서 여러 번 제기되었다고 한다.

師諱決凝字慧日俗姓金氏其先溟州人也…… 國師生焉則大宋乾德二年
甲子七月二十日甲午也 年十二就龍興寺…… 首座魂栩之際吹螺打鉢新
羅國決言禮謁畢諦視乃吾師也……

위의 비문에 따르면 원융국사의 이름은 決凝이고, 字는 慧日이며, 俗
姓은 金氏이고, 그 선조는 溟洲人이다. 국사는 고려 광조15년(964)에 태
어나 12세인 975년에는 용흥사에 들어갔고, 決言이 國師의 스승이라고
위 가설에서 처럼 해석될수 있다. 여기에서 주목되는 점은 결언이란 승
려의 인명이다. 이 결언은 삼화사의 철불 명문에도 나오고 있어서 뒤에
서 상론하기로 하겠다.

삼화사 철불의 명문이 초기 이두의 모습을 띠고 있다는 사실에 근거
해 6세기나 조금 늦게 잡으면 7세기 전반에 해당된다고 주장하고 있
다.[76] 이 가설은 6세기 또는 7세기 전반의 신라금석문에 대한 이해의 차
이에서 비롯된 너무도 대담한 학설로 사료된다.

명문의 전체적인 해석과 이두 등(等)자의 사용과[77] 華嚴業의 사용 등
에서 본 명문의 제작시기를 고려초로 보았다.[78]

이두에서 쓰이는 초서체 등의 사용 예가 통일 신라 때 이미 존재하고
있었다는 점[79], 華嚴業이란 용어도 문헌에 나타나고 있는 점[80]과 아울러
제 2행의 「(釋)迦佛末法三百余年成佛時」란 구절에 특히 주목하여 9세기

---

76 朴盛鍾, 1997, 〈三和寺 鐵佛 銘文에 대한 國語學的 考察〉 ≪한국문화유산의 위상 제고≫.
77 이는 잘못된 것으로 등이 이두로 사용되는 예로는 영천청제비 정원 14년명이 아니라
   766년 작성된 영태2년명 납석제호 등의 예가 있다.
78 金昌鎬·韓基汶, 1999, 〈앞의 논문〉.
79 이 부분은 金相鉉, 1999, 〈앞의 논문〉의 비판이 옳다.
80 華嚴業이란 용어는 신라 금석문에서 나오지 않는다는 소신에는 변함이 없다. 金相鉉,
   1999, 〈앞의 논문〉, p.444에서는 崔致遠이 쓴 〈華嚴經社會願文〉에는 「我業申先達龍象 共
   締香社 特營法筵」이란 구절이 있음을 근거로 文中의 我業은 華嚴業이 분명하다고 하였
   다. 崔致遠의 글이 실려있는 ≪圓宗大類≫22권은 고려시대의 대각국사가 지은 책으로 그
   현존하는 판본은 조선 세조대의 것이다. 전사과정에서의 개각 등도 고려해야 될 것이다.

후반의 決言과 관련된 명문으로 보았다. 곧 불교에서는 佛入滅을 기점으로 하여 正法, 像法, 末法의 三時를 거치면서 불법이 쇠퇴한다고 한다. 500년의 正法時代와 1,000년의 像法時代를 지나면 末法時代가 된다. 佛入滅年代를 신라에서는 B.C.949년을 흔히 사용했다.[81] 그러면 釋迦佛末法三百余年은 B.C.949를 기점으로 500+1000+300을 대비시키면 851년경이 된다. 이는 신라승인 決言과는 관계가 있으나 본 명문의 주인공인 決盡과는 아무런 관련이 없다.

3. 석탑과 철불의 양식

1) 석탑의 양식(사진 46)

석탑은 금당의[82] 뒤뜰에 위치하고 있고, 각 부에 손상을 입고 있는데 기단부와 상륜부가 특히 심하다. 지대석은 남북에 장대석과 동서에는 그 사이에 끼도록 된 4매석으로 구성하고 하대석과 중석을 한 돌로 깎아 5매석으로 하기단을 구성하였다. 하기단에는 4우주와 각면에 1주씩의 탱주가 있다. 갑석은 평판한 2매석으로 되어 있고, 상면 중앙에는 각

---

81 佛入滅年代는 B.C.949년설에도 조금씩의 차이가 있음은 신동하, 1999, 〈한국 고대의 佛紀 사용에 대하여〉《한국사론》 41 · 42에 이미 밝혀져 있다. 특히 許興植, 1979 〈高麗時代의 새로운 金石文 資料〉《大丘史學》 17에는 《榆岾寺本末寺誌》에 실린 長安寺毘盧遮那佛背石刻에 「석가여래의 像法 末期의 운을 당하여 사문 각현은 慧命이 끊기지 않도록 힘써 도모하고 앞선 법사들의 유업을 받들고자 여러 인연있는 사람들과 더불어 咸通 3年(景文王 3年 : 863年) 壬午 4月 11日에 삼가 비로자나불을 조성한다」고 되어 있어서 863년 당시에 像法 末期임을 나타내고 있어서 851년이 곧 末法 300餘年으로 단정할 수만은 없다. 따라서 필자는 末法 三百餘年을 고려초로 보고 이 때가 조상 명문의 주인공이 決盡이 화엄업을 가리킬 때로 해석하고자 한다.

82 최근에 들어와 금당 대신에 《삼국유사》에 근거해 학계에서는 불전이란 용어를 사용하고 있다. 금당이란 용어는 부인사의 발굴 조사에서 9세기 이후의 암기와에 나오고 있어서 통일 신라때 사용되었음을 알 수가 있다. 혹 금당의 주불을 몰라서 금당이란 용어를 사용한다는 속설도 있으나 부인사의 기와 명문으로 보면 따르기 어렵다. 불전이란 용어는 금석문 등 신라의 당시 자료에서 나온 바 없다.

사진 46 삼화사 석탑

형과 4분원의 괴임이 있으나 손상이 많다. 상단부 면석은 각면 1석으로 구성하였고, 우주와 탱주 1주가 표시되어 있다. 상기단 갑석은 1매 판석인데, 상면에 경사가 있고, 중앙의 각형과 4분원의 괴임을 조각되었다. 그 위에는 상면에 4분원의 괴임이 있고, 하면은 내반된 곡선으로 깎은 별석이 끼워 있어 탑신을 받치고 있다. 탑신은 옥신과 옥개는 각 1석이 있고, 2층과 3층 탑신은 급격히 감소되었으며, 3층 탑신은 특히 손상이 심하고, 2층 탑신은 2편으로 갈라졌다. 옥개석은 받침이 각 층 4단이고, 상면에 각형의 탑신받침이 있다. 이 층 옥개석에는 2단이고 2층과 3층 옥개석은 1단이다. 상륜부는 찰주가 남아 있고 상륜부는 노반, 복발, 상륜이 있으나 무질서하게 꽂혀 있으며 따로 철판 5개가 있음은 보륜과 보륜사이에 끼웠던 것으로 보인다. 찰주 정상에는 보주를 주조한 별도의 찰주가 꽂혀 있다. 이 석탑의 현재 높이는 4.7m이다.[83]

이 석탑의 초층 탑신부에는 별석의 받침이 끼워져 있어서 시대적 특징을 보이고 있고[84] 2층 기단부의 높이가 높으며, 1층 탑신부에 비해 2·3층의 탑신부가 갑자기 줄어 들고 있으며, 옥개석의 층급받침이 얇은 4단 또는 3단으로 되어 있어서 안정감이 줄어들고 있는 점[85], 옥개석의 4귀끝을 연결할 때 기단부 밖으로 나가고 있는 점[86] 등에서 고려시대의 석탑으로 판단된다.

2) 鐵造盧舍那佛坐像의 양식(사진 47)(사진 48)(그림 58)

이 불상의 크기는 불신 높이 144cm, 상륜길이 405cm, 너비 27cm, 어깨 너비 62cm, 가슴너비 41cm, 무릎너비 110cm, 무릎 높이 27cm이다.

머리는 나발이고 육계가 우뚝하나 원곽이 불분명하다. 상호는 원미상인데 중앙에 우뚝한 코가 있고, 콧날에는 연속된 양미가 반원을 그렸으며, 이마에는 작은 백호공이 있다. 두 눈은 반개하였고, 눈꼬리가 옆으로 연

사진 47 삼화사 철불

장되었다. 두 귀는 긴편인데 귓밥이 모두 없어졌다. 입술은 두껍고 특히 윗입술이 있는 특색있는 형식이다.[87] 목에는 삼도가 뚜렷하고 법의는 통견이다. 두 손의 모습은 없어져서 잘 알 수가 없다. 결가부좌한 좌상이다.

이 불상에 있어서 육계가 있으나 그 윤곽이 불분명한 점, 두 입술이 두꺼운 점, 相好한 고려 초기로 추정되는 이른바 광주철불과[88] 가장 유사한 점, 법의 앞가슴 부분이 역사다리꼴로 된 점, 배 근처의 옷 매듭 양

---

83 여기까지(석탑 부분)는 秦弘燮, 1998, 〈三和寺의 塔像〉≪考古美術≫129 · 130 : 재수록, 1997,≪新羅 · 高麗時代 美術文化≫, pp.563-565에서 발췌하였다.

84 秦弘燮, 1997, ≪앞의 책≫, p.565.

85 金元龍, 1973, ≪韓國美術小史≫, p.144.

86 金元龍, 1973, ≪앞의 책≫, p.107에는 통일신라의 석탑은 옥개석의 4귀 끝을 연결할 때 그 연결선이 기단부 밖으로 나가지 않는다고 되어 있다.

87 秦弘燮, 1997, ≪앞의 책≫, p.565.

88 崔仁善, 1997, 〈韓國 鐵佛 研究〉韓國敎員大學校 大學院 博士學位 請求論文, p.228에 사진이 제시되어 있다.

사진 48 삼화사 철불 상호

그림 58 삼화사 철불 실측도

식 등으로 볼 때 고려 시대의 불상이다. 후술한 명문의 해설에서 밝혀지
겠지만 이 불상은 명목상으로는 노사나불, 실제 역할상으로는 하생미륵
불이라고 해석된다.

3) 불상의 명문 해석(사진 49)

설명의 편의를 위해 명문의 전체를 판독해 제시하면 다음과 같다.[89]

	1	2	3	4	5	6	7	8	9	10	11	12	13	14	15	16	17
①	△	△	△	△	△	△	國	人	云	疎	勒	又	靑	丘	時	云	新
②	△	△	△	△	(釋)	迦	佛	末	法	三	百	余	年	成	佛	時	聞
③	△	△	△	△	三	須	由	決	盡	敎	華	嚴	業	決	言	大	大
④	(德)	△	白	得	出	釋	氏	乘	炬	發	心	旦	越	釋	氏	聽	默
⑤	(釋)	氏	僧	道	初	等	上	首	十	方	旦	越	同	心	同	願	盧
⑥	舍	那	佛	成	大	志	由	盧	舍	那	佛	大	惠	力	由	故	當
⑦	來	下	生	彌	勒	尊	比	處	華	嚴	經	說	此	大	因	緣	由
⑧	△	切	劫	出	現	佛	每	此	處	華	嚴	大	不	誠	儀	經	
⑨	△	一	時	成	發	心	旦	越	父	體	虛	母	念	法	作		
⑩	△	△	見	勤	作	沙	彌	舍	解	善	行						

전문은 크게 3단락으로 나누어진다. 제 1단락은 처음부터 제④행의「5」번째 글자인「…出」까지이고, 제2단락은 제④행의「6」번째 글자인「釋」부터 제⑨행의「6」번째 글자인「心」까지이고, 제3단락은 나머지 부분이다.

제1단락부터 해석하면 '(옛날 옛적에…) 中國人이 이르기를 疎勒또는 靑丘라 할 때에 이르기를 새로운 …… (釋)迦佛末法三百余年[90] 成佛할 때에[91], 윤택한

사진 49 삼화사 철불 명문

…… 모름지기 말미암아 決盡이 華嚴業을 가르친 것은 決言大大德으로부터 분명하게 得出되었다.' 로 해석된다.

제2단락은 '釋氏乘炬가 發心하여 旦越이 되었고, 釋氏聽默, (釋)氏僧 道初 등이 決盡의 上首가[92] 되었고, 十方[93]旦越들이 同心 同願하여 盧舍那佛을 이루는 것으로 말미암아 盧舍那佛의 大德力으로 말미암아 故로 當來한 下生彌勒尊이 이 곳에서 華嚴經을 說한 이 큰 因緣으로 말미암

---

89 원래 종서로 된 것을 횡서로 바꾸었다.

90 불입멸 시대 B.C. 949년을 기점으로 정법 시대 300년, 불법 시대 1000년, 말법 시대 300년으로 계산하면 851년이 된다.

91 설령 末法三百餘年을 851년으로 보아도 이는 신라승이 분명한 決言大大德과 관련이 되고 있으며, 명문의 주인공인 決盡과는 거리가 먼 듯하다. 이 명문의 주인공이 9세기의 신라승이라면 이 때에는 비로자나불이 조성되어야 할 것이다.

92 上首는 한자리의 중승 중의 主位 혹은 그 중 한사람 혹은 많은 사람을 상수라고 함. 집단의 長. 上座인 자. 우두머리. 僧團의 장. 上席者. 수뇌. 지도적 중심 인물. 주도자.

93 十方은 東, 西, 南, 北, 南東, 南西, 北東, 北西의 八方과 上·下를 합친 것으로 온 세상을 뜻한다.

아 一切의 모든 時間(劫)에 出現한 부처님이 매일 이곳에서 華嚴大不誠義經을[94] (說하여) 一時에 發心을 이루었다'고 해석된다.

제3단락은 '旦越인 父인 體虛 · 母인 念法이 지었고, △△ · 見勤도 지었고, 沙彌는 金解 · 善行이다'[95]로 해석된다.[96]

이상에서 명문의 주인공인 결진은 신라승 결응으로부터 得出되었다고 명기하고 있고, 華嚴業이란 용어도 신라의 동시대 자료에서는 나온바가 없어서 고려초로 본다. 삼화사의 탑과 불상의 양식론에 근거하면 고려초가 타당하다고 판단된다.

4. 역사적 의미

삼화사 철불에는 등뒤에 명문이 새겨져 있다. 이 명문에 따르면 노사나불로 되어 있다. 보통 화엄종에서는 노사나불 등 10불이 60화엄경의 주불이고, 비로자나불이 80화엄경의 주불이다.[97] 주불은 대개 금당에 안치되고, 강당에는 아미타불이 배치된다.[98] 60화엄경의 최초 사찰인 부석사에서는 아마도 금당에 아미타불이 안치되어 있었던 것으로 추정되고 있다. 80화엄경은 신라에 8세기에 들어 왔고, 도상으로서 가장 빠른 예는 766년에 만들어진 석남암 석조 비로자나불좌상이 있다.[99] 이러한 비로자나불은 9세기에 들어서 대단히 유행하게 된다. 80화엄경에서는 중요한 부처로 법신불로 비로자나불, 보신불로 노사나불, 화신불로 석가

---

94 대구 파계사 율주 종진스님으로부터 華嚴經의 다른 말일 가능성이 있다는 교시를 받았다.
95 종진스님으로부터 沙彌는 스님이므로 姓氏를 갖지 않는다는 교시를 받았다.
96 郭丞勳, 1998, 〈新羅下代의 佛敎와 政治變動〉, 翰林大學校 大學院 史學科 博士學位 請求論文, pp.176-177에 명문이 해석되어 있다.
97 文明大, 1994, 〈毘盧遮那佛의 造形과 그 佛身觀의 研究〉 ≪李基白先生古稀記念 韓國史學論叢≫上, p.409 등.
98 이는 文明大교수의 여러 논문에 잘 언급되어 있다.
99 문명대, 1994, 〈앞의 논문〉, p.480. 등

불을 들고 있다.[100] 이 3부처를 화엄종에서는 3신불 사상의 하나인 보신불로서 노사나불일 가능성도 있는 듯하다.

앞의 명문에 따르면 명목상으로는 화엄경에 근거한 노사나불이면서, 실제적으로는 미륵불의 역할을 하고 있는 듯하다. 이렇게 노사나불이면서 미륵불의 역할을 한다고 명시된 예는 그 유례를 찾기가 어렵다. 통일신라 말기에서부터 고려초에 걸쳐서 미륵불 신앙이 크게 유행한 것 같다. 유가종(법상종)에서는 주지하는 바와 같이 미륵불이 주불이었다. 이러한 유가종은 경덕왕 때 태현에 의해 크게 확대되었고, 이 시기의 진표는 태현의 법상종과는 차이가 있는 법상종을 새로이 내세웠다. 진표는 점찰계, 미륵하생 신앙, 지장보상 등을 중요시하였다. 진표는 자신의 불교 간자를 통해서 전수하였다. 법주사의 영심, 동화사의 심지 등에 의해 간자가 전수되었다. 심지의 뒤를 이어서 어느 스님이 간자를 전수 받았는지는 문헌에 나오지 않아서 모르지만 후삼국시대까지 진표계열의 법상종도 유행하였을 것으로 판단된다. 선종이나 소수 불교 계파에서는 미륵을 숭배하여 미륵불의 조성이 크게 유행하고 있었다.

후삼국 시대에 있어서 후백제의 건국자인 견훤이나 후고구려의 건국자인 궁예도 다 미륵불의 숭배자였으며, 궁예 자신은 스스로 미륵불이라고 칭하기도 하였다. 이러한 시대적인 정황은 고려초에까지도 계속되었고, 논산의 은진미륵 조성 등에서도 알 수 있듯이 미륵불 신앙이 고려초에서도 크게 유행한 것으로 판단된다.

화엄종 사찰인 삼화사에서 이 시기 조성된 철불 명문에 보면 명목상으로는 노사나불을 만들고, 실제에 있어서는 미륵불의 역할을 한 것으로 명기되어 있다. 그 이유는 두말할 필요도 없이 그 당시의 미륵불 신앙과 무관하지 않을 것이다. 당시에 있어서 미륵불 신앙을 내세우지 않

---

100 문명대, 1994, 〈앞의 논문〉, pp.491-494.

으면 당시의 호족들이나 민중들에게 아무런 호응을 받을 수가 없었고 절의 명맥 유지도 힘들었던 시기로 짐작된다. 삼화사가 있는 동해시는 강원도의 강릉에서도 남쪽으로 멀리 떨어진 곳으로 삼화사의 운명을 걸고서 조성한 철불을 화엄종의 주불로 만들지 않고, 보신불인 노사나불을 만들어서 미륵불 역할을 하게 해, 화엄경의 종지도 지키고, 당시의 시대적인 흐름인 미륵불의 역할도 하게 했던 것으로 판단된다[101]. 만약에 80화엄경의 주불인 비로자나불을 조성했다면 지권인이라는 독특한 수인 때문에 미륵불의 역할은 불가능했을 것으로 사료된다.

삼화사의 철불 명문은 나말여초의 불교 동향의 전혀 새로운 자료이므로 이에 대한 상세한 분석과 함께 다른 사료들이 보강된다면 지금까지의 불교사 연구와는 다른 시점에서 이 시대의 불교 모습이 복원될 수 있을 것으로 판단되어 이에 대한 관계 전문가의 후고를 기다릴 뿐이다.[102]

5. 맺음말

지금까지 논의되어 온 바를 요약하여 맺음말에 대신하고자 한다.

먼저 지금까지의 연구 부분에서는 삼화사의 철불에 대한 선학들의 견해를 일별하였다.

---

101 흔히 대적광전의 3신불중 하나로 노사나불로 보기는 명문의 내용으로 어려운 듯하다. 노사나불의 독존으로 보면 그 예가 그리 흔치 않다. 아마도 60화엄종과의 관련도 고려되어야 할 것이다.

102 조선 후기에 조성된 구례 화엄사와 속리산 법주사의 대웅전에서 비로자나불, 노사나불, 석가불의 3존불을 모시고 대적광전이라고 부르지 않고 있다. 비로자나불의 수인도 한 손으로 다른 한손 싸서 잡고 있다. 화엄사의 경우는 화엄종이라 쉽게 납득이 되지만 법주사의 경우는 진표 계열의 법상종인데도 불구하고 뒤에 선종으로 바뀌면서 80화엄종의 불상을 대웅전에 배치하고 있다. 법주사의 경우에는 화엄사찰임을 표시치 않아도 되는데 성리학의 유교 신봉자에게 알려지면 여러 가지 어려움을 감수하면서까지 비로자나불을 배치하고 대웅전이라고 했는지 궁금하다. 아마도 법주사가 조선 시대에 화엄종과의 관련도 고려되어야 할 것이다.

다음으로 석탑과 철불의 양식부분에서는 석탑의 양식에는 고려초의 양식이 많이 포함되어 있음을 밝혔고, 철불의 양식도 법의 앞가슴 부분이 역사다리꼴 등의 고려초의 불상 양식임을 논하였다.

그 다음으로 불상 명문 해석 부분에서는 이 명문은 한문이 아니고 이두체이므로 이에 유의하여 전문을 새롭게 해석하여 고려초의 명문으로 보았다.

마지막으로 삼화사 철불의 명문에 있어서 명목상으로 노사나불이면서 동시에 미륵불의 역할을 했는지를 통일신라 후기, 후삼국, 고려초의 당시의 불교 흐름에 비추어 살펴 보았다.

제 7 부

기
타

華嚴寺 華嚴石經의 復元 方案

1. 머리말

신라 화엄사의 화엄사석경에 대한 연구는 일찍부터 주목되어 왔으나 그 절대연대의 실마리를 찾지 못해 막연한 생각만을 가지고 왔다. 가령 컴퓨터에 의한 부분적인 자료 분석에서는 화엄사석경을 60화엄경으로 된 것으로 보기도 했다.[1] 40화엄경의 입법계품은 60화엄경의 하나로 들어가 있을 뿐 40화엄경으로 존재하지 않는다고 보기도 한다. 화엄사석경의 복원에 있어서 중요한 것은 화엄경 가운데 어느 경전을 석경으로 제작했는지? 그 제작 시기는 어느 때인가? 어느 곳에 석경이 있었는가? 마지막으로 석경의 최초 제작 이후에 석경의 보수나 개각은 없었는지 여부이다.

이러한 모든 점을 밝힌다는 것은 어려운 과제로 판단되어 여기에서는

---

1 화엄사, 2000, 〈화엄사 화엄석경 보수 보고서〉.

이에 관한 초보적인 접근을 시도해 보고자 한다.

2. 화엄석경의 원전

일반적으로 화엄경의 원전인 산스크리트경전은 현재 전하지 않고 있으며, 이를 번역한 경전은 크게 3가지 종류로 나눌 수가 있다. 동진 때 번역된 60화엄경 34품, 당나라때 번역된 80화엄경 39품, 그 뒤에 번역된 티벳트경 45품이 있다. 이 가운데 한국 불교사와 관련이 깊은 경전으로는 60화엄경(진경, 구경)과 80화엄경(당경, 신경)이 있으며, 그밖에도 화엄경에서 가장 중요한 入法戒品을 새로이 번역한 40화엄경이 있다. 위의 여러 경 가운데 60화엄경은 화엄경 연구에 있어서 기본이 되어 왔다.

화엄사의 화엄석경은 어느 화엄경일까가 궁금하다. 60화엄경, 80화엄경, 40화엄경 가운데에서 어느 경전과 관련이 있을까? 아니면 모두다 관련이 있을까 하는 문제가 남아 있다. 이 문제에 대한 선학들의 중요한 견해부터 살펴보기로 하자.

60화엄경만이 있다는 가설이 있고,[2] 60화엄경과 함께 40화엄경도 공존한다는 가설이 있다.[3] 80화엄경의 존재에 대한 언급은 없는 듯하다. 이 문제에 대한 열쇠는 화엄사사적에 실린 최치원찬 「奉爲憲康大王結華嚴經社願文」이 쥐고 있는 듯하다. 이 결화엄경사원문은 다른 종류도 있으나 화엄사사적기의 내용의 진위 여부를 판별하기가 어렵지만 우선 눈에 보이는 부분부터 조사해 보기로 하자.

결화엄경사원문에 唐曆景午相月五日(886년 7월 5일)에 있어서 景午의[4]

---

2 화엄사, 2000, 〈앞의 논문〉
3 한국불교연구원편, 1976, ≪화엄사≫
4 葛城末治, 1935, ≪朝鮮金石攷≫, p.72 등에 따르면 唐高祖의 父名이 昞인 까닭으로 丙자까지 景자로 피휘했다고 한다. 이는 주로 통일 신라 때의 예가 있을 뿐 고려 시대 이후의 예는 없다.

사용이다. 금석문 자료에서 丙午·丙寅 등을 각각 景午, 景辰으로 고쳐 쓴 예를 제시하면 다음과 같다.

景辰年 五月廿(日)法得書

(657년, 익산 미륵사 출토 기와명문)

五日景辰建碑 大舍臣韓訥儒奉

(682년 文武王陵碑)

神龍二年 景午二月八日

(706년 神龍二年銘 金銅舍利方函)

唐慶歷景午年春

(896년 慶州 崇福寺碑)

위에서 보면 700년 전후를 중심으로 사용되다가 그 용례가 없다가 다시 9세기에 와서 최치원이 쓴 숭복사비의 예와 함께 그 예가 있음을 알게 된다. 그렇다면 886년을 唐曆景午라고 쓴 예로 보면 그 정확성을 엿볼 수가 있다.

결화엄경사원문에서 「上宰舒發韓金公林甫」구절의 上宰를 들 수가 있다. 이는 ≪續日本紀≫에서 8세기 초에 金順貞伊湌을 上宰라고 불렀고, ≪三國遺事≫ 元聖大王조에서 785년경에 金周元伊湌을 上宰라고 불렀고, 871년에 작성된 皇龍寺 九層木塔刹柱本紀에서 伊干魏弘을 上宰相이라고 부른바 있다. 이는 宰相을 가리키는 것으로 문헌 등에 30여의 예가 있다.[5]

결화엄경사원문에 있어서 화엄경사경과 직접 관련되는 자료로는「遂寫義熙本經 復有國統及僧錄等 寫貞元新經」란 구절이다. 義熙는 東晉 安帝때(405-418) 사용된 연호이고, 貞元은 唐 德宗때(785-805) 사용된 연

5 木村誠, 1977 〈新羅宰相制度〉≪人文學報≫118.

호이다. 곧 의희본경은 60화엄경을 가리키고, 정원신경은 40화엄경을 가리킴을 쉽게 알 수가 있다.

3. 화엄석경의 제작 시기

이 화엄석경은 의상 또는 도선대사와 관련되어 왔다. 화엄사에 소재한 대웅전 앞의 쌍탑 연대도 확실히 가설이 제시되지 않고 있었다. 대웅전 앞의 쌍탑가운데 서탑에는 분명히 8부중이 2층기단에 새겨져 있어서 9세기의 석탑으로 보이며[6] 화엄신중경의 유행시기와 결화엄경사원경의 내용에 따르면 886년경의 석탑으로 판단된다. 마찬가지로 현재 각황전 건물은 임진난 이후에 지어졌으나 그 초석은 8세기 신라전성시기의 초석이 아니므로, 9세기 후반의 초석으로 보아도 좋을 듯하다.

최치원은 신라에 있어서 사적기 등을 쓸 때 신라를 향한 奉國忠臣이므로 신라의 정치력이 미치는 곳에 한하여 글을 쓰고 있다. 이러한 점을 고려할 때 886년 당시에는 아직 후백제의 건국이 되기 이전이므로 화엄사에도 신라의 힘이 미치고 있었음은 자명한 일일 것이다.

이제 화엄석경의 작성 시기와 그 원전에 대한 검증이 대체로 끝나서 화엄경 복원에 관한 것을 살펴볼 차례가 되었다. 이에 대해서는 장을 달리하여 검토해 보기로 하겠다.

4. 복원을 위한 기초 작업과 복원처

다 아는 바와 같이 화엄석경은 동탑의 해체수리시에 출토된 것은 제외하고, 동탑근처에서 많이 발견되었다고 하며, 각황전의 전신인 3층 丈

---

6 이는 화엄신중경의 유행과 관련이 있는 듯하다.

六殿의 사방벽에 화엄석경이 새겨져 있다고 한다.

동탑 근처에서 석경이 발견되었다면 동탑과 석경의 관련성을 생각해 볼 수가 있다. 동탑 자체에다가 석경을 매단 것은 석탑에 그러한 흔적이 없어서 그 가능성이 없다. 동탑 주위를 둘러싼 4벽을 만들어 그 벽에다 붙이는 것이다. 이것도 지상에 벽을 세운 흔적이 전혀 발견되지 않아서 그 가능성은 희박할 것이다. 아마도 동탑의 화엄석경은 현재의 각황전에서 옮겨진 것으로 사료된다. 각황전의 전신인 3층 장육전의 사방벽에 화엄석경이 새겨져 있다는 견해는 상당한 설득력이 있는 듯하다.

지난 5월 4일과 5일에 걸쳐서 화엄사의 화엄석경을 조사한 바 있다[7]. 10000여점이나 되는 화엄석경은 47.7×32.8×18.1㎝의 나무박스속에 212상자가 보관되어 있고, 1상자 속에서 13점, 50점, 100점 등의 석경이 들어있고, 미분류분도 있고, 글자가 없는 것도 있다. 그때까지 석경에 대한 조사는 아직 계속되고 있는 상황이었으며, 석경의 두께는 대개 6㎝에서 6.5㎝까지로 일정하였으나 대부분은 뒷면을 정면치 않았으나 3% 가량은 정면이 되어 있었다. 이 같은 사실은 석경을 쌓아서 보관하는 것은 불가능하고 벽에 붙이는 것으로 사료되었다.

신라 화엄석경을 벽에 붙이는 것으로 볼 때 그 대상이 될 수 있는 곳은 각황전이다. 각황전의 사방 벽에 붙이는 것은 목조 건물 구조상 문살이 있는 문이 있으므로 불가능하고 각황전의 수미단 밑에 붙이는 것이 가장 옳을 듯하다.

이렇게 화엄경의 종류, 그 제작시기, 복원처가 밝혀지고 있지만 화엄석경의 복원에는 먼저 서체별로 나누고 다시 돌의 결이나 경의 문리에

---

7 이 때에 대웅전이란 명칭에 대해 임난후 화엄사주지스님의 지혜를 깨닫게 되었다. 대웅전이란 대적광전을 모르고서 붙인 이름이라고 미술사학자들은 흔히 이야기하고 있으나 대웅전안의 3불(비로자나불, 노사나불, 석가불) 가운데 비로자나불의 지권인이 한 손이 다른 손을 쥐고 있는 모습과 함께 대웅전의 사용은 억불 시대를 살던 그들의 슬기로움이라고 사료된다.

맞추어서 복원해야 될 것으로 사료된다. 이렇게 복원의 기준이 정해져도 화엄경사경 자체의 고려시기에 다시 보수 여부 등도 검토되어야 할 것으로 판단된다.

5. 맺음말

화엄사사적기에 실려있는 최치원찬 「奉爲憲康大王結華嚴經社願文」에 근거할 때 886년에 화엄사의 동서석탑과 丈六殿 등의 건물이 이 때에 만들어졌음을 알 수가 있고, 이 때에 화엄사 석경도 만들었음을 알 수가 있다.

화엄사석경은 현재 각황전의 수미단 벽에 붙여 있었음은 현존하는 석경의 뒷면에 정면된 것이 별로 없어서 쌓아두지 않았음을 말하여 주고 있기 때문에 알 수가 있다. 이제 남은 문제는 서체, 돌의 결 등을 통한 복원, 수미단 벽의 면적 계산 등으로 고려 시대에 다시 석경을 만들거나 보수 여부에 대해서도 고려되어야 할 것이다.

제 **II** 장

新羅壽昌郡護國城八角燈樓記의 分析

1. 머리말

통일 신라말 대구 지역의 지배층에 대한 자료는 ≪三國史記≫ 등의 문헌에는 전혀 보이지 않고 있다. 통일 신라말의 대학자인 崔致遠이 효공왕 13년(909)에 지은[8] 「新羅壽昌郡護國城八角燈樓記」에 잘 표현되어 있다.[9] 이에 대해서는 별로 주목을 받지 못하다가 1980년대부터 이에 대해 언급되기 시작하였다. 異才를 6두품 신분으로 수창군 태수로 파견되었다가 호족으로 변신한 것으로 보는 가설이 나온 바 있고[10], 羅末에 성장한 豪富層이 자위 무장 조직을 갖추는 하나의 사례로서 언급되기도 하였다.[11]

그 뒤에 그의 정치적 성향이 친신라적이었음을 지적되기도 하였고,[12]

---

8 종래에는 효공왕 12년(908년)으로 보아왔으나 본문의 내용에서 보면, 효공왕 13년(909년) 11월 4일 이후로 판단된다.

9 원문은 ≪東文選≫卷 64에 실려 있다.

10 尹熙勉, 1982, 〈新羅下代의 城主·將軍〉≪韓國史研究≫39.
　　李純根, 1987, 〈羅末麗初 '豪族' 용어에 대한 연구사적 검토〉≪聖心女子大學論文集≫19.

11 蔡雄錫, 1986, 〈高麗前期 社會構造와 本貫制〉≪高麗史의 諸問題≫, p.347.

이에 관한 전론이 나오기도 하였다.[13] 이 전론의 논조는 고고학적인, 불교사적인 견해의 차이가 많아서 등루기를 다시 분석하게 되었다.

여기에서는 먼저 등루기의 전문과 해석을 제시하고, 이를 발판으로 지명 등의 검토를 하겠으며, 다음으로 등루기에 나타난 불교에 대해 살펴보겠으며, 그 다음으로 이재의 역사적 위치를 최치원의 신라에 대한 역사 의식을 토대로 검토해 보고자 한다.

2. 전문의 소개와 해석

天祐五年戊辰冬十月 護國義營都將重閼粲異才 建八角燈樓于南嶺 所以資國慶而攘兵祲也 俚語曰 人有善願 天必從之 則知願苟善焉 事無違者 觀夫今昔交質 有無相生 凡列地名 盖符天意 是堡兌位有塘號佛佐者 巽隅有池號佛體者 其東又有別池號天王者 坤維有古城稱爲達佛 城南有山亦號爲佛 名非虛設 理必有因 勝處所與 良時斯應 粤有重閼粲者 偉大夫也 乘機奮志 嘗逞偉於風雲 易操修身 冀償恩於水土 豹變而倂除三害 蛇盤而益愼九思 旣能除剗荊榛 爰必復歸桑梓 所居則化 何往不諧 遂乃銓擇崇丘 築成義堡 臨流而屹若斷岸 負險而矗如長雲 於是乎靜守西畿 對從南畝 按撫安土 祇迓賓朋來者如雲 納之似海 使憧憧有託 能楷楷無辭 加以志切三歸 躬行六度 頓悟而朝凡暮聖 漸修而小往大來 皆由貶己若讎 敬僧如佛 常營法事 靡碍他緣 實綻火中之蓮 獨標霜下之桂 況乎令室 素自宜家 四德有餘 一言無失 風聞玉偈 必託于心 日誦金經 不離於手 是乃用慈悲爲鉛粉 開智慧爲鏡輪 嘉聲孔彰 衆善普會 古所謂不有婦 焉有此夫者 閼粲

12 李文基, 1995, 〈통일신라시대의 대구〉 ≪大邱市史≫ 1.
    金潤坤, 1995, 〈大邑中心의 郡縣制度 整備와 大丘縣의 變遷〉 ≪大邱市史≫ 1.
    李泳鎬, 1995, 〈佛敎의 隆盛과 大邱〉 ≪大邱市史≫ 1.
13 李文基, 1995, 〈新羅末 大邱地域 豪族의 實體와 그 行方 - 新羅壽昌郡護國城八角燈樓記의 分析을 통하여-〉 ≪鄕土文化≫ 9 · 10.

眞是在家大士 蔚爲奉國忠臣 以般若爲干戈 以菩提爲甲冑 能安一境 僅涉
十秋 氣高者志望偏高 心正者神交必正 乃以龍年羊月庚申夜 夢於達佛城
北摩頂溪寺都一大像 坐蓮花座 峻極于天 左面有補處菩薩 高亦如之 南行
於溪滸 見一女子 因訊晬容所以然 優婆夷答曰 是處是聖地也 又見城南佛
山上 有七彌勒像 累體蹈肩 面北而立 其高柱空 後踰數夕 復夢於城東獐
山 見羅漢僧披毳衣 以玄雲爲座抱膝 面稱可其山口云 伊處道(殉命興法之
列士也)由此地領軍來時矣 洎覺 乃念言曰 天未悔禍 地猶容奸 時危而生命
皆危 世亂而物情亦亂 而我偶諧先覺 勉愼後圖 今得魂交異徵 目擊奇相
輒覰禆山益海 寧憖撮壤導涓 決報君恩 盖隆佛事 所願不生冥處 遍悟迷群
唯宜願擧法燈 亟銷兵火 爰憑勝槪 高刱麗譙 爇以銀缸 鎭於鐵甕 永使燭龍
開口 無令燈象焚軀 其年孟冬 建燈樓己 至十一月四日 邀請公山桐寺弘順
大德爲座主 設齋慶讚 有若泰然大德 靈達禪大德 景寂禪大德 持念緣善大
德 興輪寺融善呪師等 龍象畢集 莊嚴法筵 妙矣是功德也 八舳之△九光
五夜之中四炤無幽不燭 有感必通 則阿那律正炷之緣 維摩詰傳燈之說 宛
成雙美 廣示孤標者 闕粲之謂矣 錠光如來 忉利天女 前功不弃 後世能超
者 賢耦之謂矣 愚也尋蒙遙徵拙文 俾述弘願 遂敢直書其事 用警將來 且
道叶忘家 功斯永立 城題護國 名亦不誣 德旣可誇 詞無所媿者爾

天祐 五年 戊辰年 冬十月에[14] 護國義營都將重闕粲인 異才가 南嶺에
八角燈樓를 세웠다. 국가의 경사를 빌고 전쟁의 화를 물리치기 위한 까
닭이다. 속담에 이르기를, 『사람이 착한 소원이 있으면 하늘이 반드시
이를 따른다』하였으니, 곧 만일 원하는 것이 착한 일이라면 본시 어긋
나는 법이 없을 것이다. 지금과 옛 일을 서로 대조해 보면 있는 것과 없
는 것이 서로 나타난다. 모든 땅이름을 붙인 것은 대개 하늘뜻과 부합되

---

14 908년 10월을 가리킨다.

는 듯하다. 이 堡의 서쪽에 못이 있어 佛佐라 하며 동남방 모퉁이에 佛
體라는 못이 있고 그 동쪽에 또 따로 天王이라는 못이 있으며 坤維에[15]
옛 성이 있는데 이것을 達佛이라 하고 성의 남쪽에 산이 있는데 또한 佛
이라 한다. 명칭이 아무렇게나 생긴 것이 아니요 이치는 반드시 원인이
있을 것이다. 환경이 이렇게 좋은 것은 좋은 시기와 서로 맞게 된다. 重
關粲은[16] 훌륭한 大夫다. 기회를 이용하여 뜻을 발취하여 일찍 風雲속에
서 그의 민활한 역량을 시험하였고 이제는 생각을 달리하여 몸을 수양
하며 水土에서 은혜 갚을 생각을 가졌다. 범처럼 나타나서 국가를 해치
는 자들을 숙청하던 몸으로 뱀처럼 도사리고 들어앉아서 더욱 인격의
수양을 쌓았다. 이미 나쁜 무리들을 제거하였으니 곧 반드시 시골로 다
시 돌아가야 할 것이다. 살고 있는 곳에서 모든 사람이 감화할 터인즉
어디로 간들 좋지 아니하리오, 드디어 곧 높은 언덕을 택하여 그곳에 義
堡를 쌓았다. 강물 위에 높이 서서 끊어진 절벽과 같으며 험한 산을 등
지고 우뚝한 것은 긴 구름과 같다. 都城의 서쪽을 지키며 한편 농사에
종사하였다. 찾아오는 사람이 구름 같이 모였으나 그들을 받아들이는
아량은 바다 같이 넓었다. 가령 복잡한 부탁이 있을지라도 모두 힘을 다
하여 주고 말이 없었다. 더구나 불교에 뜻을 두고 친히 공부를 닦았다.
頓悟하면 아침에 범인이었던 것이 저녁에 성인이 되며 漸修하면 조금씩
전진하며 크게 발전한다. 모두 자신에 대하여는 원수처럼 책망하며 중
을 공경함에는 부처님처럼 받들었다. 언제나 불법의 일을 마련하였고
다른 인연에는 구애되지 않았다. 실로 불(火)속에 연꽃이 핀 것이요 서리
속에 계수(桂)가 솟아오른 것이다. 더구나 그의 부인은 평소부터 훌륭한
아내였다. 네 가지 덕이 남음이 있고 한 마디 말도 실수가 없었다. 염불
소리를 듣고 난 뒤로는 마음을 거기에 의탁하였다. 날마다 불경을 읽으

---

15 大地란 뜻으로 뒤의 본문 참조
16 異才를 가리킨다.

며 손에서 떠난 적이 없었다. 이리하여 화장품 대신 자비를 베풀었고 경대 대신에 지혜를 열었다. 훌륭한 소문이 더욱 퍼져서 여러 사람의 칭찬이 널리 전했다. 옛말에『이 아내가 없었다면 어찌 이런 남편이 있으랴』함과 같다. 알찬은[17] 집에 들어앉아 있는 大士이며[18] 위대한 나라를 받드는 충신이다. 불법을 무기로 삼고 진리를 甲胄로 삼았다. 능히 한 경내를 편히 하여서 겨우 十년이 되었다. 기운이 높은 자는 志望이 치우치게 높으고 마음이 바른 자는 정심 사귐이 반드시 바르다. 그러므로 龍年(=巳年) 洋月(=未月) 庚申日[19] 밤에 꿈을 꾸었는데, 達佛城 북쪽 摩頂溪寺에[20] 있는 都一大 불상이[21] 앉은 蓮華坐가 하늘끝까지 솟고 좌편에 있는 補處菩薩[22] 높이도 역시 그러하였다. 남쪽으로 가다가 시냇가에 이르러 한 여자를 보고 불상이 저렇게 되는 이유를 물으니 그 優婆夷가[23] 대답하기를,『이곳은 거룩한 지역입니다.』하였다. 보니 성 남쪽에 있는 佛山 위에 七기의 彌勒像이 몸을 포개고 어깨를 밟으며 북으로 향하고 섰는데 그 높이가 하늘까지 닿았다. 뒤에 며칠 밤을 지난 뒤에 다시 꿈을 꾸었는데, 성의 동편 獐山에 羅漢僧이[24] 털옷을 입고 검은 구름 위에 앉았는데 무릎을 안고 얼굴로 可其山의 어구를 보고 말하기를,『伊處道가[25] 이곳을 경유하여 군사를 거느리고 올 때라』하였다. 꿈을 깨고 나서 생각

---

17 異才를 가리킨다.
18 범어를 음역한 것으로 보통 불·보살의 통칭. 그 예로는≪新增東國與地勝覽≫卷4, 開城府上, 佛宇, 王輪寺조에「在松岳山麓 高麗爲大刹 成俔詩 傑閣荒涼, 不見僧 黃金大士獨峻嶒…」가 있다.
19 909년 6월 26일(음력)으로 판단된다.
20 현재의 칠곡에 있는 松林寺로 보인다.
21 어느 불교 사전에도 보이지 않으나 전후 관계로 보아 미륵불로 판단되며, 모든 것에서 제일 위대한 불상으로 해석하는 쪽이 타당한 듯하다.
22 진표의 법상종에서는 주존인 미륵불의 보처보살로 관세음보살을 들고 있다.
23 범어로 在家 女子 신도.
24 阿羅漢의 준말로 부처님의 제자를 뜻한다.
25 목숨을 희생하여 불법에 순교한 열사.

하기를, 『하늘이 내리는 화가 아직 끝나지 않고 땅은 오히려 간악한 무리를 허용하는구나. 시국이 위태하면 생명이 모두 위태하며 세상이 어지러우면 인심도 어지러운 법이다. 내가 우연히 먼저 깨닫게 되었으니 이에 대책을 신중히 세워야 할 것이다. 나의 혼은 이상스러운 징조에 접하였고, 눈으로 기이한 현상을 목격하였다. 큰 공을 세운 사람이 많은데 어찌 미약한 힘을 쓰기를 부끄러워 하리요. 임금의 은혜에 보답할 것을 결심함은 불사를 높이는 것이다. 바라기는 어두운 곳이 생기지 아니하여 두루 미혹한 무리를 깨우치게 하려면 마땅히 法燈을 높이 달아서 빨리 병화를 없애는 것이다』고 하였다. 경치좋은 곳을 택하여 높이 누각을 세우고 등불을 켜서 철옹성을 지키며 영원히 불등이 빛을 발하여 적병의 침략을 방어하게 하였다. 그 해 첫겨울에 燈樓를 세우고, 십일월 사일에[26] 이르러 公山桐寺의 弘順大德을 맞이하여 座主를 삼고, 齋를 베풀어 慶讚하였다. 泰然大德, 靈達禪大德, 景寂禪大德, 持念緣善大德, 興輪寺의 融善呪師 등의 고승들이 다 모여들어 법회를 장엄하게 하였다. 묘하도다. 이 공덕이여, 八角등의 아홉 가지 광채가 밤중에 사방으로 비치어 깊숙한 곳이라도 비치지 않는 곳이 없으며, 감동한 바가 있으면 반드시 통하였다. 이것은 阿那律이[27] 등심지를 바루던 인연과 維摩詰[28]이 등불을 전하던 이야기에, 『두 가지의 아름다움을 완연히 이루며, 널리 뚜렷한 표적을 나타내었다』함은, 關粲을 가리킨 말이라 할 것이며,『錠光如來[29]와 忉利天女[30]는 과거의 공을 잊지 아니하여 후세에서 능히 초월하게 되었다』는 말은 그의 어진 부인을 가리켜 말한 것이다. 나는 멀리서 글을 지어 거대한 소원을 시술하여 달라는 부탁을 받아 드디어 사

---

26 26 909년 11월 4일을 가리킨다.
27 부처님의 10대 제자 중 하나로 처음에는 맹인이었으나, 나중에 天眼第一이 되었다.
28 유마거사를 가리킨다.
29 과거 25불 가운데 하나.
30 도리천에 사는 天女를 가리킨다.

실을 바로 써서 사람을 경계하며 또한 도를 위하여 가정을 잊었으므로 공적이 마침내 영원히 서게 되었다. 성의 이름을 護國이라 하였으니 그 명칭의 의미가 속일 수 없을 것이며, 덕이 이미 자랑할 만한 것이므로 문장도 부끄러울 것이 없다 하리로다.

3. 지명 등의 검토

등루기의 성격을 잘 대변해 주고, 동시에 지명과 등루의 위치를 웅변적으로 말하여 주는 것으로「新羅壽昌郡護國城八角燈樓記」라는 제목을 들 수가 있다. 신라 속에 수창군이 있고, 수창군 속에 호국성이 있고, 호국성 속에 팔각등루가 있음을 말하여 주고 있다. 이를 알기 쉽게 도시하면 그림 59과 같다.

그 뒤에 팔각등루를 南嶺에 세웠다고 한다. 대구 분지에 있어서 남령의 위치가 어디일까? 남령이란 고개는 분명히 호국성 안에 있으며, 동시에 대구분지의 남쪽에 있음은 분명하다. 대구분지에 있어서 남쪽 지역의 산성으로서 등루를 그 안에 세울 수 있는 산성으로는 대덕산성밖에

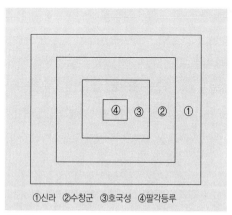

그림 59

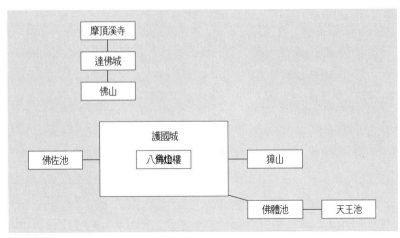

그림 60

없다. 대덕산성의 범위 안에는 고갯길이 있어서 위의 등루기 기록과 일치하고 있다. 호국성은 대덕산성으로[31] 사료된다.

호국성의 서쪽에 뚝이 있는데, 이것을 佛佐라 하며, 동남쪽으로는 佛體라는 못이 있고, 그 동쪽에 또 따로 천왕이라는 못이 있으며, 坤維에 옛 성이 있는데 이것을 達佛이라 하고, 성의 남쪽에 산이 있는데 또한 佛이라 한다.

위 문장의 해석에 있어서 坤維의 해석이 문제이다. 종래 서남방을 해석한 견해도 있다.[32] 坤維는 諸橋轍次 등, 1984, ≪廣漢和辭典≫上, p.693에 '땅을 받치는(지탱하는) 큰 밧줄 또는 서남의 방각을 말한다' 고 되어 있다. 諸橋轍次, ≪大漢和辭典≫2, p.161에는 '땅을 지탱하는 큰 밧줄, 땅의 줄거리(대강), 地維 又 大地又西南' 이라고 되어 있다. 본문에서는「是堡兌位有塘號佛佐者, 異隅有池號佛體者 其東又有別池號天王者

31　金潤坤, 1995, 〈앞의 논문〉. 남령은 안지랑꼴에서 앞산의 대덕산성으로 이르는 길의 정상 부분을 가리킨다고 사료된다.

32　李文基, 1995, 〈앞의 논문〉(전론), p.16.

坤維有古城稱爲進佛」을 자세히 조사해 보면 兌位……佛佐者, 巽隅……
佛體者, 其東……天王者로 방향의 표시된 문장에서는 못 이름 다음에
반드시 者자가 나오고 있다. 坤維 뒤에는 者자가 없다. 그렇다면 坤維란
西南이란 뜻이라기 보다는 '大地(땅)'란 뜻으로 분석된다.

　본문에 보면 달불성의 북쪽에는 摩頂溪寺가 있고, 뒤쪽에는 달불성의
남쪽에 佛山이 있고, 호국성의 동편에 獐山이 있고, 可其山도 있다고 한
다. 지금까지 살펴 본 바를 알기쉽게 도시하여 제시하면 그림 60과 같다.

4. 등루기에 나타난 불교

　등루기에 있어서 불교와 관련된 구절로는 마지막 부분에 나오고 있
다. 곧 그해 첫 겨울에 燈樓를 세우고, 11월 4일에 公山桐寺의 弘順大德
을 맞이하여 座主로 삼고, 齊를 베풀어 慶讚하였다. 泰然大德, 靈達禪大
德, 景寂禪大德, 指念緣善大德, 興輪寺의 融善呪師 등이 고승들이 다 모
여들어 法會를 장엄하게 하였다.

　그해 첫 겨울은 天祐 5年(효공왕 12년, 908년) 冬十月을 가리킨다.[33] 公
山桐寺[34]는 八公山 桐華寺를 가리킨다. 동화사는 헌덕왕의 왕자인 心地
에게 眞表 永深계열의 占察法이 전수되고, 심지는 팔공산에 동화사란
절을 짓게 된다. 심지에 관한 기록으로는 경문왕 3년(863) 조성된 동화사
비로암 3층석탑 舍利壺의 명문인 「敏哀王石塔記」에 나오는 專知大德 心
知가 있다.[35] 이 동화사의 석탑은 민애왕이 사망한(838년) 뒤 863년에 경
문왕이 민애왕의 복업을 추승하기 위해 조성한 願塔이다. 건립 연대와
왕실의 원탑인 점에서 이 탑의 조성에 참여한 心知는 진표의 간자를 받

33　등루기 첫부분 참조.
34　고려시대에는 桐藪라고도 불렀다.
35　《譯註 韓國古代金石文》3, pp.355-360.

은 心地와 동일한 인물로 보고 있다.[36] 그 당시 동화사는 진표계열의 法相宗이라고 판단된다.

'公山桐寺의 홍순대덕을 좌주를 삼아 재를 베풀고 慶讚하였다'는 기록에서 홍순대덕 역시 법상종 승려로 판단된다. 흥륜사의 융선주사도 동화사가 주관하는 재에 참가하고 있다. 흥륜사는 신라 중대 점찰회의 하나인 六輪會가 베풀어진 바 있다.[37] 817년 이차돈 무덤의 예불향도를 결성한 흥륜사 永秀禪師도 유가승으로 알려져 있어서 융선주사도 유가승으로 판단된다.[38]

指念緣善大德은 잘 아는 바와같이 밀교 승려로 보이고[39], 泰然大德, 靈達禪大德, 景寂禪大德의 3승려[40]는 모두 동화사 출신의 유가승으로 판단된다.[41]

'達佛城 북쪽에 摩頂溪寺에 있는 모든 것에서 제일 위대한 佛像이 앉은 蓮華坐가 하늘까지 높이 올라붙고, 좌편에 있는 補處菩薩도 그러하였다'에 있어서 보처보살은 흔히 관음보살을 가리키고 있으며[42] 모든 것에서 제일 위대한 佛像은 어느 부처인지 잘 찾을 수가 없으나 미륵불로 추정되어 마정계사 역시 법상종으로 보인다. 그 뒤에 나오는 '성 남쪽에 佛山 위에 7기의 彌勒像이 몸을 포개고 어깨를 밟으며 북으로 향

---

36 黃壽永, 1969, 〈新羅敏哀大王石塔記〉 ≪史學志≫3: 1976, ≪韓國의 佛敎美術≫, pp.228-229.
37 金南允, 1995, 〈新羅 法相宗 硏究〉, 서울대학교 대학원 국사학과 박사학위청구논문, pp.144-145.
38 金南允, 1995, 〈앞의 논문〉, p.145.
39 密本, 惠通으로 연결되는 除病系 밀교로 추정된다. 이에 대해서는 다음의 논고를 참고하였다.
   金在庚, 1976, 〈新羅의 密敎 受容과 그 性格〉 ≪大丘史學≫14.
   徐閏吉, 1990, 〈高麗 瑜伽·律·神印 等 諸宗의 性格과 그 展開〉 ≪韓國史論≫20.
40 등루기에 나오는 禪大德은 유가대덕을 가리킨다는 견해가 있다.(金福順, 1988,〈新羅 下代 華嚴宗硏究〉, 高麗大學校 大學院 史學科 博士學位 請求論文, p.128.)
41 金南允, 1995, 〈앞의 논문〉, p.145.
42 앞의 주15)를 참조할 것.

하고 섰는데 그 높이가 하늘에까지 닿았다'고 한 문장에서의 미륵상은 미륵불로 볼 수가 있다.

등루기에 나오는 불교는 법상종이 주류이고,[43] 太賢계열의 유가종도 있으며, 밀교도 있다. 크게 볼 때 법상종이 주류를 이루고 있음을 쉽게 알 수가 있다.

5. 이재의 역사적 위치

종래에 異才에 대해서는 관등이 重閼粲이므로 6두품이고, 수창군의 군태수로서 성장한 지방 호족으로 보아 왔다.[44] '알찬은 집에 들어앉아 있는 불보살이며, 奉國忠臣이다'라고 崔致遠이 파악하고 있어서 신라의 충신임을 쉽게 알 수가 있다. 崔致遠은 등루기 등에서 호국에 대한 굳은 의지를 내비쳤다. 만약 그가 왕건이나 견훤의 세력을 좇는 반신라적인 인물이었다면, 호국의 영장인 이재가 그에게 등루기를 지어 달라고 부탁하지도 않았을 것이며, 崔致遠 역시 감히 지어줄 수가 없었을 것이다. 더욱이 등루기에 이재에 대해 '알찬은 진실한 재가보살이다. 홀연히 봉국충신이 되어'운운한 것을 보면, 이재를 빌어 자신의 처지를 의탁한 것 같기도 하다.[45] 신라의 충신이라면 지방 호족이란 용어를 이재에게서는 쓸 수가 없을 것이다.

등루기를 쓴 崔致遠은「진감선사비문」(887년)의 첫머리에 '도는 사람으로부터 멀리 있지 않으며, 사람에게는 異國이 따로없다.(道不遠人 人無異國)'고 하였다. 이 말은 崔致遠 사상의 철학적 기반을 이루는 것이라

---

43 진표계열의 법상종이 아닐까하고 짐작되나 단정은 할 수 없다.
44 대부분 연구자들의 한결같은 견해이다.
45 崔英成, 1999,〈崔致遠의 哲學思想 研究-三敎顯과 人間主體를 中心으로-〉, 成均館大學校 大學院 東洋哲學科 博士學位請求論文, p.177.

해도 지나친 말은 아닐 것이다. 宋儒들이 쓰는 말로 표현하자면, 八字打
開處 바로 그것이라 할 수가 있다.[46] 이 말은 인간 본질에 기초한 주제
의식이라고 할 수가 있다. 崔致遠은 세상에 대하여 아무 힘을 쓸 수도
없었지만, 신라가 무너져 가는 것을 그저 바라만 볼 수 없었고, 더욱이
崔彦撝나 崔承佑처럼 신라를 버리고 왕건이나 견훤에게 붙을 수도 없었
다.[47] 무력하나마 유교 사상과 불교 사상을[48] 기반으로 護國 · 憂國사상
을 고취하는 일을 지속적으로 펼쳤으니, 이는 崔致遠의「新羅壽昌郡護
國城八角燈樓記」등에 잘 나타나 있다.[49] 여기서 우리는 난세를 살았던
한 지성인의 고뇌와 울분을 짐작하고도 남을 것이다.

끝까지 신라를 마음속에 두고 있었던 崔致遠은 자기의 모습과 꼭같은
이재를 위해서 등루기를 지었을 것으로 판단된다. 이 등루기를 지은 것
은 아마도 해인사에 은거해 있을 때로 보인다.[50]

6. 맺음말

지금까지 살펴온 바를 요약하여 맺음말에 대신하고자 한다.

≪東文選≫卷 64에는 崔致遠이 지은「新羅壽昌郡護國城八角燈樓記」
가 실려 있다. 이에 대한 선학들의 많은 연구 성과를 발판으로 먼저 全
文과 해석을 실었다.

다음으로 등루기에 나타난 지명 등의 위치를 고고학적인 측면에서 비
정하여서 호국성의 위치가 대덕산성이고, 8각등루는 대덕산성의 고갯길
에 있음을 밝히고, 坤維를 大地(땅)으로 보아서 현재의 달성공원인 達佛

---

46 崔英成, 1999, 〈앞의 논문〉, p.28.
47 崔英成, 1999, 〈앞의 논문〉, p.228.
48 원문에는 화엄 사상이라고 되어 있다.
49 崔英成, 1999, 〈앞의 논문〉, p.228.
50 최치원의 은거 생활은 보통 효공왕 2년(898년)으로 보고 있다.

城의 위치 등도 새로운 각도에서 비정하였다.

그 다음으로 등루기에 나타난 불교에 대해 살펴보았다. 등루기에 나오는 승려들의 대부분 동화사 출신이고, 법상종계이며, 홍륜사 출신의 승려는 太賢계열의 유가종 승려로 보았다. 밀교 승려도 있음을 밝히고, 마정계사도 법상종으로 보았다. 결국 등루기에 나타난 불교는 법상종 승려가 거의 대부분임을 밝혔다.

마지막으로 이재의 역사적 위치 부분에서는 崔致遠의 철학적인 사상과 신라를 끝까지 버리지 않았던 護國・憂國 정신을 바탕으로 수창군의 이재도 신라에 충신이므로 지방호족과는 관계가 먼 인물로 보았다.

찾아보기 ●●●

지은이 김창호

경북 구미에서 태어나
경북대학교 사범대학 역사교육과, 동 교육대학원,
동 대학원 사학과 박사과정 수료.
문학박사.
현재 경주대학교 문화재학부 부교수로 재직하고 있음.

한국 고대 불교고고학의 연구

초판인쇄일   2007년 4월 25일
초판발행일   2007년 4월 30일

지 은 이   김창호
펴 낸 이   김선경
펴 낸 곳   도서출판 서경문화사
주   소   서울시 종로구 동숭동 199 - 15(105호)
전   화   02 - 743 - 8203, 8205
팩   스   02 - 743 - 8210
메   일   sk8203@chollian.net

등 록 번 호   1 - 1664호

인   쇄   한성인쇄
제   책   반도제책사

ⓒ 김창호, 2007

ISBN 89-6062-012-2 93900

* 파본은 본사나 구입처에서 교환하여 드립니다.

값 : 21,000원